21세기 지식 정보화 시대
대한민국의 IT 인재로 만드는 비결!

Digital Information Ability Test

프리젠테이션
한쇼 NEO(2016)

발 행 일 : 2022년 11월 01일(1판 1쇄)
개 정 일 : 2024년 03월 04일(1판 3쇄)
I S B N : 978-89-8455-363-7(13000)
정　　가 : 16,000원

집　　필 : KIE 기획연구실
진　　행 : 김동주
본문디자인 : 앤미디어

발 행 처 : (주)아카데미소프트
발 행 인 : 유성천
주　　소 : 경기도 파주시 정문로 588번길 24
홈페이지 : www.aso.co.kr / www.asotup.co.kr

※ 이 책은 저작권법에 따라 보호를 받는 저작물이므로 무단 전재와 무단 복제를 금지하며,
　 이 책 내용의 전부 또는 일부를 이용하려면 반드시 (주)아카데미소프트의 서면동의를 받아야 합니다.

CONTENTS

PART 01 DIAT 시험 안내 및 자료 사용 방법

시험안내 01	DIAT 시험 안내	04
시험안내 02	DIAT 회원 가입 및 시험 접수 안내	06
시험안내 03	DIAT 자료 사용 방법	15

PART 02 출제유형 완전정복

출제유형 01	페이지 설정 및 슬라이드 마스터	18
출제유형 02	[슬라이드1] 제목 도형	26
출제유형 03	[슬라이드1] 본문 도형	34
출제유형 04	[슬라이드1] 그림 및 글상자	40
출제유형 05	[슬라이드1] 애니메이션	48
출제유형 06	[슬라이드2] 소제목 도형	54
출제유형 07	[슬라이드2] 본문 도형	62
출제유형 08	[슬라이드2] 표	72
출제유형 09	[슬라이드3] 표	80
출제유형 10	[슬라이드3] 차트	86
출제유형 11	[슬라이드3] 글상자 및 배경	102
출제유형 12	[슬라이드4] 본문 도형	110
출제유형 13	[슬라이드4] 워드숍	124

PART 03 출제예상 모의고사

모의고사 01	제 01 회 출제예상 모의고사	132
모의고사 02	제 02 회 출제예상 모의고사	137
모의고사 03	제 03 회 출제예상 모의고사	142
모의고사 04	제 04 회 출제예상 모의고사	147
모의고사 05	제 05 회 출제예상 모의고사	152
모의고사 06	제 06 회 출제예상 모의고사	157
모의고사 07	제 07 회 출제예상 모의고사	162
모의고사 08	제 08 회 출제예상 모의고사	167
모의고사 09	제 09 회 출제예상 모의고사	172
모의고사 10	제 10 회 출제예상 모의고사	177
모의고사 11	제 11 회 출제예상 모의고사	182
모의고사 12	제 12 회 출제예상 모의고사	187
모의고사 13	제 13 회 출제예상 모의고사	192
모의고사 14	제 14 회 출제예상 모의고사	197
모의고사 15	제 15 회 출제예상 모의고사	202

PART 04 최신유형 기출문제

기출문제 01	제 01 회 최신유형 기출문제	208
기출문제 02	제 02 회 최신유형 기출문제	213
기출문제 03	제 03 회 최신유형 기출문제	218
기출문제 04	제 04 회 최신유형 기출문제	223
기출문제 05	제 05 회 최신유형 기출문제	228
기출문제 06	제 06 회 최신유형 기출문제	233
기출문제 07	제 07 회 최신유형 기출문제	238
기출문제 08	제 08 회 최신유형 기출문제	243
기출문제 09	제 09 회 최신유형 기출문제	248
기출문제 10	제 10 회 최신유형 기출문제	253

※ 부록 : 시험직전 모의고사 3회분 수록

PART 01

DIAT 시험 안내 및 자료 사용 방법

시험안내 01

PART 01 DIAT 시험 안내 및 자료 사용 방법

DIAT 시험 안내

☑ 디지털정보활용능력(DIAT) 시험 과목 및 합격 기준
☑ 디지털정보활용능력(DIAT) 검정 기준

1. 디지털정보활용능력(DIAT / Digital Information Ability Test)

- 컴퓨터와 인터넷을 이용한 정보가 넘쳐나고 사물과 사물 간에도 컴퓨터와 인터넷이 연결된 디지털정보 시대에 기본적인 정보통신기술, 정보처리기술의 활용분야에 대해 학습이나 사무업무를 수행할 수 있도록 종합적으로 묶어 효과적으로 구성한 자격종목
- 총6개 과목으로 구성(작업식 5개 과목, 객관식 1개 과목)되어 1개 과목만으로도 자격취득이 가능하며 합격점수에 따라 초·중·고급자격이 부여
- 과목별로 시험을 응시하며 시험 당일 한 회차에 최대 3개 과목까지 응시 가능

2. 필요성

- 사무업무에 즉시 활용 가능한 작업식 위주의 실기시험
- 정보통신·OA·멀티미디어·인터넷 등 분야별 등급화를 통한 실무능력 인증

3. 자격 종류

- 자격구분 : 공인민간자격
- 등록번호 : 2008-0265
- 공인번호 : 과학기술정보통신부 제2020-2호

4. 시험 과목

검정과목	사용프로그램	검정방법	문항수	시험시간	배점
프리젠테이션	- MS 파워포인트 2016 - 한컴오피스 한쇼 NEO	작업식	4문항	40분	200점
스프레드시트	- MS 엑셀 2016 - 한컴오피스 한셀 NEO	작업식	5문항	40분	200점
워드프로세서	- 한컴오피스 한글 NEO	작업식	2문항	40분	200점
멀티미디어제작	- 포토샵/곰믹스프로 - 이지포토/곰믹스프로	작업식	3문항	40분	200점
인터넷정보검색	- 인터넷	작업식	8문항	40분	100점
정보통신상식	- CBT 프로그램	객관식	40문항	40분	100점

합격기준
- 고급 : 해당과제의 80% ~ 100% 해결능력
- 중급 : 해당과제의 60% ~ 79% 해결능력
- 초급 : 해당과제의 40% ~ 59% 해결능력

※ 검정 수수료 및 시험 일정은 www.ihd.or.kr 홈페이지 하단의 [자격안내]에서 확인할 수 있습니다.

5. DIAT 프리젠테이션 검정 기준

과목	대분류	중분류	소분류	문제수
프리젠테이션		프리젠테이션 구성	1-1. 프리젠테이션 만들기와 열기	4
			1-2. 프리젠테이션 저장과 닫기	
			1-3. 프리젠테이션 모양 만들기	
			1-4. 슬라이드 마스터	
		슬라이드 작성	2-1. 슬라이드 편집과 보기	
			2-2. 텍스트 추가와 서식	
			2-3. 단락 서식	
			2-4. 맞춤법 검사와 자동 고침	
			2-5. 슬라이드 노트와 유인물	
			2-6. 머리글 및 바닥글	
			2-7. 슬라이드 번호, 날짜/시간 등 입력	
		도형 및 개체 활용	3-1. 도형 및 이미지 삽입 및 편집	
			3-2. 선, 연결선, 테두리 추가	
			3-3. 특수 텍스트(워드아트, 클립아트, 다이어그램 등) 효과 만들기	
			3-4. 채우기, 3차원 효과	
			3-5. 개체 이동과 대칭	
		수식, 표, 차트	4-1. 수식 작업	
			4-2. 표 삽입 및 편집	
			4-3. 차트 삽입 및 편집, 데이터 입력	
		슬라이드 쇼	5-1. 슬라이드 쇼 디자인	
			5-2. 애니메이션 슬라이드	
			5-3. 시간과 화면 전환	
			5-4. 음향, 동영상 추가	
			5-5. 슬라이드 쇼 실현과 제어	
			5-6. 웹에서 프리젠테이션 열기와 찾기	
			5-7. 웹에 게시	
합 계				4

PART 01 DIAT 시험 안내 및 자료 사용 방법

DIAT 회원 가입 및 시험 접수 안내

- ☑ 회원 가입하기
- ☑ 본인인증하기(본인 명의 휴대폰이 있는 경우, 본인 명의 휴대폰이 없는 경우)
- ☑ 로그인하고 사진 등록하기

1. 회원 가입하기

① 인터넷을 실행한 후 주소 표시줄에 'www.ihd.or.kr'를 입력하고 Enter 키를 눌러 자격 검정 사이트에 접속합니다.

② 회원 가입을 하기 위해 화면 오른쪽의 [회원가입]을 클릭합니다.

③ 회원 가입에서 [14세 미만 가입]을 클릭합니다.

  ※ 응시자가 14세 이상일 경우에는 [14세 이상 가입]을 눌러 가입을 진행합니다.

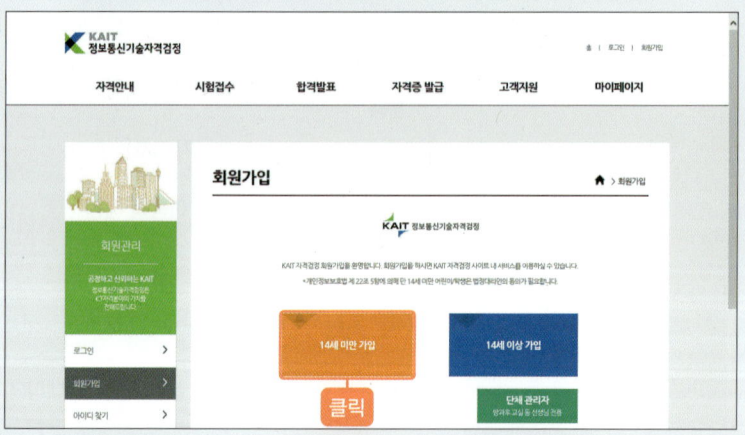

④ [약관동의]에서 '한국정보통신진흥협회 자격검정 회원서비스 이용을 위한 필수 약관에 모두 동의합니다.' 체크 박스를 클릭합니다.

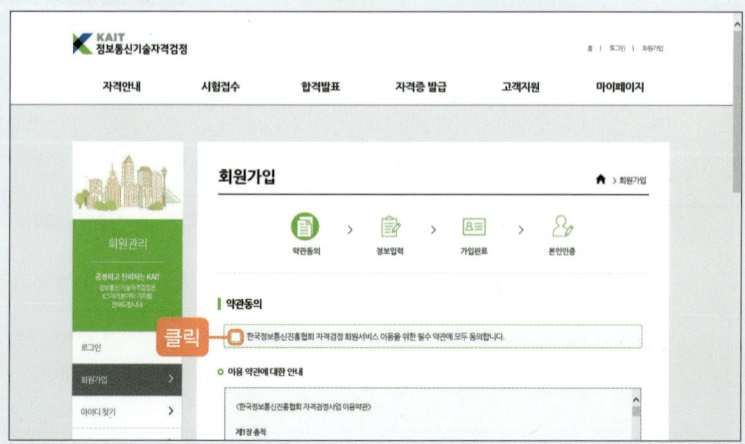

❺ [보호자(법정대리인)동의]에서 '보호자 성명'과 '생년월일', 'e-mail'을 입력합니다. '[필수] 14세미만 자녀의 회원가입에 동의합니다.' 체크 박스를 클릭하고 [약관동의]를 클릭합니다.

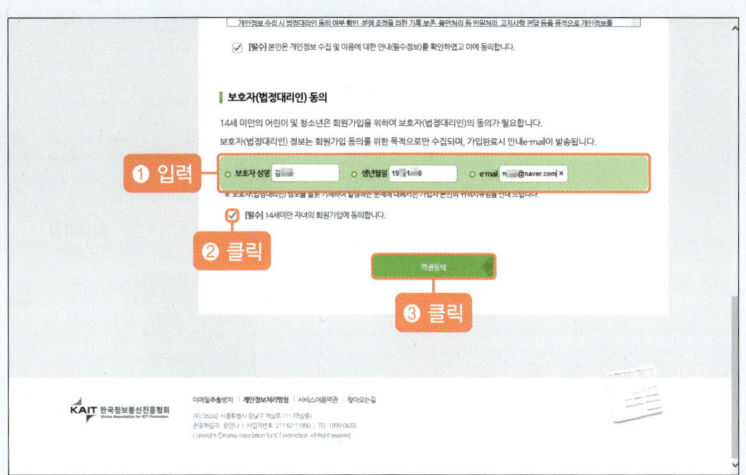

❻ [정보입력]에서 항목별로 정보를 정확하게 입력하고 [회원가입하기]를 클릭합니다.

영문, 숫자, 특수문자(〈, 〉, (,), #, ;, / 제외)를 각 1자 이상 포함하여 8자이상 20자 이내로 입력합니다.

입력한 패스워드를 한 번 더 입력합니다.

만약 본인의 휴대폰이 없는 경우에는 부모님 휴대폰 번호를 입력합니다.

학교 및 단체를 통해 접수하는 경우에 '단체접수'를 선택하고 차례로 '지역', '학교/기관명', '담당선생님'을 선택합니다.

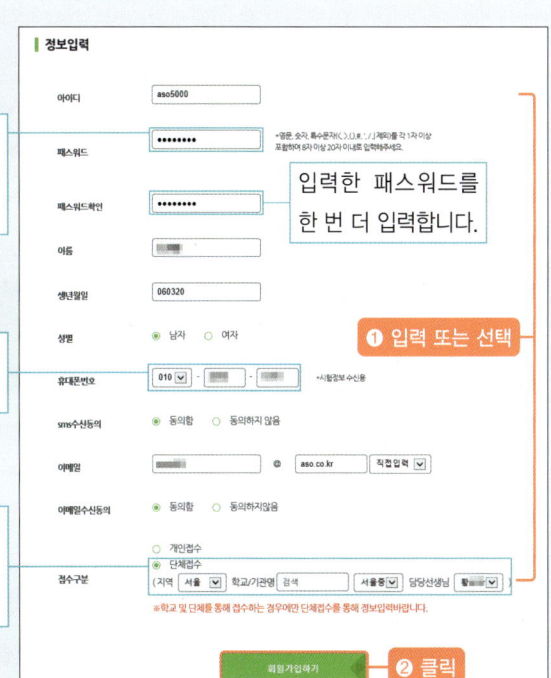

❼ '저장하시겠습니까?' 메시지 창이 나타나면 〈확인〉 버튼을 클릭합니다.

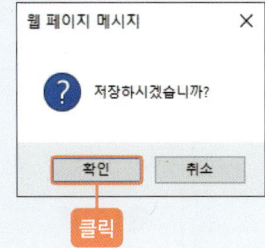

2. 본인인증하기(본인 명의 휴대폰이 있는 경우)

❶ 본인 인증하기 화면에서 [본인인증하기]를 클릭합니다.

※ 시험 접수 및 합격정보 확인 등을 이용하기 위해서 본인 인증이 필요합니다.

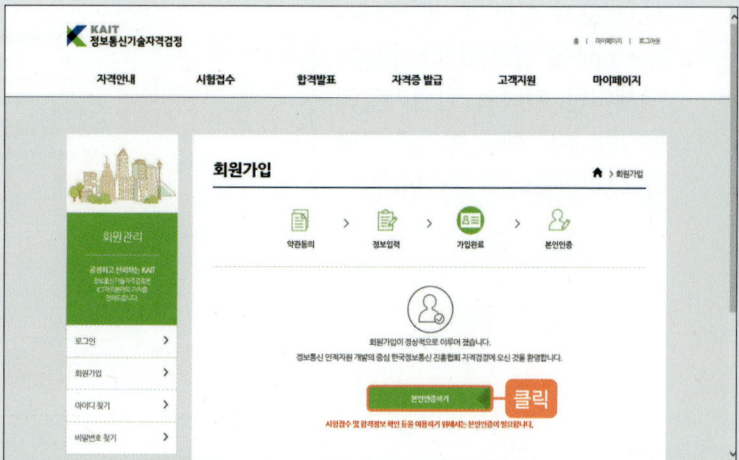

❷ 본인 인증 방법에서 [휴대폰]이 선택된 것을 확인하고 [인증하기]를 클릭합니다.

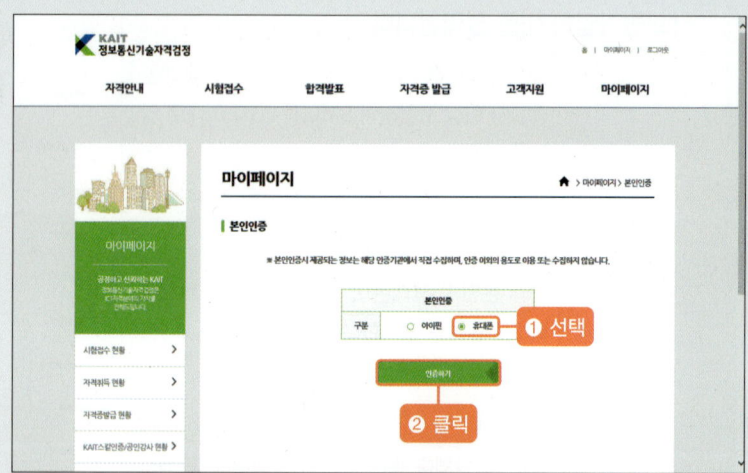

❸ '통신사 확인' 창에서 사용 중인 이동통신사를 선택합니다.
❹ '본인확인' 창에서 [휴대폰 본인 확인(문자)]를 클릭한 후 개인 정보를 입력하고 〈확인〉 버튼을 클릭합니다.

 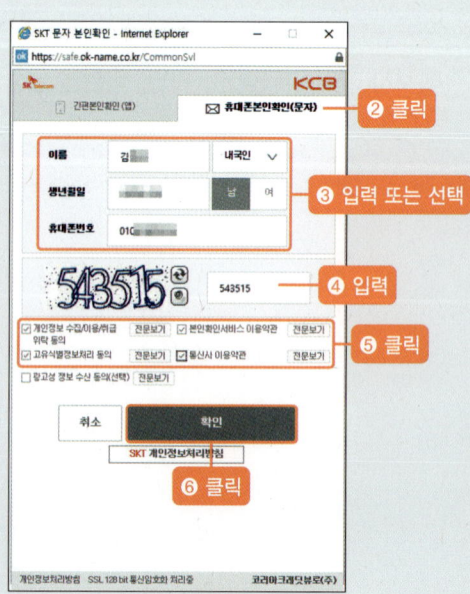

❺ 휴대폰에 수신된 본인확인인증번호를 입력하고 〈확인〉 버튼을 클릭합니다.

❻ '휴대폰본인확인완료' 메시지를 확인하고 〈완료〉 버튼을 클릭합니다.

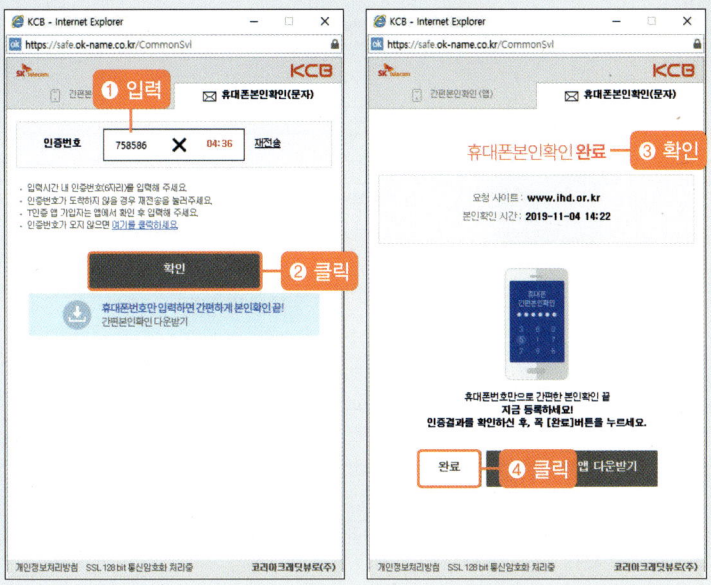

❼ '본인인증성공' 메시지 창이 나타나면 〈확인〉 버튼을 클릭합니다.

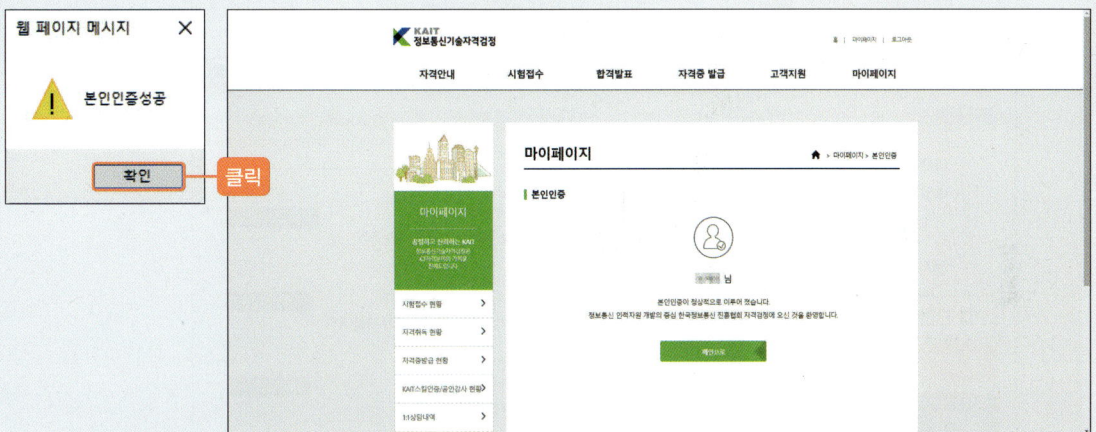

3. 본인인증하기(본인 명의 휴대폰이 없는 경우)

❶ 본인 인증 방법에서 [아이핀]을 선택한 후 [인증하기]를 클릭합니다.

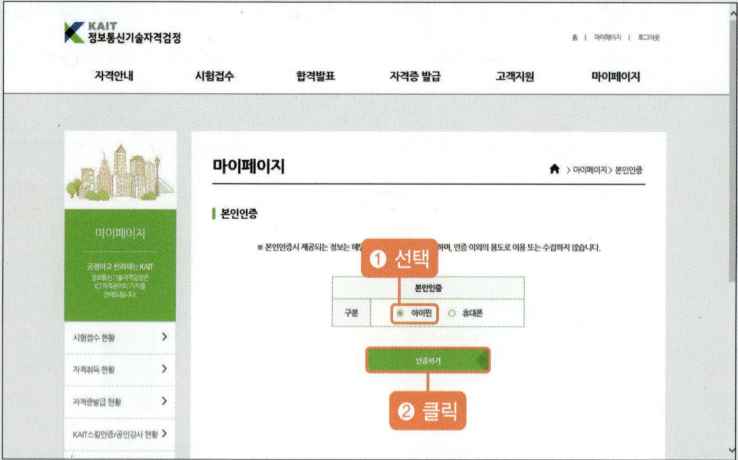

❷ '메인 화면' 창이 열리면 왼쪽 하단의 [신규발급]을 클릭합니다.

  ※ 만약 아이핀ID와 비밀번호가 있는 경우에는 '아이핀ID, 비밀번호, 문자입력'을 각각 입력한 후 〈확인〉 버튼을 클릭합니다.

❸ '약관 동의' 창이 나오면 약관 동의에 체크한 후 〈확인〉 버튼을 클릭합니다.

TIP 아이핀이란?

아이핀은 주민 등록 번호를 대체할 수 있는 인증방법으로 아이디와 패스워드를 이용하여 본인 확인을 하는 수단입니다. 이전에 아이핀을 가입하였다면 바로 로그인을 진행하도록 합니다.

④ '발급자 정보입력' 창에서 내용을 입력하고 아이핀 ID를 중복 확인한 후 〈발급하기〉 버튼을 클릭합니다.
⑤ '추가 인증수단 설정' 창에서 2차 비밀번호를 선택한 후 〈확인〉 버튼을 클릭합니다.
⑥ '법정대리인 동의' 창에서 법정 대리인의 정보를 입력하고, 개인정보처리 동의에 체크한 후 〈확인〉 버튼을 클릭합니다.

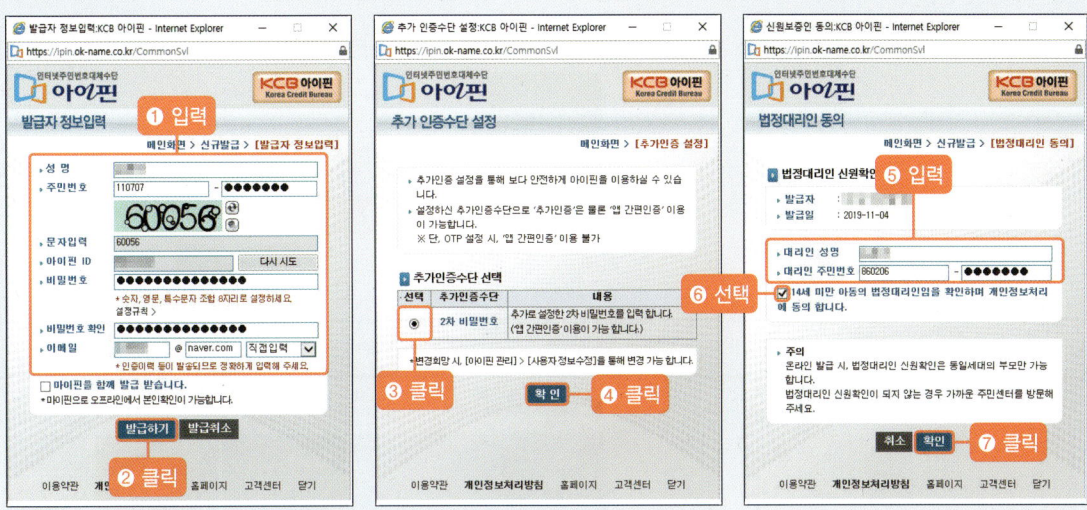

⑦ '아이핀 신원확인' 창이 나오면 법정 대리인의 휴대폰 정보를 입력한 후 〈인증번호 확인〉 버튼을 클릭합니다.

※ 범용 공인인증서를 이용하여도 신원확인이 가능합니다.

⑧ 휴대폰에 수신된 승인번호를 입력한 후 〈인증번호 확인〉 버튼을 클릭합니다.

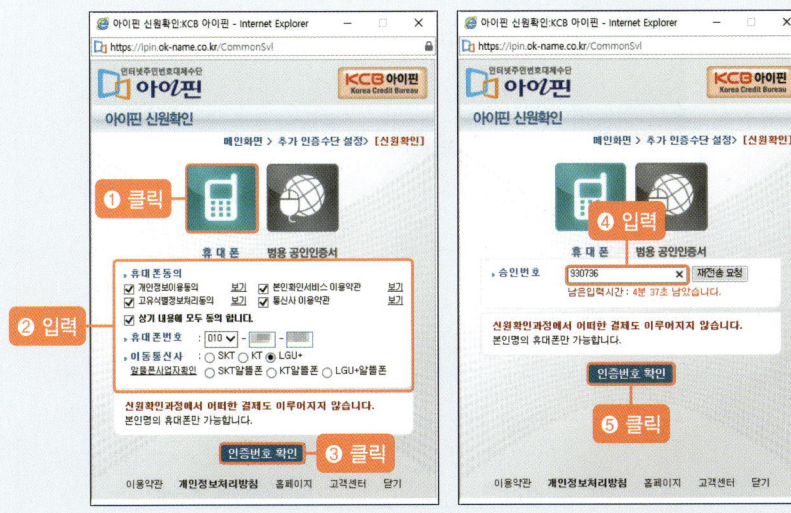

⑨ '2차 비밀번호 설정' 창이 나오면 2차 비밀번호를 입력한 후 〈확인〉 버튼을 클릭하여 아이핀 발급을 완료합니다.
⑩ '메인 화면' 창이 나오면 '아이핀 ID', '비밀번호', '문자입력' 내용을 입력한 후 〈확인〉 버튼을 클릭합니다.
⑪ '추가인증' 창에서 2차 비밀번호를 입력한 후 〈확인〉 버튼을 클릭하여 본인 확인 절차를 완료합니다.

4. 로그인하고 사진 등록하기

❶ 우측 상단의 [로그인]을 클릭합니다. 이어서, 아이디와 비밀번호를 정확하게 입력하고 [로그인]을 클릭합니다.

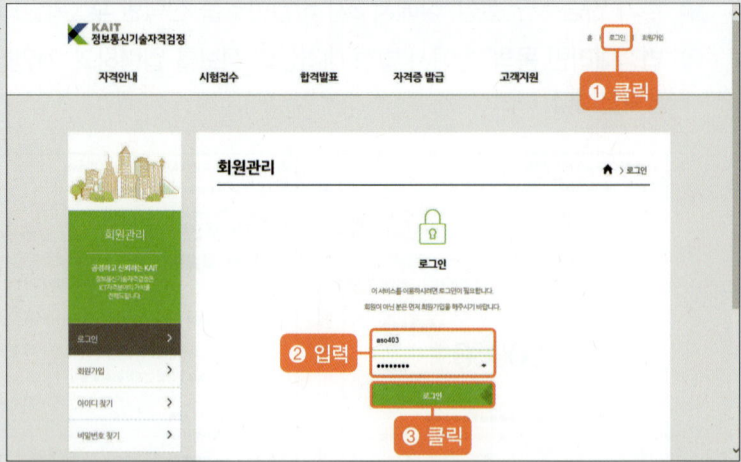

❷ [마이페이지]를 클릭합니다.

❸ 왼쪽 메뉴에서 [사진관리]를 클릭합니다.

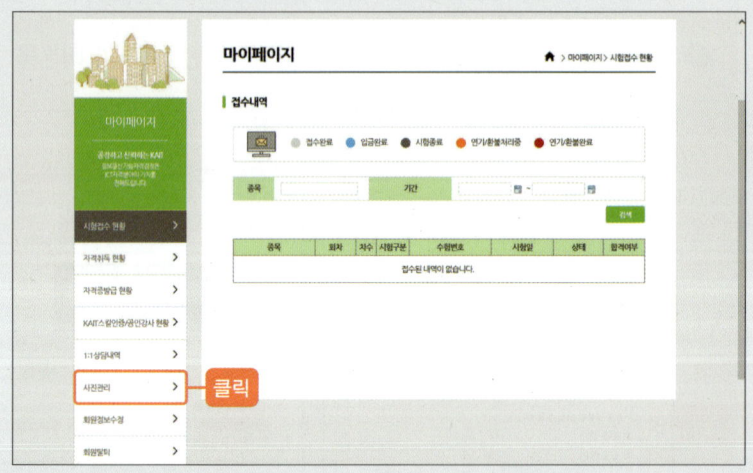

❹ [사진 선택]을 클릭합니다.

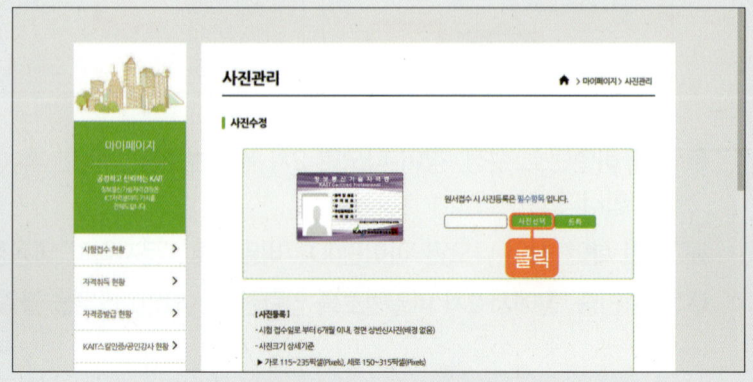

❺ [업로드할 파일 선택] 창에서 내 사진 파일을 선택하고 〈열기〉 버튼을 클릭합니다.

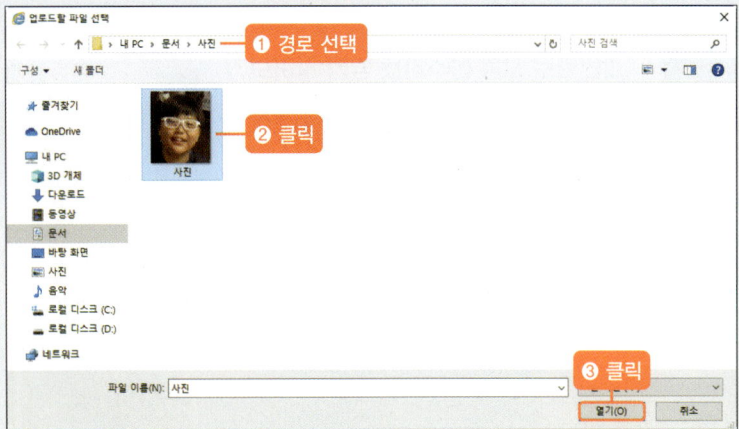

❻ [등록]을 클릭합니다.

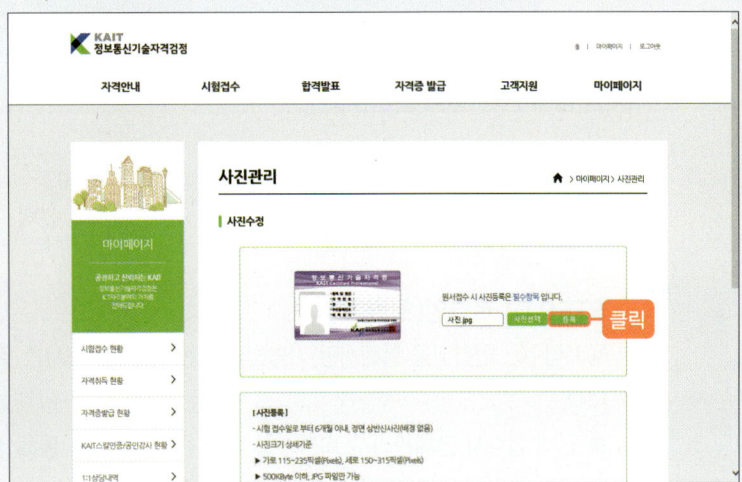

❼ '수정 하겠습니까' 메시지 창이 나타나면 〈확인〉 버튼을 클릭합니다.
❽ '저장 성공!!' 메시지 창이 나타나면 〈확인〉 버튼을 클릭합니다.

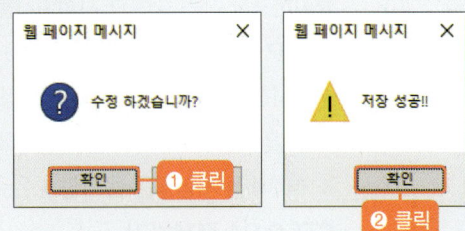

❾ 사진이 등록된 것을 확인합니다.

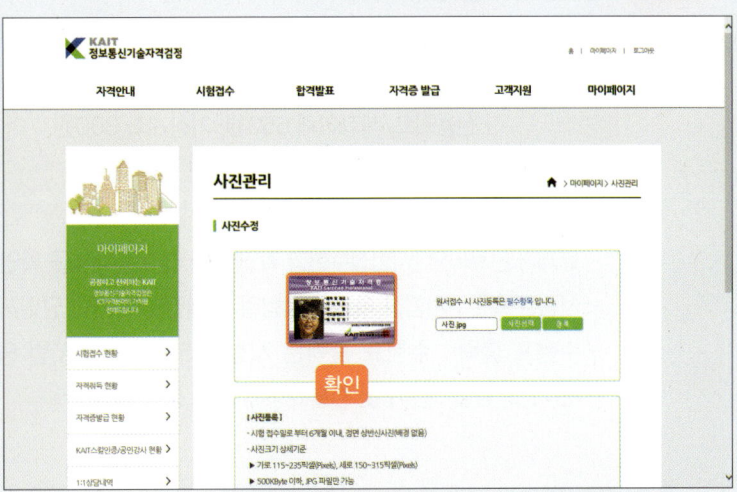

TIP 개인으로 시험 접수하는 방법 알아보기

정보통신기술자격검정(www.ihd.or.kr) 사이트에서 [시험접수]를 클릭하고 [시험접수 신청]을 클릭합니다.

시험 접수 신청 절차 알아보기

STEP 01	STEP 02	STEP 03	STEP 04	STEP 05
로그인(회원가입)	응시종목 선택	응시지역 선택	결제하기	접수완료

- **STEP 01 로그인(회원가입)**
 응시접수는 인터넷을 통해서만 가능하며, 시험접수 및 응시를 위해서는 반드시 회원으로 가입되어야 합니다.
  ※ 단체 접수시 단체관리자(회원가입 및 회원정보수정을 통해 설정)를 통해 접수바랍니다.
  ※ 마이페이지의 사진등록 이후에 시험접수가 가능합니다.
- **STEP 02 응시종목 선택**
 응시하고자 하는 종목과 시험일자를 확인한 후 '접수하기'를 선택합니다.
- **STEP 03 응시지역 선택**
  - 응시하고자 하는 응시지역과 시험장을 선택합니다.
  - 시험장 정원이 모두 마감된 경우에는 더 이상 해당 시험장을 선택할 수 없습니다.
  ※ 추후배정 시험장은 응시접수 완료 후 10일전 시험장 확인을 통해 시험장 확인 가능
- **STEP 04 결제하기**
  - 응시료 결제가 완료되어야 응시접수가 정상적으로 완료됩니다.
  - 결제수단 : 개인-신용카드, 계좌이체 입금 중 택일, 단체-가상계좌 입금만 가능, 정보이용료 별도- 신용카드/계좌이체 650원, 가상계좌 300원
  ※ 접수마감일 18:00까지 접수 및 입금 완료
- **STEP 05 접수완료**
  - 결제가 완료되면 [시험접수현황 확인]에서 접수한 내역을 확인할 수 있습니다.
  - 시험장 확인 : 시험장 확인은 시험일 10일전부터 시험 당일까지 확인 가능
  - 수험표 출력 : 수험표 출력은 시험일 5일전부터 시험 당일까지 확인 가능
  - 연기 및 환불 : 연기 및 환불규정에 따라 신청 가능

시험안내 03

PART 01 DIAT 시험 안내 및 자료 사용 방법

DIAT 자료 사용 방법

☑ DIAT 자료 다운로드 방법

DIAT 자료 다운로드 방법

❶ 크롬 브라우저를 실행하여 아카데미소프트(https://aso.co.kr) 홈페이지에 접속합니다.

❷ 왼쪽 상단에 [컴퓨터 자격증 교재]를 클릭합니다.

❸ [DIAT 자격증]-[2023 이공자 DIAT 프리젠테이션 한쇼 NEO(좌무선)] 교재를 클릭합니다.

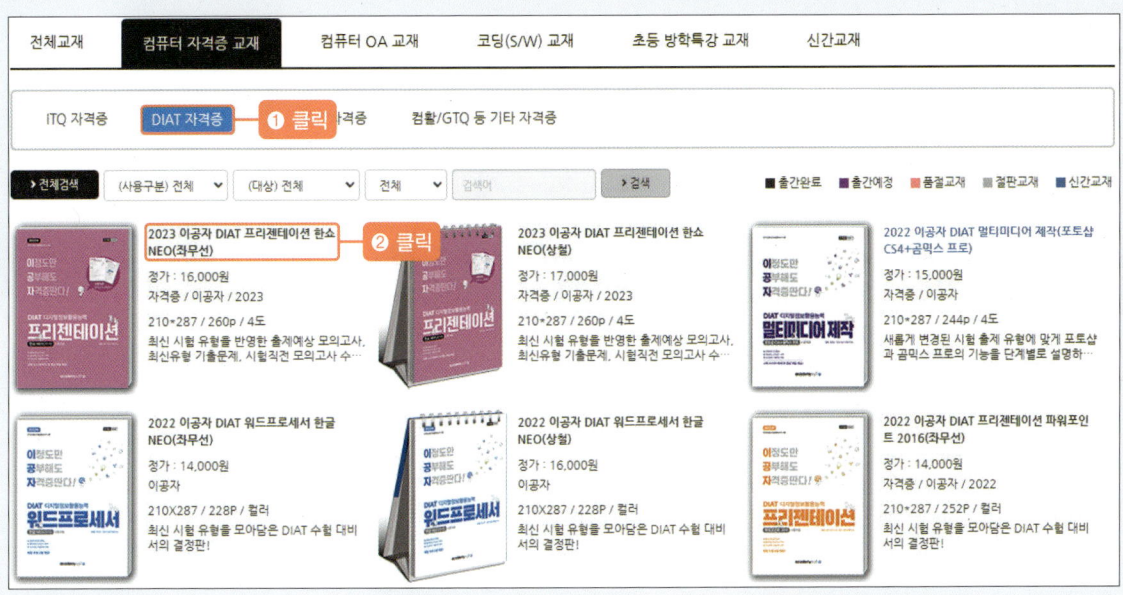

❹ 화면 아래에 [커뮤니티]-[자료실]을 클릭합니다.

❺ [2023 이공자 DIAT 프리젠테이션 한쇼 NEO(좌무선)_학습 자료]를 클릭합니다.

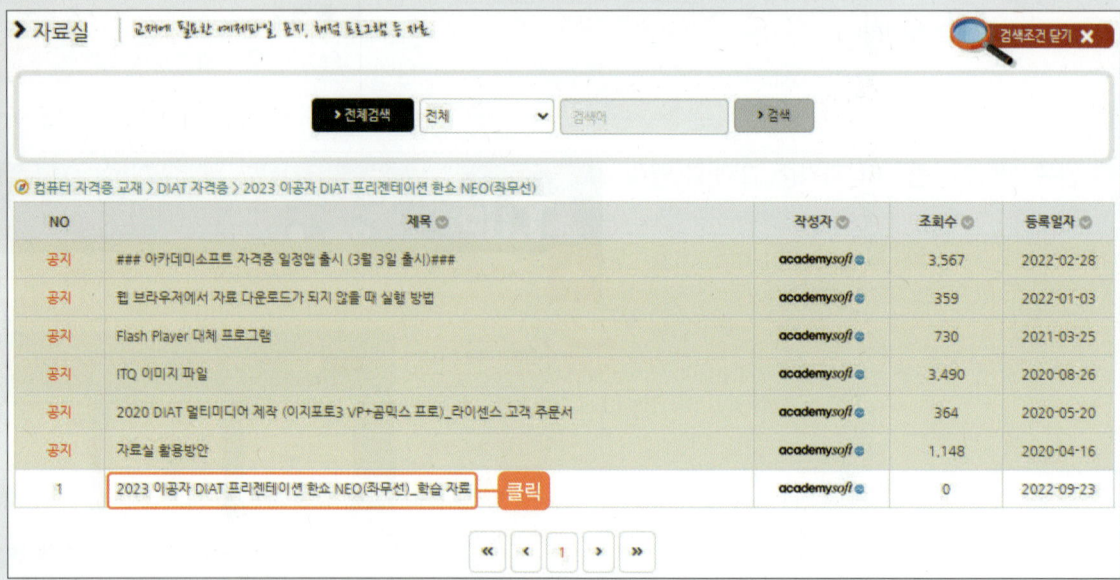

❻ 다운로드 단추를 클릭하여 자료를 다운로드 받으시면 됩니다.

PART 02

출제유형 완전정복

출제유형 01

PART 02 출제유형 완전정복

페이지 설정 및 슬라이드 마스터

☑ 페이지 설정 후 레이아웃 변경하기
☑ 슬라이드 마스터 지정하기

문제 미리보기

소스 파일 : 없음 정답 파일 : [출제유형 완전정복]-[정답 파일]-유형01_완성.show

● 유의 사항

- 《작성조건》을 준수하여 반드시 프레젠테이션 슬라이드로 작업합니다.
- 글꼴 및 기타 사항에 대해 별도의 지시사항이 없는 경우, 슬라이드 크기와 전체적인 균형을 고려하여 임의로 작성하되, 도형은 그룹으로 설정하지 않습니다.
- 새 프레젠테이션 만들기 – 한컴오피스, 쪽 설정(종류 – A4용지(210×297mm)), 슬라이드 방향(가로)로 지정합니다.
  ▶ 슬라이드 크기, 방향 조정 시 '맞춤 확인'으로 지정하여야 합니다.
- 공통적용사항(슬라이드 마스터)
  ▶ 도형 ⇒ 사각형 : 모서리가 둥근 직사각형, 도형 스타일('보통 효과 – 강조 6'),
    글꼴(바탕체, 20pt, 그림자)
- 그림 삽입 시 다운로드 한 그림 파일을 반드시 사용하여야 합니다.
- ⬚⟶ 은 지시사항이므로 작성하지 않습니다.
- 슬라이드에 제시된 글자 및 숫자 오타는 감점처리 됩니다.

【슬라이드1】 아래의 작성조건 및 출력형태에 알맞게 첫 번째 슬라이드에 작업하시오. (30점)

● 출력형태

페이지 설정하기

◆ **유의 사항** • 새 프레젠테이션 만들기 – 한컴오피스, 쪽 설정(종류 – A4용지(210×297mm)), 슬라이드 방향(가로)로 지정합니다.
▶ 슬라이드 크기, 방향 조정 시 '맞춤 확인'으로 지정하여야 합니다.

❶ [시작]-[한쇼]를 클릭합니다.

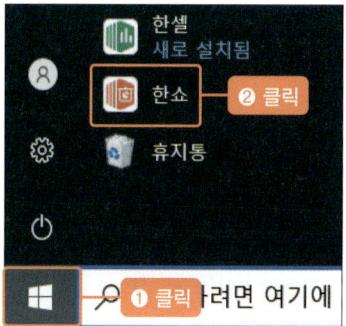

TIP 시험장 오피스 프로그램 환경
실제 시험장에서는 시험이 시작됨과 동시에 답안 파일(한쇼 NEO)이 자동으로 열립니다. 답안 파일이 자동으로 실행되면 파일명(DIO_123456_홍길동.show)을 확인합니다.

❷ [새 프레젠테이션] 대화상자가 나오면 '**새 프레젠테이션 만들기**'와 '**한컴오피스**'가 선택된 것을 확인하고 〈확인〉 단추를 클릭합니다.

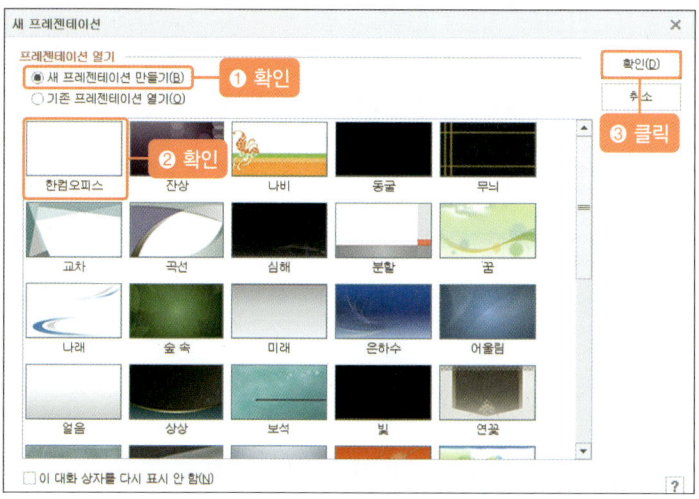

❸ 슬라이드 크기 설정을 위해 [**파일**]-[**쪽 설정**(F7)]을 클릭합니다. [쪽 설정] 대화상자가 나오면 '**용지 종류**'-'A4 용지(210×297mm)'를 선택하고 '슬라이드 방향' – '가로'를 지정한 후, 〈확인〉 단추를 클릭합니다. 이어서, '맞춤 확인'을 선택한 후, 〈확인〉 단추를 클릭합니다.

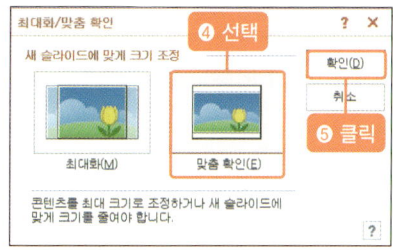

02 슬라이드 레이아웃 지정하기

❶ [편집] 탭에서 '레이아웃( )'-'빈 화면'을 클릭합니다.

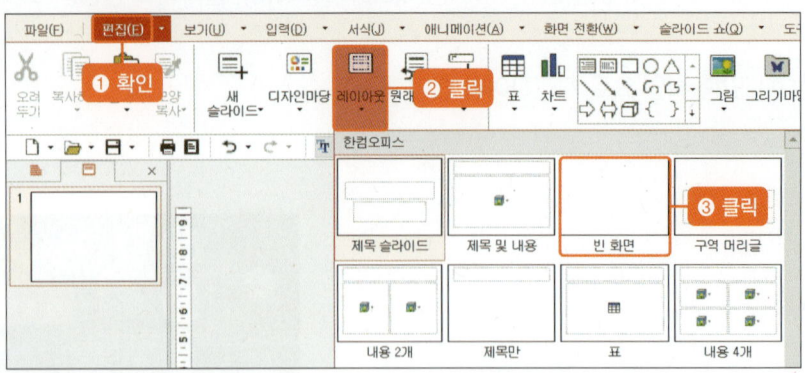

❷ 슬라이드를 추가하기 위해 슬라이드 탭에서 첫 번째 슬라이드를 클릭한 후, Enter 키를 세 번 눌러 총 4개의 슬라이드를 만듭니다.

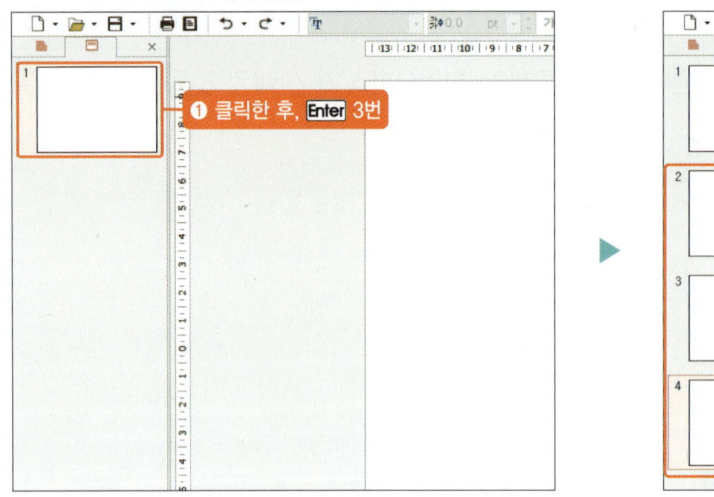
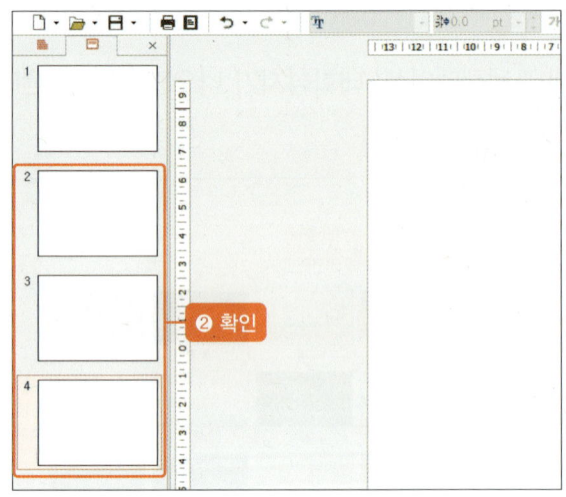

03 슬라이드 레이아웃 지정하기

◆ 유의 사항
● 공통적용사항(슬라이드 마스터)
▶ 도형 ⇒ 사각형 : 모서리가 둥근 직사각형, 도형 스타일('보통 효과 - 강조 6'), 글꼴(바탕체, 20pt, 그림자)

❶ [보기] 탭에서 '슬라이드 마스터( )'를 클릭합니다.

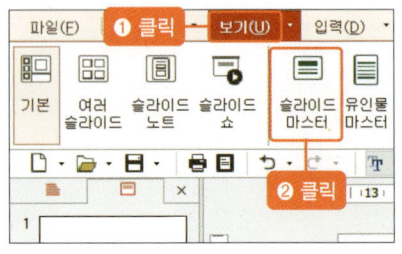

❷ 모든 슬라이드에 슬라이드 마스터를 적용하기 위해 마스터 미리보기 창에서 목록 맨 위에 있는 **[한컴 오피스 슬라이드 마스터 : 슬라이드 1-4에서 사용]**을 클릭합니다.

❸ [입력] 탭에서 '도형' 이미지 꾸러미의 자세히(▼) 단추를 눌러 '사각형'–'모서리가 둥근 직사각형(▢)'을 클릭합니다.

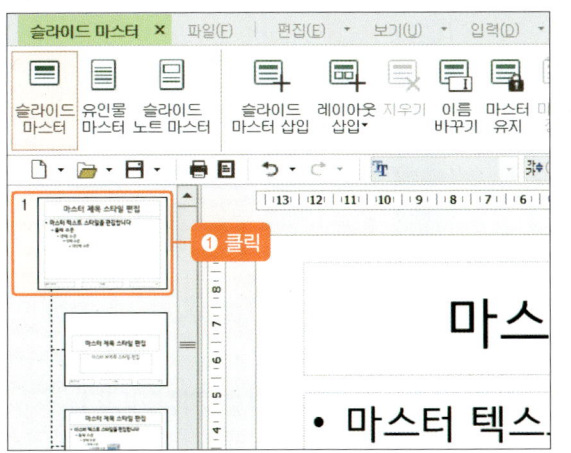 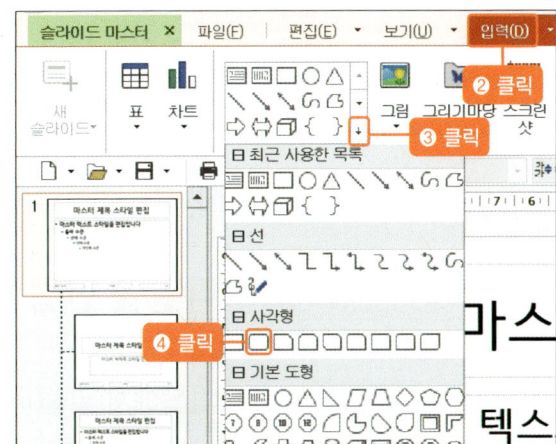

❹ 마우스 포인터가 ➕ 모양으로 변경되면 드래그하여 도형을 삽입합니다. 이어서 조절점(◢)을 드래그하여 《출력형태》와 같이 크기를 조절한 후, 위치를 변경합니다.

※ 슬라이드 마스터에 삽입되는 도형의 크기와 위치는 《출력형태》를 참고하여 작업합니다.

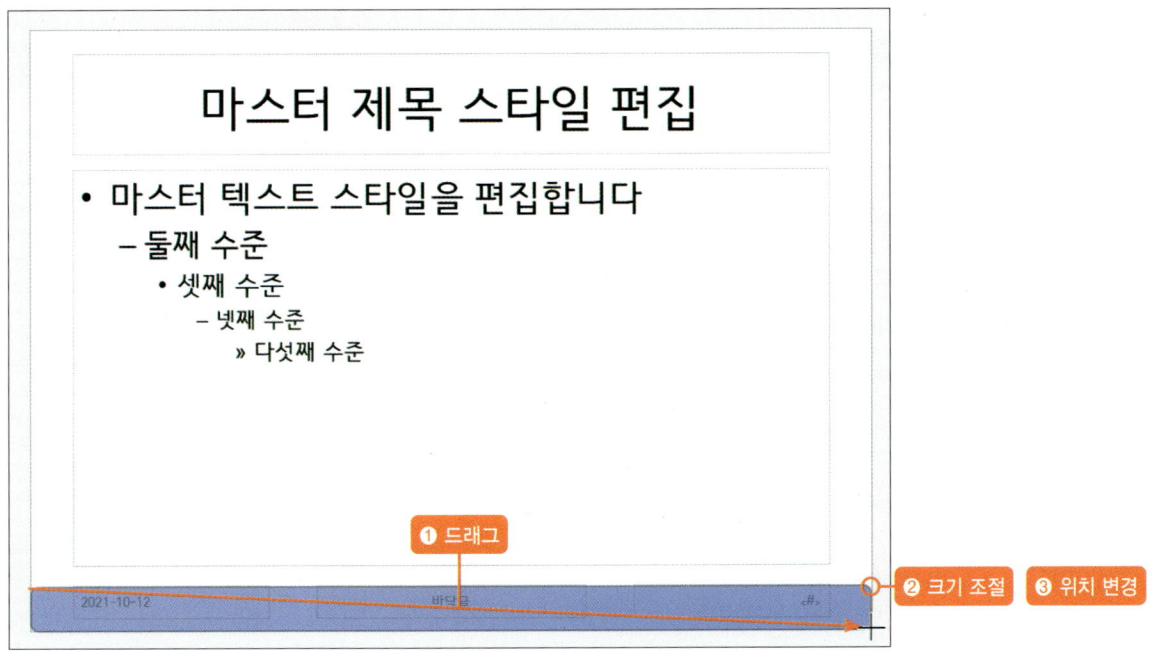

❺ 도형이 선택된 상태에서 'Dental care'를 입력한 후 Esc 키를 누릅니다.

❻ 도형 스타일을 변경하기 위해 [도형] 탭( )에서 자세히( ) 단추를 클릭한 후 '**보통 효과 - 강조 6( )**'을 선택합니다.

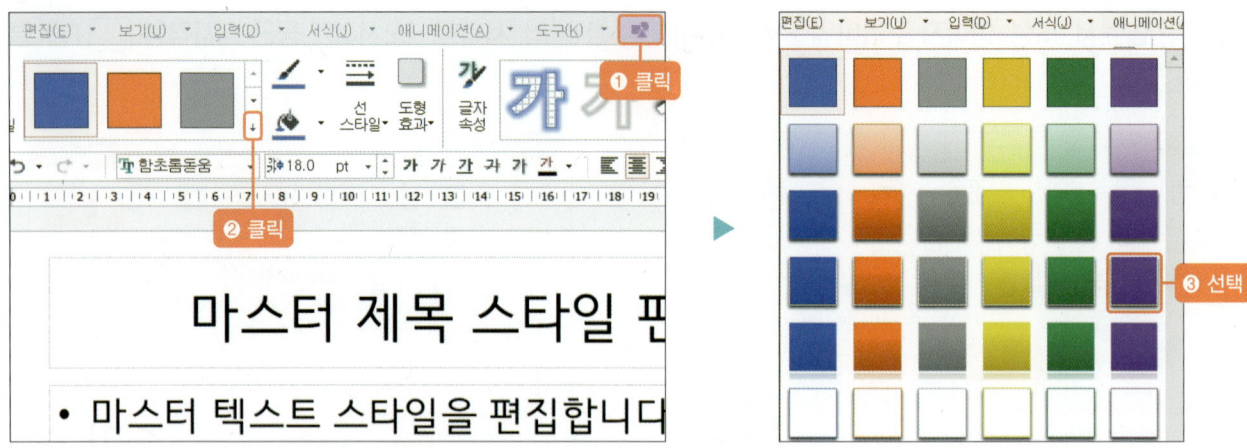

❼ 글꼴 서식을 변경하기 위해 [서식] 탭에서 '글꼴(바탕체), 글꼴 크기(20pt), 그림자(가)'를 지정합니다.

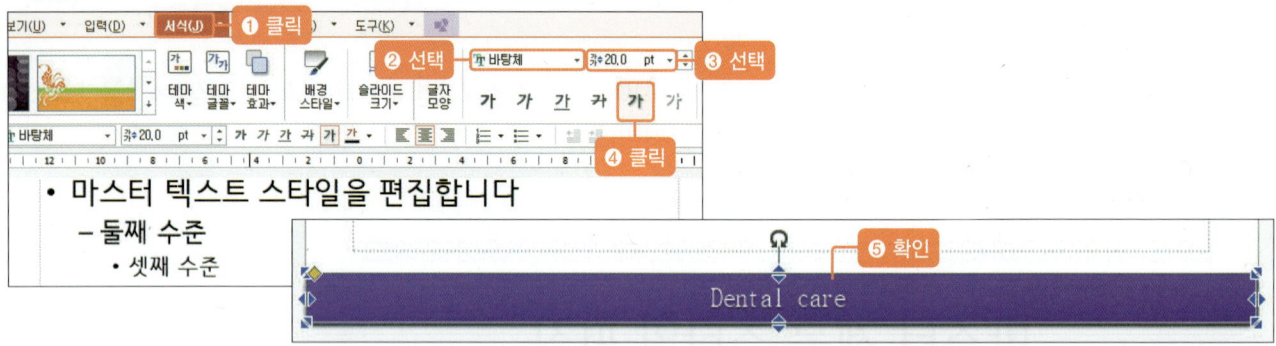

TIP

텍스트가 두 줄로 나오는 경우

글꼴 서식을 변경한 후 입력한 텍스트가 두 줄로 바뀌는 이유는 글꼴의 크기에 비해 도형의 크기가 작기 때문입니다. 이런 경우에는 도형의 가운데 조절점( )을 드래그하여 도형의 크기(너비)를 조절합니다.

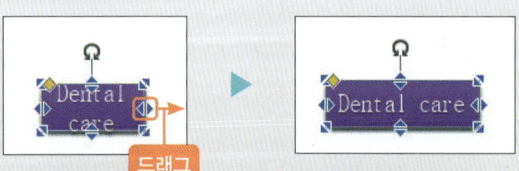

글꼴 서식 변경

[서식] 탭에서 글꼴 서식을 변경해도 되지만 아래 그림과 같이 [서식 도구 상자]에서 간단히 지정하는 것이 편리합니다.

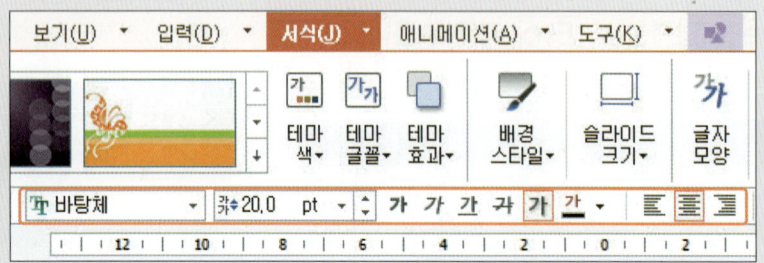

❽ 슬라이드 마스터에 도형이 완성되면 [**슬라이드 마스터**] 탭에서 '**닫기**( )'를 클릭합니다.

※ 슬라이드 마스터에서 작성한 도형을 수정해야 할 경우에는 [보기] 탭에서 '슬라이드 마스터( )'를 클릭하여 맨 위쪽 슬라이드([한컴 오피스 슬라이드 마스터 : 슬라이드 1-4에서 사용]에서 수정합니다.

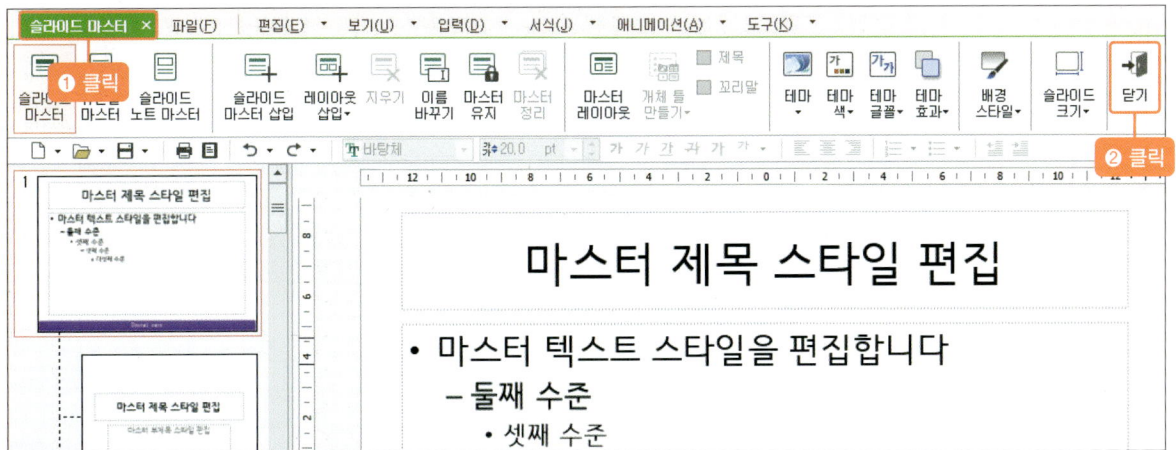

❾ 모든 슬라이드에 도형이 삽입된 것을 확인한 후 [**파일**]-[**저장하기**](Ctrl + S) 또는 [서식] 도구 상자에서 '**저장하기**( )'를 클릭합니다.

※ 실제 시험을 볼 때 작업 도중에 수시로(10분에 한 번 정도) 저장을 하는 것이 좋습니다.

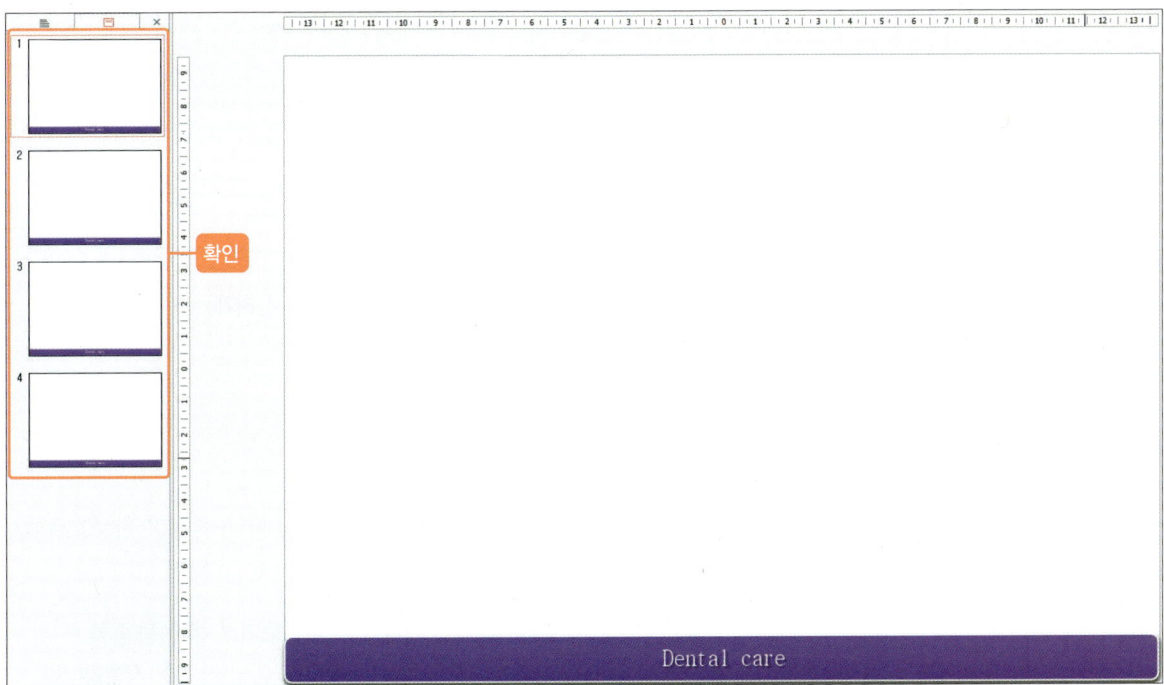

시험 분석

슬라이드 마스터 도형에 영문 텍스트를 입력하는 문제가 출제된 경우에는 대, 소문자를 유의하여 입력합니다.

페이지 설정 및 슬라이드 마스터

01 아래의 작성조건 및 출력형태에 알맞게 작업하시오.

＊ 소스 파일 : 없음　＊ 정답 파일 : [출제유형 완전정복]–[정답 파일]–정복01_완성01.show

● 출력형태

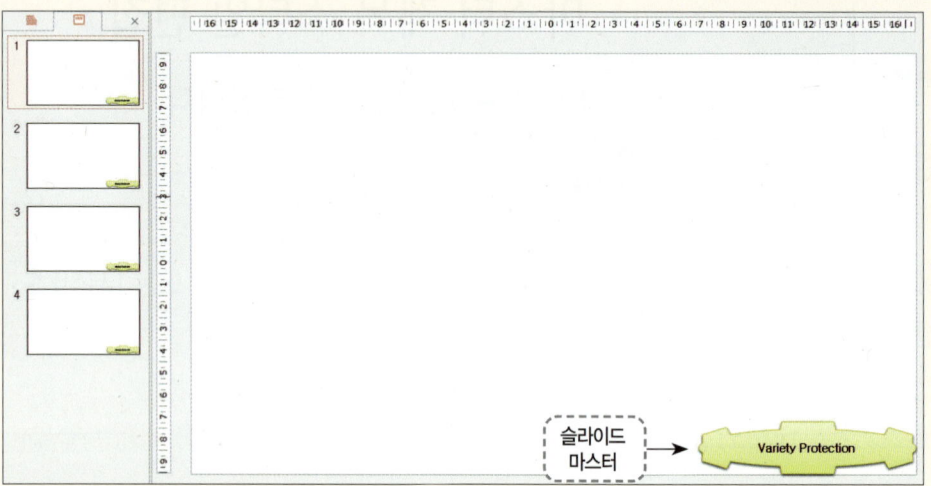

● 작성조건
- 새 프레젠테이션 만들기 – 한컴오피스, 쪽 설정(종류 – A4용지(210×297mm)), 슬라이드 방향(가로)로 지정합니다.
  ▶ 슬라이드 크기, 방향 조정 시 '맞춤 확인'으로 지정하여야 합니다.
- 공통적용사항(슬라이드 마스터)
  ▶ 도형 ⇒ 기본 도형 : 톱니바퀴 1, 도형 스타일('밝은 계열 – 강조 4'), 글꼴(돋움, 16pt, 진하게)

02 아래의 작성조건 및 출력형태에 알맞게 작업하시오.

＊ 소스 파일 : 없음　＊ 정답 파일 : [출제유형 완전정복]–[정답 파일]–정복01_완성02.show

● 출력형태

● 유의 사항
- 새 프레젠테이션 만들기 – 한컴오피스, 쪽 설정(종류 – A4용지(210×297mm)), 슬라이드 방향(가로)로 지정합니다.
  ▶ 슬라이드 크기, 방향 조정 시 '맞춤 확인'으로 지정하여야 합니다.
- 공통적용사항(슬라이드 마스터)
  ▶ 도형 ⇒ 기본 도형 : 양쪽 대괄호, 도형 스타일('채우기 – 강조 5'), 글꼴(맑은 고딕, 16pt, 기울임)

출제유형 완전정복: 페이지 설정 및 슬라이드 마스터

03 아래의 작성조건 및 출력형태에 알맞게 작업하시오.

* 소스 파일 : 없음　* 정답 파일 : [출제유형 완전정복]-[정답 파일]-정복01_완성03.show

● 출력형태

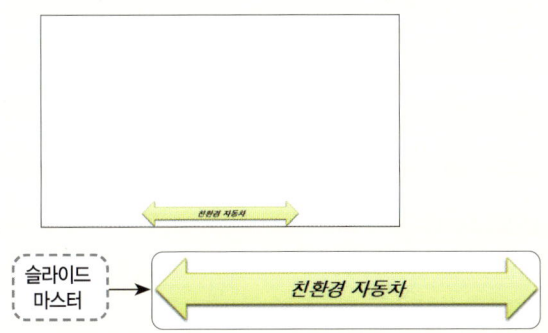

● 유의 사항
- 새 프레젠테이션 만들기 – 한컴오피스, 쪽 설정(종류 – A4용지 (210×297mm)), 슬라이드 방향(가로)로 지정합니다.
  ▶ 슬라이드 크기, 방향 조정 시 '맞춤 확인'으로 지정하여야 합니다.
- 공통적용사항(슬라이드 마스터)
  ▶ 도형 ⇒ 블록 화살표 : 왼쪽/오른쪽 화살표, 도형 스타일 ('밝은 계열 – 강조 4'), 글꼴(돋움, 20pt, 진하게, 기울임)

04 아래의 작성조건 및 출력형태에 알맞게 작업하시오.

* 소스 파일 : 없음　* 정답 파일 : [출제유형 완전정복]-[정답 파일]-정복01_완성04.show

● 출력형태

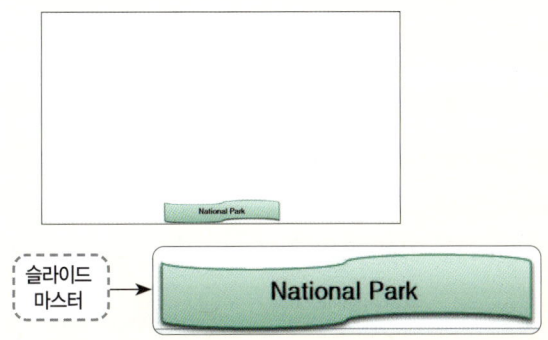

● 유의 사항
- 새 프레젠테이션 만들기 – 한컴오피스, 쪽 설정(종류 – A4용지 (210×297mm)), 슬라이드 방향(가로)로 지정합니다.
  ▶ 슬라이드 크기, 방향 조정 시 '맞춤 확인'으로 지정하여야 합니다.
- 공통적용사항(슬라이드 마스터)
  ▶ 도형 ⇒ 순서도 : 천공 테이프, 도형 스타일('밝은 계열 – 강조 5'), 글꼴(돋움, 20pt, 진하게)

05 아래의 작성조건 및 출력형태에 알맞게 작업하시오.

* 소스 파일 : 없음　* 정답 파일 : [출제유형 완전정복]-[정답 파일]-정복01_완성05.show

● 출력형태

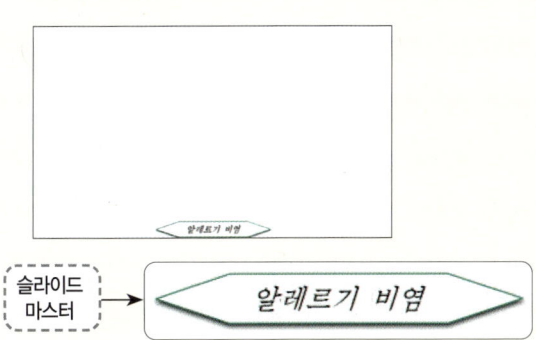

● 유의 사항
- 새 프레젠테이션 만들기 – 한컴오피스, 쪽 설정(종류 – A4용지 (210×297mm)), 슬라이드 방향(가로)로 지정합니다.
  ▶ 슬라이드 크기, 방향 조정 시 '맞춤 확인'으로 지정하여야 합니다.
- 공통적용사항(슬라이드 마스터)
  ▶ 도형 ⇒ 순서도 : 준비, 도형 스타일('테두리 – 강조 5, 채우기 – 본문/배경 밝은 색 1'), 글꼴(바탕체, 22pt, 기울임)

[슬라이드1] 제목 도형

출제유형 02
PART 02 출제유형 완전정복

☑ 도형을 작성한 후 도형 서식 지정하기
☑ 도형에 글자를 입력한 후 글꼴 서식 변경하기

문제 미리보기

소스 파일 : [출제유형 완전정복]-[소스 파일]-유형02_문제.show
정답 파일 : [출제유형 완전정복]-[정답 파일]-유형02_완성.show

【슬라이드1】 아래의 작성조건 및 출력형태에 알맞게 첫 번째 슬라이드에 작업하시오. (30점)

● 출력형태

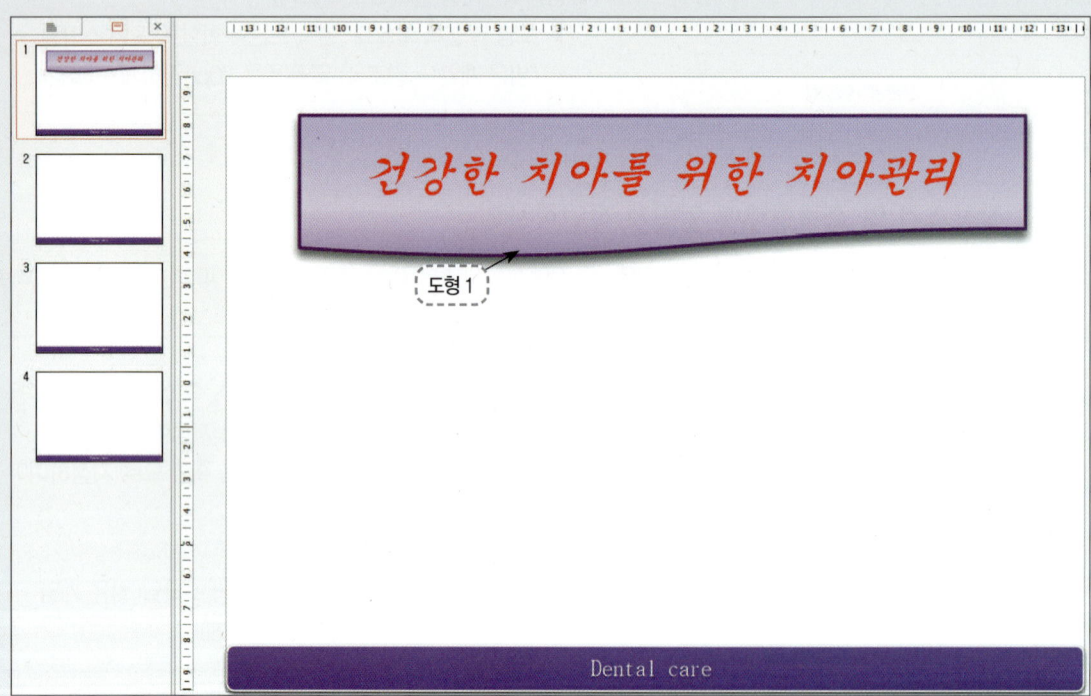

● 작성조건

▶ 도형 1 ⇒ 순서도 : 문서, 도형 채우기(그러데이션 : 유형 - 보라, 종류 - 선형, 방향 - 위쪽에서),
　　선 색(단색, 색 : 보라), 선 스타일(선 종류 : 실선, 굵기 : 3pt, 겹선 종류 : 단순형),
　　도형 효과(그림자 - 바깥쪽 - 아래쪽), 글꼴(궁서체, 40pt, 기울임, 빨강)

▶ 도형 2 ⇒ 기본 도형 : 번개, 도형 채우기(시안), 선 색 없음, 도형 효과 (그림자 - 바깥쪽 - 아래쪽, 반사 - '1/2 크기, 근접')
▶ 도형 3 ⇒ 블록 화살표 : 줄무늬가 있는 오른쪽 화살표, 도형 스타일('보통 효과 - 강조 3')
▶ 그림 삽입 ⇒ 그림 1 삽입, 크기(너비 : 80mm, 높이 : 80mm)
▶ 글상자(아름다운 미소를 위한 치아 건강) ⇒ 글꼴(궁서, 28pt, 밑줄)
▶ 애니메이션 지정 ⇒ 도형 1 : 나타내기 - 날아오기
▶ 지시사항이 없는 부분은 《출력형태》와 동일하게 작성하시오.

01 도형 1 작성하기

◆ 작성조건
▶ 도형 1 ⇒ 순서도 : 문서, 도형 채우기(그러데이션 : 유형 – 보라, 종류 – 선형, 방향 – 위쪽에서),
선 색(단색, 색 : 보라), 선 스타일(선 종류 : 실선, 굵기 : 3pt, 겹선 종류 : 단순형),
도형 효과(그림자 – 바깥쪽 – 아래쪽), 글꼴(궁서체, 40pt, 기울임, 빨강)

① [파일]-[불러오기](Ctrl+O)를 클릭합니다. [불러오기] 대화상자가 나오면 '유형02_문제.show' 파일을 불러 옵니다.

② 첫 번째 슬라이드를 클릭합니다. [입력] 탭에서 '도형' 이미지 꾸러미의 자세히(▼) 단추를 눌러 '순서도'-'순서도: 문서(□)'을 클릭합니다.

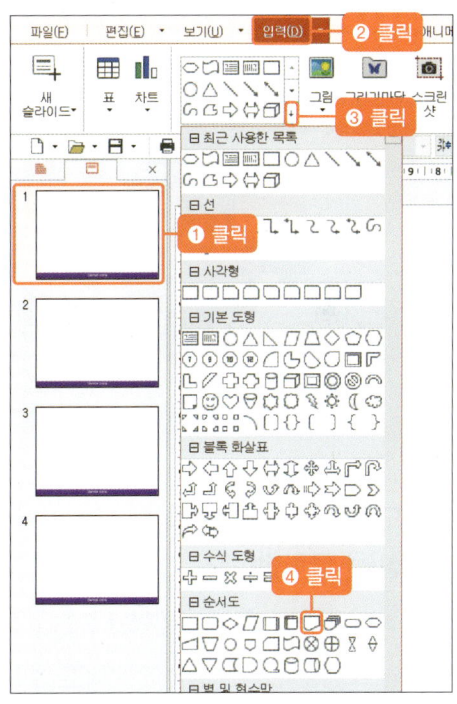

③ 마우스 포인터가 ➕ 모양으로 변경되면 드래그하여 도형을 삽입합니다. 이어서, 조절점(■)을 드래그하여 《출력형태》와 같이 크기를 조절한 후 위치를 변경합니다.

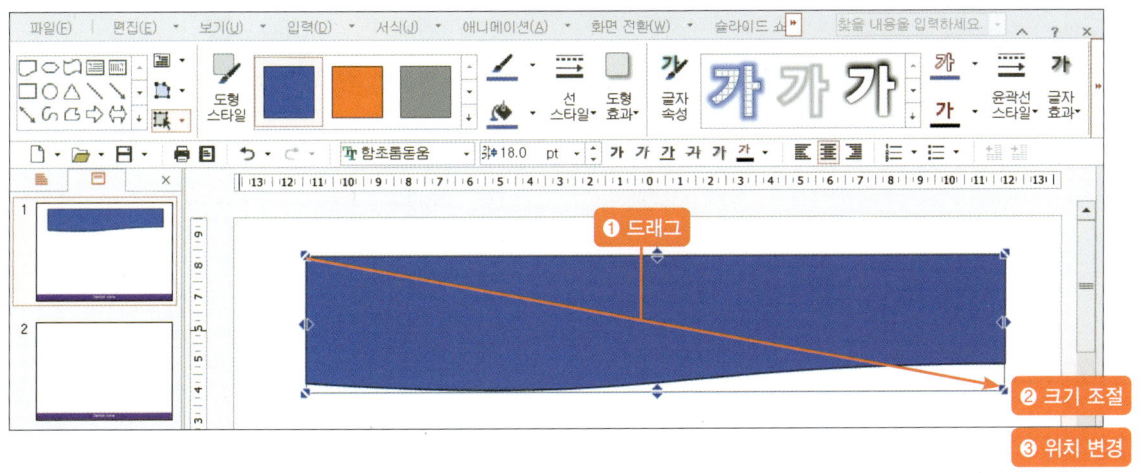

④ 도형이 선택된 상태에서 '**건강한 치아를 위한 치아관리**'를 입력한 후, Esc 키를 누릅니다.

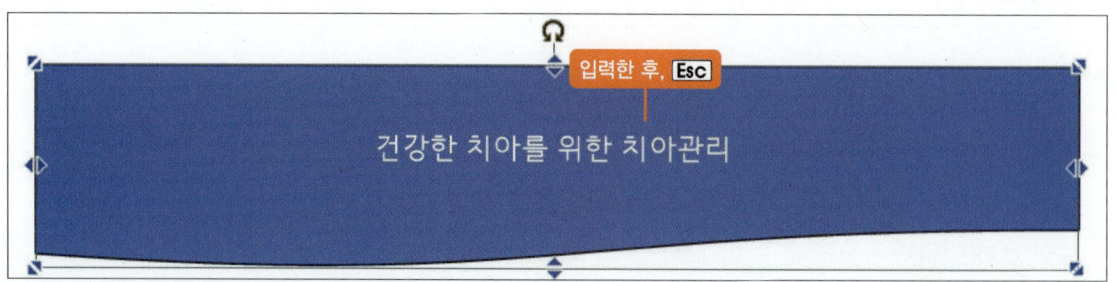

> **TIP 노란색 조절점(◆)을 이용한 도형 모양 바꾸기**
>
> 도형의 두께나 모양을 바꿀때에는 노란색 조절점(◆)을 위, 아래, 좌, 우 드래그하여 조절합니다. 도형에 따라 나오지 않는 경우도 있습니다.

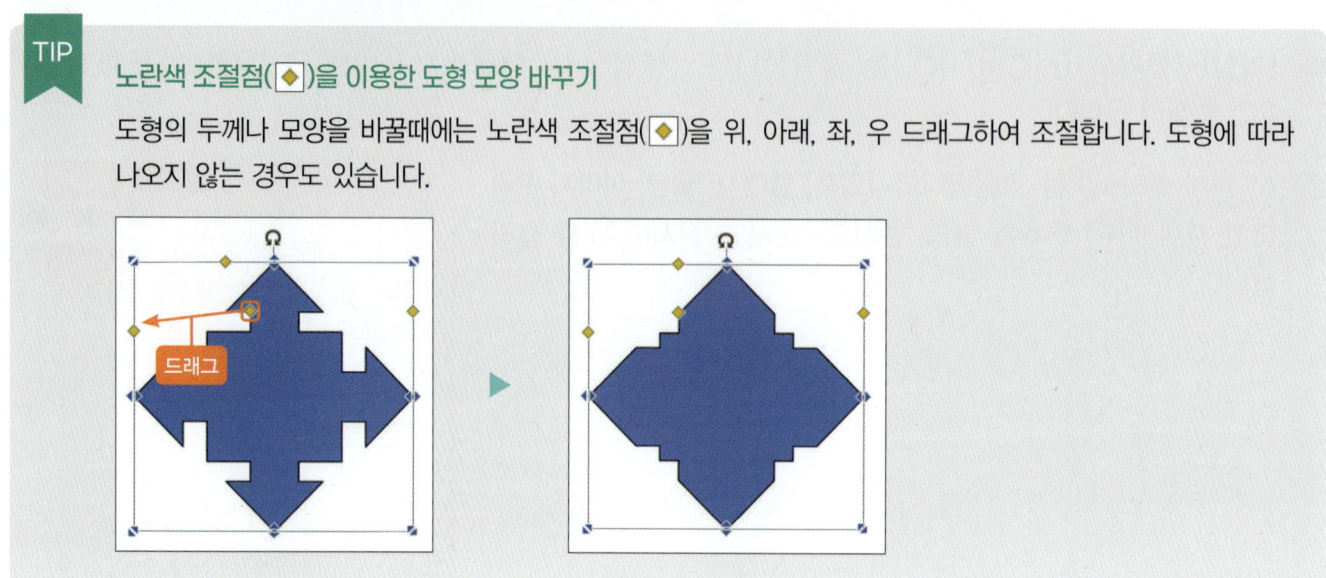

⑤ 도형에 그러데이션을 채우기 위해 도형 위에서 마우스 오른쪽 단추를 눌러 [바로 가기] 메뉴가 나오면 [개체 속성]을 클릭합니다.

※ 도형 안에 글자가 입력된 도형은 글자가 없는 부분 위에서 마우스 오른쪽 단추를 눌러 바로 가기 메뉴를 실행합니다.
※ 도형을 선택한 상태에서 더블 클릭해도 [개체 속성] 대화상자가 실행됩니다.

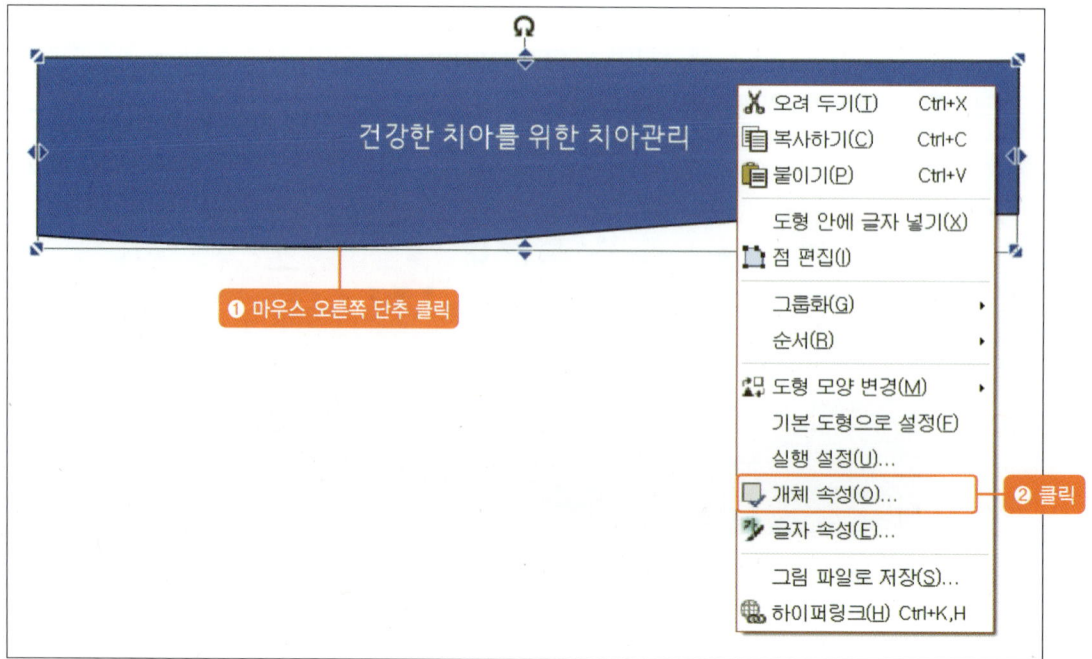

⑥ [개체 속성] 대화상자가 나오면 [채우기] 탭을 클릭합니다. '종류'-'그러데이션'을 클릭한 후, '유형(보라), 종류 (선형( )), 방향(위쪽에서( ))'를 각각 지정합니다.

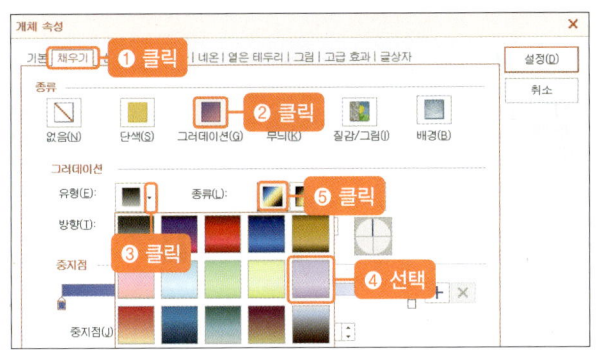 

⑦ [선] 탭을 클릭합니다. '선 색(단색)'을 확인한 후, '단색'-'색-보라'를 선택합니다. 이어서 '선 종류(실선 ( )), 굵기(3pt), 겹선 종류(단순형( ))'을 각각 지정한 후, 〈설정〉 단추를 클릭합니다.

※ 《작성조건》에서 겹선 종류를 '단순형'으로 지정하라는 문제가 나오면 기본 값이 '단순형'이기 때문에 확인한 후, 다음 작업을 진행해도 됩니다.

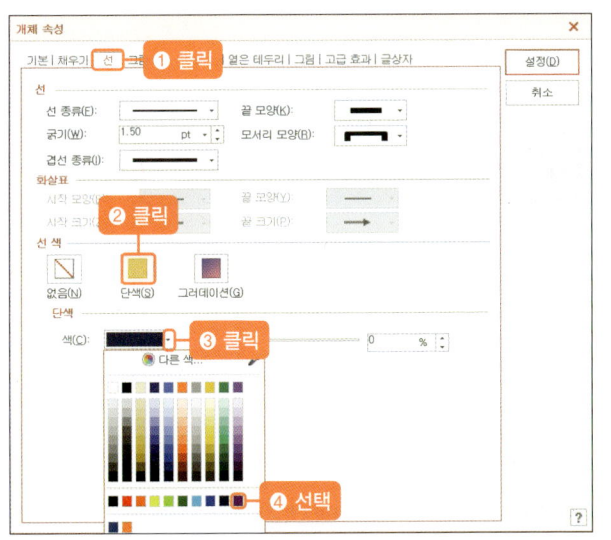 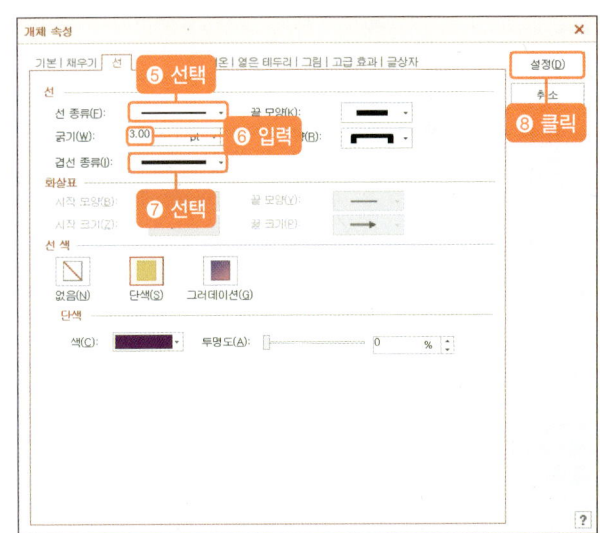

⑧ 도형에 그림자 효과를 지정하기 위해 [도형( )]-[도형 효과]-[그림자]에서 '바깥쪽'-'아래쪽( )'을 클릭합니다.

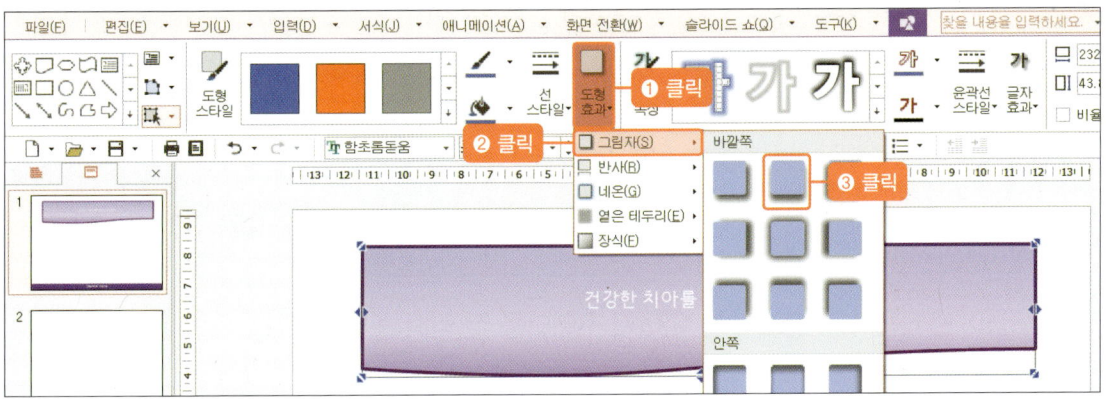

출제유형 02 29 [슬라이드1] 제목 도형

⑨ 글꼴 서식을 변경하기 위해 [서식] 탭에서 '글꼴(궁서체), 글자크기(40pt), 기울임(가), 빨강'을 지정합니다.

※ 글꼴 서식을 변경할 때는 도형의 테두리를 클릭하거나 내용을 드래그하여 블록으로 지정한 후 작업합니다.

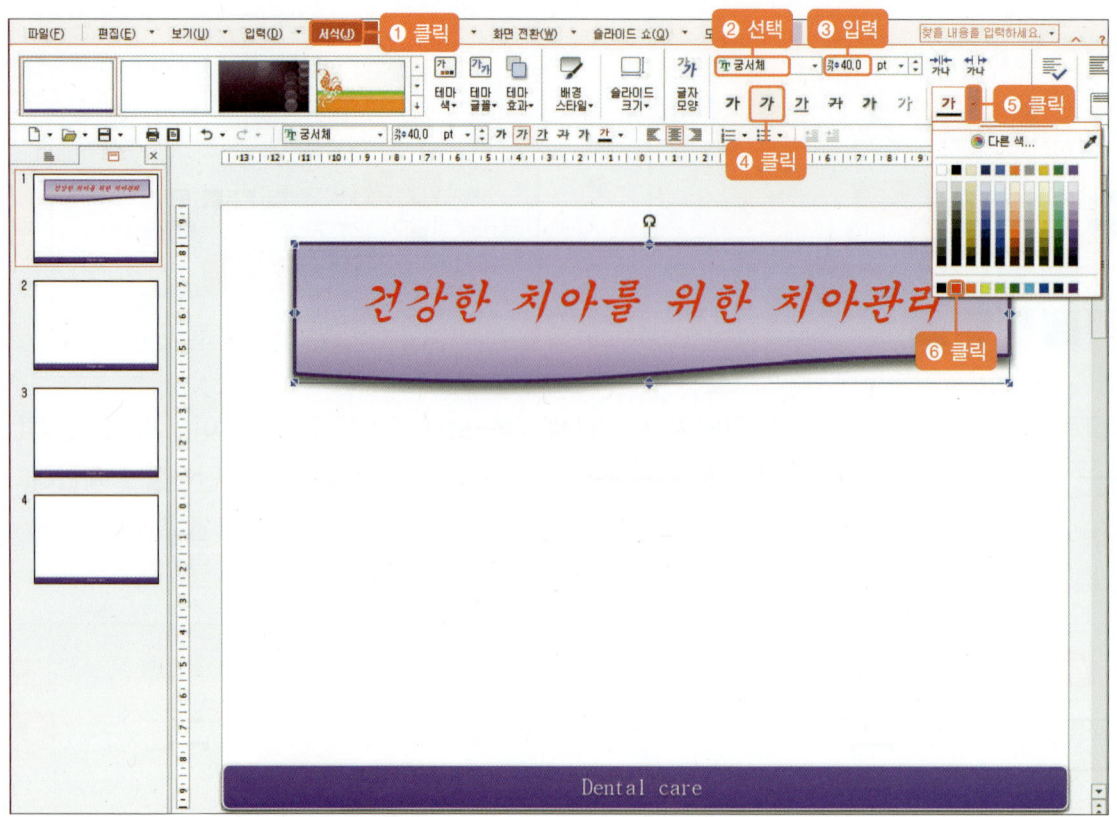

⑩ [파일]-[저장하기](Ctrl+S) 또는 [서식] 도구 상자에서 '저장하기(🖫)'를 클릭합니다.

※ 실제 시험을 볼 때 작업 도중에 수시로(10분에 한 번 정도) 저장을 하는 것이 좋습니다.

TIP 글꼴 서식 변경

[서식] 탭에서 글꼴 서식을 변경해도 되지만 아래 그림과 같이 [서식] 도구 상자에서 간단히 지정하는 것이 편리합니다.

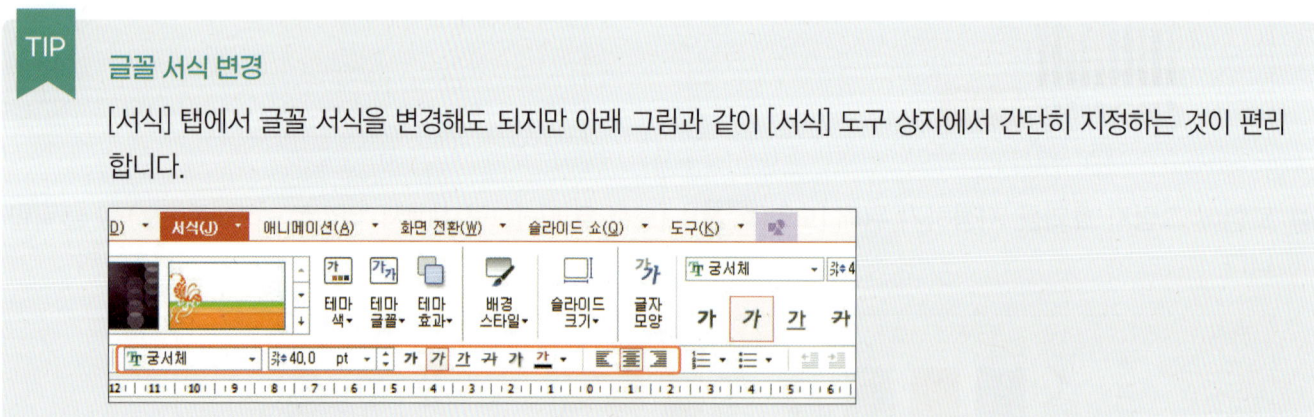

시험 분석

[도형 1]은 다양한 도형이 출제됩니다. 평소 도형 이미지 꾸러미를 잘 익혀 둡니다.

[슬라이드1] 제목 도형

01 아래의 작성조건 및 출력형태에 알맞게 첫 번째 슬라이드에 작업하시오.

* 소스 파일 : [출제유형 완전정복]-[소스 파일]-정복02_문제01.show
* 정답 파일 : [출제유형 완전정복]-[정답 파일]-정복02_완성01.show

● 출력형태

● 작성조건

▶ 도형 1 ⇒ 별 및 현수막 : 물결, 도형 채우기(그러데이션 : 유형 - 신호등 2, 종류 - 선형, 방향 - 위쪽에서),
선 색(단색, 색 : 초록), 선 스타일(선 종류 : 실선, 굵기 : 3pt, 겹선 종류 : 단순형),
도형 효과(반사 - '1/3 크기, 근접'), 글꼴(궁서체, 42pt, 진하게, 검은 군청)

[슬라이드1] 제목 도형

02 아래의 작성조건 및 출력형태에 알맞게 첫 번째 슬라이드에 작업하시오.

* 소스 파일 : [출제유형 완전정복]-[소스 파일]-정복02_문제02.show
* 정답 파일 : [출제유형 완전정복]-[정답 파일]-정복02_완성02.show

● 출력형태

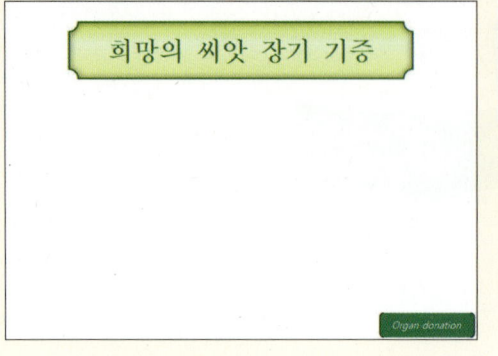

● 작성조건

▶ 도형 1 ⇒ 기본 도형 : 배지, 도형 채우기(그러데이션 : 유형 – 레몬, 종류 – 선형, 방향 – 아래쪽에서),
  선 색(단색, 색 : 초록), 선 스타일(선 종류 : 실선, 굵기 : 2.5pt, 겹선 종류 : 단순형),
  도형 효과(그림자 – 안쪽 – 가운데), 글꼴(바탕체, 42pt, 진하게, 초록)

03 아래의 작성조건 및 출력형태에 알맞게 작업하시오.

* 소스 파일 : [출제유형 완전정복]-[소스 파일]-정복02_문제03.show
* 정답 파일 : [출제유형 완전정복]-[정답 파일]-정복02_완성03.show

● 출력형태

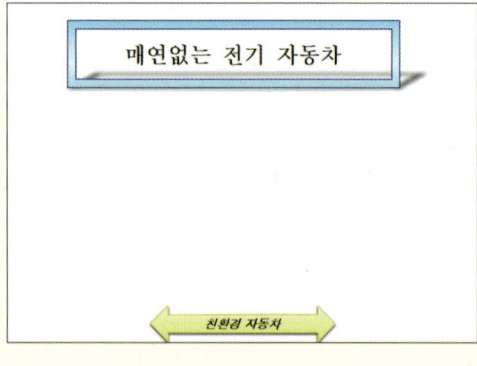

● 작성조건

▶ 도형 1 ⇒ 기본 도형 : 액자, 도형 채우기(그러데이션 : 유형 – 솜사탕 2, 종류 – 선형, 방향 – 위쪽에서),
  선 색(단색, 색 : 파랑), 선 스타일(선 종류 : 실선, 굵기 : 1.5pt, 겹선 종류 : 단순형),
  도형 효과(그림자 – 원근감 – 대각선 오른쪽 위), 글꼴(바탕체, 36pt, 진하게, 검정)

출제유형 완전정복

[슬라이드1] 제목 도형

04 아래의 작성조건 및 출력형태에 알맞게 첫 번째 슬라이드에 작업하시오.

* 소스 파일 : [출제유형 완전정복]-[소스 파일]-정복02_문제04.show
* 정답 파일 : [출제유형 완전정복]-[정답 파일]-정복02_완성04.show

● 출력형태

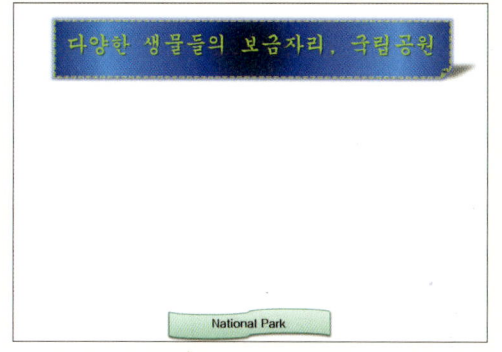

● 작성조건

▶ 도형 1 ⇒ 기본 도형 : 모서리가 접힌 도형, 도형 채우기(그러데이션 : 유형 - 청명한 하늘, 종류 - 방사형, 방향 - 가운데에서), 선 색(단색, 색 : 노랑), 선 스타일(선 종류 : 긴 점선, 굵기 : 3pt, 겹선 종류 : 이중), 도형 효과(네온 - 강조 색 1, 10pt), 글꼴(궁서체, 36pt, 그림자, 밝은 연두색)

05 아래의 작성조건 및 출력형태에 알맞게 첫 번째 슬라이드에 작업하시오.

* 소스 파일 : [출제유형 완전정복]-[소스 파일]-정복02_문제05.show
* 정답 파일 : [출제유형 완전정복]-[정답 파일]-정복02_완성05.show

● 출력형태

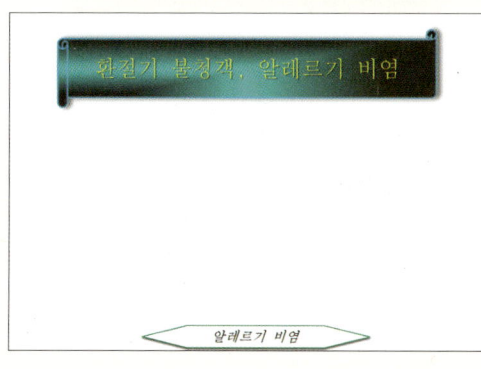
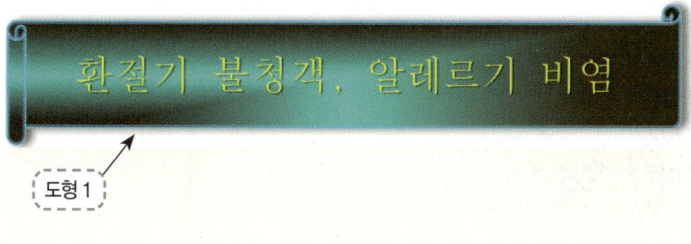

● 작성조건

▶ 도형 1 ⇒ 기본 도형 : 별 및 현수막 : 가로로 말린 두루마리 모양, 도형 채우기(그러데이션 : 유형 - 루비, 종류 - 사각형, 방향 - 왼쪽 아래에서), 선 색(단색, 색 : 시안), 선 스타일(선 종류 : 실선, 굵기 : 3pt, 겹선 종류 : 굵고 얇음), 도형 효과(그림자 - 바깥쪽 - 오른쪽), 글꼴(바탕체, 36pt, 그림자, 노랑)

출제유형 03 [슬라이드1] 본문 도형

PART 02 출제유형 완전정복

- ☑ 도형을 회전하기
- ☑ 도형에 입체 효과 적용하기

문제 미리보기

소스 파일 : [출제유형 완전정복]–[소스 파일]–유형03_문제.show
정답 파일 : [출제유형 완전정복]–[정답 파일]–유형03_완성.show

【슬라이드1】 아래의 작성조건 및 출력형태에 알맞게 첫 번째 슬라이드에 작업하시오. (30점)

● 출력형태

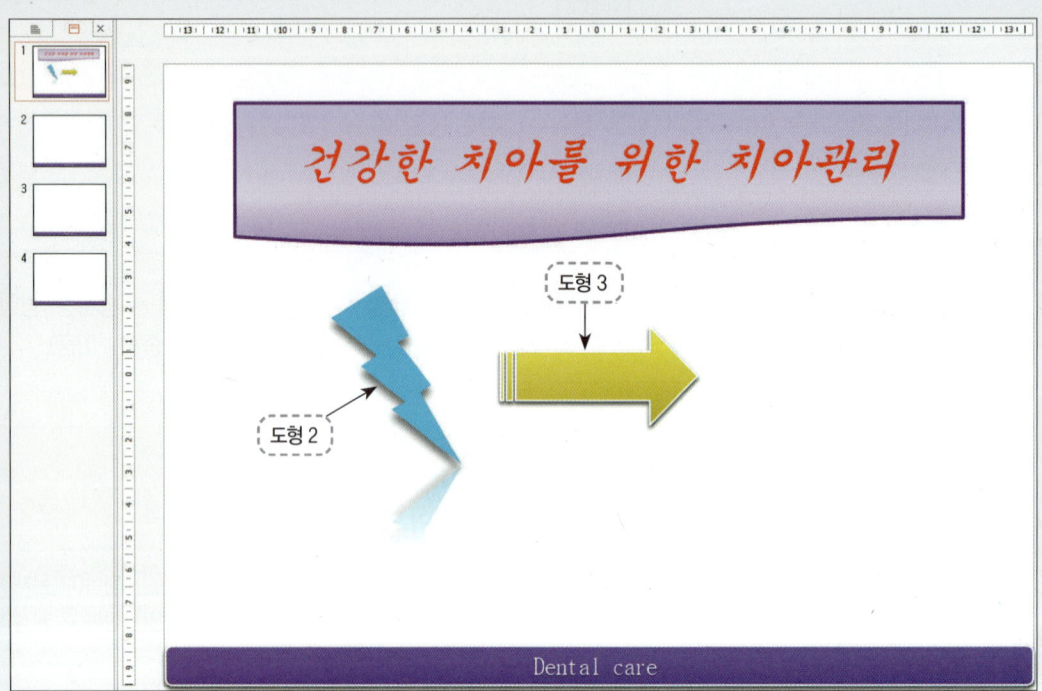

● 작성조건

▶ 도형 1 ⇒ 순서도 : 문서, 도형 채우기(그러데이션 : 유형 – 보라, 종류 – 선형, 방향 – 위쪽에서), 선 색(단색, 색 : 보라), 선 스타일(선 종류 : 실선, 굵기 : 3pt, 겹선 종류 : 단순형), 도형 효과(그림자 – 바깥쪽 – 아래쪽), 글꼴(궁서체, 40pt, 기울임, 빨강)

▶ 도형 2 ⇒ 기본 도형 : 번개, 도형 채우기(시안), 선 색 없음,
   도형 효과(그림자 – 바깥쪽 – 아래쪽, 반사 – '1/2 크기, 근접')

▶ 도형 3 ⇒ 블록 화살표 : 줄무늬가 있는 오른쪽 화살표, 도형 스타일('보통 효과 – 강조 4')

▶ 그림 삽입 ⇒ 그림 1 삽입, 크기(너비 : 80mm, 높이 : 80mm)

▶ 글상자(아름다운 미소를 위한 치아 건강) ⇒ 글꼴(궁서, 28pt, 밑줄)

▶ 애니메이션 지정 ⇒ 도형 1 : 나타내기 – 날아오기

▶ 지시사항이 없는 부분은 《출력형태》와 동일하게 작성하시오.

01 도형 2 작성하기

◆ 작성조건
▶ 도형 2 ⇒ 기본 도형 : 번개, 도형 채우기(시안), 선 색 없음,
　도형 효과 (그림자 – 바깥쪽 – 아래쪽, 반사 – '1/2 크기, 근접')

① [파일]-[불러오기](Ctrl+O)를 클릭합니다. [불러오기] 대화상자가 나오면 '유형03_문제.show' 파일을 불러 옵니다.

② 첫 번째 슬라이드를 선택한 후 [입력] 탭에서 '도형' 이미지 꾸러미의 자세히(▼) 단추를 눌러 '기본 도형'-'번개(⚡)'을 클릭합니다.

③ 마우스 포인터가 ＋ 모양으로 변경되면 드래그하여 도형을 삽입합니다. 이어서, 조절점(◢)을 드래그하여 《출력형태》와 같이 크기를 조절한 후 위치를 변경합니다.

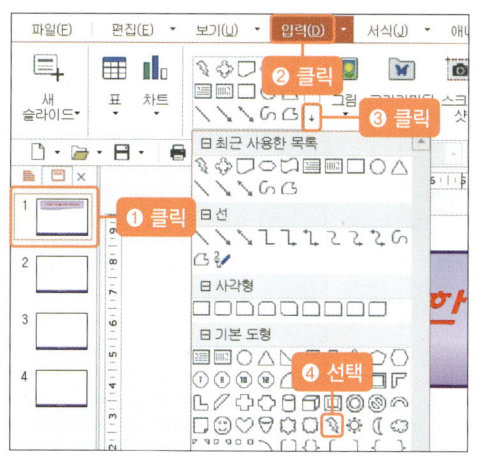 ▶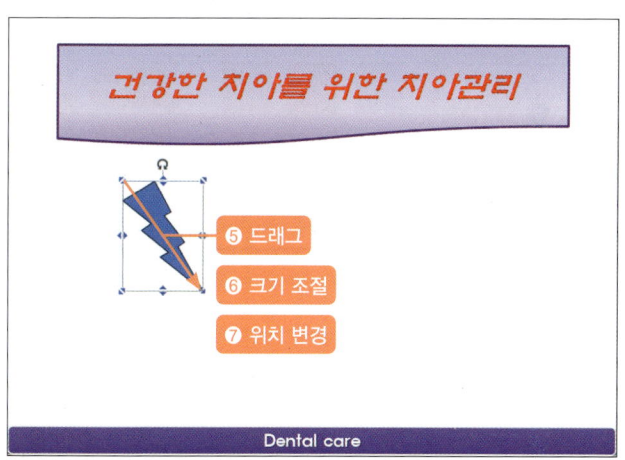

④ [도형(🔲)] 탭에서 '채우기(🎨)'의 목록(▼) 단추를 클릭한 후, '시안'을 선택합니다.

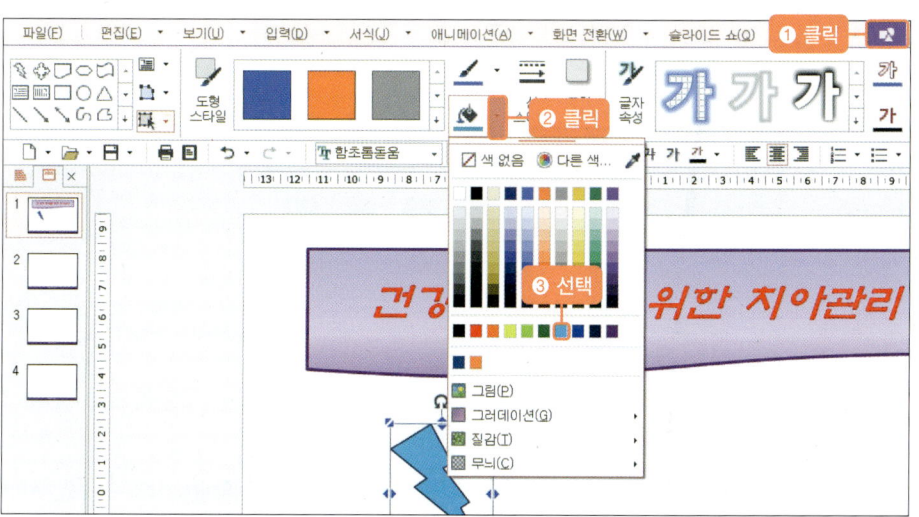

❺ [도형] 탭에서 '선 스타일 ' –'선 종류'를 클릭한 후, '선 없음'으로 선택합니다.

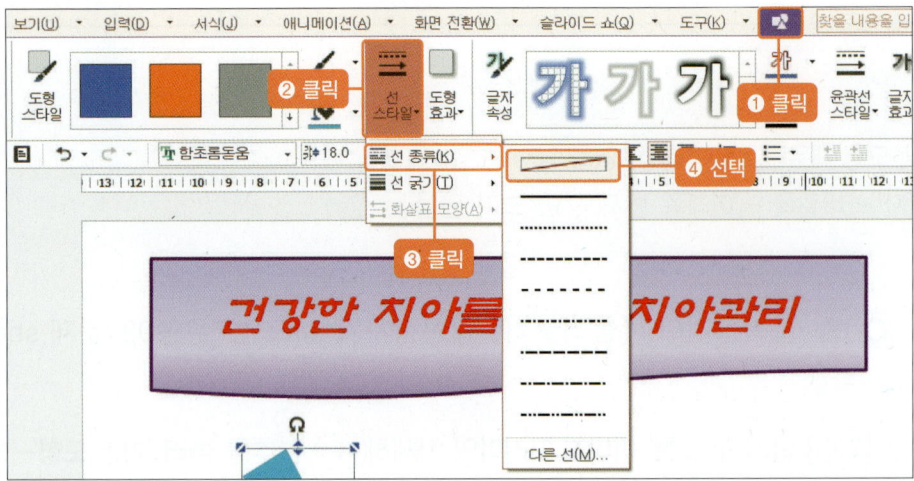

❻ [도형] 탭에서 '도형 효과 ' –'그림자'–'바깥쪽–아래쪽 '을 선택합니다. 이어서 '반사'–'1/2 크기, 근접( )'을 선택합니다.

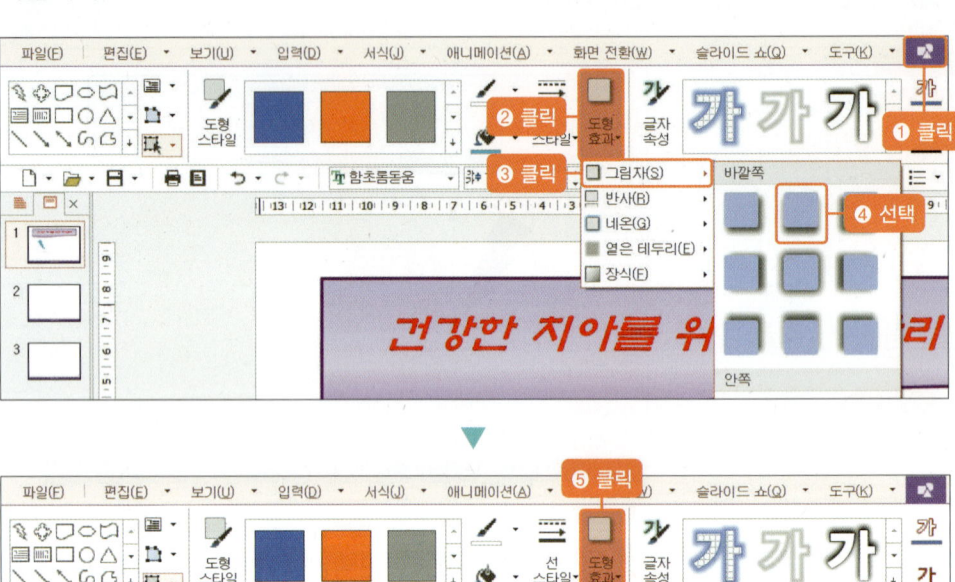

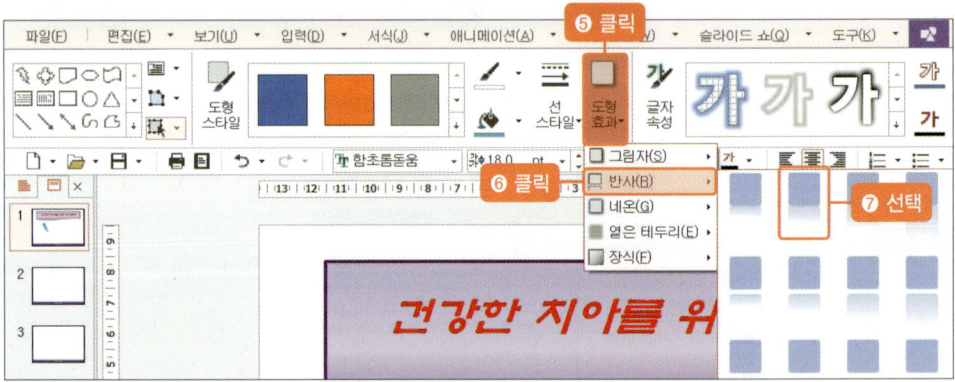

 도형의 변형

- 회전/대칭 : 도형을 회전할 때는 [도형] 탭의 '회전'에서 '왼쪽으로 90도 회전( )' 또는 '오른쪽으로 90도 회전( )'을 사용하거나 '좌우 대칭( )', '상하 대칭( )'을 클릭합니다.
- 조절점을 이용한 회전 : 도형의 상단 조절점( )을 드래그하여 회전할 수 있습니다. Shift 키를 누르면서 회전하면 15°씩 회전됩니다.

02 도형 3 작성하기

◆ 작성조건
▶ 도형 3 ⇒ 블록 화살표 : 줄무늬가 있는 오른쪽 화살표, 도형 스타일('보통 효과 – 강조 4')

❶ [입력] 탭에서 '도형' 이미지 꾸러미의 자세히(▼) 단추를 눌러 '블록 화살표–줄무늬가 있는 오른쪽 화살표(⇨)'를 클릭합니다.

❷ 마우스 포인터가 ┼ 모양으로 변경되면 드래그하여 도형을 삽입합니다. 이어서, 조절점(◢)을 드래그하여 《출력형태》와 같이 크기를 조절한 후, 위치를 변경합니다.

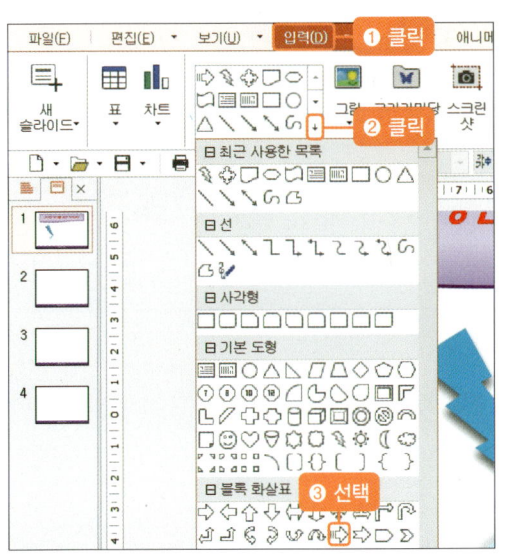
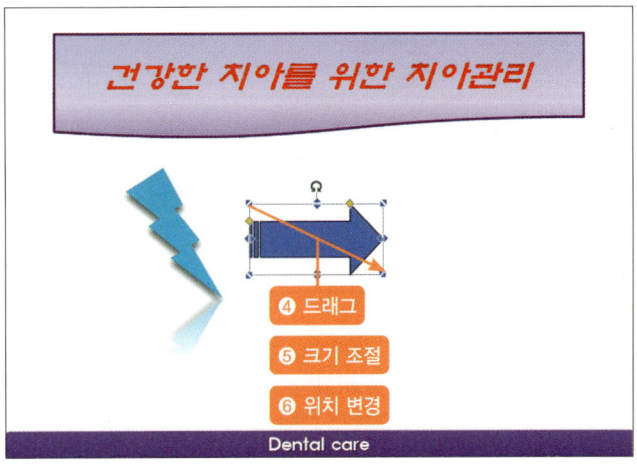

❸ [도형] 탭에서 자세히(▼) 단추를 클릭한 후, '보통 효과 – 강조 4(■)'을 선택합니다.

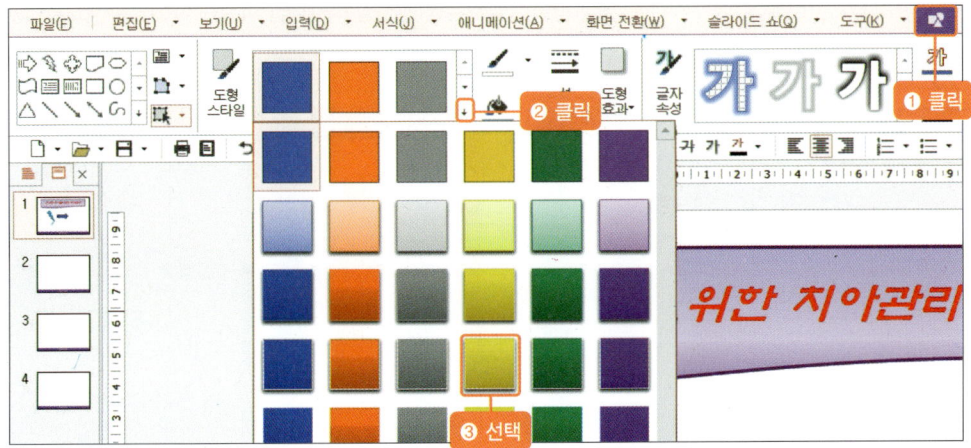

❹ [파일]-[저장하기](Ctrl + S) 또는 [서식] 도구 상자에서 '저장하기(💾)'를 클릭합니다.
※ 실제 시험을 볼 때 작업 도중에 수시로(10분에 한 번 정도) 저장을 하는 것이 좋습니다.

[슬라이드1] 본문 도형

01 아래의 작성조건 및 출력형태에 알맞게 첫 번째 슬라이드에 작업하시오.

* 소스 파일 : [출제유형 완전정복]–[소스 파일]–정복03_문제01.show
* 정답 파일 : [출제유형 완전정복]–[정답 파일]–정복03_완성01.show

● 출력형태

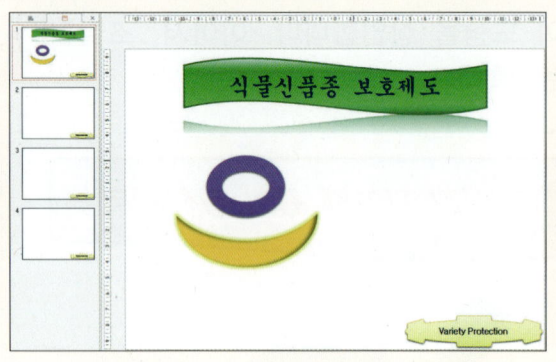 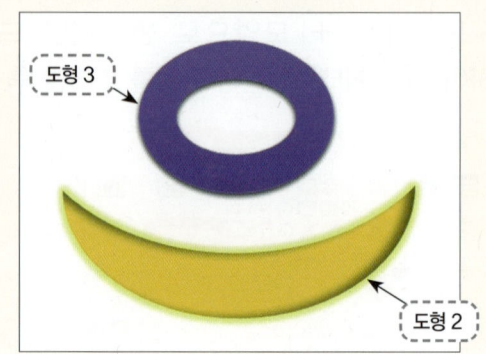

● 작성조건

▶ 도형 2 ⇒ 기본 도형 : 달, 도형 채우기(강조 4 노랑), 선 색 없음,
   도형 효과(그림자 – 안쪽 – 오른쪽, 네온 – '강조 색 4, 10pt')
▶ 도형 3 ⇒ 기본 도형 : 도넛, 도형 스타일('어두운 계열 – 강조 6')

02 아래의 작성조건 및 출력형태에 알맞게 첫 번째 슬라이드에 작업하시오.

* 소스 파일 : [출제유형 완전정복]–[소스 파일]–정복03_문제02.show
* 정답 파일 : [출제유형 완전정복]–[정답 파일]–정복03_완성02.show

● 출력형태

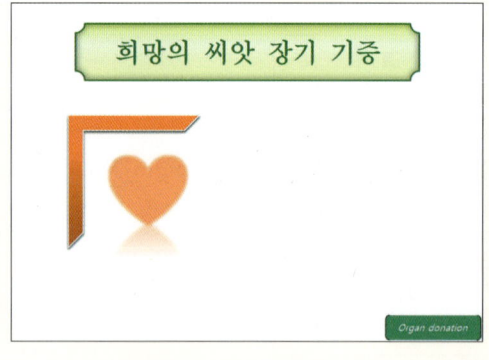 

● 작성조건

▶ 도형 2 ⇒ 기본 도형 : 하트, 도형 채우기('강조 2 주황 20% 밝게'), 선 색 없음,
   도형 효과(반사 – '1/2 크기, 4pt', 네온 – '강조 색 2, 10pt')
▶ 도형 3 ⇒ 기본 도형 : 1/2 액자, 도형 스타일('보통 효과 – 강조 2')

[슬라이드1] 본문 도형

03 아래의 작성조건 및 출력형태에 알맞게 첫 번째 슬라이드에 작업하시오.

* 소스 파일 : [출제유형 완전정복]-[소스 파일]-정복03_문제03.show
* 정답 파일 : [출제유형 완전정복]-[정답 파일]-정복03_완성03.show

● 출력형태

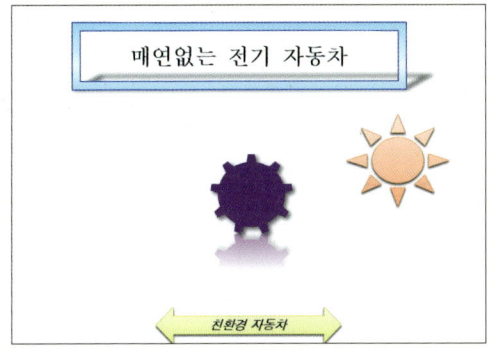 

● 작성조건
▶ 도형 2 ⇒ 기본 도형 : 톱니바퀴2, 도형 채우기(보라), 선 색 없음,
　　　　　　도형 효과(그림자 - 바깥쪽 - 대각선 오른쪽 아래, 반사 - '1/2 크기, 근접')
▶ 도형 3 ⇒ 기본 도형 : 해, 도형 스타일('밝은 계열 - 강조 2')

04 아래의 작성조건 및 출력형태에 알맞게 첫 번째 슬라이드에 작업하시오.

* 소스 파일 : [출제유형 완전정복]-[소스 파일]-정복03_문제04.show
* 정답 파일 : [출제유형 완전정복]-[정답 파일]-정복03_완성04.show

● 출력형태

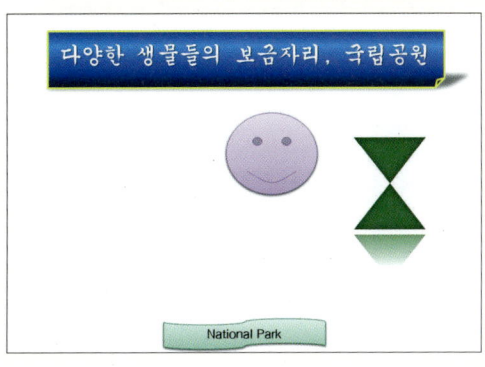 

● 작성조건
▶ 도형 2 ⇒ 순서도 : 대조, 도형 채우기(초록), 선 색 없음,
　　　　　　도형 효과(그림자 - 안쪽 - 가운데, 반사 - '1/3 크기, 8pt')
▶ 도형 3 ⇒ 기본 도형 : 웃는 얼굴, 도형 스타일('밝은 계열 - 강조 6')

출제유형 04

PART 02 출제유형 완전정복

[슬라이드1] 그림 및 글상자

- ☑ 그림을 삽입한 후 크기 지정하기
- ☑ 텍스트 상자를 삽입하기

문제 미리보기

소스 파일 : [출제유형 완전정복]-[소스 파일]-유형04_문제.show
정답 파일 : [출제유형 완전정복]-[정답 파일]-유형04_완성.show

【슬라이드1】 아래의 작성조건 및 출력형태에 알맞게 첫 번째 슬라이드에 작업하시오. (30점)

● 출력형태

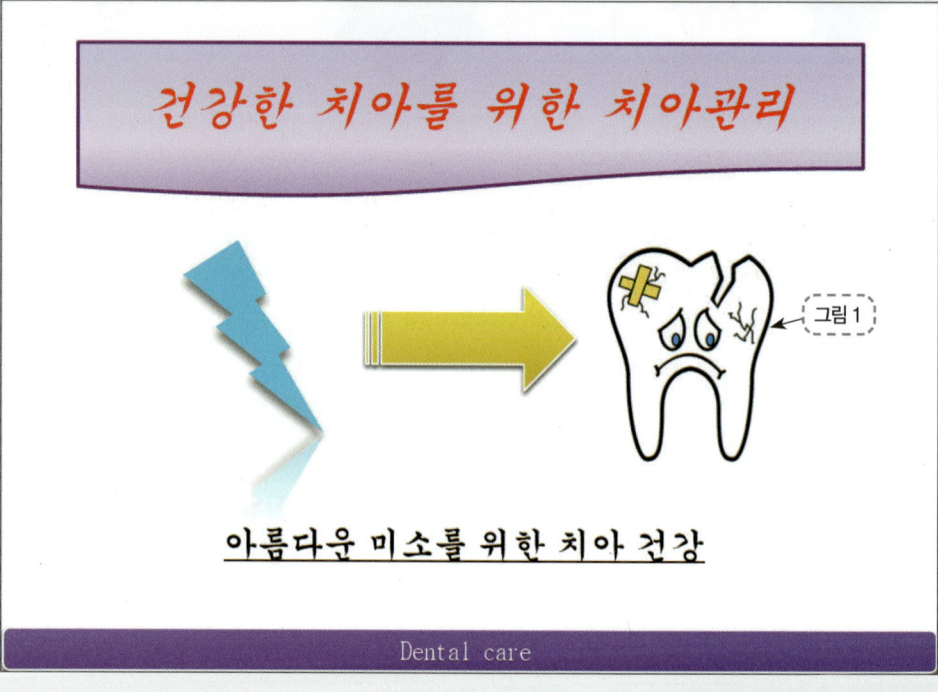

● 작성조건

▶ 도형1 ⇒ 순서도 : 문서, 도형 채우기(그러데이션 : 유형 – 보라, 종류 – 선형, 방향 – 위쪽에서), 선 색(단색, 색 : 보라),
    선 스타일(선 종류 : 실선, 굵기 : 3pt, 겹선 종류 : 단순형), 도형 효과(그림자 – 바깥쪽 – 아래쪽),
    글꼴(궁서체, 40pt, 기울임, 빨강)
▶ 도형2 ⇒ 기본 도형 : 번개, 도형 채우기(시안), 선 색 없음, 도형 효과 (그림자 – 바깥쪽 – 아래쪽, 반사 – '1/2 크기, 근접')
▶ 도형3 ⇒ 블록 화살표 : 줄무늬가 있는 오른쪽 화살표, 도형 스타일('보통 효과 – 강조 3')
▶ 그림 삽입 ⇒ 그림 1 삽입, 크기(너비 : 80mm, 높이 : 80mm)
▶ 글상자(아름다운 미소를 위한 치아 건강) ⇒ 글꼴(궁서, 28pt, 밑줄)
▶ 애니메이션 지정 ⇒ 도형 1 : 나타내기 – 날아오기
▶ 지시사항이 없는 부분은 《출력형태》와 동일하게 작성하시오.

01 그림 삽입하기

◆ 작성조건
▶ 그림 삽입 ⇒ 그림 1 삽입, 크기(너비 : 80mm, 높이 : 80mm)

❶ [파일]-[불러오기](Ctrl+O)를 클릭합니다. [불러오기] 대화상자가 나오면 '유형04_문제.show' 파일을 불러옵니다.

❷ 첫 번째 슬라이드를 선택한 후, 그림을 삽입하기 위해 [입력] 탭에서 '그림( )'을 클릭합니다.

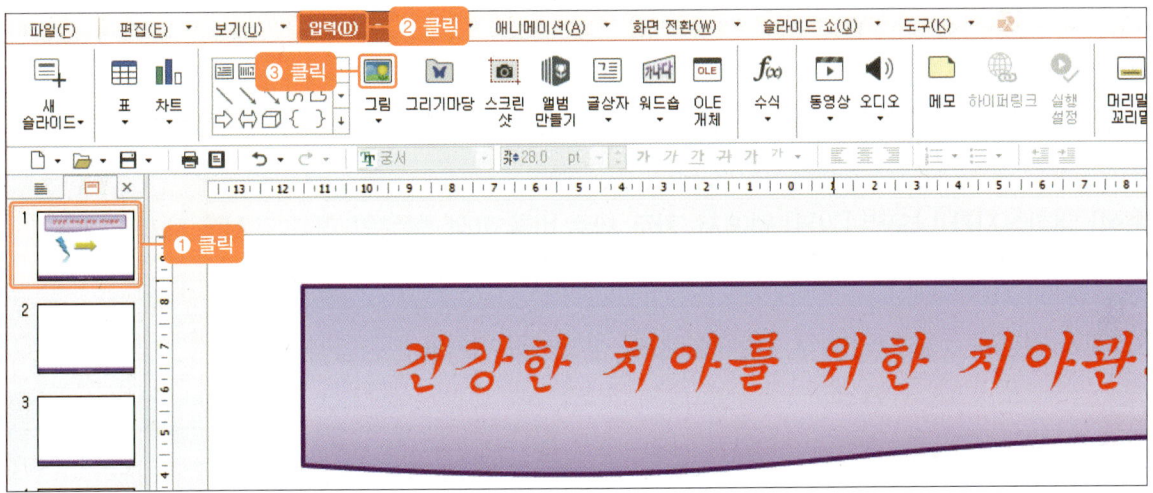

❸ [그림 넣기] 대화상자가 나오면 [그림 파일]-[출제유형 완전정복]-[출제유형04]-'그림 1'을 선택한 후, 〈넣기〉 단추를 클릭합니다.

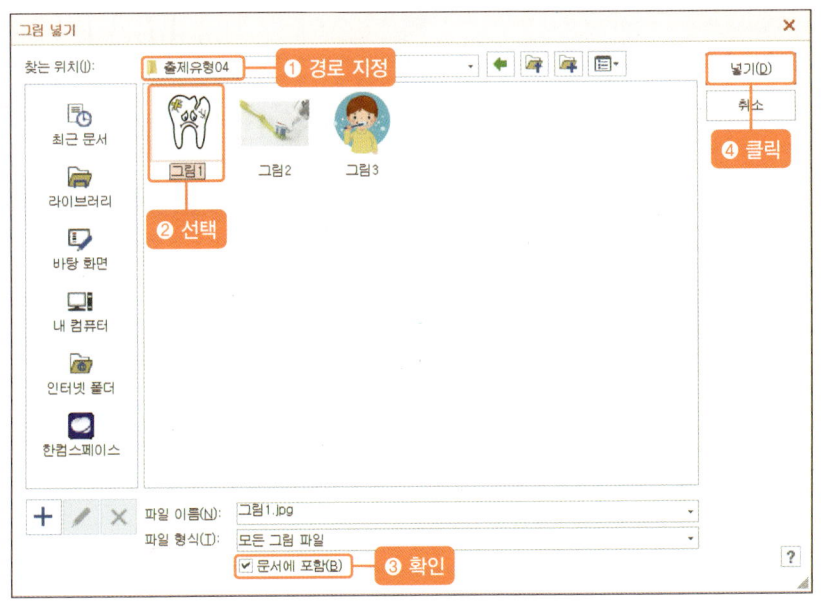

> **TIP 시험 유의 사항**
> 실제 시험에서는 바탕 화면의 [KAIT] – [제출파일] 폴더에 있는 그림을 이용해야 합니다.
> 본 교재에서 제공되는 파일을 위 실제 시험지에 지시한 경로대로 바탕 화면에 복사한 후 연습하는 것도 좋은 방법입니다.

④ 삽입된 그림 위에서 마우스 오른쪽 단추를 눌러 [바로 가기] 메뉴가 나오면 [개체 속성]을 클릭합니다.

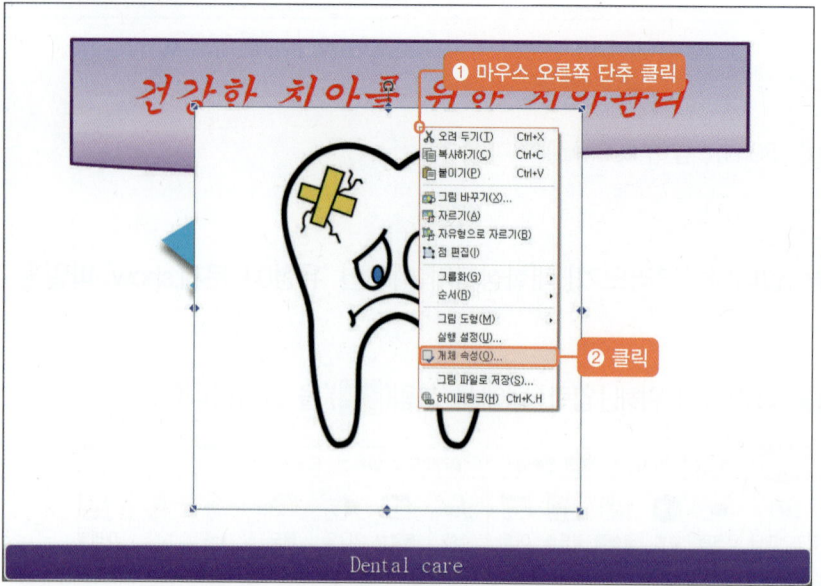

⑤ [개체 속성] 대화상자가 나오면 [기본] 탭에서 '가로 세로 비율 고정' 항목의 체크 표시를 해제합니다. 이어서, '너비(80), 높이(80)'를 입력한 후, 〈설정〉 단추를 클릭합니다.

⑥ 그림의 크기가 변경된 것을 확인한 후, 《출력형태》를 참고하여 위치를 변경합니다.

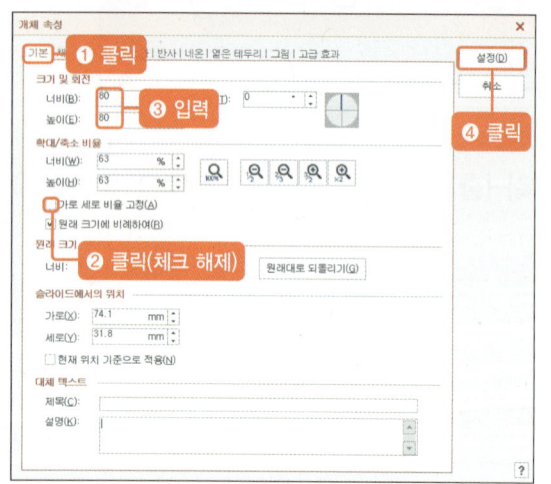 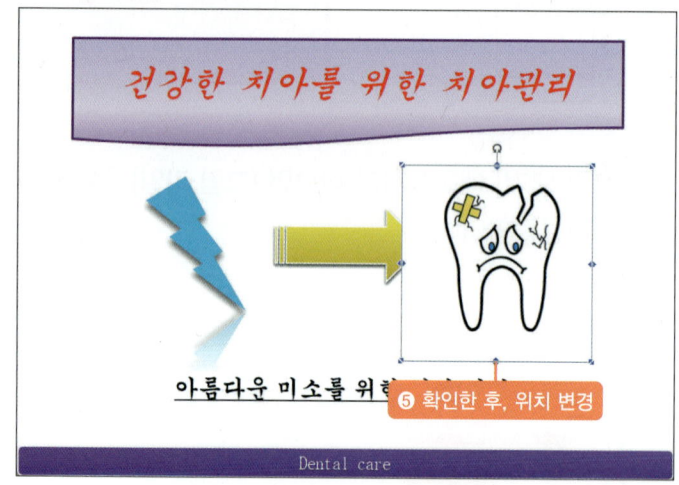

TIP 그림 크기 변경하기

한쇼 NEO에서 그림을 삽입하게 되면 기본 그림의 배율이 고정되어 있기 때문에 출제되는 그림의 크기를 지정하기 위해서는 반드시 '가로 세로 비율 고정' 항목의 체크 표시를 해제해야 합니다. 하지만 위 문제와 같이 동일한 비율인 경우 체크 해제하지 않아도 무방합니다.

❼ 그림의 순서를 변경하기 위해 마우스 오른쪽 단추를 눌러 [바로 가기] 메뉴가 나오면 [순서]-[맨 뒤로]를 선택합니다.

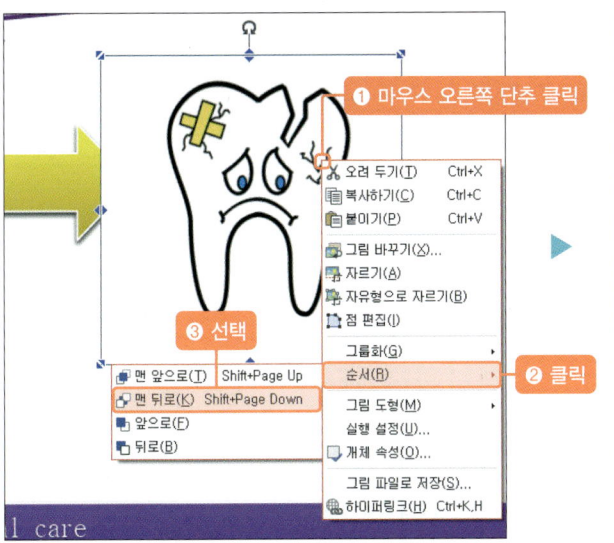 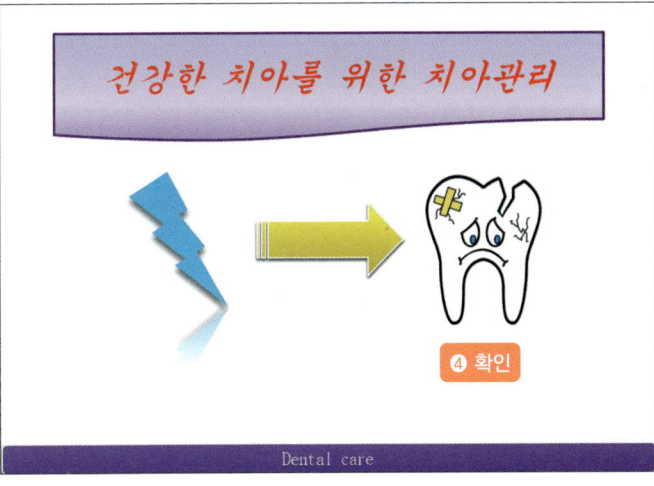

02 글상자 삽입하기

◆ 작성조건
  ▶ 글상자(아름다운 미소를 위한 치아 건강) ⇒ 글꼴(궁서, 28pt, 밑줄)

❶ [입력] 탭에서 '글상자( )'를 클릭합니다. 이어서, 마우스 포인터가 + 모양으로 변경되면 드래그하여 글상자를 삽입합니다. 글상자 안에 마우스 포인터가 | 모양으로 변경되면 '아름다운 미소를 위한 치아 건강'을 입력합니다.

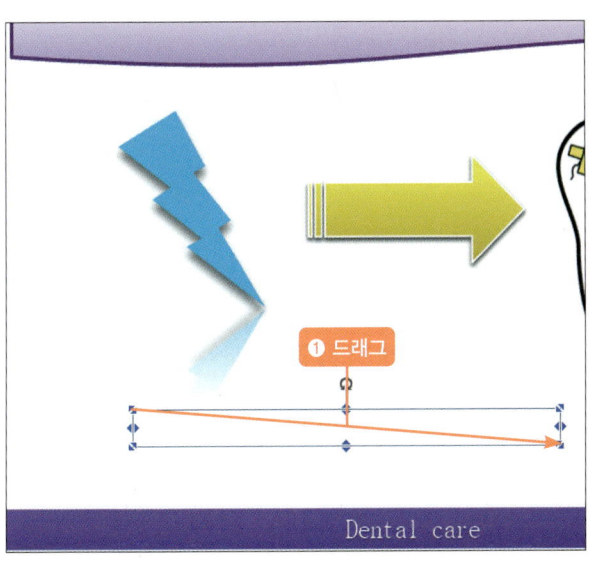 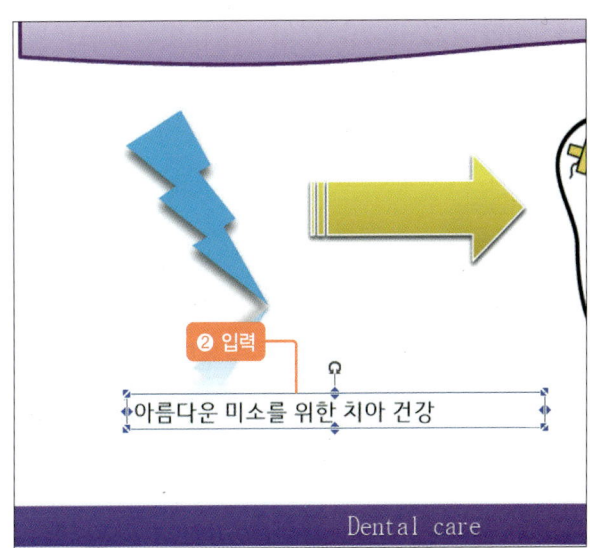

❷ 글상자의 테두리를 클릭한 후 [서식] 탭에서 '글꼴(궁서), 글꼴 크기(28pt), 밑줄(가)'을 지정한 후, 《출력형태》를 참고하여 글상자의 위치를 변경합니다.

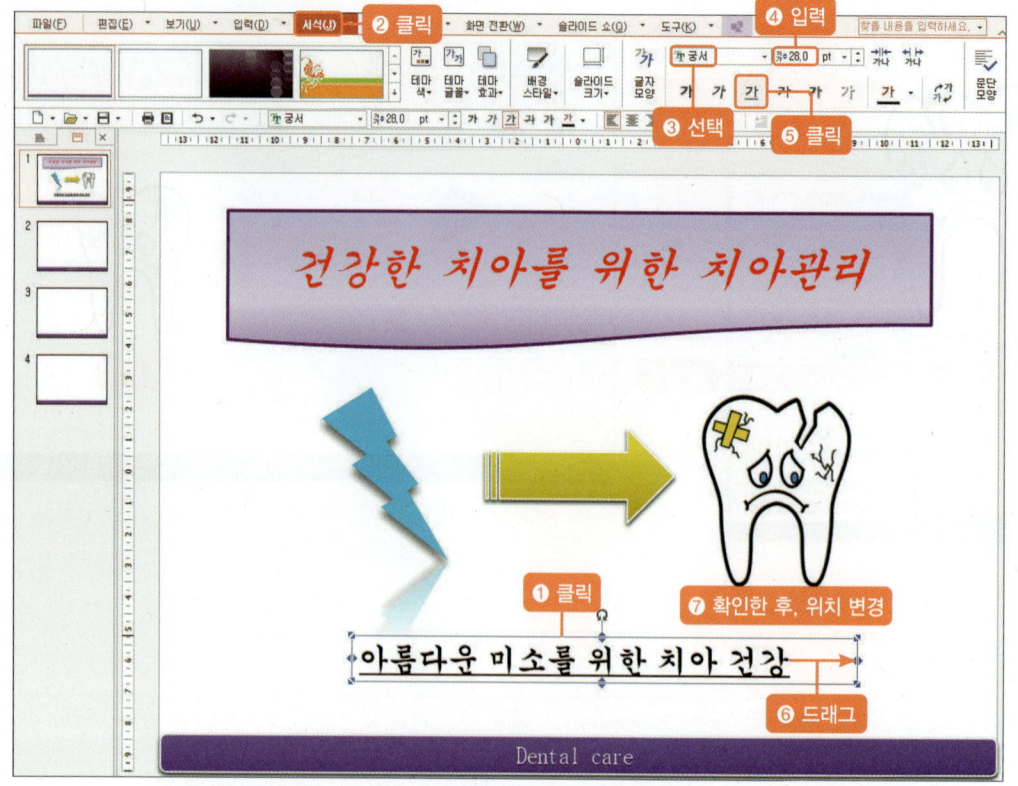

> **TIP** 글상자 글꼴 서식 변경하기
>
> 글상자의 글꼴 서식을 변경할 때는 글상자의 테두리를 클릭하거나, 글상자 안의 내용을 드래그하여 블록으로 지정한 후, 변경해야 합니다. 또한, 글상자 안의 글자가 두 줄로 될 경우 글상자를 늘려 주어야 합니다.

❸ [파일]-[저장하기](Ctrl + S) 또는 [서식] 도구 상자에서 '저장하기(📄)'를 클릭합니다.
   ※ 실제 시험을 볼 때 작업 도중에 수시로(10분에 한 번 정도) 저장을 하는 것이 좋습니다.

시험 분석

▶ **그림 삽입** : 실제 시험에서 바탕 화면의 [KAIT]-[제출파일] 폴더에 있는 그림을 이용해야 합니다.
▶ **글상자** : 오타 없이 내용을 정확하게 입력하며, 글꼴 서식에서 '진하게'와 '기울임'이 자주 출제됩니다. 간혹, '밑줄'도 출제될 수 있기 때문에 꼼꼼하게 읽고 서식을 지정합니다.

출제유형 완전정복
[슬라이드1] 그림 및 글상자

01 아래의 작성조건 및 출력형태에 알맞게 첫 번째 슬라이드에 작업하시오.

* 소스 파일 : [출제유형 완전정복]-[소스 파일]-정복04_문제01.show
* 정답 파일 : [출제유형 완전정복]-[정답 파일]-정복04_완성01.show

● 출력형태

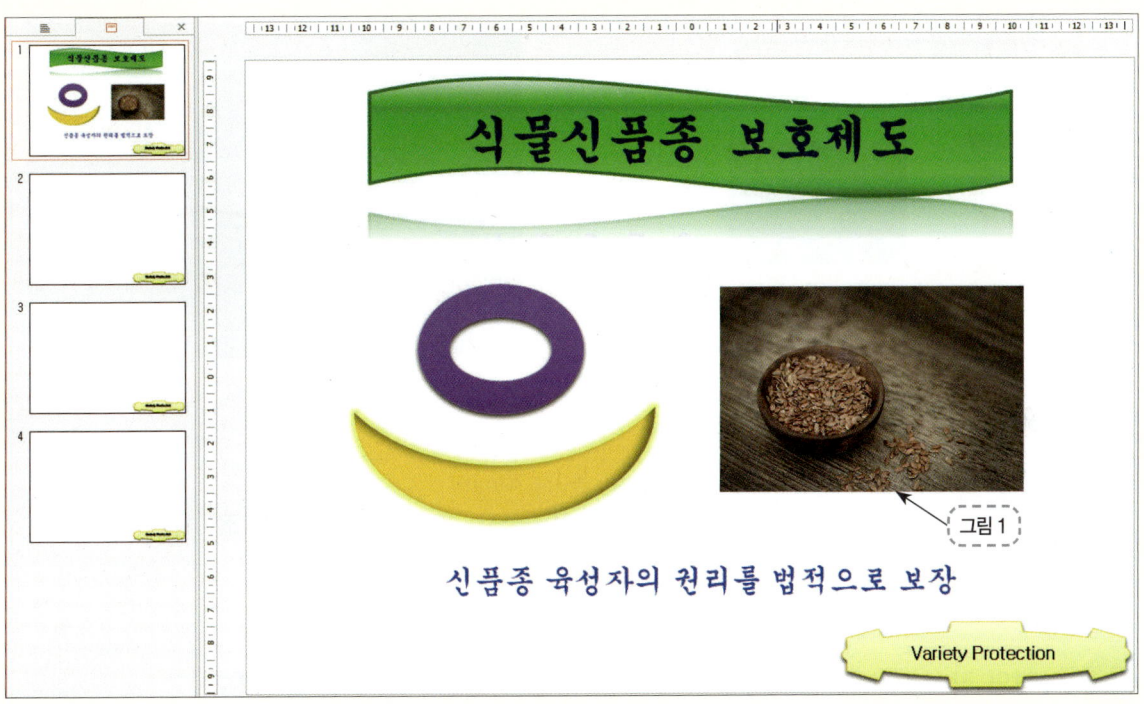

● 작성조건
▶ 그림 삽입 ⇒ 그림 1 삽입, 크기(너비 : 95mm, 높이 : 62mm)
▶ 글상자(신품종 육성자의 권리를 법적으로 보장) ⇒ 글꼴(궁서, 26pt, 파랑)

TIP 그림 경로

위 작성조건에 있는 그림은 [그림 파일]-[출제유형 완전정복]-[완전정복01]에 있습니다.(02, 03, 04, 05번 문제는 각각 완전정복02, 03, 04, 05번에 있습니다.) 실제 시험과 동일하게 연습하기 위해서 본 교재에서 제공되는 파일을 [바탕화면]-[KAIT]-[제출파일] 폴더에 복사한 후 연습하는 것이 바람직합니다.

출제유형 완전정복
[슬라이드1] 그림 및 글상자

02 아래의 작성조건 및 출력형태에 알맞게 첫 번째 슬라이드에 작업하시오.

* 소스 파일 : [출제유형 완전정복]–[소스 파일]–정복04_문제02.show
* 정답 파일 : [출제유형 완전정복]–[정답 파일]–정복04_완성02.show

● 출력형태

● 작성조건

▶ 그림 삽입 ⇒ 그림 1 삽입, 크기(너비 : 105mm, 높이 : 70mm)
▶ 글상자(소중한 장기를 대가 없이 기증하는 일) ⇒ 글꼴(궁서, 26pt, 기울임, 밑줄, '강조 1 하늘색')

03 아래의 작성조건 및 출력형태에 알맞게 첫 번째 슬라이드에 작업하시오.

* 소스 파일 : [출제유형 완전정복]–[소스 파일]–정복04_문제03.show
* 정답 파일 : [출제유형 완전정복]–[정답 파일]–정복04_완성03.show

● 출력형태

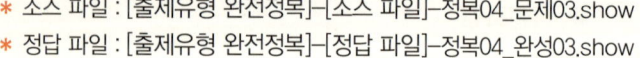

● 작성조건

▶ 그림 삽입 ⇒ 그림 1 삽입, 크기(너비 : 60mm, 높이 : 50mm)
▶ 글상자('전기를 동력으로 움직이는 자동차') ⇒ 글꼴(궁서, 22pt, 진하게, 기울임, 초록)

[슬라이드1] 그림 및 글상자

04 아래의 작성조건 및 출력형태에 알맞게 첫 번째 슬라이드에 작업하시오.

* 소스 파일 : [출제유형 완전정복]-[소스 파일]-정복04_문제04.show
* 정답 파일 : [출제유형 완전정복]-[정답 파일]-정복04_완성04.show

● 출력형태

● 작성조건

▶ 그림 삽입 ⇒ 그림 1 삽입, 크기(너비 : 100mm, 높이 : 80mm)
▶ 글상자(국립공원은 국가가 지정 관리하는 공원) ⇒ 글꼴(돋움, 24pt, 진하게, 기울임)

---

05 아래의 작성조건 및 출력형태에 알맞게 첫 번째 슬라이드에 작업하시오.

* 소스 파일 : [출제유형 완전정복]-[소스 파일]-정복04_문제05.show
* 정답 파일 : [출제유형 완전정복]-[정답 파일]-정복04_완성05.show

● 출력형태

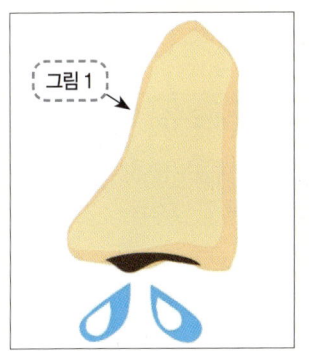

● 작성조건

▶ 그림 삽입 ⇒ 그림 1 삽입, 크기(너비 : 50mm, 높이 : 90mm)
▶ 글상자(환절기인 봄, 가을에 환자 급증) ⇒ 글꼴(궁서, 26pt, 밑줄)

출제유형 05

PART 02 출제유형 완전정복

[슬라이드1] 애니메이션

☑ 애니메이션 지정하기

문제 미리보기

소스 파일 : [출제유형 완전정복]-[소스 파일]-유형05_문제.show
정답 파일 : [출제유형 완전정복]-[정답 파일]-유형05_완성.show

【슬라이드1】아래의 작성조건 및 출력형태에 알맞게 첫 번째 슬라이드에 작업하시오. (30점)

● 출력형태

● 작성조건

▶ 도형 1 ⇒ 순서도 : 문서, 도형 채우기(그러데이션 : 유형 – 보라, 종류 – 선형, 방향 – 위쪽에서), 선 색(단색, 색 : 보라), 선 스타일(선 종류 : 실선, 굵기 : 3pt, 겹선 종류 : 단순형), 도형 효과(그림자 – 바깥쪽 – 아래쪽), 글꼴(궁서체, 40pt, 기울임, 빨강)
▶ 도형 2 ⇒ 기본 도형 : 번개, 도형 채우기(시안), 선 색 없음, 도형 효과 (그림자 – 바깥쪽 – 아래쪽, 반사 – '1/2 크기, 근접')
▶ 도형 3 ⇒ 블록 화살표 : 줄무늬가 있는 오른쪽 화살표, 도형 스타일('보통 효과 – 강조 3')
▶ 그림 삽입 ⇒ 그림 1 삽입, 크기(너비 : 80mm, 높이 : 80mm)
▶ 글상자(아름다운 미소를 위한 치아 건강) ⇒ 글꼴(궁서, 28pt, 밑줄)
▶ 애니메이션 지정 ⇒ 도형 1 : 나타내기 – 날아오기
▶ 지시사항이 없는 부분은 《출력형태》와 동일하게 작성하시오.

01 애니메이션 지정하기

◆ 작성조건
▶ 애니메이션 지정 ⇒ 도형 1 : 나타내기 - 날아오기

❶ [파일]-[불러오기](Ctrl+O)를 클릭합니다. [불러오기] 대화상자가 나오면 '유형05_문제.show' 파일을 불러 옵니다.

❷ 애니메이션을 지정하기 위해 **첫 번째 슬라이드**를 선택한 후 '**도형 1**'을 클릭합니다.

❸ [애니메이션] 탭에서 '나타내기'-'날아오기'를 클릭합니다.

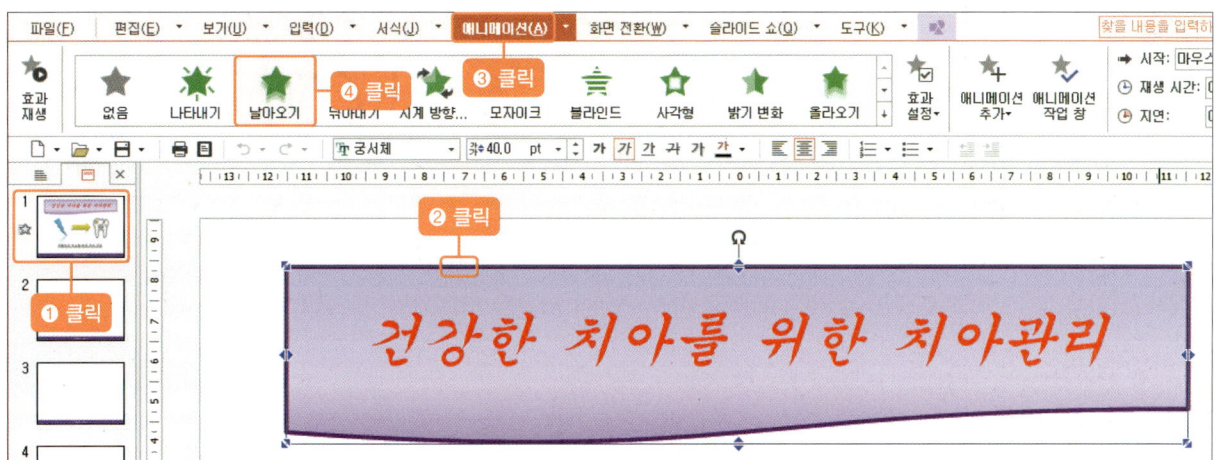

| TIP | 목록에 '원하는' 효과가 없는 경우 |

❶ [애니메이션] 탭에서 '애니메이션' 꾸러미의 자세히()를 클릭합니다.
❷ '애니메이션' 꾸러미에서 원하는 효과를 클릭합니다.
❸ 또는 맨 아래 '나타내기 다른 효과'를 클릭합니다.

④ [애니메이션] 탭에서 '효과 재생'을 클릭하여 애니메이션이 적용된 것을 확인합니다.

⑤ [파일]-[저장하기](Ctrl+S) 또는 [서식] 도구 상자에서 '저장하기(🖫)'를 클릭합니다.
※ 실제 시험을 볼 때 작업 도중에 수시로(10분에 한 번 정도) 저장을 하는 것이 좋습니다.

TIP 애니메이션

- F5 키를 눌러 슬라이드 쇼가 진행되면 마우스를 클릭하거나, Enter 키를 눌러 지정된 애니메이션을 확인할 수 있습니다. Esc 키를 누르면 슬라이드 쇼는 종료됩니다.
- 애니메이션 효과를 잘못 지정한 경우에는 [애니메이션] 탭에서 〈없음〉을 지정하거나 다시 애니메이션 효과를 지정하면 됩니다.

시험 분석

▶ 시험에서는 [슬라이드1], [슬라이드2], [슬라이드3]에 각각 애니메이션을 적용하는 문제가 출제됩니다.

▶ 《작성조건》에 따라 '도형, 그림, 표, 차트' 등에 애니메이션을 적용하는 문제가 나오며 '날아오기, 모자이크, 블라인드, 사각형, 다이아몬드형' 등이 자주 출제됩니다.

출제유형 완전정복

[슬라이드1] 애니메이션

01 아래의 작성조건 및 출력형태에 알맞게 첫 번째 슬라이드에 작업하시오.

* 소스 파일 : [출제유형 완전정복]–[소스 파일]–정복05_문제01.show
* 정답 파일 : [출제유형 완전정복]–[정답 파일]–정복05_완성01.show

● 출력형태

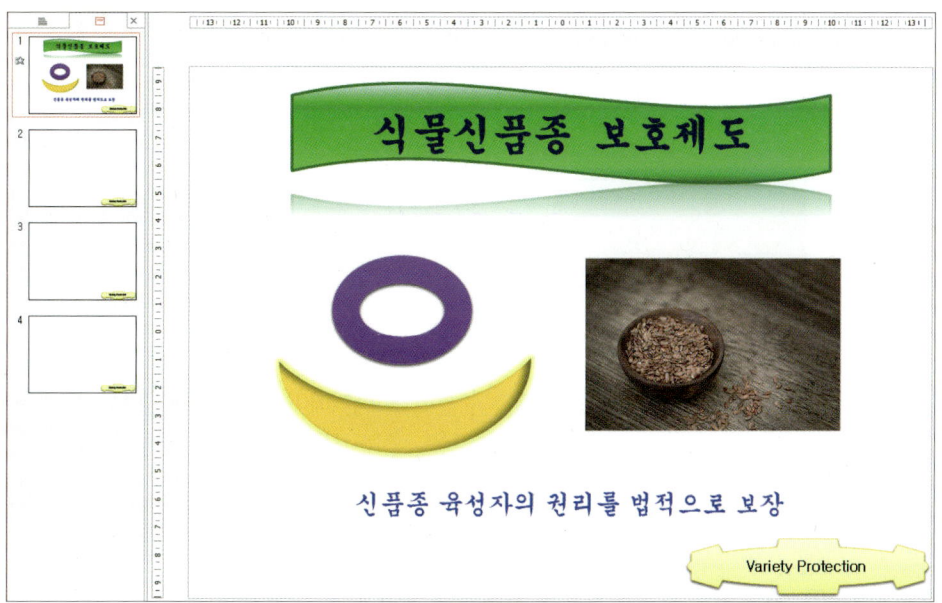

● 작성조건

▶ 애니메이션 지정 ⇒ 도형 1 : 나타내기 – 블라인드

[슬라이드1] 애니메이션

02 아래의 작성조건 및 출력형태에 알맞게 첫 번째 슬라이드에 작업하시오.

* 소스 파일 : [출제유형 완전정복]-[소스 파일]-정복05_문제02.show
* 정답 파일 : [출제유형 완전정복]-[정답 파일]-정복05_완성02.show

● 출력형태

● 유의 사항

▶ 애니메이션 지정 ⇒ 도형 1 : 나타내기
 - 사각형

03 아래의 작성조건 및 출력형태에 알맞게 첫 번째 슬라이드에 작업하시오.

* 소스 파일 : [출제유형 완전정복]-[소스 파일]-정복05_문제03.show
* 정답 파일 : [출제유형 완전정복]-[정답 파일]-정복05_완성03.show

● 출력형태

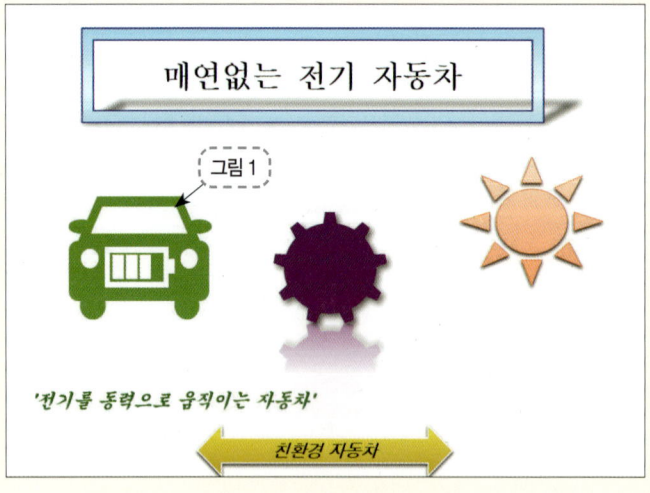

● 유의 사항

▶ 애니메이션 지정 ⇒ 그림 1 : 나타내기
 - 다이아몬드형

[슬라이드1] 애니메이션

04 아래의 작성조건 및 출력형태에 알맞게 첫 번째 슬라이드에 작업하시오.

* 소스 파일 : [출제유형 완전정복]-[소스 파일]-정복05_문제04.show
* 정답 파일 : [출제유형 완전정복]-[정답 파일]-정복05_완성04.show

● 출력형태

● 유의 사항

▶ 애니메이션 지정 ⇒ 도형 1 : 나타내기
 - 다이아몬드형

05 아래의 작성조건 및 출력형태에 알맞게 첫 번째 슬라이드에 작업하시오.

* 소스 파일 : [출제유형 완전정복]-[소스 파일]-정복05_문제05.show
* 정답 파일 : [출제유형 완전정복]-[정답 파일]-정복05_완성05.show

● 출력형태

● 유의 사항

▶ 애니메이션 지정 ⇒ 그림 1 : 나타내기
 - 모자이크

PART 02 출제유형 완전정복

[슬라이드2] 소제목 도형

☑ 도형을 삽입한 후 서식 지정하기
☑ 도형을 다른 슬라이드에 복사하기

문제 미리보기

소스 파일 : [출제유형 완전정복]-[소스 파일]-유형06_문제.show
정답 파일 : [출제유형 완전정복]-[정답 파일]-유형06_완성.show

【슬라이드2】 아래의 작성조건 및 출력형태에 알맞게 두 번째 슬라이드에 작업하시오. (50점)

● 출력형태

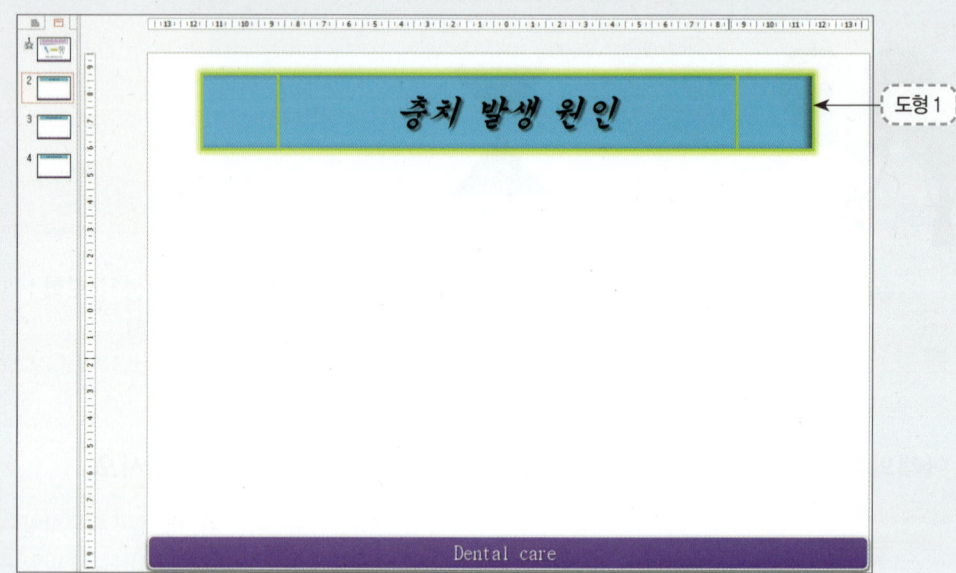

● 작성조건

(1) 제목
▶ 도형 1 ⇒ 순서도 : 종속 처리, 도형 채우기(시안), 선 색(단색, 색 : 밝은 연두색),
   선 스타일(선 종류 : 실선, 굵기 : 3pt, 겹선 종류 : 단순형),
   도형 효과(그림자 - 안쪽 - 오른쪽, 네온 - '강조 색 4, 10 pt'), 글꼴(궁서, 36pt, 기울임, 그림자, 검정)

(2) 본문
▶ 도형 2 ⇒ 별 및 현수막 : 포인트가 10개인 별, 도형 채우기(빨강, 그러데이션 - 어두운 그러데이션 - 방사형 - 가운데),
   선 색(단색, 색 : 보라), 선 스타일(선 종류 : 긴 점선, 굵기 : 2pt, 겹선 종류 : 단순형), 글꼴(궁서, 24pt, 그림자)
▶ 도형 3~6 ⇒ 기본 도형 : 타원, 도형 채우기(그러데이션 : 유형 - 솜사탕 3, 종류 - 경로형), 선 색 없음,
   도형 효과(그림자 - 바깥쪽 - 가운데), 글꼴(굴림, 22pt, 진하게, 검은 군청)
▶ 실행 단추 ⇒ 실행 단추 : 홈, 하이퍼링크 : 첫째 슬라이드, 도형 스타일('밝은 계열 - 강조 2')
▶ 표 ⇒ 채우기(질감 - 금속, 배열 - 늘이기), 가장 위의 행 : 글꼴(맑은 고딕, 24pt, 진하게, 그림자, 가운데 정렬,
   가운데 맞춤), 나머지 행 : 글꼴(맑은 고딕, 20pt, 진하게, 기울임, 가운데 정렬, 가운데 맞춤)
▶ 애니메이션 지정 ⇒ 표 : 나타내기 - 다이아몬드형
▶ 지시사항이 없는 부분은 《출력형태》와 동일하게 작성하시오.

01 도형 1 작성하기

◆ 작성조건

(1) 제목

▶ 도형 1 ⇒ 순서도 : 종속 처리, 도형 채우기(시안), 선 색(단색, 색 : 밝은 연두색),
선 스타일(선 종류 : 실선, 굵기 : 3pt, 겹선 종류 : 단순형),
도형 효과(그림자 – 안쪽 – 오른쪽, 네온 – '강조 색 4, 10 pt'),
글꼴(궁서, 36pt, 기울임, 그림자)

❶ [파일]-[불러오기]([Ctrl]+[O])를 클릭합니다. [불러오기] 대화상자가 나오면 '유형06_문제.show' 파일을 불러옵니다.

❷ 두 번째 슬라이드를 선택한 후, [입력] 탭에서 '도형' 이미지 꾸러미의 자세히(▼) 단추를 눌러 '순서도 – 순서도: 종속 처리(□)'를 클릭합니다.

❸ 마우스 포인터가 ＋모양으로 변경되면 드래그하여 도형을 삽입합니다. 이어서, 조절점(■)을 드래그하여 《출력형태》와 같이 크기를 조절한 후, 위치를 변경합니다.

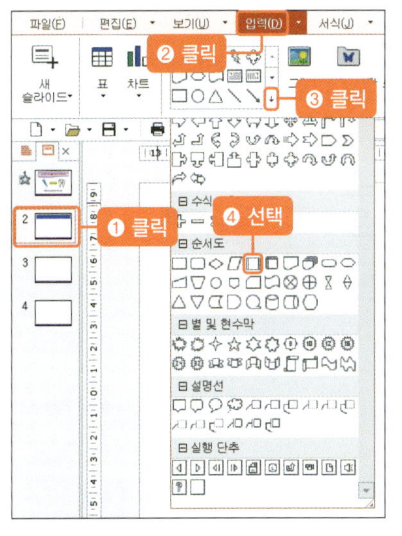
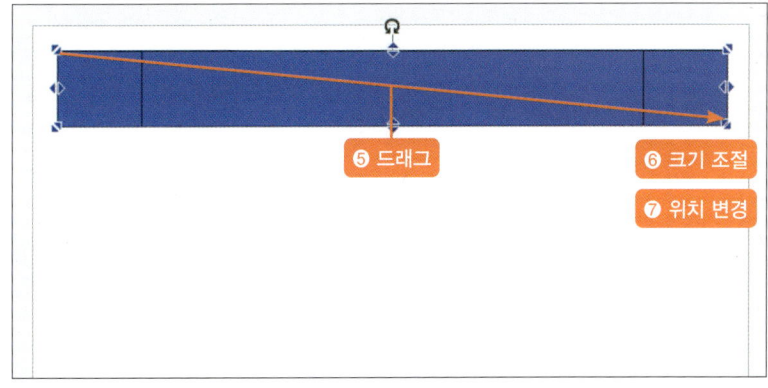

❹ 도형이 선택된 상태에서 '**충치 발생 원인**'을 입력합니다.

❺ [도형( )] 탭에서 '채우기( )'의 목록(▼) 단추를 클릭한 후, '**시안**'을 선택합니다.

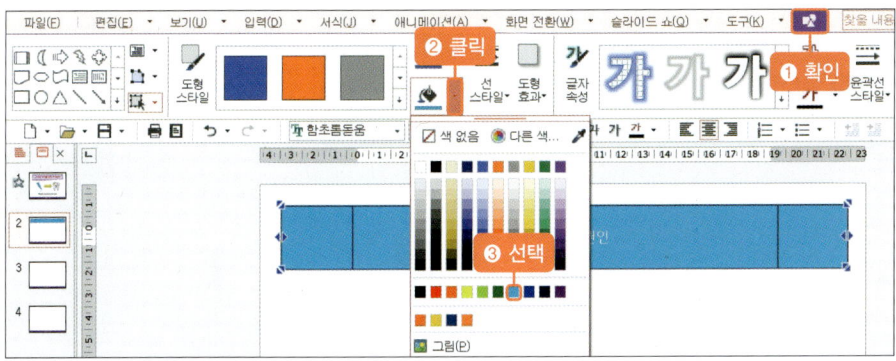

TIP 시험에서 '도형 1'을 작성한 후 도형 채우기로 '**질감**'을 지정하는 문제는 배열할 때 '**바둑판식**'과 '**늘이기**'를 구분하여 출제됩니다. '**질감**'을 지정할 때 꼭 확인하세요.

❶ 채우기를 지정하기 위해 작성한 '도형 1'을 더블 클릭합니다.
❷ [개체 속성] 대화상자가 나오면 [채우기] 탭에서 '종류'–'질감/그림'을 클릭합니다. '질감/그림'의 '종류'에서 질감을 선택하고 '배열'에서 '바둑판식' 또는 '늘이기'를 선택하고 〈설정〉 단추를 클릭합니다.

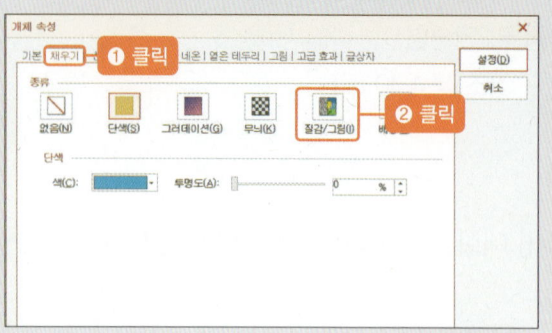 

❻ 선 스타일을 변경하기 위해 도형에서 텍스트가 없는 부분 위에서 마우스 오른쪽 단추를 눌러 [바로 가기] 메뉴가 나오면 [개체 속성]을 클릭합니다.

❼ [개체 속성] 대화상자가 나오면 [선] 탭에서 '**선 색**'–'**단색**'을 클릭합니다. '단색'에서 '**색**'–'**밝은 연두색**'을 선택합니다. 이어서, '선'에서 '**굵기**'–'**3pt**'를 지정한 후, 〈설정〉 단추를 클릭합니다.

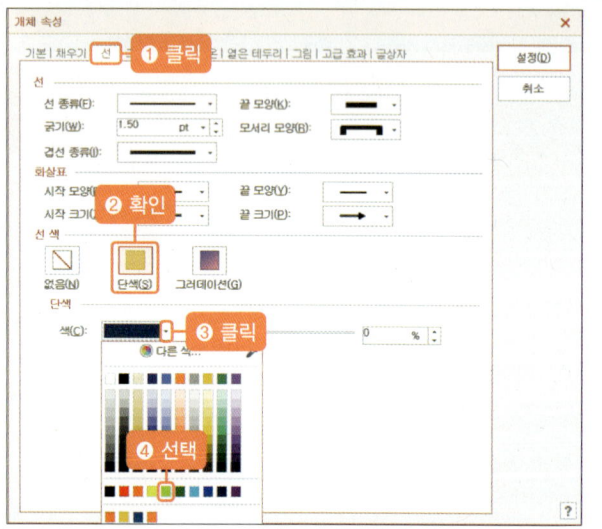 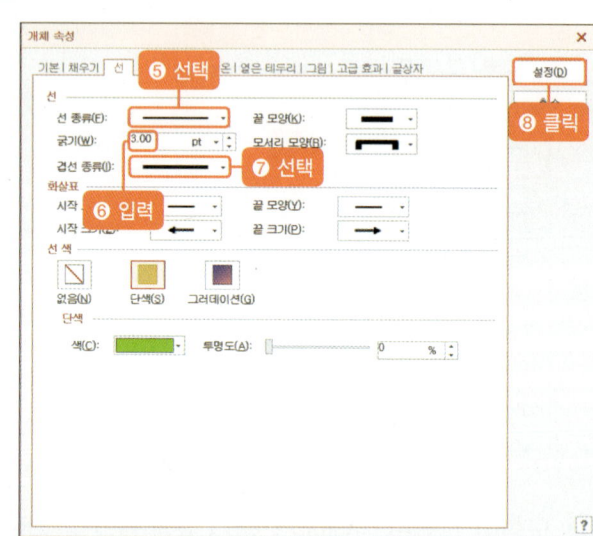

❽ 그림과 같이 도형의 테두리 선이 변경된 것을 확인합니다.

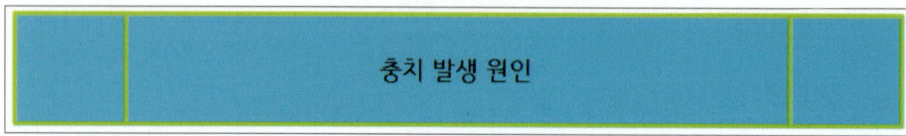

❾ [도형] 탭에서 '도형 효과'-'그림자'-'안쪽-오른쪽( )'을 선택합니다. 이어서, '네온'-'강조 색 4, 10pt( )'를 선택합니다.

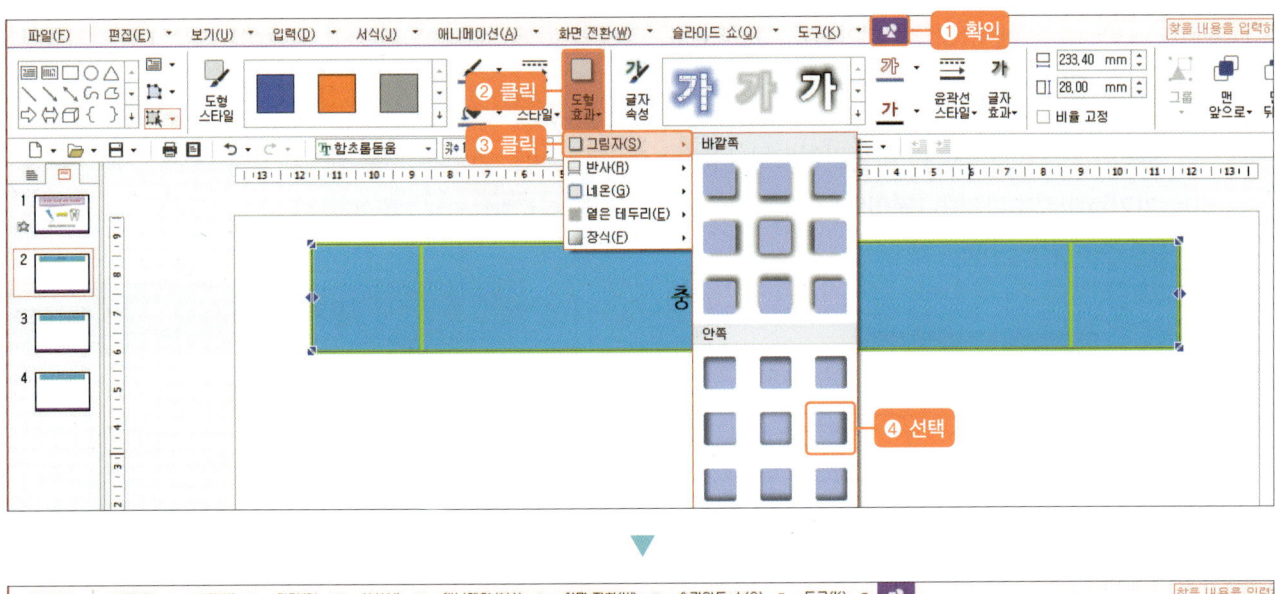

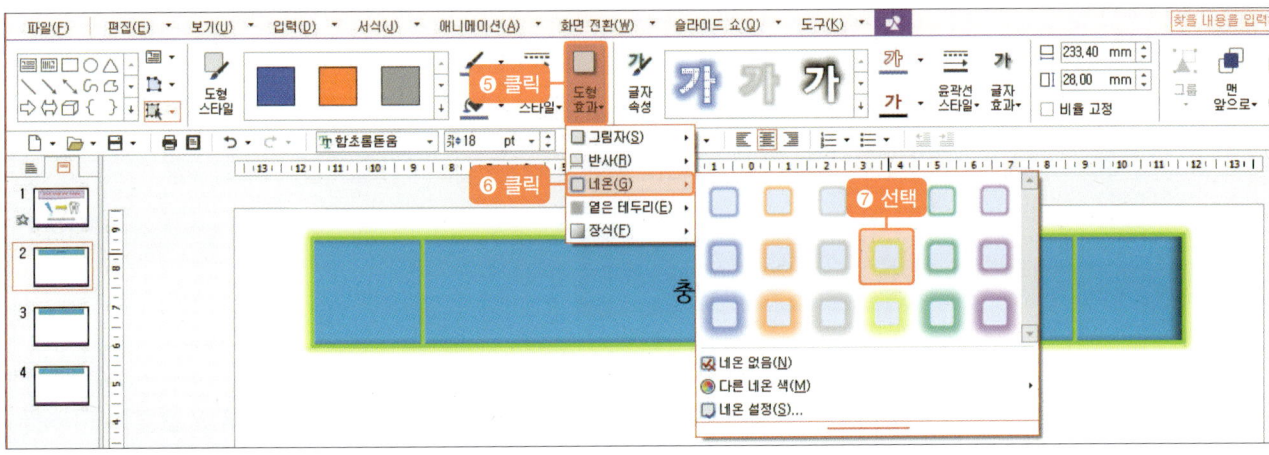

❿ 글꼴 서식을 변경하기 위해 [서식] 탭에서 '글꼴(궁서), 글자 크기(36pt), 기울임(가), 그림자(가), 검정(가)'를 지정합니다.

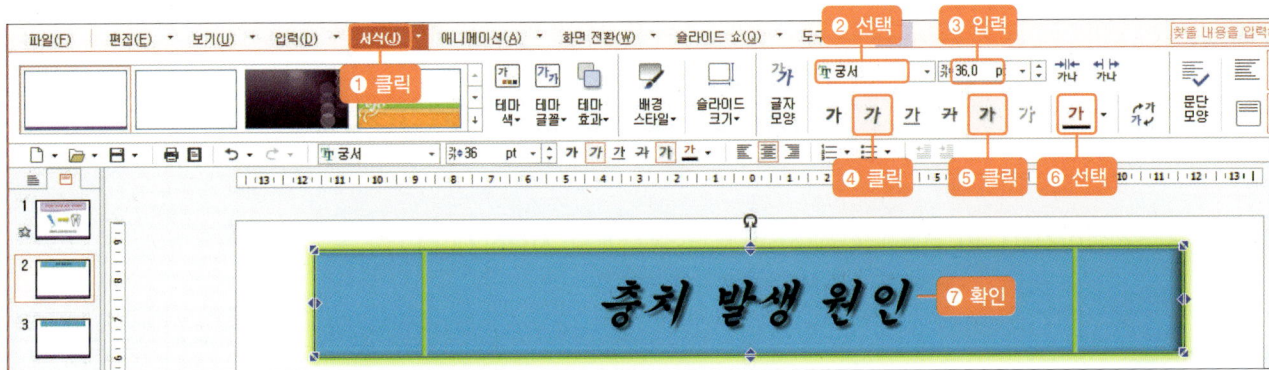

02 도형 1 복사하기

❶ 도형의 테두리 위에서 마우스 오른쪽 단추를 눌러 [바로 가기] 메뉴가 나오면 [복사하기](복사 바로 가기 키 : **Ctrl**+**C**)를 클릭합니다.

❷ 왼쪽 슬라이드 탭에서 **세 번째 슬라이드**를 선택한 후, 슬라이드 화면의 가운데에서 마우스 오른쪽 단추를 눌러 [바로 가기] 메뉴가 나오면 [붙이기](붙여넣기 바로 가기 키 : **Ctrl**+**V**)를 클릭합니다.

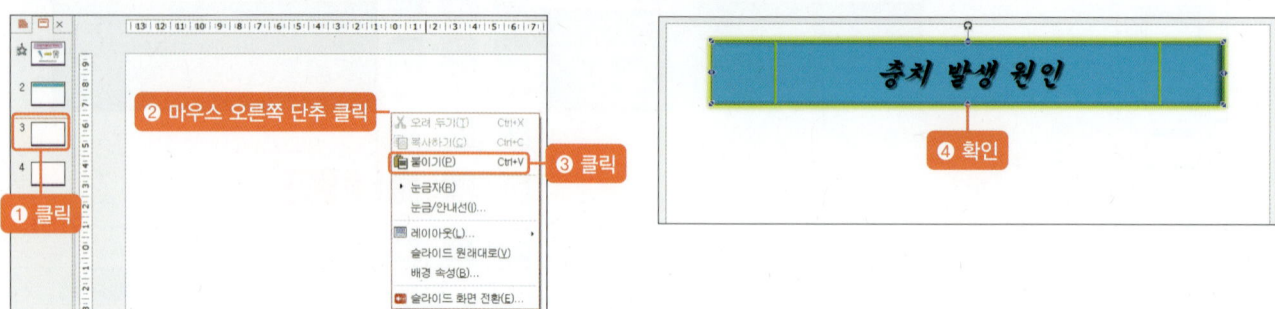

❸ 세 번째 슬라이드에 제목이 복사되면 도형 안의 텍스트를 드래그하여 블록으로 지정한 후, '**치아우식증 환자수 추이**'를 입력합니다.

※ 세 번째 슬라이드 제목 내용은 문제지 [슬라이드3]의 《출력형태》를 참고하여 입력합니다.

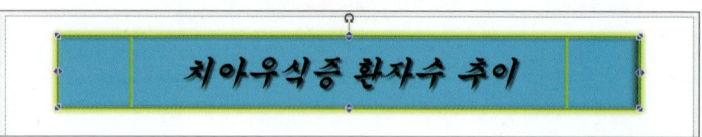

❹ 왼쪽 슬라이드 탭에서 **네 번째 슬라이드**를 선택한 후 슬라이드 화면의 가운데에서 마우스 오른쪽 단추를 눌러 [바로 가기] 메뉴가 나오면 [붙이기]를 클릭합니다.

❺ 도형 안의 텍스트를 드래그하여 블록으로 지정한 후, '**치아 건강에 좋은 습관**'을 입력합니다.

※ 네 번째 슬라이드 제목 내용은 문제지 [슬라이드4]의 《출력형태》를 참고하여 입력합니다.

❻ [파일]-[저장하기](**Ctrl**+**S**) 또는 [서식] 도구 상자에서 '**저장하기(🖫)**'를 클릭합니다.

시험 분석

▶ [슬라이드 2]에서 제목 도형을 작성할 때는 다른 슬라이드에서도 이용되기 때문에서 작성조건에 맞게 작성해야 합니다.

▶ [슬라이드 2]에서 작성한 제목 도형은 [슬라이드 3~4]에 복사한 후 내용을 변경해야 합니다.

[슬라이드2] 소제목 도형

01 아래의 작성조건 및 출력형태에 알맞게 두 번째 슬라이드에 작업하시오.

* 소스 파일 : [출제유형 완전정복]–[소스 파일]–정복06_문제01.show
* 정답 파일 : [출제유형 완전정복]–[정답 파일]–정복06_완성01.show

● 출력형태

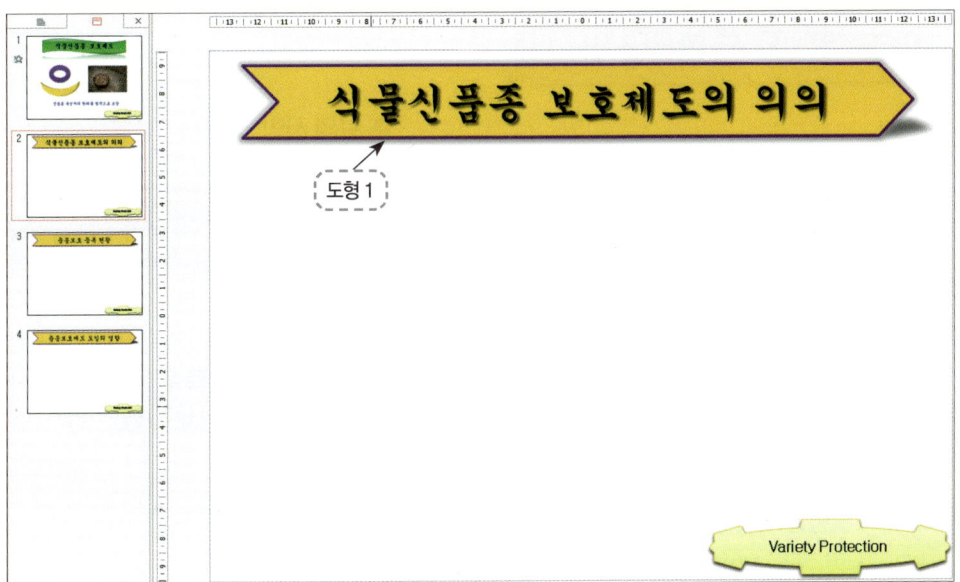

◆ [슬라이드 3~4]에 각각 도형을 복사한 후 내용 변경
  – [슬라이드 3] 내용 : 품종보호 등록 현황
  – [슬라이드 4] 내용 : 품종보호제도 도입의 영향

● 작성조건

▶ 도형 1 ⇒ 블록 화살표 : 갈매기형 수장, 도형 채우기('강조 4 노랑'), 선 색(단색, 색 : 보라), 선 스타일(실선, 굵기 : 3pt, 겹선 종류 : 단순형), 도형 효과(그림자 – 원근감 – 대각선 오른쪽 위, 네온 – '강조 색 3, 10 pt'), 글꼴(궁서, 42pt, 그림자, 검정)

[슬라이드2] 소제목 도형

02 아래의 작성조건 및 출력형태에 알맞게 두 번째 슬라이드에 작업하시오.

* 소스 파일 : [출제유형 완전정복]–[소스 파일]–정복06_문제02.show
* 정답 파일 : [출제유형 완전정복]–[정답 파일]–정복06_완성02.show

● 출력형태

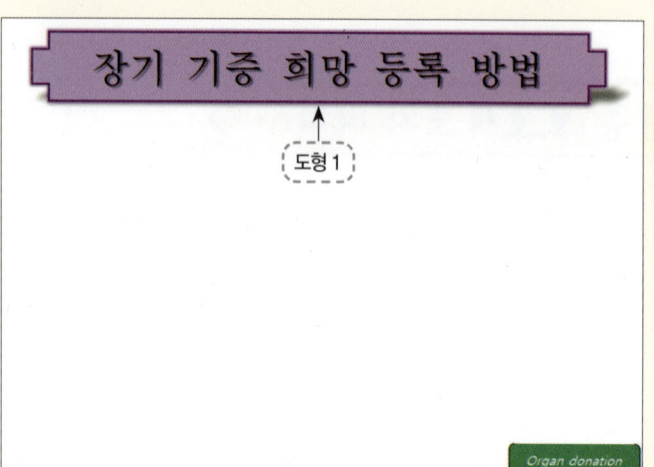

● 유의 사항

▶ 도형 1
 ⇒ 기본 도형 : 십자형, 도형 채우기('강조 6 보라 40% 밝게'), 선 색(단색, 색 : 보라), 선 스타일(실선, 굵기 : 2.5pt, 겹선 종류 : 단순형), 도형 효과(그림자 – 원근감 – 대각선 오른쪽 위, 네온 – '강조 색 6, 5 pt'), 글꼴(바탕체, 46pt, 그림자, 검정)

◆ [슬라이드 3~4]에 각각 도형을 복사한 후 내용 변경
 – [슬라이드 3] 내용 : '장기 기증 희망자 현황'
 – [슬라이드 4] 내용 : '장기 기증 종류'

03 아래의 작성조건 및 출력형태에 알맞게 두 번째 슬라이드에 작업하시오.

* 소스 파일 : [출제유형 완전정복]–[소스 파일]–정복06_문제03.show
* 정답 파일 : [출제유형 완전정복]–[정답 파일]–정복06_완성03.show

● 출력형태

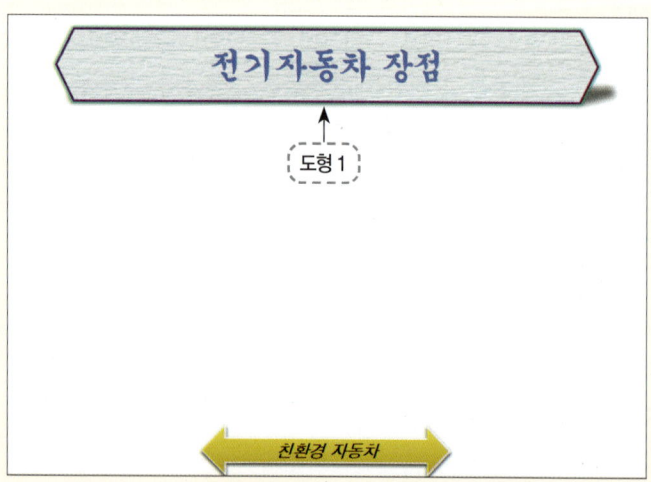

● 유의 사항

▶ 도형 1
 ⇒ 기본 도형 : 육각형, 도형 채우기(질감 : 흰색 벽, 배열 – 바둑판식), 선 색(단색, 색 : 보라), 선 스타일(실선, 굵기 : 2.5pt, 겹선 종류 : 단순형), 도형 효과(그림자 – 원근감 – 대각선 오른쪽 위, 네온 – '강조 색 5, 5 pt'), 글꼴(궁서, 40pt, 진하게, '강조 1 하늘색')

◆ [슬라이드 3~4]에 각각 도형을 복사한 후 내용 변경
 – [슬라이드 3] 내용 : '전기자동차 전망'
 – [슬라이드 4] 내용 : '전기자동차 종류'

[슬라이드2] 소제목 도형

04 아래의 작성조건 및 출력형태에 알맞게 두 번째 슬라이드에 작업하시오.

* 소스 파일 : [출제유형 완전정복]–[소스 파일]–정복06_문제04.show
* 정답 파일 : [출제유형 완전정복]–[정답 파일]–정복06_완성04.show

● 출력형태

● 유의 사항

▶ 도형 1
⇒ 순서도 : 내부 저장소, 도형 채우기 (밝은 연두색), 선 색(단색, 색 : 초록), 선 스타일(실선, 굵기 : 1pt, 겹선 종류 : 단순형), 도형 효과(그림자 – 바깥쪽 – 대각선 오른쪽 아래, 네온 – '강조 색 4, 5 pt'), 글꼴(궁서, 36pt, 진하게, 그림자, 검정)

◆ [슬라이드 3~4]에 각각 도형을 복사한 후 내용 변경
– [슬라이드 3] 내용 : '국립공원의 탐방객 추이'
– [슬라이드 4] 내용 : '세계의 국립공원'

05 아래의 작성조건 및 출력형태에 알맞게 두 번째 슬라이드에 작업하시오.

* 소스 파일 : [출제유형 완전정복]–[소스 파일]–정복06_문제05.show
* 정답 파일 : [출제유형 완전정복]–[정답 파일]–정복06_완성05.show

● 출력형태

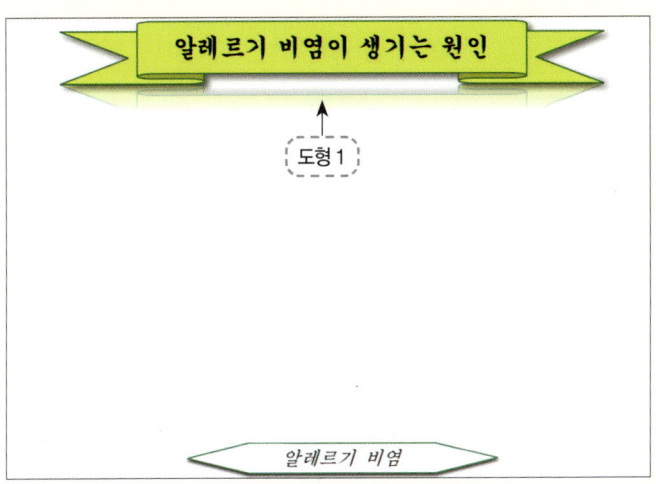

● 유의 사항

▶ 도형 1
⇒ 별 및 현수막 : 위쪽 리본, 도형 채우기 (노랑), 선 색(단색, 색 : 초록), 선 스타일 (실선, 굵기 : 1.5pt, 겹선 종류 : 단순형), 도형 효과(그림자 – 바깥쪽 – 대각선 오른쪽 아래, 반사 – '1/2 크기, 근접'), 글꼴(궁서, 30pt, 진하게, 검정)

◆ [슬라이드 3~4]에 각각 도형을 복사한 후 내용 변경
– [슬라이드 3] 내용 : '알레르기 비염 환자수'
– [슬라이드 4] 내용 : '알레르기 비염 원인과 증상'

출제유형 07

[슬라이드2] 본문 도형

- ☑ 도형을 반듯하게 복사하기
- ☑ 실행 단추를 삽입하기

문제 미리보기

소스 파일 : [출제유형 완전정복]-[소스 파일]-유형07_문제.show
정답 파일 : [출제유형 완전정복]-[정답 파일]-유형07_완성.show

【슬라이드2】 아래의 작성조건 및 출력형태에 알맞게 두 번째 슬라이드에 작업하시오. (50점)

● 출력형태

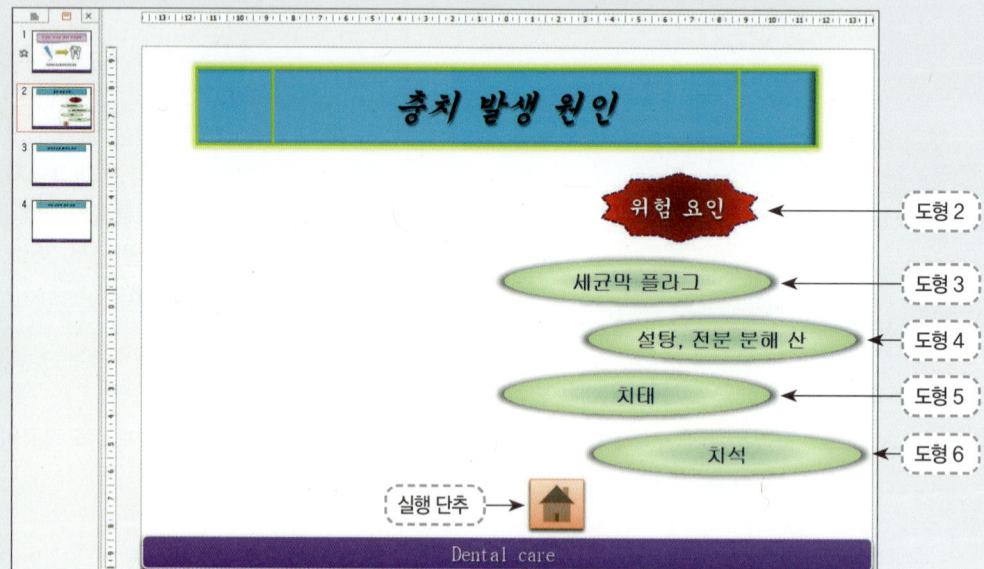

● 작성조건

(1) 제목
- ▶ 도형 1 ⇒ 순서도 : 종속 처리, 도형 채우기(시안), 선 색(단색, 색 : 밝은 연두색), 선 스타일(선 종류 : 실선, 굵기 : 3pt, 겹선 종류 : 단순형), 도형 효과(그림자 - 안쪽 - 오른쪽, 네온 - '강조 색 4, 10 pt'), 글꼴(궁서, 36pt, 기울임, 그림자)

(2) 본문
- ▶ 도형 2 ⇒ 별 및 현수막 : 포인트가 10개인 별, 도형 채우기(빨강, 그러데이션 - 어두운 그러데이션 - 방사형 - 가운데), 선 색(단색, 색 : 보라), 선 스타일(선 종류 : 긴 점선, 굵기 : 2pt, 겹선 종류 : 단순형), 글꼴(궁서, 24pt, 그림자, 본문/배경 - 밝은 색 1 하양)
- ▶ 도형 3~6 ⇒ 기본 도형 : 타원, 도형 채우기(그러데이션 : 유형 - 솜사탕 3, 종류 - 경로형), 선 색 없음, 도형 효과(그림자 - 바깥쪽 - 가운데), 글꼴(굴림, 22pt, 진하게, 검은 군청)
- ▶ 실행 단추 ⇒ 실행 단추 : 홈, 하이퍼링크 : 첫째 슬라이드, 도형 스타일('밝은 계열 - 강조 2')
- ▶ 표 ⇒ 채우기(질감 - 금속, 배열 - 늘이기), 가장 위의 행 : 글꼴(맑은 고딕, 24pt, 진하게, 그림자, 가운데 정렬, 가운데 맞춤), 나머지 행 : 글꼴(맑은 고딕, 20pt, 진하게, 기울임, 가운데 정렬, 가운데 맞춤)
- ▶ 애니메이션 지정 ⇒ 표 : 나타내기 - 다이아몬드형
- ▶ 지시사항이 없는 부분은 《출력형태》와 동일하게 작성하시오.

01 도형 2 작성하기

◆ 작성조건

(2) 본문

▶ 도형 2 ⇒ 별 및 현수막 : 포인트가 10개인 별,
도형 채우기(빨강, 그러데이션 – 어두운 그러데이션 – 방사형 – 가운데), 선 색(단색, 색 : 보라),
선 스타일(선 종류 : 긴 점선, 굵기 : 2pt, 겹선 종류 : 단순형), 글꼴(궁서, 24pt, 그림자, 본문/배경 –
밝은 색 1 하양)

❶ [파일]-[불러오기]([Ctrl]+[O])를 클릭합니다. [불러오기] 대화상자가 나오면 '유형07_문제.show' 파일을 불러 옵니다.

❷ 두 번째 슬라이드를 선택한 후, [입력] 탭에서 '도형' 이미지 꾸러미의 자세히(▼) 단추를 눌러 '별 및 현수막'-'포인트가 10개인 별(⑩)'을 클릭합니다.

❸ 마우스 포인터가 + 모양으로 변경되면 드래그하여 도형을 삽입합니다. 이어서, 조절점(◤)을 드래그하여 《출력형태》와 같이 크기를 조절한 후, 위치를 변경합니다.

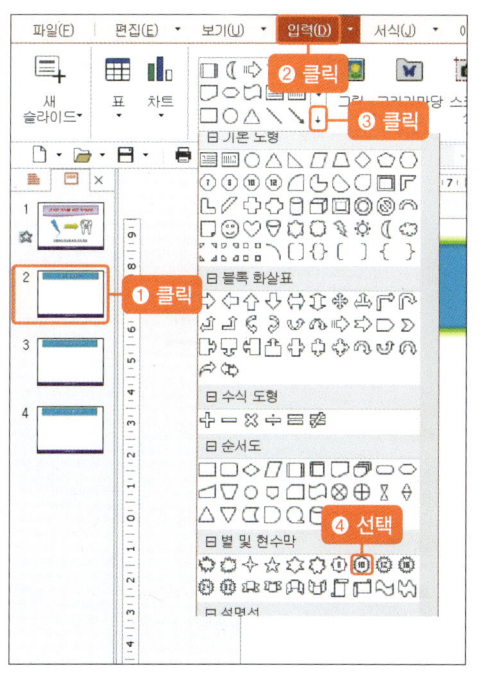 ▶

❹ 도형이 선택된 상태에서 '위험 요인'을 입력합니다.

❺ [도형] 탭에서 '채우기(🎨)'의 목록(▼) 단추를 클릭한 후, '빨강'을 선택합니다.

❻ 도형에 그러데이션을 적용하기 위해 [도형] 탭에서 '채우기'의 목록(▼) 단추를 클릭한 후, '그러데이션'–'어두운 그러데이션–'방사형–가운데(■)"를 선택합니다.

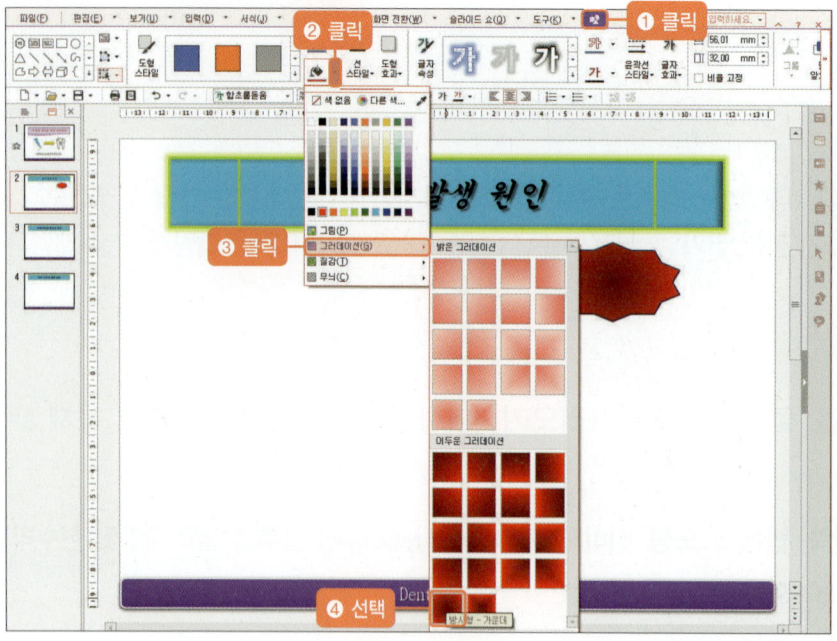

❼ 선 색과 스타일을 변경하기 위해 도형 위에서 마우스 오른쪽 단추를 눌러 [바로 가기] 메뉴가 나오면 [개체 속성]을 클릭합니다.

❽ [개체 속성] 대화상자가 나오면 [선] 탭에서 '선'–'선 종류(긴 점선(----------)), 너비(2pt), 겹선 종류(단순형(────)'을 선택합니다. 이어서, '선 색(단색)'을 선택한 다음 '단색'–'보라'를 선택한 후, 〈설정〉 단추를 클릭합니다.

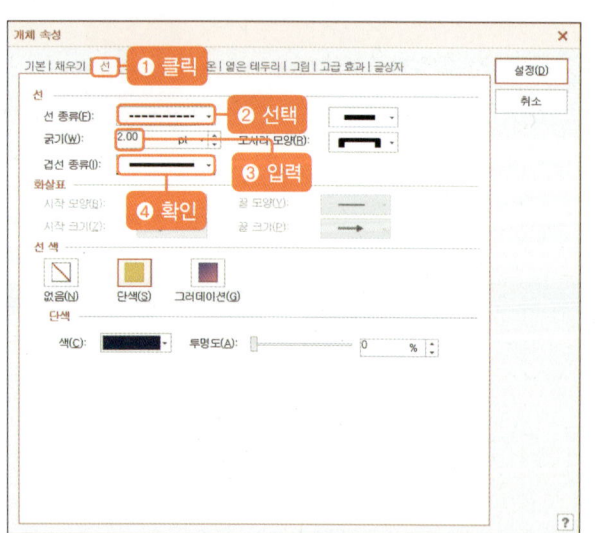 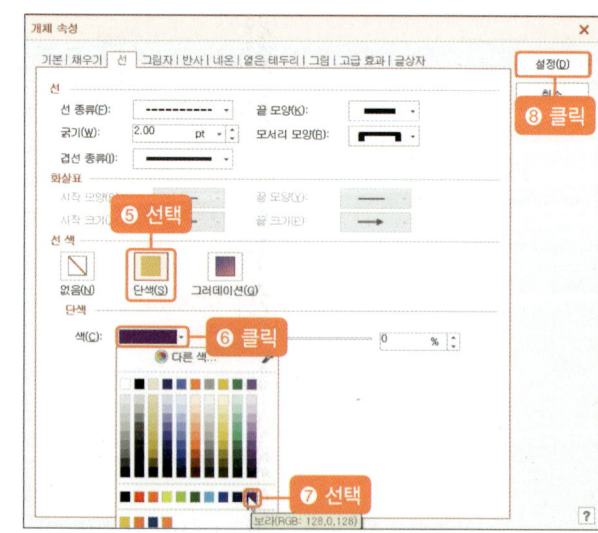

❾ 글꼴 서식을 변경하기 위해 [서식] 탭의 [글자] 그룹에서 '글꼴(궁서), 글꼴 크기(24pt), 그림자(가), 글자 색(본문/배경 – 밝은 색 1 하양)'을 지정합니다.

도형 3~6 작성하기

(2) 본문
▶ 도형 3~6 ⇒ 기본 도형 : 타원, 도형 채우기(그러데이션 : 유형 – 솜사탕 3, 종류 – 경로형), 선 색 없음, 도형 효과(그림자 – 바깥쪽 – 가운데), 글꼴(굴림, 22pt, 진하게, 검은 군청)

① [입력] 탭에서 '도형' 이미지 꾸러미의 자세히(▼) 단추를 눌러 '**기본 도형-타원(○)**'을 클릭합니다.

② 마우스 포인터가 ⊕ 모양으로 변경되면 드래그하여 도형을 삽입합니다. 이어서, 조절점( )을 드래그하여 《출력형태》와 같이 크기를 조절한 후, 위치를 변경합니다.

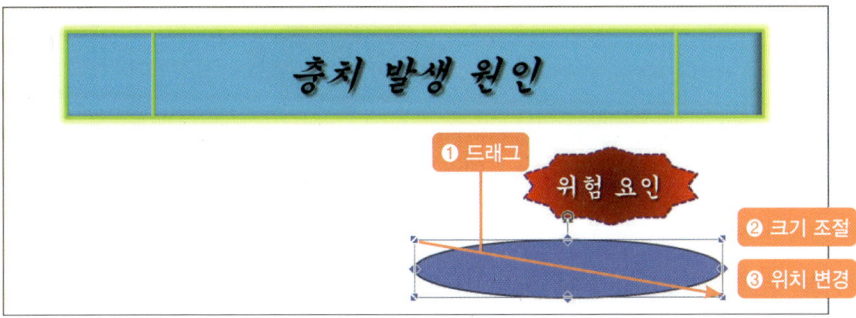

③ 도형이 선택된 상태에서 '**세균막 플라그**'를 입력합니다.

④ 채우기 서식을 변경하기 위해 도형 위에서 마우스 오른쪽 단추를 눌러 [**바로 가기**] 메뉴가 나오면 [**개체 속성**]을 클릭합니다.

⑤ [개체 속성] 대화상자가 나오면 [**채우기**] 탭에서 '**종류**'-'그러데이션( )'을 선택합니다. 이어서, '그러데이션'-'유형(솜사탕 3( )), 종류(경로형( ))'을 지정한 후, 〈설정〉 단추를 클릭합니다.

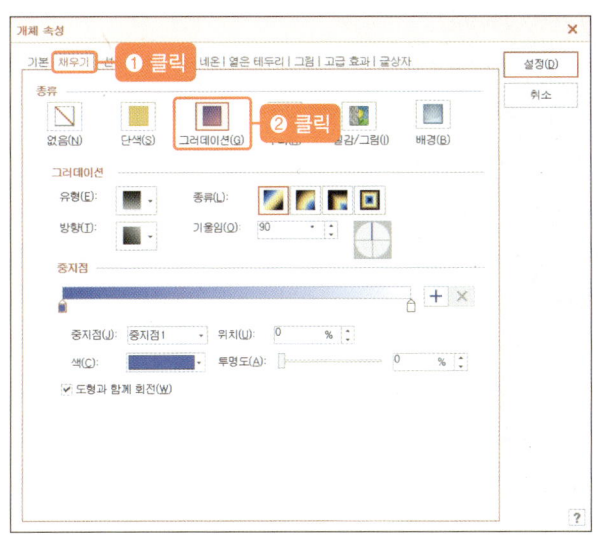 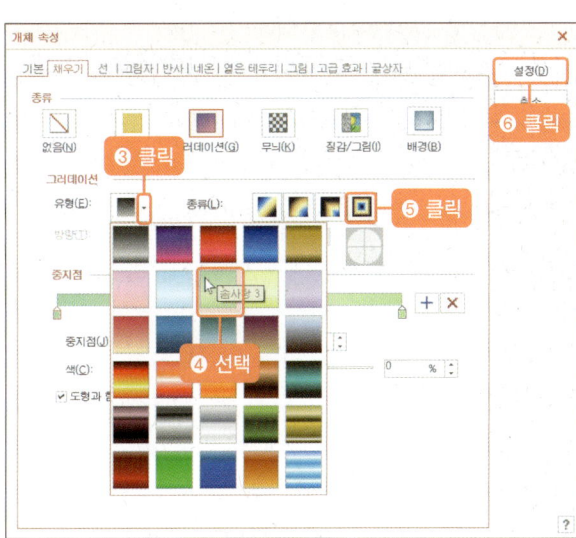

❻ 선 색 없음을 지정하기 위해 [도형] 탭에서 '선 스타일'-'선 종류'-'선 없음'을 클릭합니다.

❼ [도형] 탭에서 '도형 효과'-'그림자'-'바깥쪽-가운데(▣)'를 클릭합니다.

❽ 글꼴 서식을 변경하기 위해 [서식] 탭에서 '글꼴(굴림), 글꼴 크기(22pt), 진하게(가), 검은 군청'을 지정합니다.

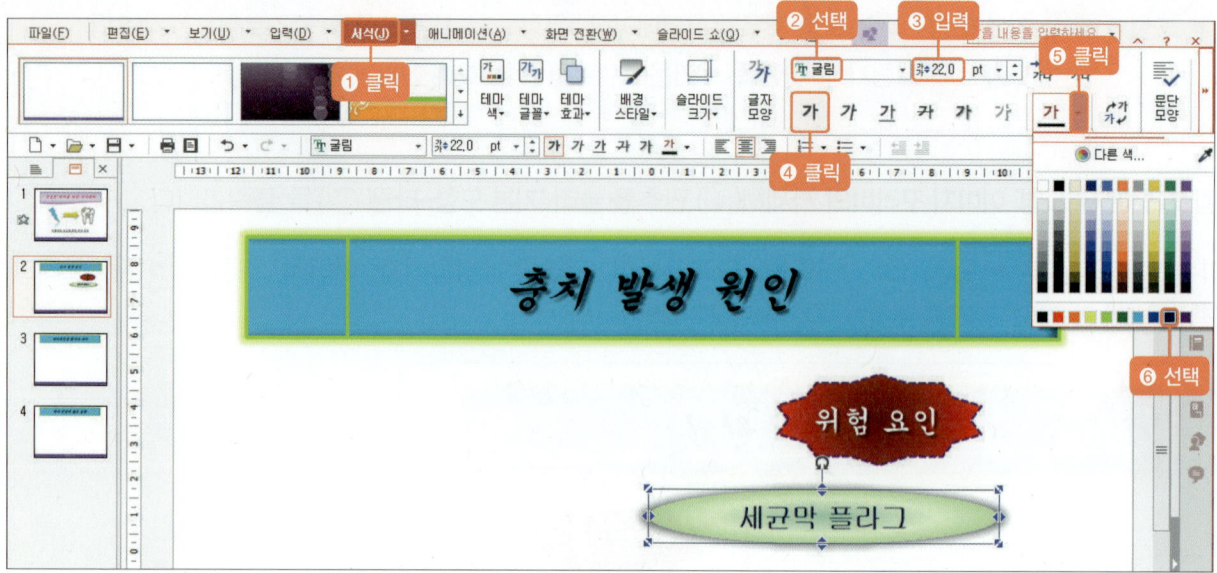

❾ 도형이 완성되면 Ctrl + Shift 키를 누른 채 도형의 테두리를 아래쪽으로 드래그하여 아래 그림과 같이 세 개의 도형을 복사합니다.(커서가 모양으로 바뀔 때)

❿ Shift 키를 누른 채 둘째, 넷째 도형만 클릭하여 두 개의 도형을 선택합니다. 이어서, Shift 키를 누른 채 도형의 테두리를 오른쪽으로 드래그하여 그림과 같이 수직 이동합니다.(커서가 모양으로 바뀔 때)

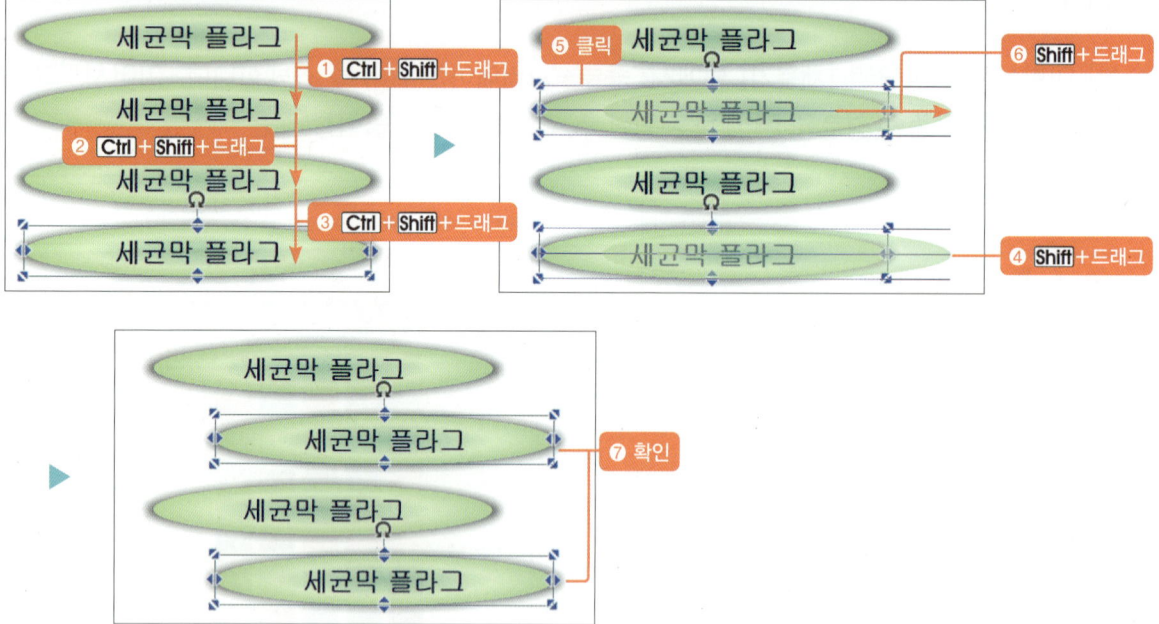

⑪ 도형 안쪽의 텍스트를 드래그하여 블록으로 지정한 후, 《출력형태》와 같이 내용을 입력합니다.

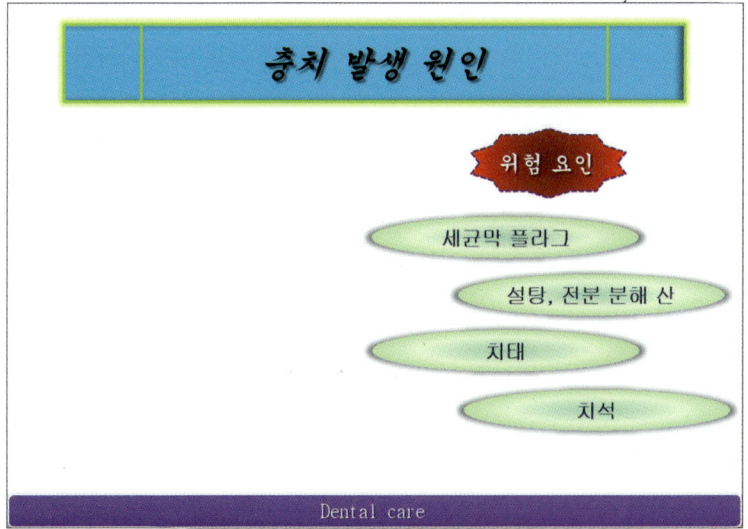

TIP
도형의 복사와 이동
- Ctrl 키를 누른 채 도형을 드래그하면 선택한 도형을 복사를 할 수 있습니다.
- Shift 키를 누른 채 도형을 드래그하면 수직 또는 수평으로 이동할 수 있습니다.
- Ctrl + Shift 키를 누른 채 도형을 드래그하면 수직 또는 수평으로 복사할 수 있습니다.

03 실행 단추 작성하기

(2) 본문
▶ 실행 단추 ⇒ 실행 단추 : 홈, 하이퍼링크 : 첫째 슬라이드, 도형 스타일('밝은 계열 - 강조 2')

① [입력] 탭에서 '도형' 이미지 꾸러미의 자세히(▼) 단추를 눌러 '실행 단추-홈(🏠)'을 클릭한 후, 마우스 포인터가 ➕ 모양으로 변경되면 드래그하여 도형을 삽입합니다.

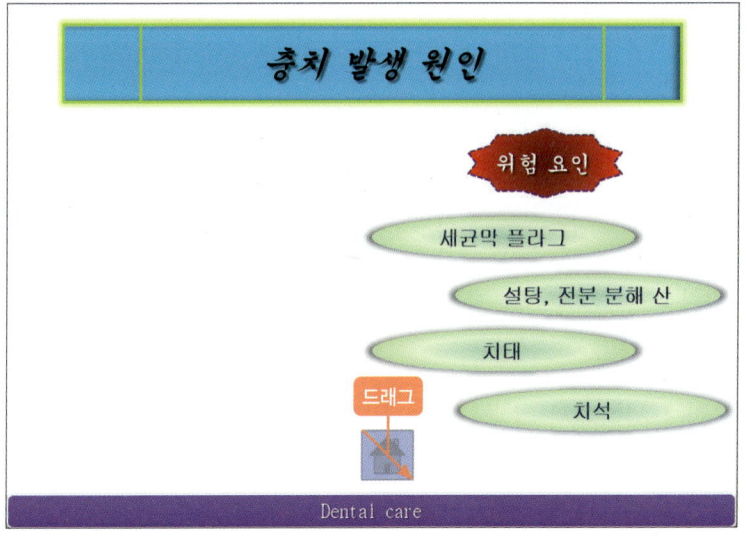

❷ [실행 설정] 대화상자가 나오면 '**마우스를 누를 때**'-'**하이퍼링크(첫째 슬라이드)**'를 확인한 후, 〈넣기〉 단추를 클릭합니다. 이어서, 조절점( )을 드래그하여 《출력형태》와 같이 크기를 조절한 후, 위치를 변경합니다.

※ 하이퍼링크를 수정할 때는 실행 단추 도형 위에서 마우스 오른쪽 단추를 눌러 [바로 가기] 메뉴가 나오면 [하이퍼링크]를 클릭하여 수정합니다.

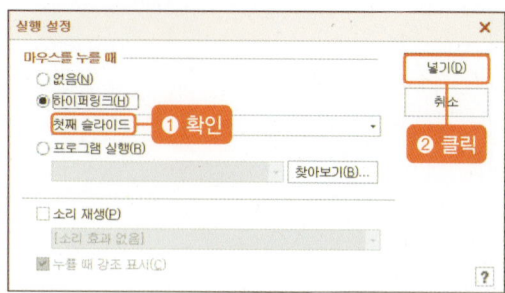

❸ [도형] 탭에서 자세히( ) 단추를 클릭한 후, '**밝은 계열 - 강조 2( )**'를 선택합니다.

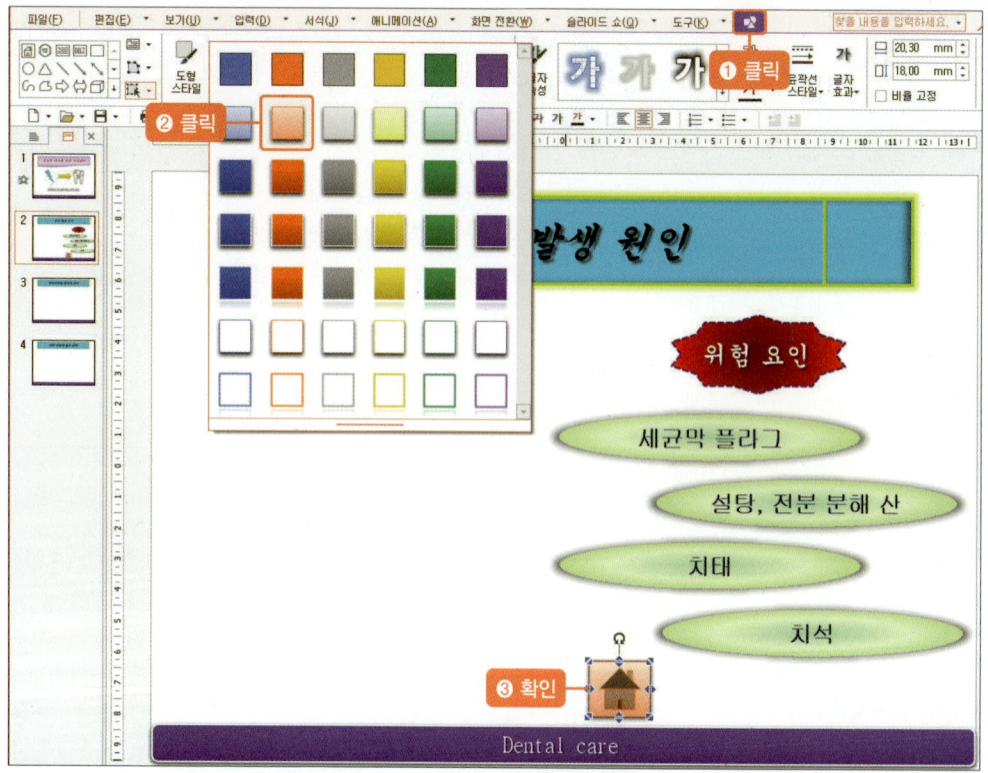

❹ [파일]-[저장하기](Ctrl + S) 또는 [서식] 도구 상자에서 '**저장하기( )**'를 클릭합니다.

※ 실제 시험을 볼 때 작업 도중에 수시로(10분에 한 번 정도) 저장을 하는 것이 좋습니다.

> **시험 분석**
>
> 최근 시험에서 실행 단추는 '앞으로 또는 다음', '끝', '홈' 등이 출제되었으며, 하이퍼링크는 '다음 슬라이드', '마지막 슬라이드', '첫째 슬라이드' 등을 지정하는 문제가 출제되었습니다.

[슬라이드2] 본문 도형

01 아래의 작성조건 및 출력형태에 알맞게 두 번째 슬라이드에 작업하시오.

* 소스 파일 : [출제유형 완전정복]-[소스 파일]-정복07_문제01.show
* 정답 파일 : [출제유형 완전정복]-[정답 파일]-정복07_완성01.show

● 출력형태

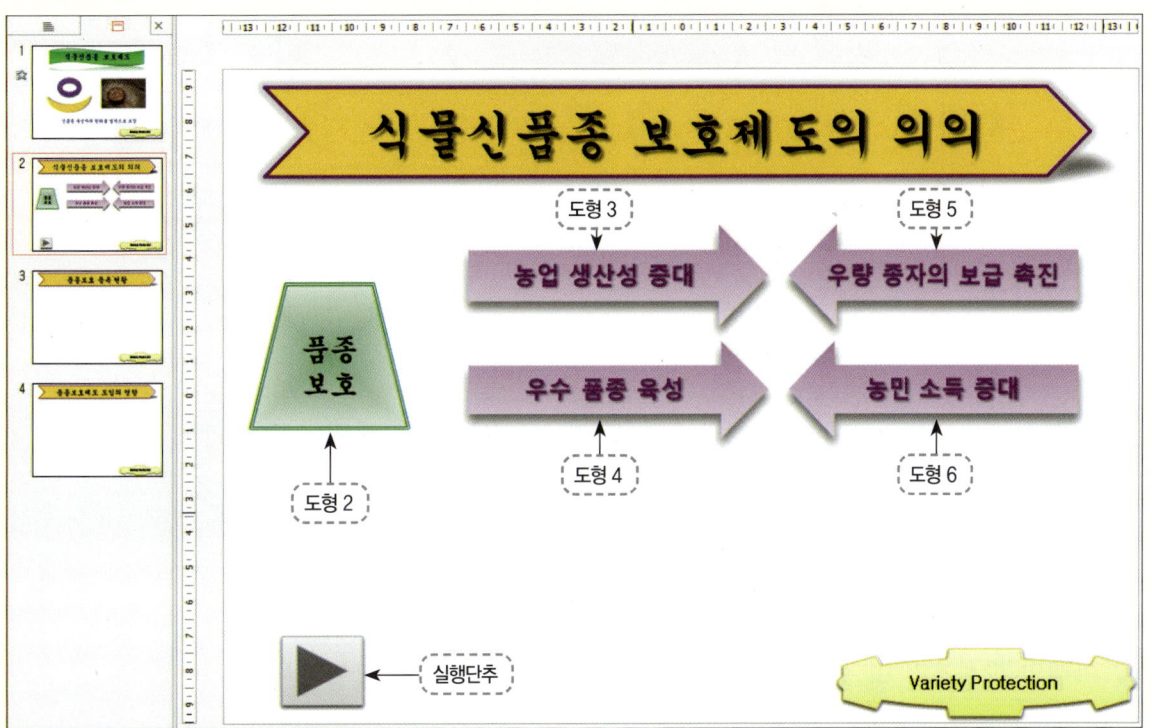

● 작성조건

▶ 도형 2 ⇒ 기본 도형 : 사다리꼴, 도형 채우기(초록, 그러데이션 - 밝은 그러데이션 - 사각형 - 가운데),
　　　　　　선 색(단색, 색 : 초록), 선 스타일(선 종류 : 실선, 굵기 : 3pt, 겹선 종류 : 이중),
　　　　　　글꼴(궁서, 24pt, 진하게, 검정)
▶ 도형 3~6 ⇒ 블록 화살표 : 오른쪽 화살표, 도형 채우기(보라, 그러데이션 - 밝은 그러데이션 - 선형 위쪽),
　　　　　　　선 색 없음, 도형 효과(그림자 - 바깥쪽 - 아래쪽), 글꼴(맑은 고딕, 20pt, 진하게, 그림자, 보라)
▶ 실행 단추 ⇒ 실행 단추 : 앞으로 또는 다음, 하이퍼링크 : 다음 슬라이드, 도형 스타일('밝은 계열 - 강조 3')

[슬라이드2] 본문 도형

02 아래의 작성조건 및 출력형태에 알맞게 두 번째 슬라이드에 작업하시오.

* 소스 파일 : [출제유형 완전정복]-[소스 파일]-정복07_문제02.show
* 정답 파일 : [출제유형 완전정복]-[정답 파일]-정복07_완성02.show

● 출력형태

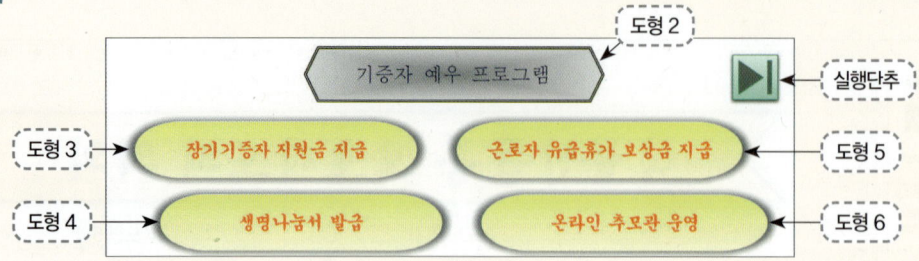

● 작성조건

▶ 도형 2 ⇒ 기본 도형 : 육각형, 도형 채우기(검정, 그러데이션 – 사각형 – 가운데), 선 색(단색, 색 : 검정), 선 스타일(선 종류 : 실선, 굵기 : 3pt, 겹선 종류 : 이중), 글꼴(바탕체, 22pt, 검은 군청)
▶ 도형 3~6 ⇒ 순서도 : 수행의 시작/종료, 도형 채우기('강조 4 노랑 20% 밝게', 그러데이션 – 선형 위쪽), 선 색 없음, 도형 효과(그림자 – 바깥쪽 – 가운데), 글꼴(궁서, 20pt, 진하게, 주황)
▶ 실행 단추 ⇒ 실행 단추 : 끝, 하이퍼링크 : 마지막 슬라이드, 도형 스타일('밝은 계열 – 강조 5')

03 아래의 작성조건 및 출력형태에 알맞게 두 번째 슬라이드에 작업하시오.

* 소스 파일 : [출제유형 완전정복]-[소스 파일]-정복07_문제03.show
* 정답 파일 : [출제유형 완전정복]-[정답 파일]-정복07_완성03.show

● 출력형태

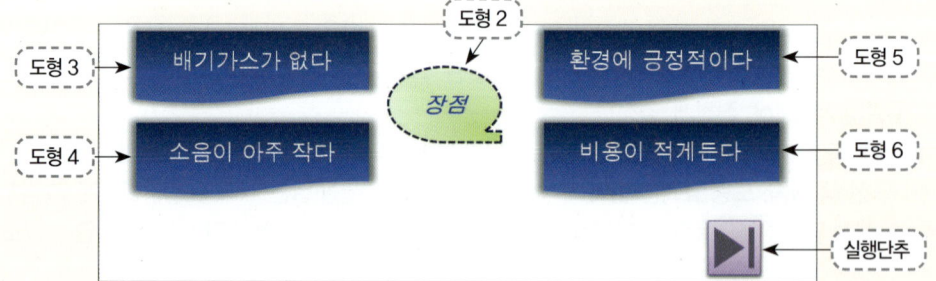

● 작성조건

▶ 도형 2 ⇒ 순서도 : 순차적 액세스 저장소, 도형 채우기(밝은 연두색, 그러데이션 – 밝은 그러데이션 – 사각형 – 오른쪽 아래에서), 선 색(단색, 색 : 검은 군청), 선 스타일(선 종류 : 긴 점선, 굵기 : 2.5pt, 겹선 종류 : 단순형), 글꼴(굴림, 24pt, 진하게, 기울임, 파랑)
▶ 도형 3~6 ⇒ 순서도 : 문서, 도형 채우기('강조 1 하늘색', 그러데이션 – 어두운 그러데이션 – 선형 – 위쪽), 선 색 없음, 도형 효과(그림자 – 바깥쪽 – 가운데), 글꼴(돋움, 24pt)
▶ 실행 단추 ⇒ 실행 단추 : 끝, 하이퍼링크 : 마지막 슬라이드, 도형 스타일('밝은 계열 – 강조 6')

[슬라이드2] 본문 도형

04 아래의 작성조건 및 출력형태에 알맞게 두 번째 슬라이드에 작업하시오.

* 소스 파일 : [출제유형 완전정복]-[소스 파일]-정복07_문제04.show
* 정답 파일 : [출제유형 완전정복]-[정답 파일]-정복07_완성04.show

● 출력형태

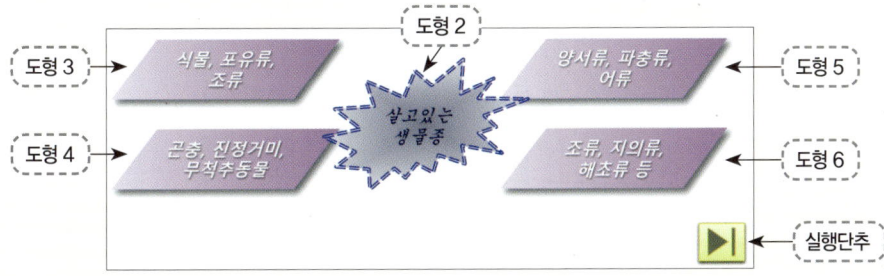

● 작성조건

▶ 도형 2 ⇒ 별 및 현수막 : 폭발 2, 도형 채우기(검은 군청, 그러데이션 - 사각형 - 가운데), 선 색(단색, 색 : 파랑), 선 스타일(선 종류 : 긴 점선, 굵기 : 4pt, 겹선 종류 : 이중), 글꼴(궁서, 20pt, 기울임, 검은 군청)
▶ 도형 3~6 ⇒ 순서도 : 데이터, 도형 채우기(보라, 그러데이션 - 밝은 그러데이션 - 선형 오른쪽), 선 색 없음, 도형 효과(그림자 - 바깥쪽 - 대각선 오른쪽 아래), 글꼴(맑은 고딕, 20pt, 진하게, 기울임, 그림자)
▶ 실행 단추 ⇒ 실행 단추 : 끝, 하이퍼링크 : 마지막 슬라이드, 도형 스타일('밝은 계열 - 강조 4')

05 아래의 작성조건 및 출력형태에 알맞게 두 번째 슬라이드에 작업하시오.

* 소스 파일 : [출제유형 완전정복]-[소스 파일]-정복07_문제05.show
* 정답 파일 : [출제유형 완전정복]-[정답 파일]-정복07_완성05.show

● 출력형태

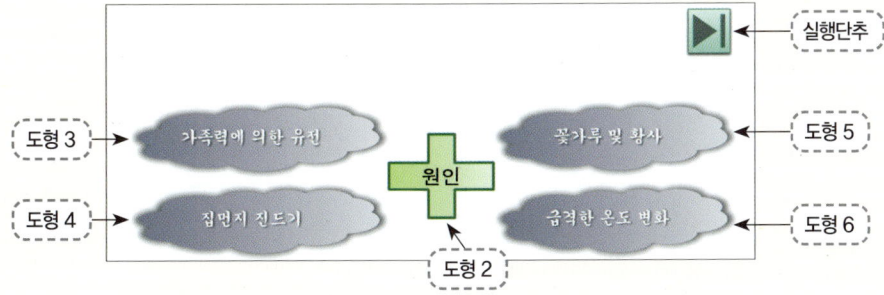

● 작성조건

▶ 도형 2 ⇒ 수식 도형 : 덧셈 기호, 도형 채우기(밝은 연두색, 그러데이션 - 선형 왼쪽), 선 색(단색, 색 : 초록), 선 스타일(선 종류 : 실선, 굵기 : 3pt, 겹선 종류 : 단순형), 글꼴(돋움, 24pt, 진하게, 검정)
▶ 도형 3~6 ⇒ 기본 도형 : 구름, 도형 채우기(검은 군청, 그러데이션 - 밝은 그러데이션 - 선형 왼쪽), 선 색 없음, 도형 효과(그림자 - 바깥쪽 - 가운데), 글꼴(궁서, 20pt, 진하게, 그림자)
▶ 실행 단추 ⇒ 실행 단추 : 끝, 하이퍼링크 : 마지막 슬라이드, 도형 스타일('밝은 계열 - 강조 5')

출제유형 08 [슬라이드2] 표

- ☑ 표 작성 및 서식 지정하기
- ☑ 애니메이션 지정하기

문제 미리보기

소스 파일 : [출제유형 완전정복]-[소스 파일]-유형08_문제.show
정답 파일 : [출제유형 완전정복]-[정답 파일]-유형08_완성.show

【슬라이드2】 아래의 작성조건 및 출력형태에 알맞게 두 번째 슬라이드에 작업하시오. (50점)

● 출력형태

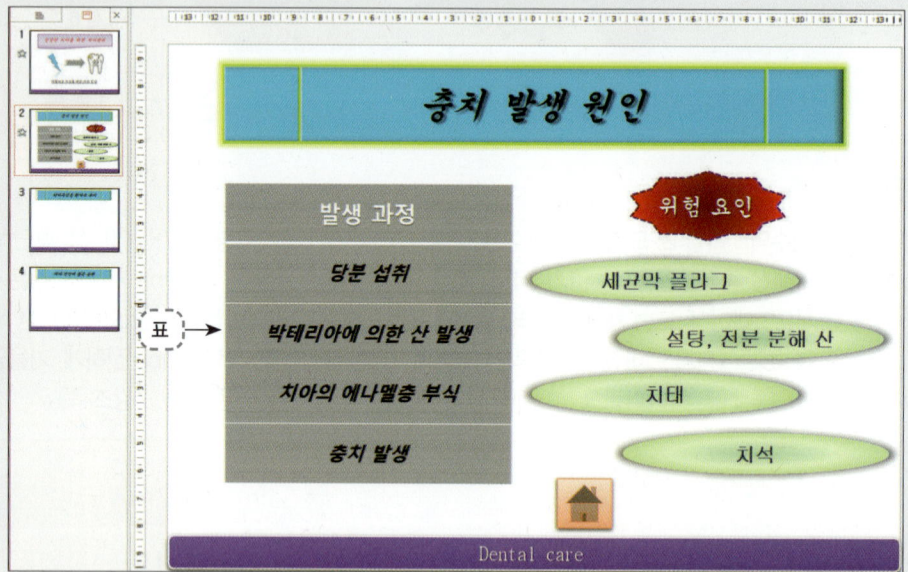

● 작성조건

(1) 제목
  ▶ 도형1 ⇒ 순서도 : 종속 처리, 도형 채우기(시안), 선 색(단색, 색 : 밝은 연두색), 선 스타일(선 종류 : 실선, 굵기 : 3pt, 겹선 종류 : 단순형), 도형 효과(그림자 – 안쪽 – 오른쪽, 네온 – '강조 색 4, 10 pt'), 글꼴(궁서, 36pt, 기울임, 그림자)

(2) 본문
  ▶ 도형2 ⇒ 별 및 현수막 : 포인트가 10개인 별, 도형 채우기(빨강, 그러데이션 – 어두운 그러데이션 – 방사형 – 가운데), 선 색(단색, 색 : 보라), 선 스타일(선 종류 : 긴 점선, 굵기 : 2pt, 겹선 종류 : 단순형), 글꼴(궁서, 24pt, 그림자, 본문/배경 – 밝은 색 1 하양)
  ▶ 도형3~6 ⇒ 기본 도형 : 타원, 도형 채우기(그러데이션 : 유형 – 솜사탕 3, 종류 – 경로형), 선 색 없음, 도형 효과(그림자 – 바깥쪽 – 가운데), 글꼴(굴림, 22pt, 진하게, 검은 군청)
  ▶ 실행 단추 ⇒ 실행 단추 : 홈, 하이퍼링크 : 첫째 슬라이드, 도형 스타일('밝은 계열 – 강조 2')
  ▶ 표 ⇒ 채우기(질감 – 금속, 배열 – 늘이기), 가장 위의 행 : 글꼴(맑은 고딕, 24pt, 진하게, 그림자, 본문/배경 – 밝은색 1 하양, 가운데 정렬, 가운데 맞춤), 나머지 행 : 글꼴(맑은 고딕, 20pt, 진하게, 기울임, 검정, 가운데 정렬, 가운데 맞춤)
  ▶ 애니메이션 지정 ⇒ 표 : 나타내기 – 다이아몬드형
  ▶ 지시사항이 없는 부분은 《출력형태》와 동일하게 작성하시오.

01 표 작성하기

◆ 작성조건

(2) 본문

▶ 표 ⇒ 채우기(질감 – 금속, 배열 – 늘이기),
가장 위의 행 : 글꼴(맑은 고딕, 24pt, 진하게, 그림자, 본문/배경 – 밝은색1 하양, 가운데 정렬, 가운데 맞춤),
나머지 행 : 글꼴(맑은 고딕, 20pt, 진하게, 기울임, 검정, 가운데 정렬, 가운데 맞춤)

① [파일]-[불러오기](Ctrl+O)를 클릭합니다. [불러오기] 대화상자가 나오면 '유형08_문제.show' 파일을 불러 옵니다.

② 두 번째 슬라이드를 선택한 후 [입력] 탭에서 '표(▦)'를 클릭합니다. 이어서, 《출력형태》에 맞게 '5×1' 표를 만듭니다.

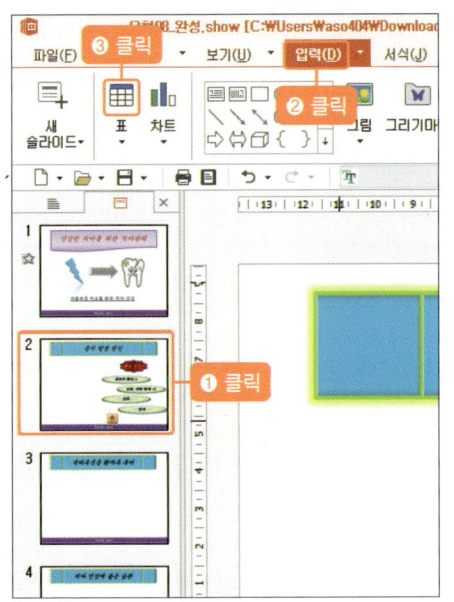
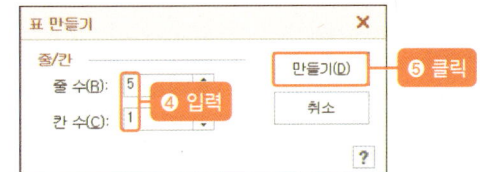

③ 표가 삽입되면 테두리를 드래그하여 그림과 같이 위치를 변경합니다.

※ 표의 크기 조절 및 위치 변경은 《출력형태》를 참고하여 작업합니다.

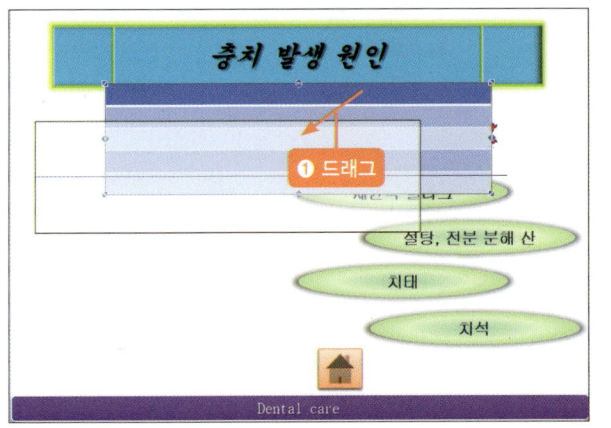
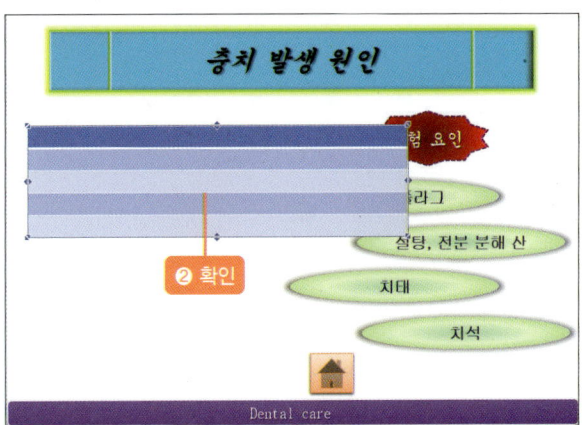

❹ 표의 대각선 조절점(◪)을 드래그하여 그림과 같이 크기를 조절합니다.

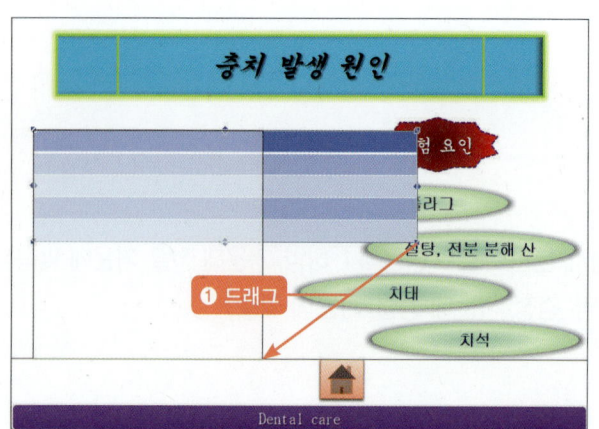 ▶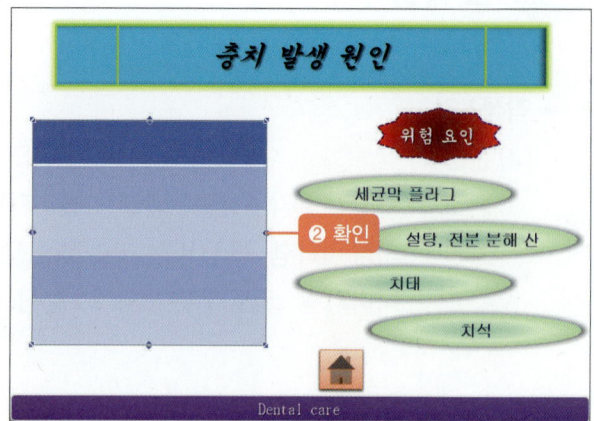

TIP
표 크기 조절 / 셀 크기 조절

• 표의 크기를 조절 할 때는 표의 조절점(◪, ◆, ◆) 위에 커서를 위치한 후 마우스 포인터가 ⇔ 모양으로 변경되면 드래그하여 전체 표 크기를 조절할 수 있습니다.

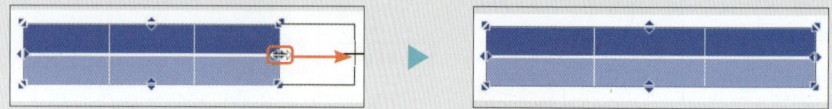

• 표 안의 셀 크기를 조절할 때는 조절하려는 셀의 가로선 또는 세로선 위에 커서를 위치한 후 마우스 포인터가 ╫ 모양으로 변경되면 드래그하여 선택한 셀의 크기를 조절할 수 있습니다.

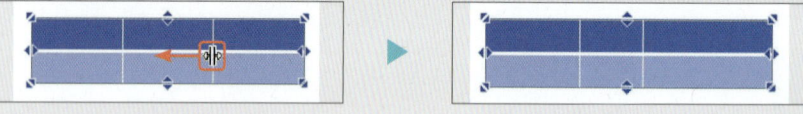

❺ 채우기를 지정하기 위해 표 테두리를 마우스 오른쪽 단추를 눌러 [바로 가기] 메뉴가 나오면 [개체 속성]을 클릭합니다.

❻ [개체 속성] 대화상자가 나오면 [채우기] 탭에서 '종류'–'질감/그림'을 클릭합니다. '질감/그림'의 '종류'에서 '질감'–'금속'을 선택하고 '배열'에서 '늘이기'를 클릭한 후, 〈설정〉 단추를 클릭합니다.

 ▶

❼ 변경된 표 스타일을 확인한 후, 《출력형태》를 참고하여 각 셀에 그림과 같이 내용을 입력합니다.

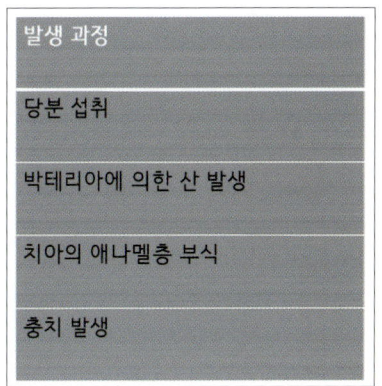

02 SmartArt 스타일과 색상 지정하기

❶ 가장 위의 행을 드래그하여 블록으로 지정한 후, [서식] 탭에서 '글꼴(맑은 고딕), 글꼴 크기(24pt), 진하게(가), 그림자(가), 본문/배경-밝은색 1 하양'을 지정합니다.

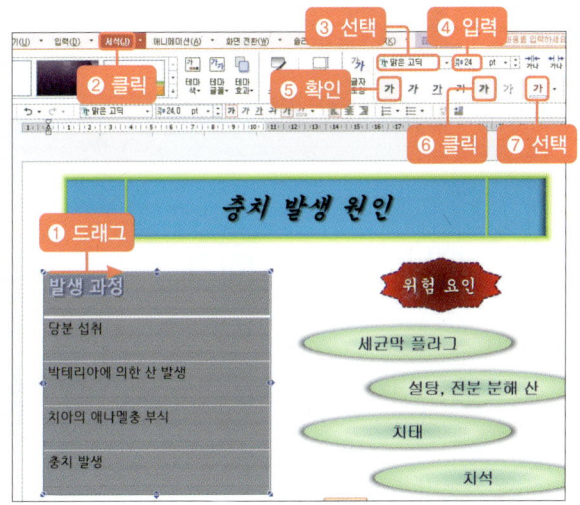

❷ 나머지 행을 드래그하여 블록으로 지정한 후, [서식] 탭에서 '글꼴(맑은 고딕), 글꼴 크기(20pt), 진하게(가), 기울임(가), 검정'을 지정합니다.

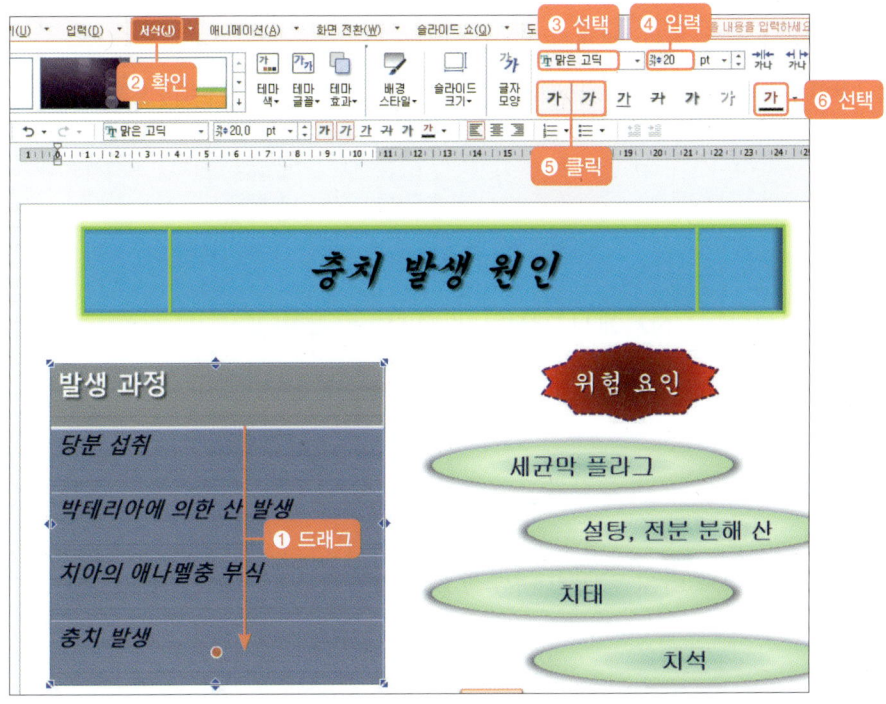

❸ 표 내용 전체를 드래그합니다. 이어서, [서식] 탭에서 '가운데 정렬(≡)', '가운데 맞춤(≡)'을 차례로 클릭합니다.

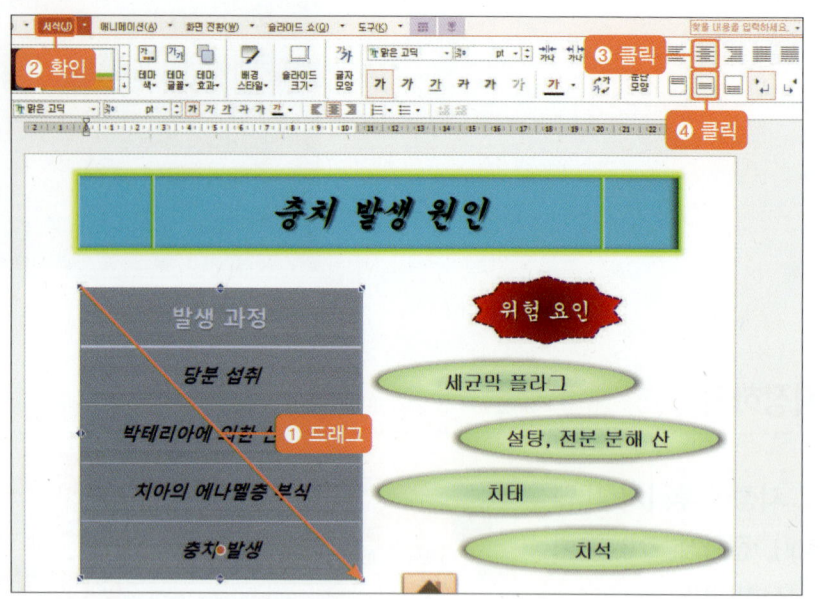
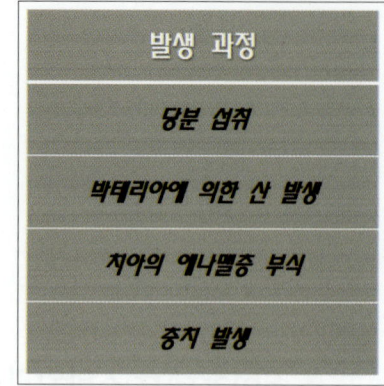

03 애니메이션 지정하기

> ▶ 애니메이션 지정 ⇒ 표 : 나타내기 – 다이아몬드형

❶ 애니메이션을 지정하기 위해 표의 테두리를 클릭합니다.

❷ [애니메이션] 탭에서 '자세히(▼)' 단추를 클릭한 후 '나타내기'–'다이아몬드형'를 클릭합니다.

TIP [애니메이션 효과]에 '다이아몬드형'이 없을 경우 '자세히(▼)' 단추를 클릭한 후, 아래쪽에 '나타내기 다른효과'를 클릭하여 원하는 효과를 찾아 적용합니다.

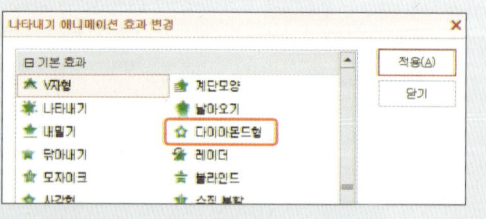

❸ [파일]–[저장하기](Ctrl+S) 또는 [서식] 도구 상자에서 '저장하기(💾)'를 클릭합니다.
  ※ 실제 시험을 볼 때 작업 도중에 수시로(10분에 한 번 정도) 저장을 하는 것이 좋습니다.

시험 분석
표에서 가장 위의 행과 나머지 행의 글꼴 크기와 글자 속성이 다르게 출제되므로 반드시 확인 후, 글꼴에 대한 서식을 지정하도록 합니다.

출제유형 완전정복 [슬라이드2] 표

01 아래의 작성조건 및 출력형태에 알맞게 두 번째 슬라이드에 작업하시오.

* 소스 파일 : [출제유형 완전정복]-[소스 파일]-정복08_문제01.show
* 정답 파일 : [출제유형 완전정복]-[정답 파일]-정복08_완성01.show

● 출력형태

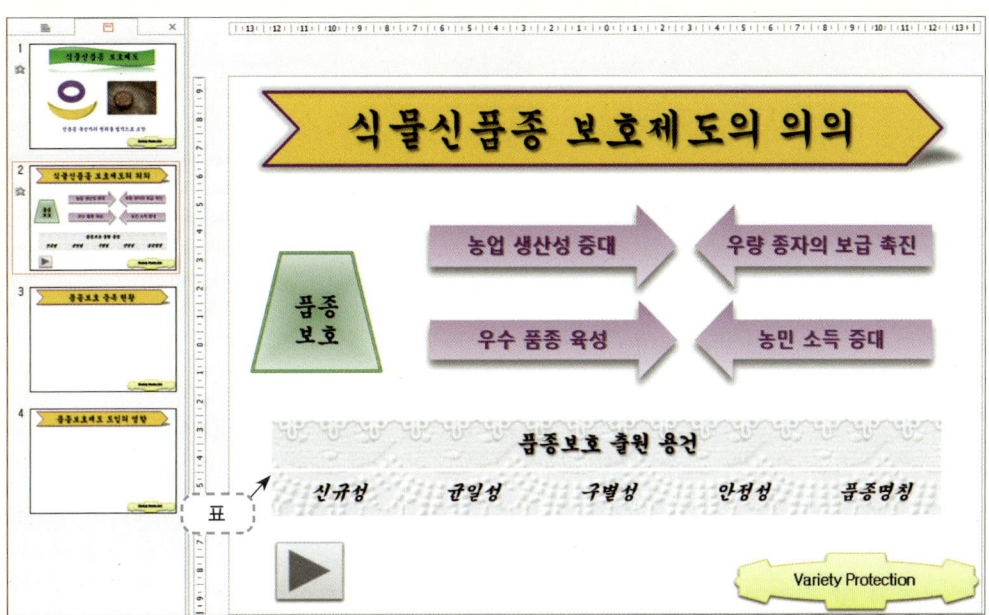

● 작성조건

▶ 표 ⇒ 채우기(질감 – 레이스, 배열 – 바둑판식),
가장 위의 행 : 글꼴(궁서, 22pt, 진하게, 그림자, 검정, 가운데 정렬, 가운데 맞춤),
나머지 행 : 글꼴(궁서, 20pt, 진하게, 기울임, 검정, 가운데 정렬, 가운데 맞춤)
▶ 애니메이션 지정 ⇒ 표 : 나타내기 – 모자이크

[슬라이드2] 표

02 아래의 작성조건 및 출력형태에 알맞게 두 번째 슬라이드에 작업하시오.

* 소스 파일 : [출제유형 완전정복]-[소스 파일]-정복08_문제02.show
* 정답 파일 : [출제유형 완전정복]-[정답 파일]-정복08_완성02.show

● 출력형태

등록 방법			
등록기관 방문	온라인(PC나 모바일)	우편이나 팩스	전화 상담

표

● 작성조건

▶ 표 ⇒ 채우기(질감 – 금속, 배열 – 늘이기),
　　가장 위의 행 : 글꼴(바탕체, 22pt, 진하게, 검정, 가운데 정렬, 가운데 맞춤),
　　나머지 행 : 글꼴(맑은 고딕, 20pt, 진하게, 기울임, 보라, 가운데 정렬, 가운데 맞춤)
▶ 애니메이션 지정 ⇒ 표 : 나타내기 – 날아오기

03 아래의 작성조건 및 출력형태에 알맞게 두 번째 슬라이드에 작업하시오.

* 소스 파일 : [출제유형 완전정복]-[소스 파일]-정복08_문제03.show
* 정답 파일 : [출제유형 완전정복]-[정답 파일]-정복08_완성03.show

● 출력형태

정부	기술	인프라
관심과 정책	배터리 기술의 발전	전기충전소 인프라 확충

표

● 작성조건

▶ 표 ⇒ 채우기(질감 – 가죽, 배열 – 늘이기),
　　가장 위의 행 : 글꼴(궁서, 20pt, 진하게, 본문/배경 – 밝은색 1 하양, 가운데 정렬, 가운데 맞춤),
　　나머지 행 : 글꼴(바탕체, 20pt, 진하게, 기울임, 밝은 연두색, 가운데 정렬, 가운데 맞춤)
▶ 애니메이션 지정 ⇒ 표 : 나타내기 – 블라인드

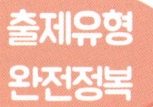

[슬라이드2] 표

04 아래의 작성조건 및 출력형태에 알맞게 두 번째 슬라이드에 작업하시오.

* 소스 파일 : [출제유형 완전정복]-[소스 파일]-정복08_문제04.show
* 정답 파일 : [출제유형 완전정복]-[정답 파일]-정복08_완성04.show

● 출력형태

생물 다양성	서식하는 생물종	생태계 복원
생물들의 보금자리	20,183종	멸종위기종 관리, 보호

표

● 작성조건

▶ 표 ⇒ 채우기(질감 - 흰색 벽, 배열 - 늘이기),
  가장 위의 행 : 글꼴(굴림, 22pt, 진하게, 검정, 가운데 정렬, 가운데 맞춤),
  나머지 행 : 글꼴(굴림, 20pt, 기울임, 보라, 가운데 정렬, 가운데 맞춤)
▶ 애니메이션 지정 ⇒ 표 : 나타내기 - 원형

05 아래의 작성조건 및 출력형태에 알맞게 두 번째 슬라이드에 작업하시오.

* 소스 파일 : [출제유형 완전정복]-[소스 파일]-정복08_문제05.show
* 정답 파일 : [출제유형 완전정복]-[정답 파일]-정복08_완성05.show

● 출력형태

만성기침	천식	중이염
수면장애	집중력 저하	두통

표

● 작성조건

▶ 표 ⇒ 채우기(질감 - 나무 무늬, 배열 - 바둑판식),
  가장 위의 행 : 글꼴(궁서, 20pt, 진하게, 밝은 연두색, 가운데 정렬, 가운데 맞춤),
  나머지 행 : 글꼴(궁서, 18pt, 진하게, 기울임, 노랑, 가운데 정렬, 가운데 맞춤)
▶ 애니메이션 지정 ⇒ 표 : 나타내기 - 사각형

출제유형 09

PART 02 출제유형 완전정복

[슬라이드3] 표

☑ 표를 삽입한 후 스타일 지정하기
☑ 표 안의 내용 글꼴 서식 변경하기

문제 미리보기

소스 파일 : [출제유형 완전정복]-[소스 파일]-유형09_문제.show
정답 파일 : [출제유형 완전정복]-[정답 파일]-유형09_완성.show

【슬라이드3】 아래의 작성조건 및 출력형태에 알맞게 세 번째 슬라이드에 작업하시오. (60점)

● 출력형태

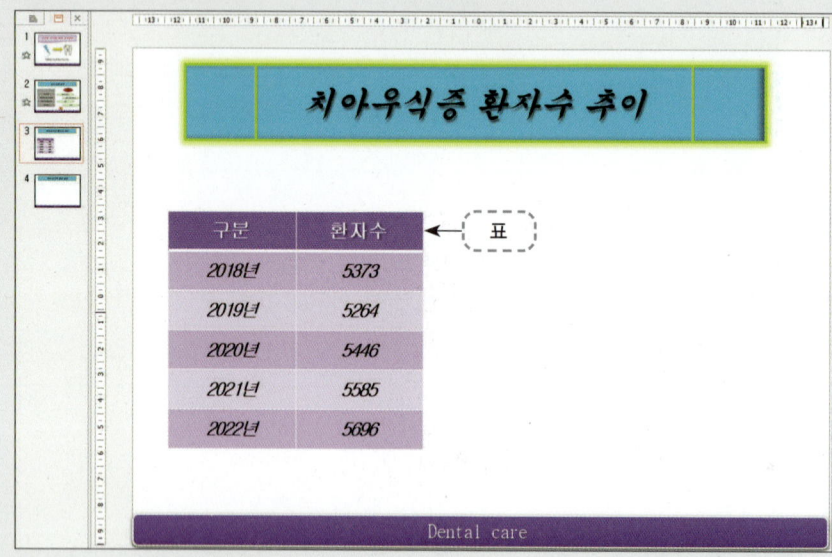

● 작성조건

(1) 제목
▶ 도형 1 ⇒ 순서도 : 종속 처리, 도형 채우기(시안), 선 색(단색, 색 : 밝은 연두색),
선 스타일(선 종류 : 실선, 굵기 : 3pt, 겹선 종류 : 단순형),
도형 효과(그림자 – 안쪽 – 오른쪽, 네온 – '강조 색 4, 10pt'), 글꼴(바탕체, 36pt, 기울임, 그림자)

(2) 본문
▶ 글상자 1([단위 : 천명]) ⇒ 글꼴(굴림체, 20pt, 진하게)
▶ 표 ⇒ 표 스타일(보통 스타일 1 – 강조 6), 가장 위의 행 : 글꼴(굴림체, 22pt, 진하게, 그림자, 가운데 정렬,
가운데 맞춤), 나머지 행 : 글꼴(굴림체, 20pt, 진하게, 기울임, 가운데 정렬, 가운데 맞춤)
▶ 글상자 2([출처 : 보험심사평가원]) ⇒ 글꼴(굴림체, 20pt, 진하게)
▶ 차트 ⇒ 세로 막대형 : 묶은 세로 막대형, 차트 계열색('색상 조합 – 색 3'), 차트 스타일(스타일 5), 축 서식/자료점 이름표
서식 : 글꼴(돋움, 10pt, 진하게), 범례 서식 : 글꼴(궁서, 10pt, 진하게, 기울임), 데이터는 표 참고
▶ 배경 ⇒ 배경 속성(질감/그림 – 그림)에서 그림 2 삽입(현재 슬라이드만 적용)
▶ 애니메이션 지정 ⇒ 차트 : 나타내기 – 블라인드
▶ 지시사항이 없는 부분은 《출력형태》와 동일하게 작성하시오.

01 표 작성하기

◆ 작성조건
  (2) 본문
  ▶ 표 ⇒ 표 스타일(보통 스타일 1 – 강조 6),
    가장 위의 행 : 글꼴(굴림체, 22pt, 진하게, 그림자, 가운데 정렬, 가운데 맞춤),
    나머지 행 : 글꼴(굴림체, 20pt, 진하게, 그림자, 가운데 정렬, 가운데 맞춤)

❶ [파일]-[불러오기](Ctrl+O)를 클릭합니다. [불러오기] 대화상자가 나오면 '유형09_문제.show' 파일을 불러 옵니다.

❷ 세 번째 슬라이드를 선택한 후 [입력] 탭에서 '표( )'의 목록( )' 단추를 눌러 《출력형태》에 맞게 마우스로 드래그하여 '6×2' 표를 만듭니다.

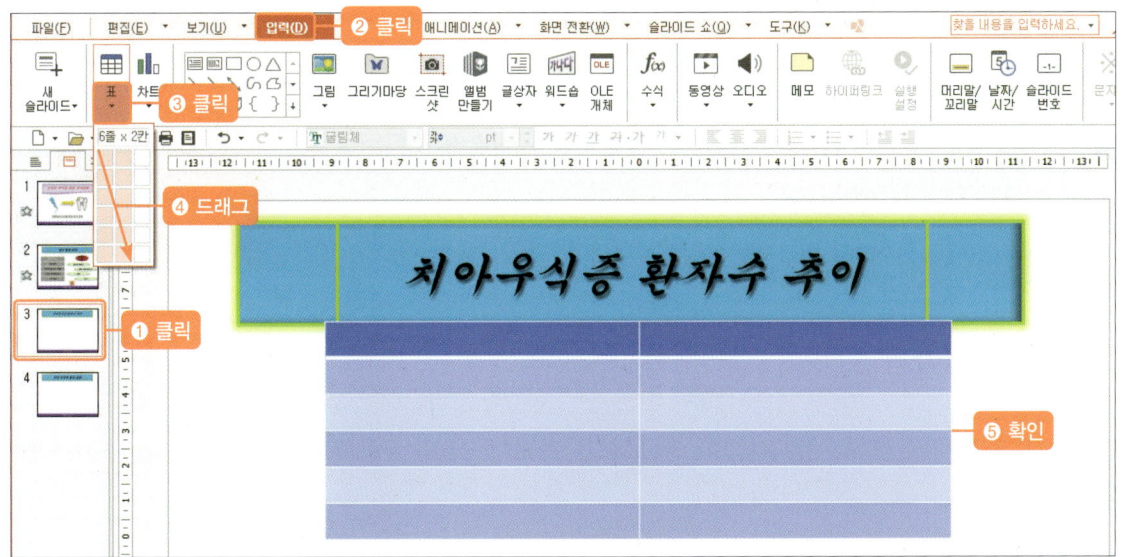

❸ 표가 삽입되면 테두리( )와 대각선 조절점( )을 드래그하여 그림과 같이 위치와 크기를 조절합니다.
  ※ 표의 크기 조절 및 위치 변경은 《출력형태》를 참고하여 작업합니다.

④ 표 스타일을 지정하기 위해 [표] 탭에서 자세히(▼) 단추를 클릭한 후 '보통 스타일 1 - 강조 6(▦)'을 선택합니다.

⑤ 변경된 표 스타일을 확인한 후 《출력형태》를 참고하여 각 셀에 그림과 같이 내용을 입력합니다.

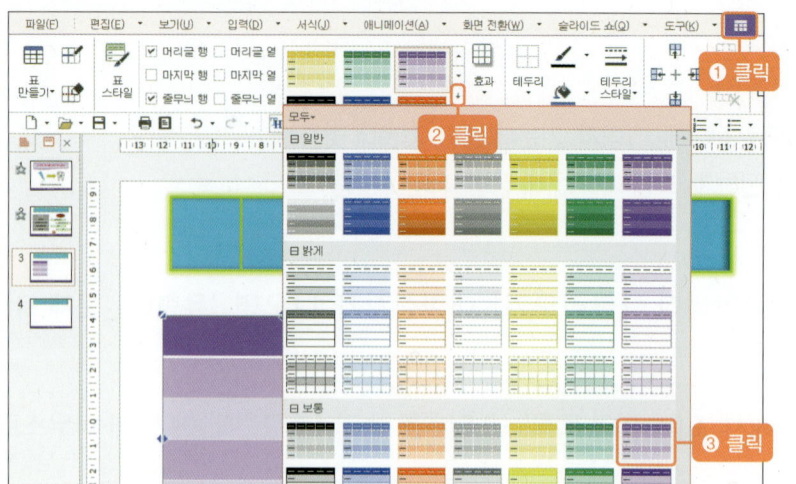

> **TIP** 표 스타일
>
> 표 스타일을 변경하면 표 안의 글꼴 서식이 같이 변경되기 때문에 표 스타일을 먼저 지정한 후 글꼴 서식을 변경하는 순서로 작업해야 합니다.

02 표 글꼴 서식 변경하기

① 가장 위의 행을 드래그하여 블록으로 지정한 후 [서식] 탭에서 '글꼴(굴림체), 글꼴 크기(22pt), 진하게(가), 그림자(가)'를 지정합니다.

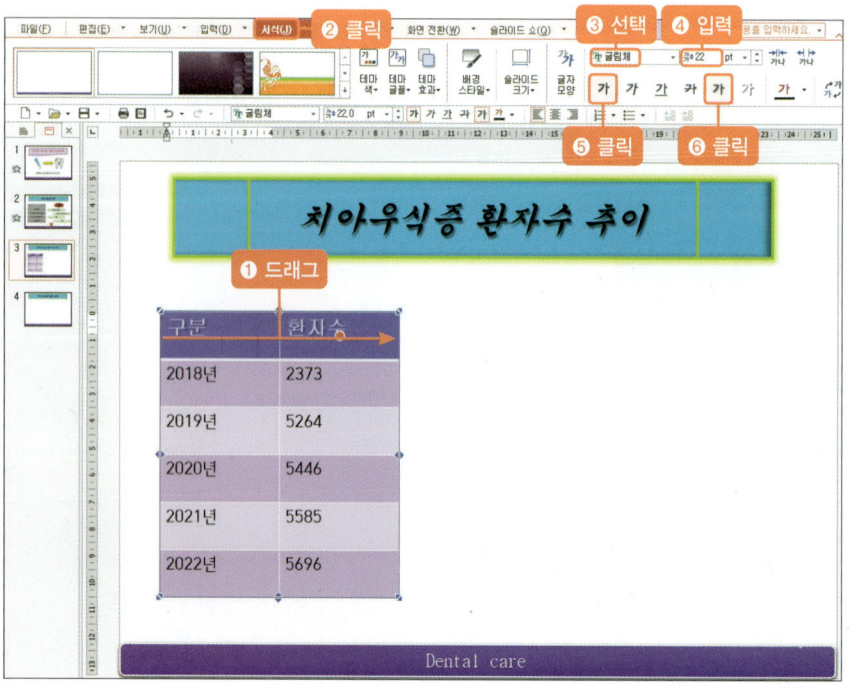

❷ 나머지 행을 드래그하여 블록으로 지정한 후, [서식] 탭에서 '글꼴(굴림체), 글꼴 크기(20pt), 진하게(가), 기울임(가)'를 지정합니다.

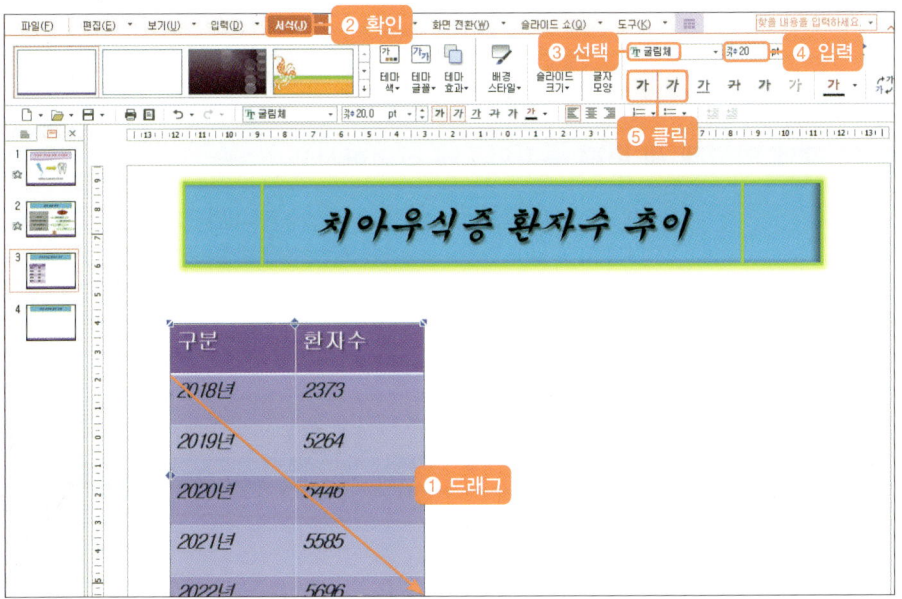

❸ 표 내용 전체를 드래그합니다. 이어서, [서식] 탭에서 '가운데 정렬(≡)', '가운데 맞춤(≡)'을 차례로 클릭합니다.

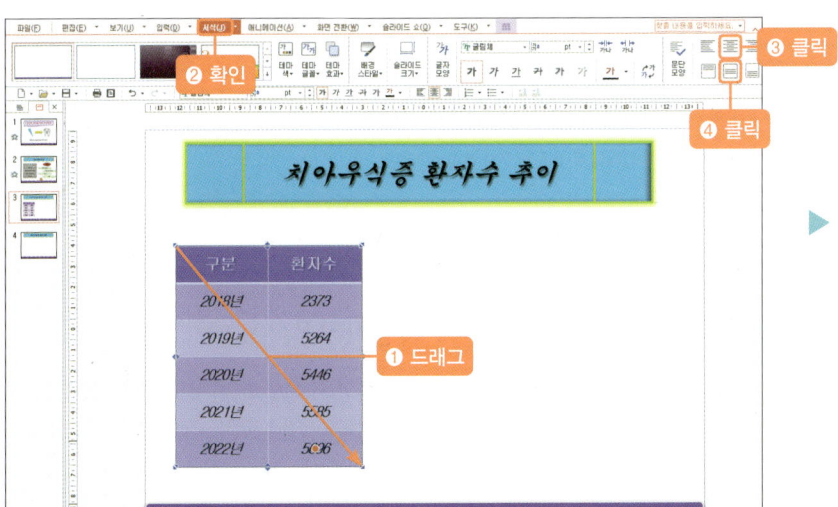

❹ [파일]-[저장하기](Ctrl + S) 또는 [서식] 도구 상자에서 '저장하기(日)'를 클릭합니다.
※ 실제 시험을 볼 때 작업 도중에 수시로(10분에 한 번 정도) 저장을 하는 것이 좋습니다.

시험 분석

표에서 가장 위의 행과 나머지 행의 글꼴 크기와 글자 속성이 다르게 출제되므로 반드시 확인 후, 글꼴에 대한 서식을 지정하도록 합니다.

[슬라이드3] 표

01 아래의 작성조건 및 출력형태에 알맞게 세 번째 슬라이드에 작업하시오.

* 소스 파일 : [출제유형 완전정복]-[소스 파일]-정복09_문제01.show
* 정답 파일 : [출제유형 완전정복]-[정답 파일]-정복09_완성01.show

● 출력형태

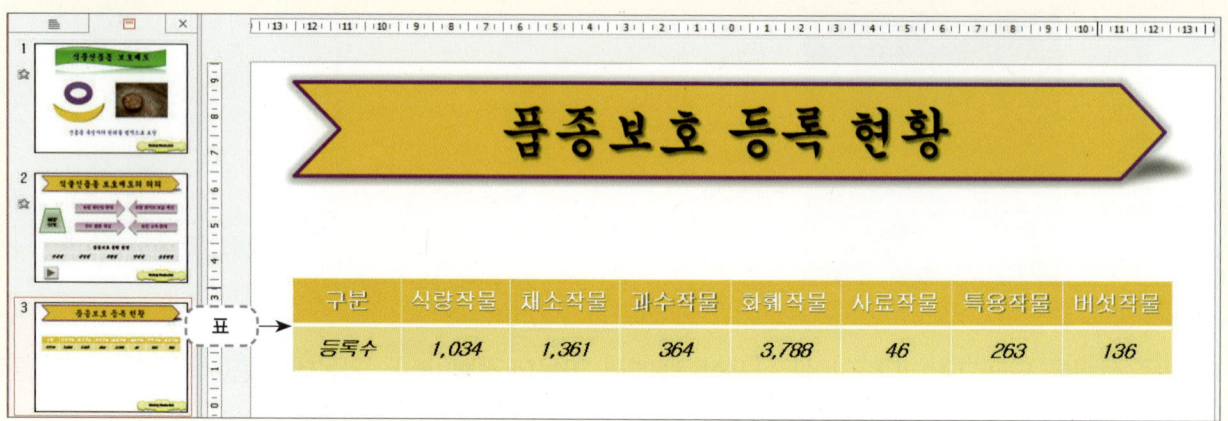

● 작성조건

▶ 표 ⇒ 표 스타일(보통 스타일 1 - 강조 4),
　가장 위의 행 : 글꼴(굴림, 18pt, 진하게, 그림자, 가운데 정렬, 가운데 맞춤),
　나머지 행 : 글꼴(굴림, 16pt, 진하게, 기울임, 가운데 정렬, 가운데 맞춤)

02 아래의 작성조건 및 출력형태에 알맞게 세 번째 슬라이드에 작업하시오.

* 소스 파일 : [출제유형 완전정복]-[소스 파일]-정복09_문제02.show
* 정답 파일 : [출제유형 완전정복]-[정답 파일]-정복09_완성02.show

● 출력형태

구분	2018년	2019년	2020년	2021년	2022년
연도	85,851	154,798	108,898	88,524	85,005

● 작성조건

▶ 표 ⇒ 표 스타일(보통 스타일 1 - 강조 5),
　가장 위의 행 : 글꼴(굴림, 20pt, 진하게, 그림자, 가운데 정렬, 가운데 맞춤),
　나머지 행 : 글꼴(굴림, 18pt, 기울임, 가운데 정렬, 가운데 맞춤)

[슬라이드3] 표

03 아래의 작성조건 및 출력형태에 알맞게 세 번째 슬라이드에 작업하시오.

* 소스 파일 : [출제유형 완전정복]-[소스 파일]-정복09_문제03.show
* 정답 파일 : [출제유형 완전정복]-[정답 파일]-정복09_완성03.show

● 출력형태

연도	대수
2018년	140
2019년	384
2020년	356
2021년	838
2022년	967

● 유의 사항

▶ 표 ⇒ 표 스타일(보통 스타일 4 - 강조 4),
  가장 위의 행 : 글꼴(맑은 고딕, 20pt,
  진하게, 그림자, 가운데 정렬, 가운데 맞춤),
  나머지 행 : 글꼴(굴림, 18pt, 진하게,
  기울임, 가운데 정렬, 가운데 맞춤)

04 아래의 작성조건 및 출력형태에 알맞게 세 번째 슬라이드에 작업하시오.

* 소스 파일 : [출제유형 완전정복]-[소스 파일]-정복09_문제04.show
* 정답 파일 : [출제유형 완전정복]-[정답 파일]-정복09_완성04.show

● 출력형태

년도	탐방객
2019년	38,219
2020년	40,803
2021년	46,931
2022년	45,332

● 유의 사항

▶ 표 ⇒ 표 스타일(일반 스타일 1 - 강조 6),
  가장 위의 행 : 글꼴(맑은 고딕, 20pt,
  진하게, 그림자, 가운데 정렬, 가운데 맞춤),
  나머지 행 : 글꼴(궁서, 18pt, 기울임,
  가운데 정렬, 가운데 맞춤)

출제유형 10

[슬라이드3] 차트

- ☑ 차트를 삽입하고 차트 스타일 지정하기
- ☑ 차트의 구성요소 서식 지정하기

문제 미리보기

소스 파일 : [출제유형 완전정복]-[소스 파일]-유형10_문제.show
정답 파일 : [출제유형 완전정복]-[정답 파일]-유형10_완성.show

【슬라이드3】 아래의 작성조건 및 출력형태에 알맞게 세 번째 슬라이드에 작업하시오. (60점)

● 출력형태

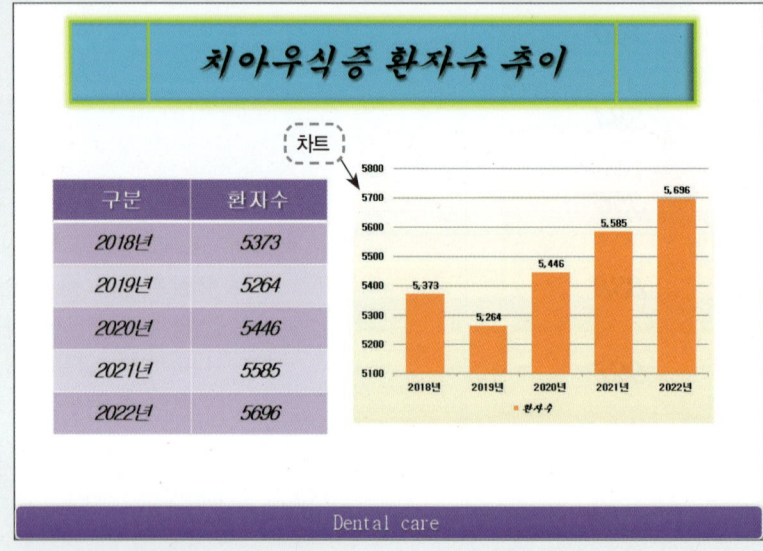

● 작성조건

(1) 제목
- ▶ 도형 1 ⇒ 순서도 : 종속 처리, 도형 채우기(시안), 선 색(단색, 색 : 밝은 연두색), 선 스타일(선 종류 : 실선, 굵기 : 3pt, 겹선 종류 : 단순형), 도형 효과(그림자 – 안쪽 – 오른쪽, 네온 – '강조 색 4, 10pt'), 글꼴(바탕체, 36pt, 기울임, 그림자)

(2) 본문
- ▶ 글상자 1([단위 : 천명]) ⇒ 글꼴(굴림체, 20pt, 진하게)
- ▶ 표 ⇒ 표 스타일(보통 스타일 1 – 강조 6), 가장 위의 행 : 글꼴(굴림체, 22pt, 진하게, 그림자, 가운데 정렬, 가운데 맞춤), 나머지 행 : 글꼴(굴림체, 20pt, 진하게, 그림자, 가운데 정렬, 가운데 맞춤)
- ▶ 글상자 2([출처 : 보험심사평가원]) ⇒ 글꼴(굴림체, 20pt, 진하게)
- ▶ 차트 ⇒ 세로 막대형 : 묶은 세로 막대형, 차트 계열색('색상조합-색 3'), 차트 스타일(스타일 5), 축 서식/자료점 이름표 서식 : 글꼴(돋움, 10pt, 진하게), 범례 서식 : 글꼴(궁서, 10pt, 진하게, 기울임), 데이터는 표 참고
- ▶ 배경 ⇒ 배경 속성(질감/그림 – 그림)에서 그림 2 삽입(현재 슬라이드만 적용)
- ▶ 애니메이션 지정 ⇒ 차트 : 나타내기 – 블라인드
- ▶ 지시사항이 없는 부분은 《출력형태》와 동일하게 작성하시오.

01 차트 작성하기

◆ 작성조건

　(2) 본문

　　▶ 차트 ⇒ 세로 막대형 : 묶은 세로 막대형, 차트 계열색('색상조합 – 색 3'), 차트 스타일(스타일 5),
　　　축 서식/자료점 이름표 서식 : 글꼴(돋움, 10pt, 진하게),
　　　범례 서식 : 글꼴(궁서, 10pt, 진하게, 기울임), 데이터는 표 참고
　　▶ 애니메이션 지정 ⇒ 차트 : 나타내기 – 블라인드

❶ [파일]-[불러오기](Ctrl+O)를 클릭합니다. [불러오기] 대화상자가 나오면 '유형10_문제.show' 파일을 불러 옵니다.

❷ 세 번째 슬라이드를 선택한 후, [입력] 탭에서 '차트()'를 클릭합니다. 이어서, 위 조건에서 지시한 '세로 막대형 : 묶은 세로 막대형'을 클릭합니다.

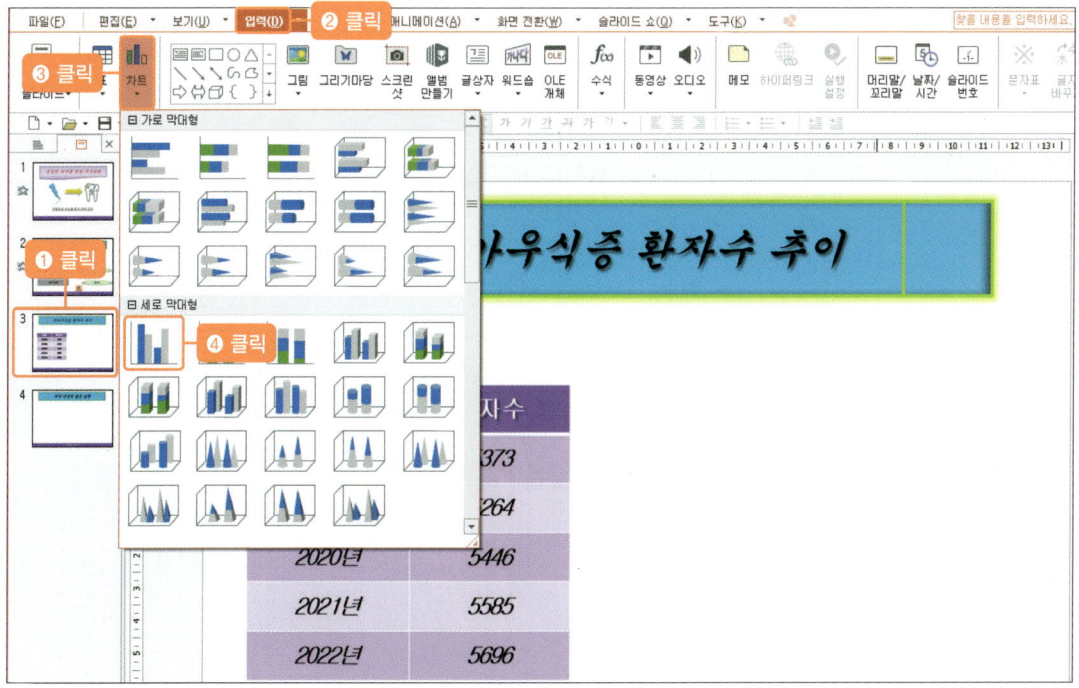

❸ [차트 데이터 편집] 대화상자가 나오면 '모든 데이터 지우기(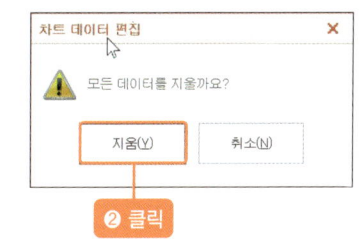)'를 클릭합니다. [차트 데이터 편집] 창이 나오면 〈지움〉 단추를 클릭합니다.

❹ 《출력형태》를 참고하여 그림과 같이 데이터를 입력합니다.

※ 내용을 입력한 후, 다음 셀로 이동하기 위해서는 키보드의 방향키(↑, ↓, ←, →)를 누릅니다.

※ 데이터 입력시 소수점(.) 또는 천 단위 구분 기호(,)를 잘 구분하여 입력해야 합니다.

※ 천 단위 구분 기호(,)는 현재 창에서 입력이 안됩니다.(오류인듯) 뒤 '표시 형식'에서 학습하도록 하겠습니다.

❺ 내용 입력이 완료되면 필요없는 열을 선택한 후, '**선택한 열 지우기**( )'를 클릭합니다.

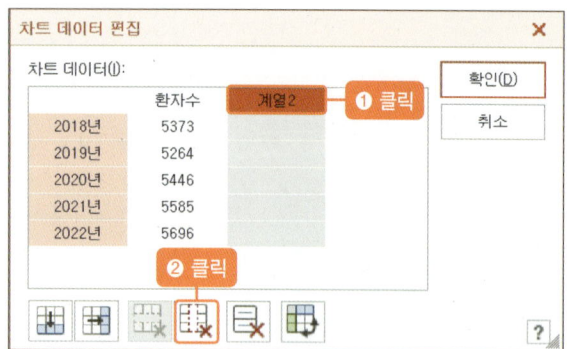 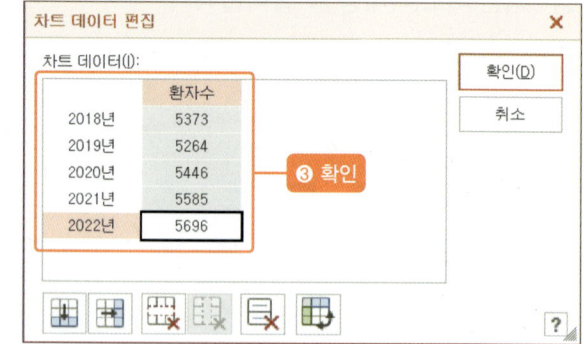

> **TIP** 행과 열의 추가/삭제
>
> • 필요하지 않은 행이나 열을 삭제하는 경우 '선택한 행 지우기( )' 또는 '선택한 열 지우기( )'를 클릭하여 행과 열을 삭제할 수 있습니다.
> • 데이터를 입력해야 할 행이나 열이 부족한 경우 '행 추가하기( )' 또는 '열 추가하기( )'를 클릭하여 행과 열을 추가할 수 있습니다.

❻ [차트 데이터 편집] 대화상자에서 〈확인〉 단추를 클릭합니다.

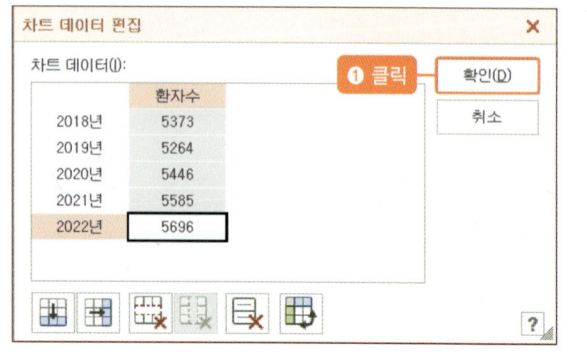 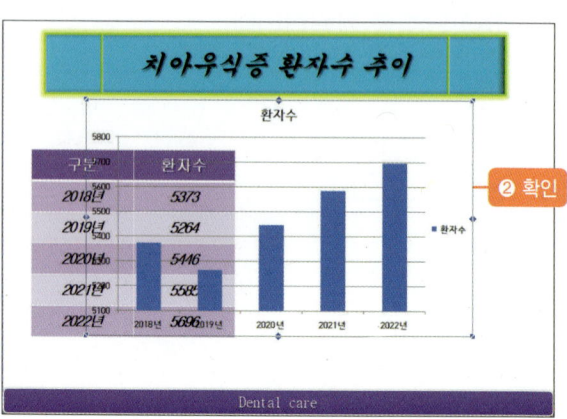

❼ '차트 제목'을 클릭한 후, 마우스 오른쪽 단추를 클릭합니다. 이어서, '삭제'를 클릭합니다.

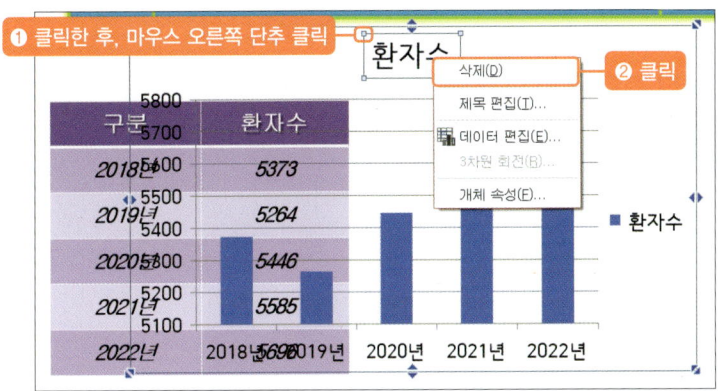

> **TIP** 행/열 전환
>
> 차트에 반영될 데이터를 정확히 입력했지만 《출력형태》의 차트와 다르게 나올 경우에는 [차트( )] 탭에서 '행/열 전환( )' 단추를 클릭하여 변경할 수 있습니다.

❽ 차트가 삽입되면 적당한 크기를 조절한 후, 위치를 변경합니다.

  ※ 차트의 크기 조절 및 위치 변경은 《출력형태》를 참고하여 작업합니다.

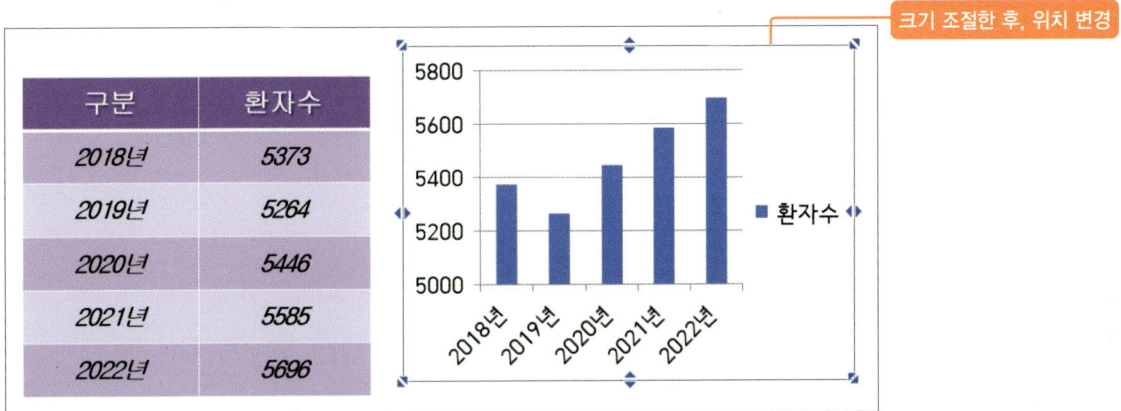

> **TIP** 차트의 구성 요소
>
> ❶ 차트 배경
> ❷ 차트 속성 배경
> ❸ 계열
> ❹ 세로(값) 축
> ❺ 가로(항목) 축
> ❻ 범례
> ❼ 주 눈금선
> ❽ 데이터 레이블

⑨ 범례의 위치를 변경하기 위해 [차트( )] 탭의 '차트 구성 추가( )'를 클릭한 후, '범례( )'-'아래쪽'을 선택합니다.

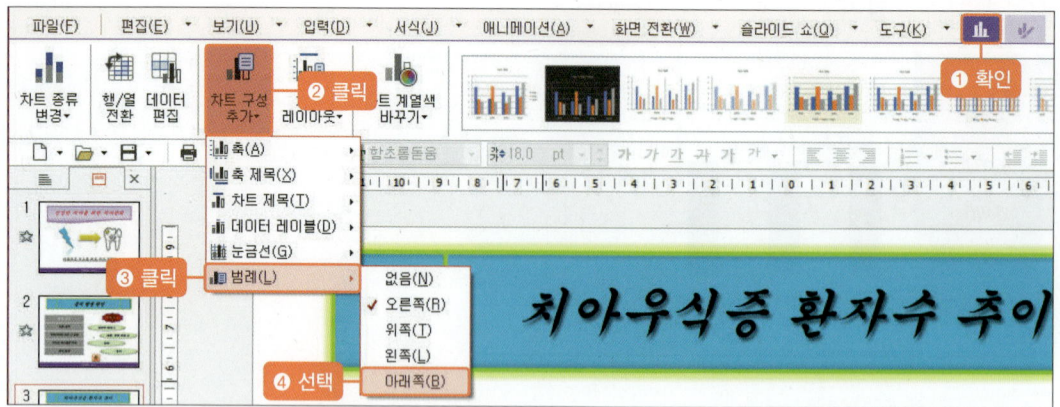

⑩ 데이터 레이블을 표시하기 위해 [차트( )] 탭의 '차트 구성 추가( )'를 클릭한 후, '데이터 레이블'-'표시'를 선택합니다.

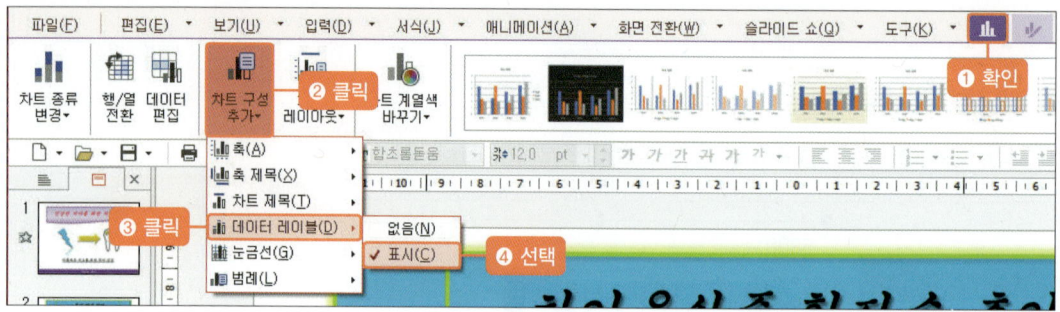

⑪ 차트 스타일을 지정하기 위해 [차트] 탭에서 '스타일 5( )'를 선택합니다.

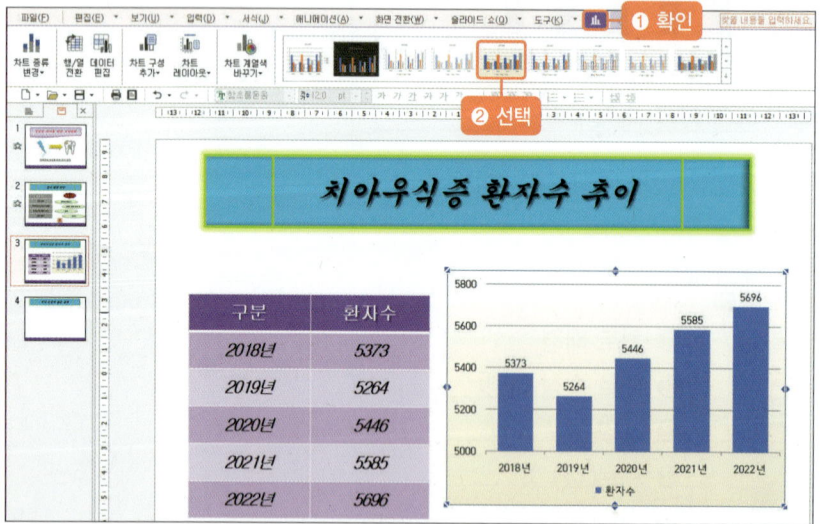

TIP
시험 유의 사항

차트를 작성한 후, ≪작성조건≫에 없는 내용이 차트에 있을 경우 ≪출력형태≫를 참고하여 차트 속성(범례 위치, 데이터 레이블 값 표시, 차트 제목) 등을 수험자가 판단하여 변경해야 합니다.

⑫ 차트 계열색을 지정하기 위해 [차트] 탭에서 [차트 계열색 바꾸기]를 클릭합니다. 이어서, '**색상 조합 - 색 3**'을 선택합니다.

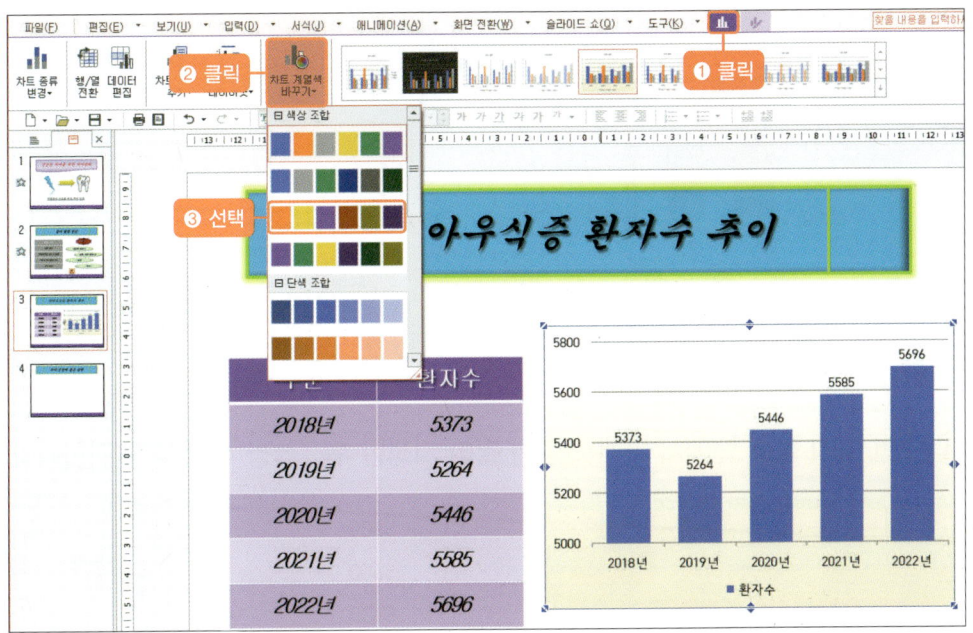

02 차트 글꼴 서식 변경하기

① 차트 위에서 임의의 '데이터 레이블'의 '값'을 클릭한 후, 마우스 오른쪽 단추를 클릭합니다. 이어서, '글자 모양 편집'을 클릭합니다.(아래 그림과 같이 '데이터 레이블'의 '값' 전체가 지정 되도록 한 번만 클릭합니다.)

② [글자 모양 편집] 대화상자가 나오면 '**글꼴(돋움), 크기(10pt), 진하게(가)**'를 선택한 후, 〈설정〉 단추를 클릭합니다.

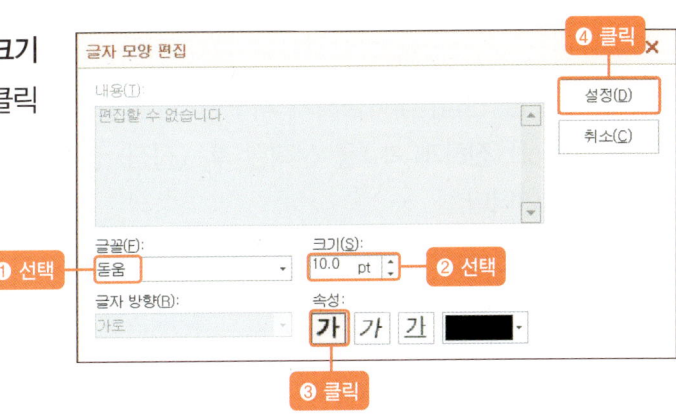

❸ 천 단위 구분을 하기 위해 '데이터 레이블'의 '값'을 클릭한 후, 마우스 오른쪽 단추를 클릭합니다. 이어서, '데이터 레이블 속성'을 클릭합니다.

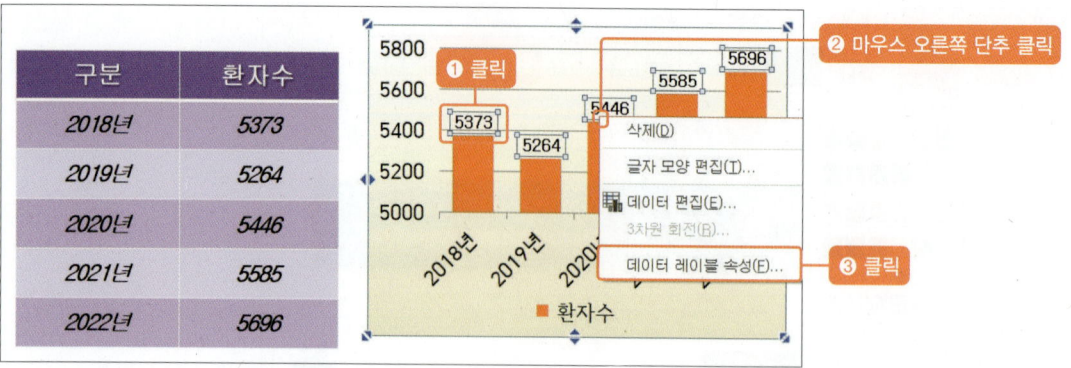

❹ [개체 속성] 대화상자가 나오면 '**표시 형식**' 탭에서 아래 그림과 같이 지정한 후, 〈설정〉 단추를 클릭합니다.

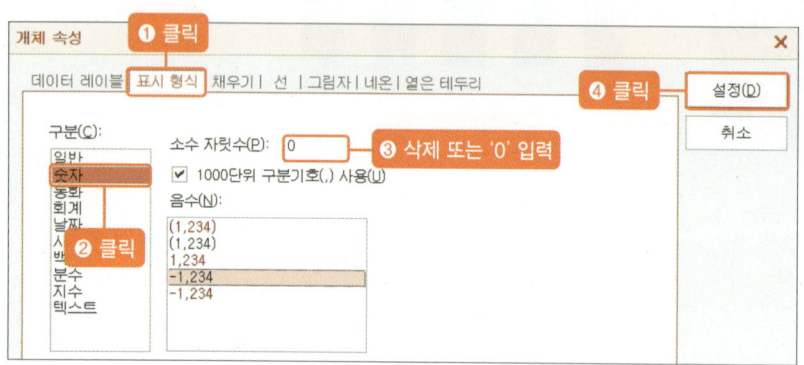
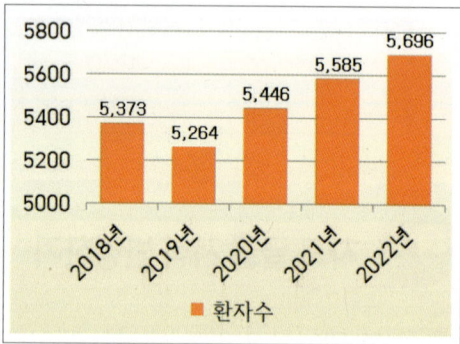

❺ 차트 위에서 '가로 축'을 클릭한 후 마우스 오른쪽 단추를 클릭합니다. 이어서, '글자 모양 편집'을 클릭합니다.

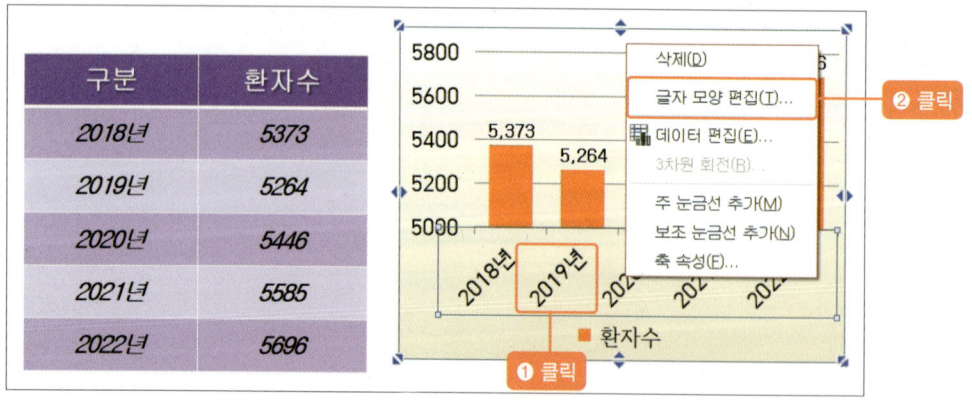

❻ [글자 모양 편집] 대화상자가 나오면 '**글꼴(돋움), 크기(10pt), 진하게(가)**'를 선택한 후, 〈설정〉 단추를 클릭합니다.

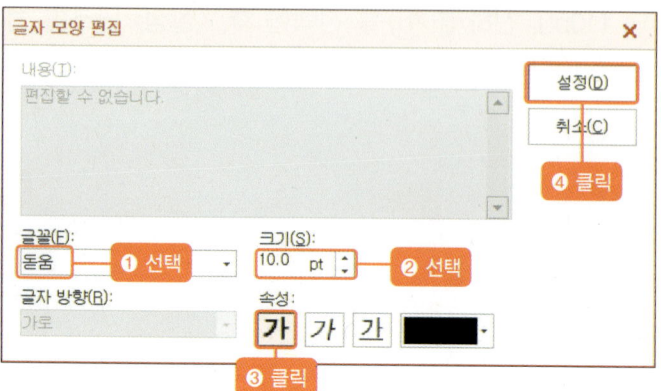

TIP 《작성조건》에 색상이 있으면 색상 조건에 따라 지정해야 합니다.

❼ 차트 위에서 '세로 축'을 클릭한 후, 마우스 오른쪽 단추를 클릭합니다. 이어서, '글자 모양 편집'을 클릭합니다.

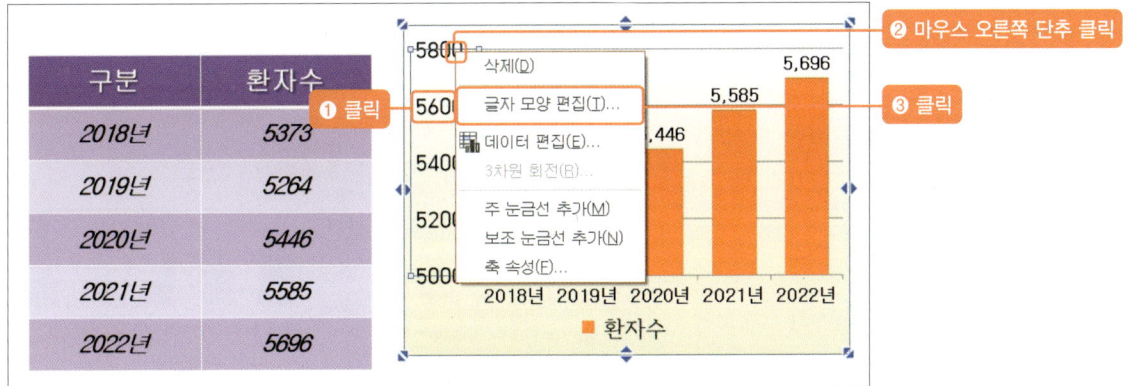

❽ [글자 모양 편집] 대화상자가 나오면 '**글꼴(돋움), 크기(10pt), 진하게(가)**'를 선택한 후, 〈설정〉 단추를 클릭합니다.

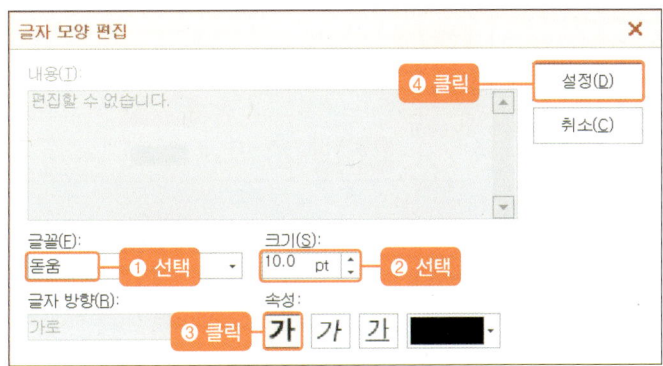

❾ 차트 위에서 '범례'를 클릭한 후, 마우스 오른쪽 단추를 클릭합니다. 이어서, '글자 모양 편집'을 클릭합니다.

❿ [글자 모양 편집] 대화상자가 나오면 '**글꼴(궁서), 크기(10pt), 진하게(가), 기울임(가)**'를 선택한 후, 〈설정〉 단추를 클릭합니다.

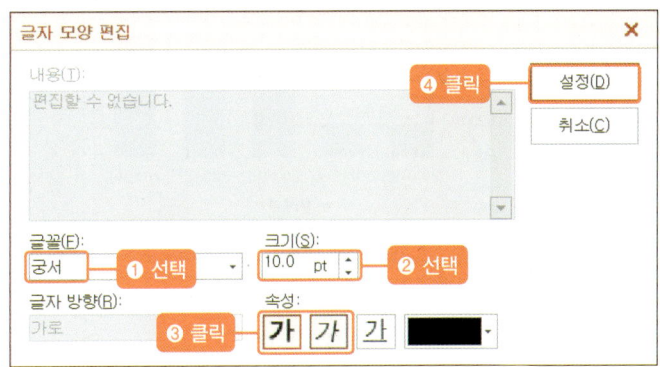

출제유형 10   **93**   [슬라이드3] 차트

TIP 차트 제목 편집

차트 추가시 '**차트 제목**'은 삭제하고 작업하는 경우가 대부분입니다. 시험에 거의 출제 되지는 않지만 글꼴 변경만 알아둡니다.

① 차트 위에서 '차트 제목'을 클릭한 후, 마우스 오른쪽 단추를 클릭합니다. 이어서, '제목 편집'을 클릭합니다.

② [제목 편집] 대화상자가 나오면 '글꼴(휴먼엑스포), 크기(20pt), 진하게(가)'를 선택한 후, 〈설정〉 단추를 클릭합니다.

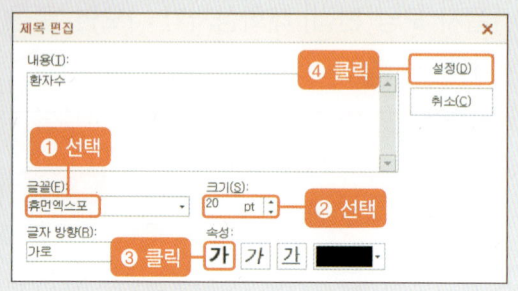

TIP 눈금선(축속성)

① 주 눈금선 및 보조 눈금선은 아래와 그림과 같이 추가 및 삭제할 수 있습니다.(해당 개체를 클릭한 후 [마우스 오른쪽 단추]-[바로가기] 메뉴에서 해당 기능 클릭)

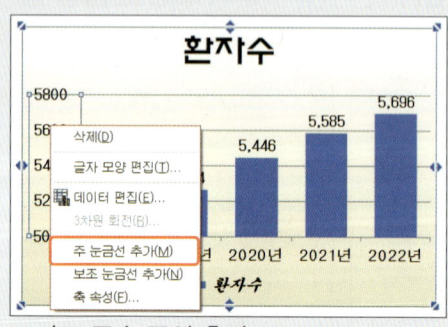

▲ 가로 주 눈금선 추가

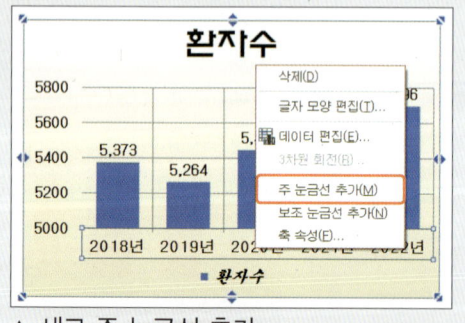

▲ 세로 주 눈금선 추가

▲ 가로 주 눈금선 삭제

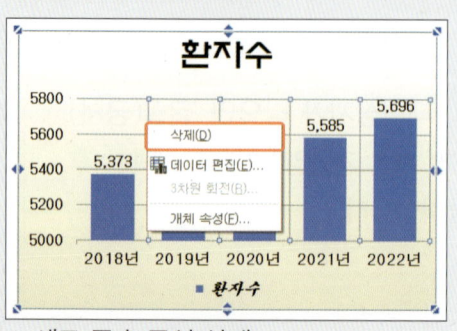

▲ 세로 주 눈금선 삭제

② 가로(값 축) 및 세로(항목 축) 축 값의 눈금선은 아래 그림과 같이 지정합니다.

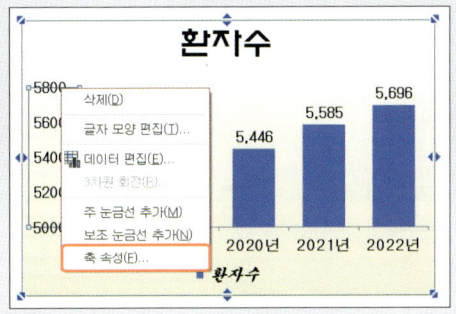
▲ 가로 축(값 축) 값 눈금선 지정

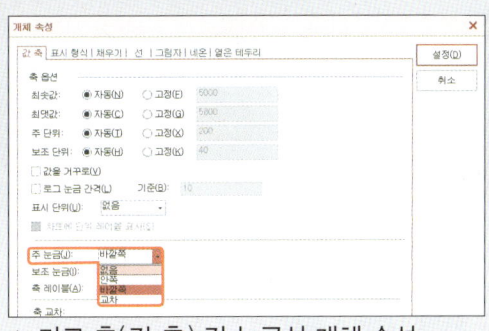
▲ 가로 축(값 축) 값 눈금선 개체 속성

▲ 세로 축(항목 축) 값 눈금선 지정

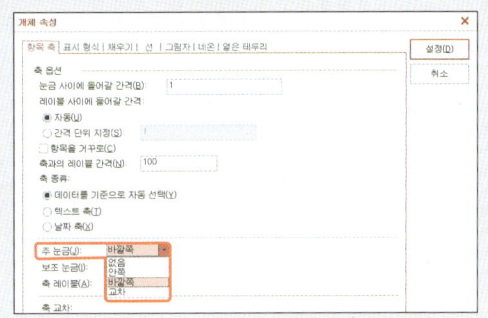
▲ 세로 축(항목 축) 값 눈금선 개체 속성

③ 가로 축(값 축) 값 및 세로 축(항목 축) 값의 눈금선은 차트 스타일의 종류에 따라 지정이 될 수도 있고 안될 수도 있습니다. 지정되지 않는 차트 스타일인데 《출력형태》에 가로, 세로 축 눈금선이 있을 경우 지정하지 않아도 감점처리 되지는 않습니다. 단, 아래와 같은 방법으로 축 눈금선을 지정할 수 있습니다.

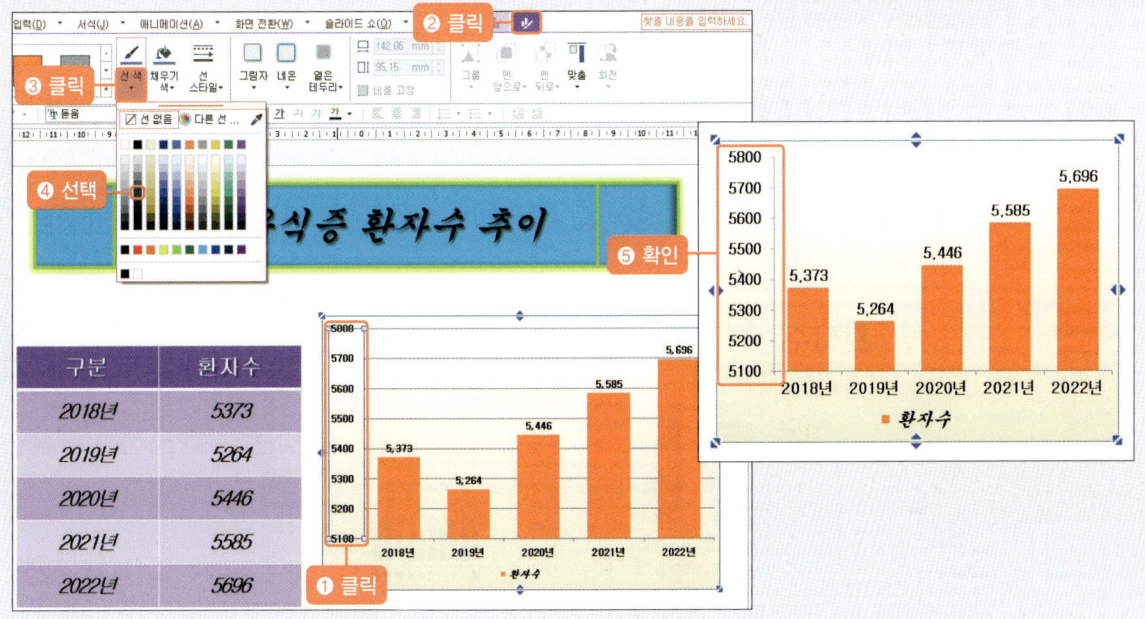

차트 외곽선

① 차트 전체 및 차트 내부 요소별로 외곽선을 아래 그림과 같이 지정할 수 있습니다.(해당 개체를 클릭한 후, [마우스 오른쪽 단추]-[바로가기]-[개체 속성] 클릭)

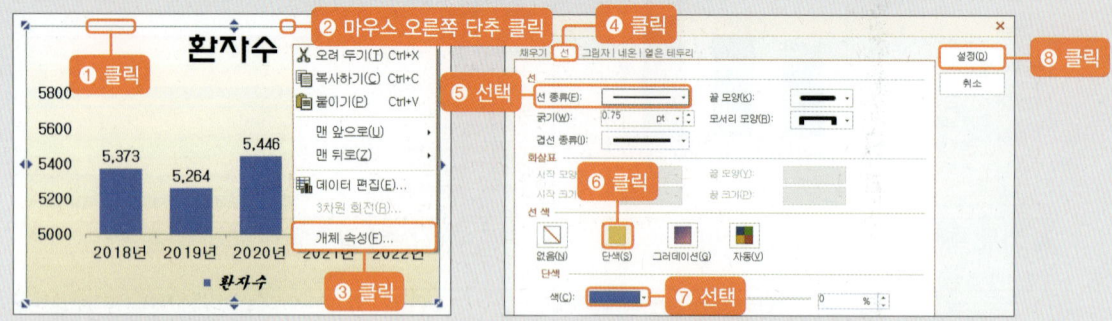

▲ 차트 전체 외곽선 지정   ▲ 차트 전체 외곽선 개체 속성

범례 위치

① 범례 위치를 아래 그림과 같이 변경할 수 있습니다.(해당 개체를 클릭한 후, [마우스 오른쪽 단추]-[바로가기]-[범례 속성] 클릭)

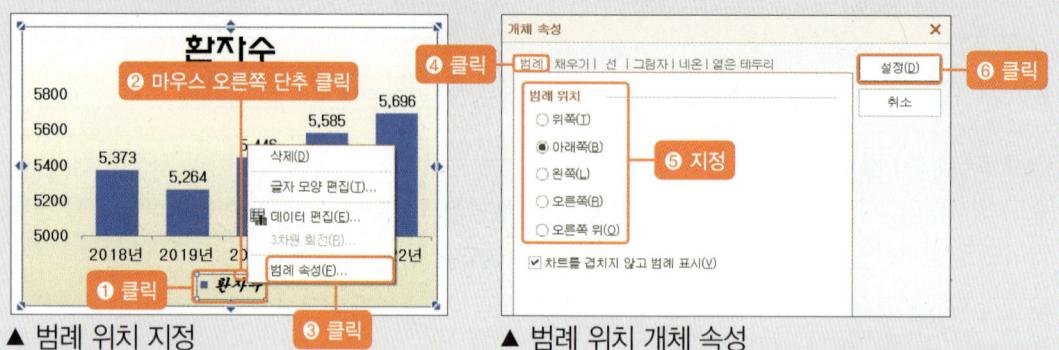

▲ 범례 위치 지정   ▲ 범례 위치 개체 속성

차트 안 개체별 색상(채우기, 선)

① 차트 내부의 요쇼별로 색상을 아래 그림과 같이 지정할 수 있습니다.(해당 개체를 클릭한 후, [마우스 오른쪽 단추]-[바로가기] 메뉴 클릭)

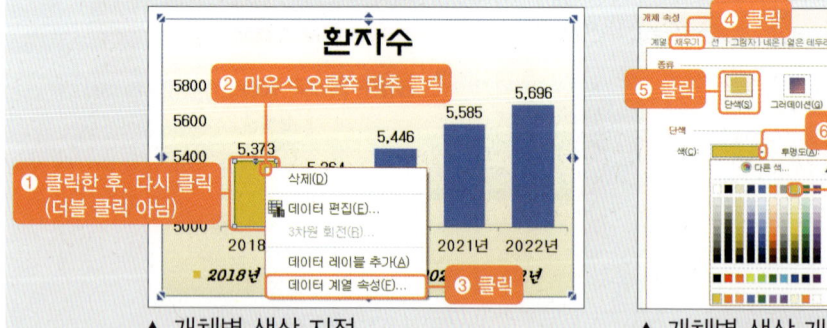

▲ 개체별 색상 지정   ▲ 개체별 색상 개체 속성

축 서식 눈금 간격 설정

① 차트 축 서식의 눈금이 차트의 크기나 글꼴 크기에 따라 변경될 수 있습니다. ≪출력형태≫와 동일하게 간격을 조절하기 위해선 아래 그림과 같이 지정합니다.(해당 개체를 클릭한 후, [마우스 오른쪽 단추]-[바로가기]-[축 속성] 메뉴 클릭)

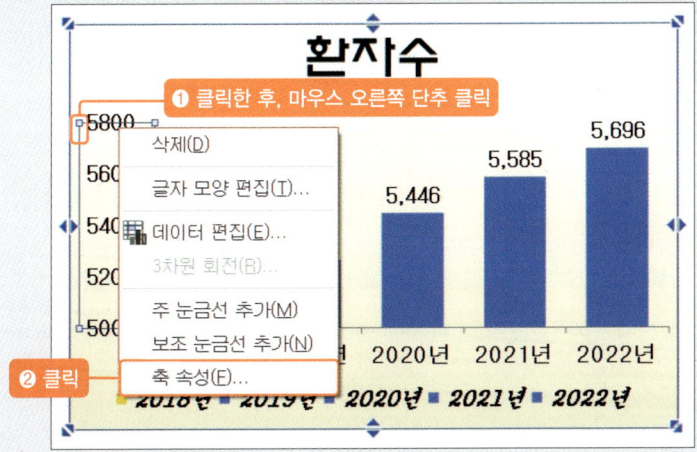

▲ 차트 전체 외곽선 지정

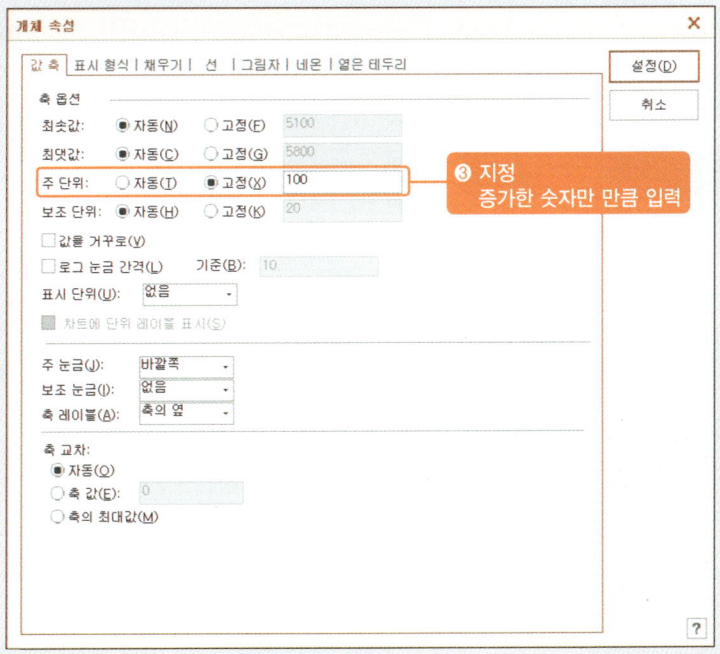

▲ 차트 전체 외곽선 개체 속성

03 애니메이션 지정하기

▶ 애니메이션 지정 ⇒ 차트 : 나타내기 – 블라인드

① 애니메이션을 지정하기 위해 차트의 테두리를 클릭합니다.

② [애니메이션] 탭에서 '나타내기'–'블라인드'를 클릭합니다.

※ 반드시 애니메이션을 적용할 대상 개체를 클릭한 후, 작업해야 합니다.

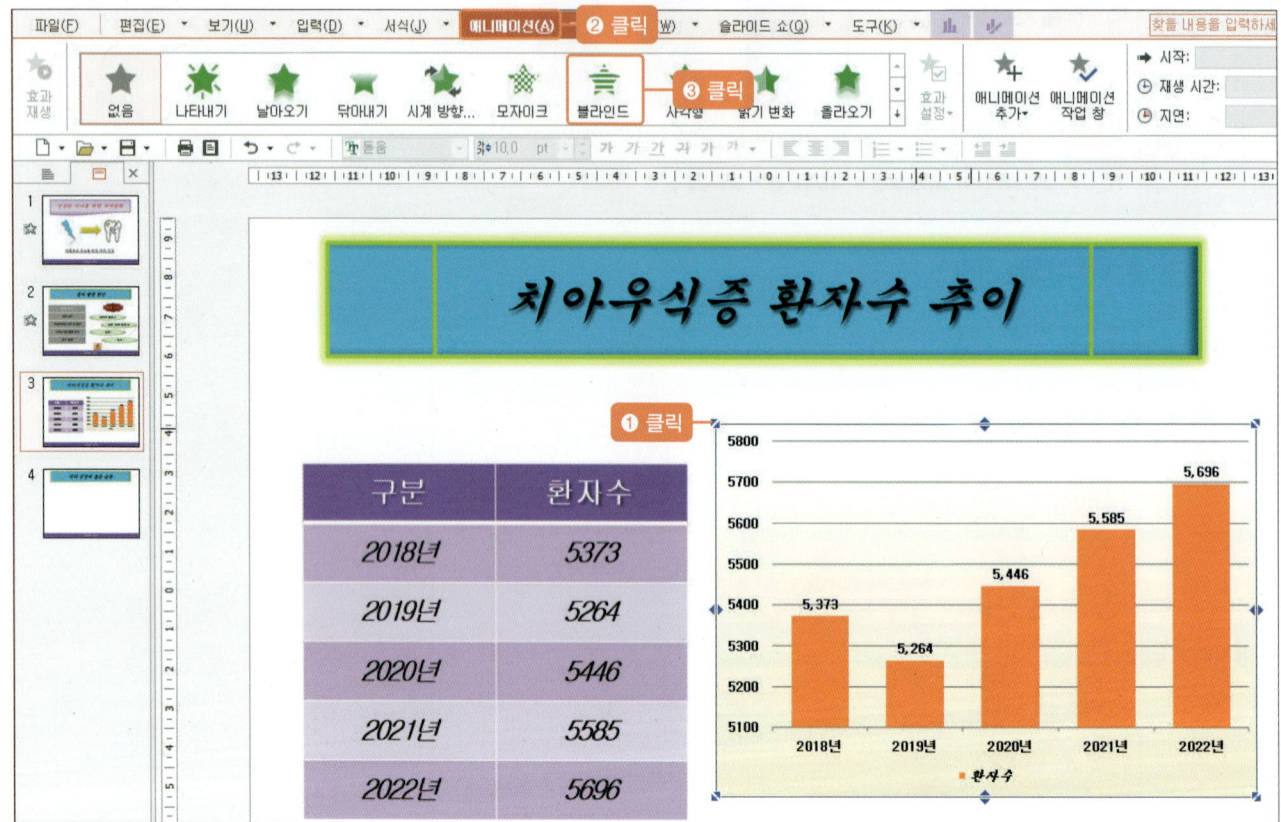

③ [파일]-[저장하기](Ctrl + S) 또는 [서식] 도구 상자에서 '저장하기(🖫)'를 클릭합니다.

※ 실제 시험을 볼 때 작업 도중에 수시로(10분에 한 번 정도) 저장을 하는 것이 좋습니다.

시험 분석

▶ 차트는 주로 '세로 막대형'이 출제되며, 간혹 '꺾은선/영역형' 또는 '가로 막대형'이 출제되는 경우도 있습니다.

▶ 표를 참고하여 데이터를 입력할 때 소수점이 있을 경우에는 반드시 작성조건에 '소수점 반드시 기입'하라고 되어있는지 확인합니다. 또한 '소수점, 천 단위 기입' 등의 지시 사항이 없더라도 ≪출력형태≫에 따라 기입합니다.

출제유형 완전정복 [슬라이드3] 차트

01 아래의 작성조건 및 출력형태에 알맞게 세 번째 슬라이드에 작업하시오.

* 소스 파일 : [출제유형 완전정복]-[소스 파일]-정복10_문제01.show
* 정답 파일 : [출제유형 완전정복]-[정답 파일]-정복10_완성01.show

● 출력형태

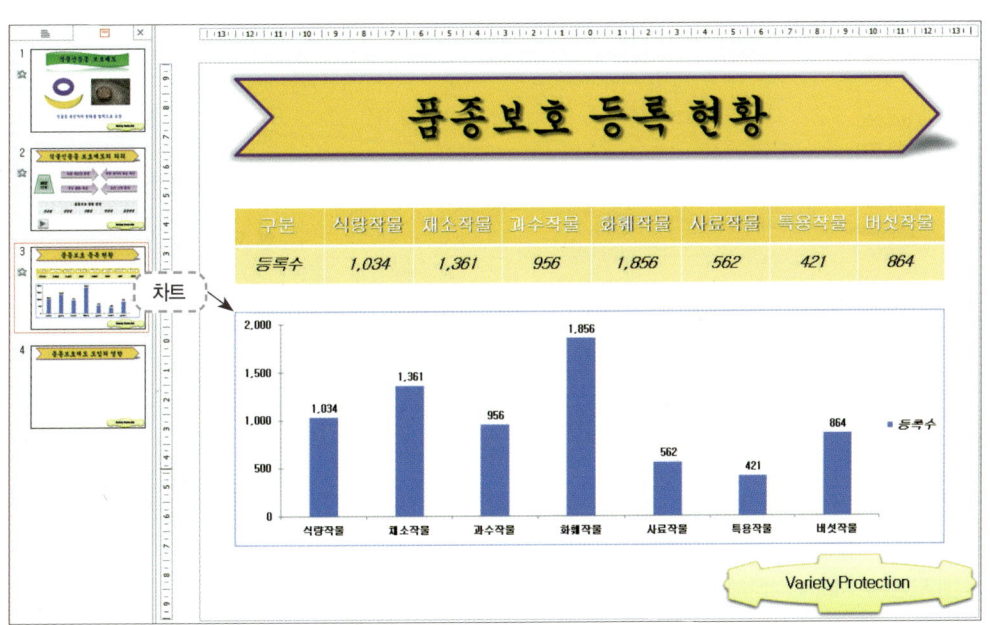

● 작성조건

 차트 ⇒ 세로 막대형 : 묶은 세로 막대형, 차트 스타일(스타일 6),
축 서식/자료점 이름표 서식 : 글꼴(굴림, 10pt, 진하게),
범례 서식 : 글꼴(굴림, 12pt, 진하게, 기울임), 데이터는 표 참고(천 단위 구분 반드시 기입)
 애니메이션 지정 ⇒ 차트 : 나타내기 – 날아오기

TIP (값) 축 속성

축 서식 눈금 간격과 천 단위 구분이 있을 경우 아래 그림과 같이 축 속성에서 지정할 수 있습니다.

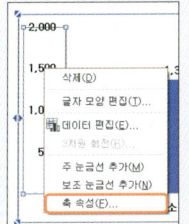

▲ 축 서식 눈금 간격

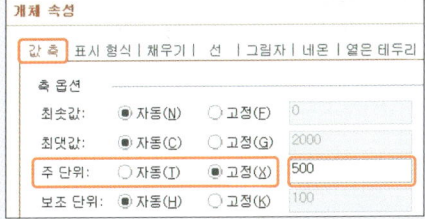

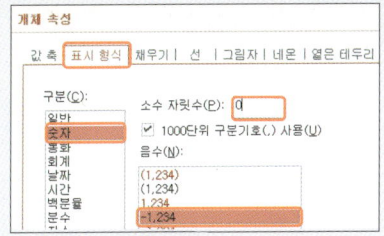

▲ 천 단위 기입

[슬라이드3] 차트

02 아래의 작성조건 및 출력형태에 알맞게 세 번째 슬라이드에 작업하시오.

* 소스 파일 : [출제유형 완전정복]-[소스 파일]-정복10_문제02.show
* 정답 파일 : [출제유형 완전정복]-[정답 파일]-정복10_완성02.show

● 출력형태

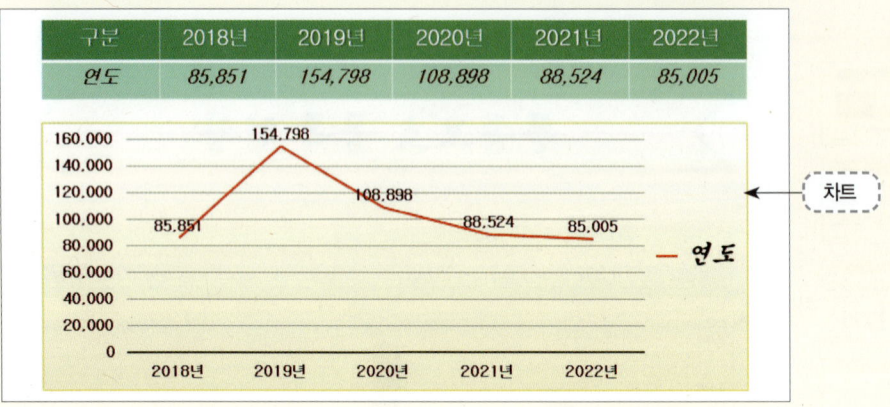

● 작성조건

▶ 차트 ⇒ 꺾은선/영역형 : 꺾은선형, 차트 스타일(스타일 3), 축 서식/자료점 이름표 서식 : 글꼴(굴림, 10pt, 진하게), 범례 서식 : 글꼴(궁서, 15pt, 진하게, 기울임), 데이터는 표 참고(천 단위 기호 기입)
▶ 애니메이션 지정 ⇒ 차트 : 나타내기 - 블라인드

03 아래의 작성조건 및 출력형태에 알맞게 세 번째 슬라이드에 작업하시오.

* 소스 파일 : [출제유형 완전정복]-[소스 파일]-정복10_문제03.show
* 정답 파일 : [출제유형 완전정복]-[정답 파일]-정복10_완성03.show

● 출력형태

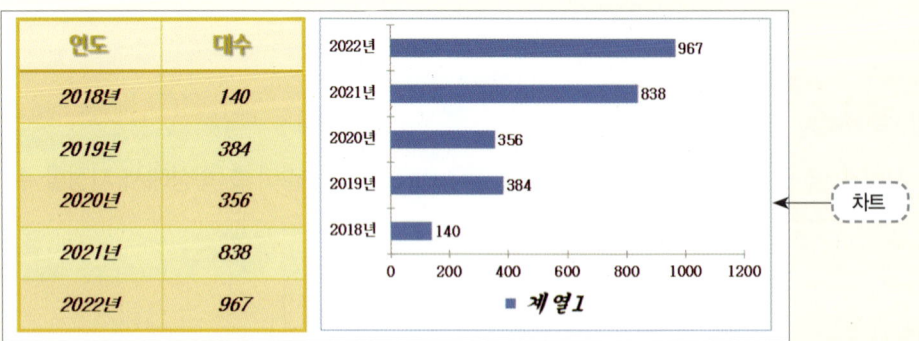

● 작성조건

▶ 차트 ⇒ 가로 막대형 : 묶은 가로 막대형, 차트 스타일(스타일 1), 축 서식/자료점 이름표 서식 : 글꼴(바탕체, 10pt, 진하게), 범례 서식 : 글꼴(궁서, 14pt, 진하게, 기울임), 데이터는 표 참고
▶ 애니메이션 지정 ⇒ 차트 : 나타내기 - 사각형

[슬라이드3] 차트

출제유형 완전정복

04 아래의 작성조건 및 출력형태에 알맞게 세 번째 슬라이드에 작업하시오.

* 소스 파일 : [출제유형 완전정복]-[소스 파일]-정복10_문제04.show
* 정답 파일 : [출제유형 완전정복]-[정답 파일]-정복10_완성04.show

● 출력형태

● 작성조건

▶ 차트 ⇒ 세로 막대형 : 묶은 세로 막대형, 차트 스타일(스타일 2),
  축 서식/자료점 이름표 서식 : 글꼴(맑은 고딕, 10pt, 진하게),
  범례 서식 : 글꼴(궁서, 9pt, 기울임), 데이터는 표 참고
▶ 애니메이션 지정 ⇒ 차트 : 나타내기 – 모자이크

05 아래의 작성조건 및 출력형태에 알맞게 세 번째 슬라이드에 작업하시오.

* 소스 파일 : [출제유형 완전정복]-[소스 파일]-정복10_문제05.show
* 정답 파일 : [출제유형 완전정복]-[정답 파일]-정복10_완성05.show

● 출력형태

● 작성조건

▶ 차트 ⇒ 세로 막대형 : 묶은 세로 막대형, 차트 스타일(스타일 5),
  축 서식/자료점 이름표 서식 : 글꼴(맑은 고딕, 10pt, 진하게),
  범례 서식 : 글꼴(궁서, 12pt, 진하게, 기울임), 데이터는 표 참고
▶ 애니메이션 지정 ⇒ 차트 : 나타내기 – 다이아몬드형

출제유형 11

[슬라이드3] 글상자 및 배경

- ☑ 텍스트 상자를 삽입하기
- ☑ 배경에 그림을 삽입하기

문제 미리보기

소스 파일 : [출제유형 완전정복]-[소스 파일]-유형11_문제.show
정답 파일 : [출제유형 완전정복]-[정답 파일]-유형11_완성.show

● 【슬라이드3】 아래의 작성조건 및 출력형태에 알맞게 세 번째 슬라이드에 작업하시오. (60점)

● 출력형태

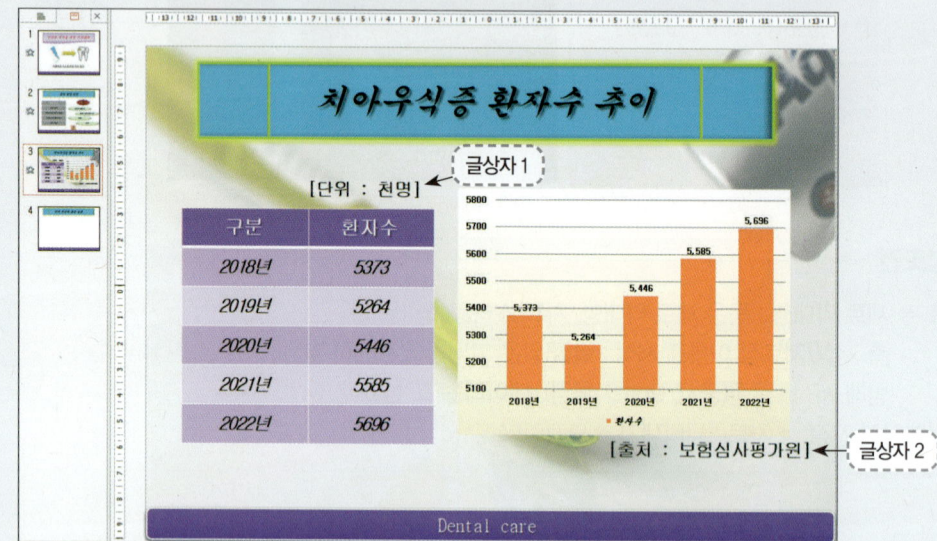

● 작성조건

(1) 제목

▶ 도형 1 ⇒ 순서도 : 종속 처리, 도형 채우기(시안), 선 색(단색, 색 : 밝은 연두색),
  선 스타일(선 종류 : 실선, 굵기 : 3pt, 겹선 종류 : 단순형),
  도형 효과(그림자 - 안쪽 - 오른쪽, 네온 - '강조 색 4, 10pt'), 글꼴(바탕체, 36pt, 기울임, 그림자)

(2) 본문

▶ 글상자 1([단위 : 천명]) ⇒ 글꼴(굴림체, 20pt, 진하게)

▶ 표 ⇒ 표 스타일(보통 스타일 1 - 강조 6), 가장 위의 행 : 글꼴(굴림체, 22pt, 진하게, 그림자, 가운데 정렬, 가운데 맞춤),
  나머지 행 : 글꼴(굴림체, 20pt, 진하게, 그림자, 가운데 정렬, 가운데 맞춤)

▶ 글상자 2([출처 : 보험심사평가원]) ⇒ 글꼴(굴림체, 20pt, 진하게)

▶ 차트 ⇒ 세로 막대형 : 묶은 세로 막대형, 차트 계열색('색상 조합 - 색 3'), 차트 스타일(스타일 5),
  축 서식/자료점 이름표 서식 : 글꼴(돋움, 10pt, 진하게), 범례 서식 : 글꼴(궁서, 10pt, 진하게, 기울임),
  데이터는 표 참고

▶ 배경 ⇒ 배경 속성(질감/그림 - 그림)에서 그림 2 삽입(현재 슬라이드만 적용)

▶ 애니메이션 지정 ⇒ 차트 : 나타내기 - 블라인드

▶ 지시사항이 없는 부분은 《출력형태》와 동일하게 작성하시오.

01 글상자 1 삽입하기

◆ **작성조건**
  (2) 본문
  ▶ 글상자 1([단위 : 천명]) ⇒ 글꼴(굴림체, 20pt, 진하게)

❶ [파일]-[불러오기](Ctrl+O)를 클릭합니다. [불러오기] 대화상자가 나오면 '유형11_문제.show' 파일을 불러 옵니다.

❷ 세 번째 슬라이드를 선택한 후 [입력] 탭에서 '글상자( )'-'가로 글상자'를 선택합니다. 이어서, 마우스 포인터가 ➕모양으로 변경되면 표 위쪽을 클릭한 후 '[단위 : 천명]'을 입력합니다.

❸ 글상자의 테두리를 클릭한 후 [서식] 탭에서 '글꼴(굴림체), 글꼴 크기(20pt), 진하게(가)'를 지정합니다. 이어서, 글상자의 테두리를 드래그하여 위치를 《출력형태》와 같이 변경합니다.

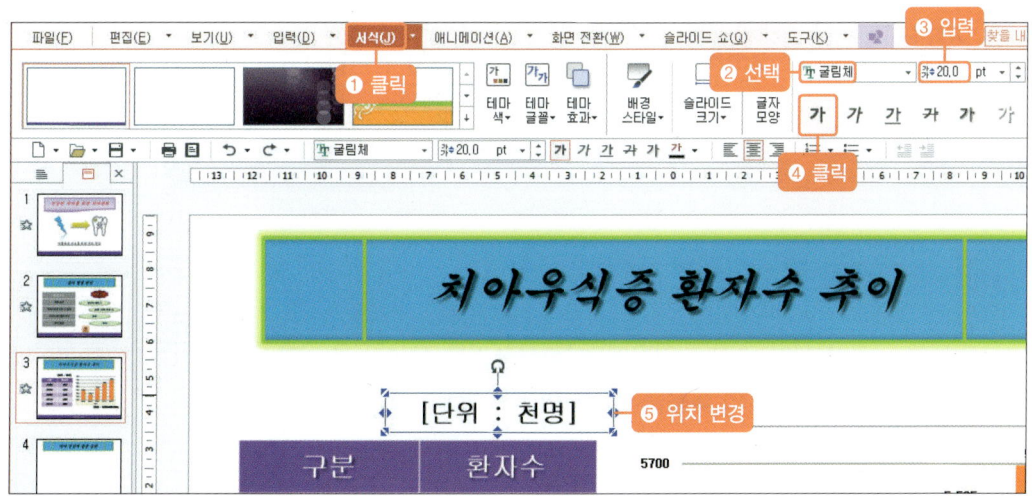

> **TIP** 글상자 이동하기
> 글상자의 테두리를 드래그하여 이동할 수 있으며, Ctrl 키를 누른 채 키보드의 방향키(↑, ↓, ←, →)를 누르면 조금 더 세밀하게 위치를 변경할 수 있습니다.

02 글상자 2 삽입하기

▶ 글상자 2([출처 : 보험심사평가원]) ⇒ 글꼴(굴림체, 20pt, 진하게)

① 차트 아래에 글상자를 삽입하기 위해 [입력] 탭에서 '글상자( )'-'가로 글상자'를 클릭합니다. 이어서, 마우스 포인터가 + 모양으로 변경되면 차트 아래쪽을 클릭한 후, '[출처 : 보험심사평가원]'을 입력합니다.

② 글상자의 테두리를 클릭한 후 [서식] 탭의 [글자] 그룹에서 '글꼴(굴림체), 글꼴 크기(20pt), 진하게(가)'를 지정합니다. 이어서, 글상자의 위치를 《출력형태》와 같이 변경합니다.

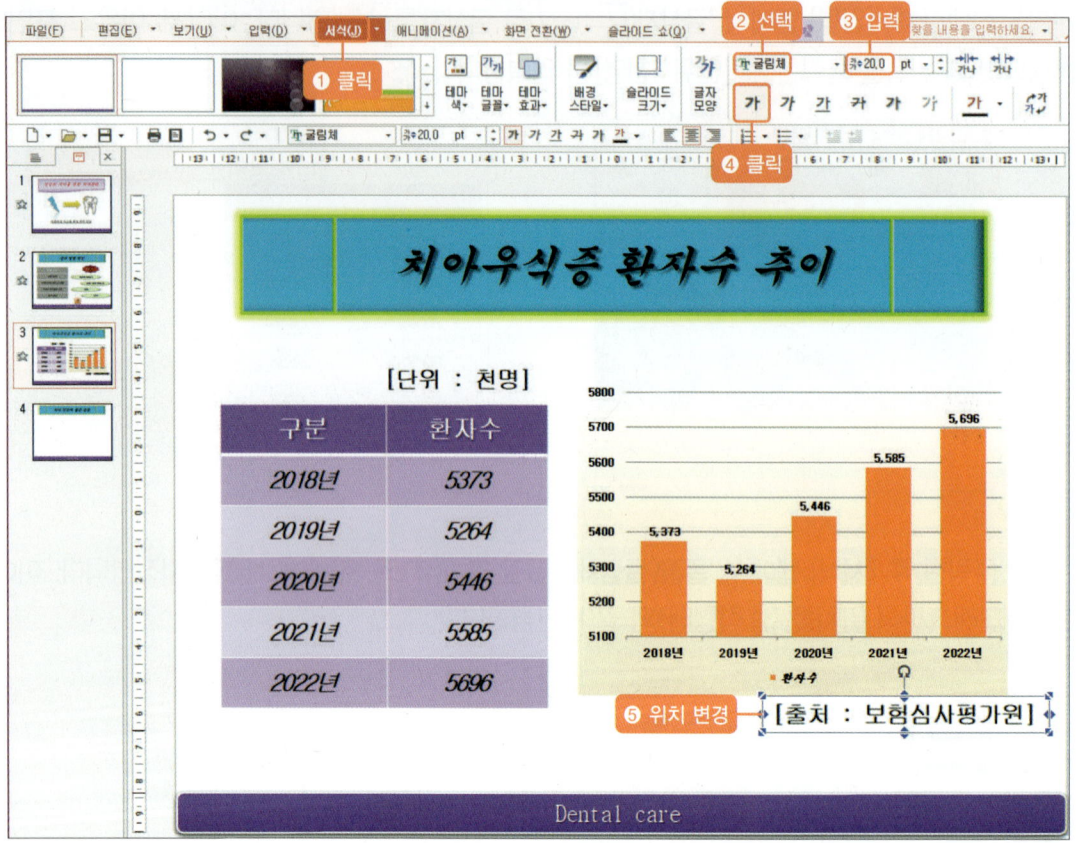

TIP
글상자 복사하기

'글상자 1'과 '글상자 2'의 글꼴 서식이 똑같을 경우에는 '글상자 1'을 작성한 후, Ctrl 또는 Ctrl+Shift 키를 누른 채 드래그하여 복사한 후 글상자 안의 내용을 변경하면 편리합니다.

03 배경에 그림 채우기

▶ 배경 ⇒ 배경 속성(질감/그림 − 그림)에서 그림 2 삽입(현재 슬라이드만 적용)

❶ 슬라이드의 빈 공간에서 마우스 오른쪽 단추를 눌러 바로 가기 메뉴가 나오면 [배경 속성]을 클릭합니다.

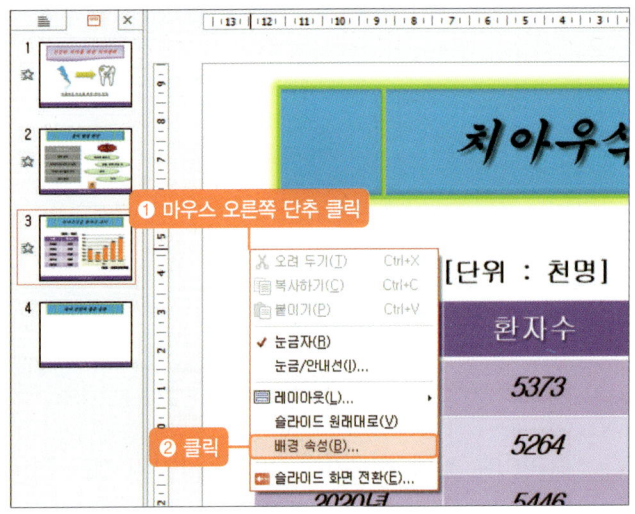

❷ [배경 속성] 대화상자가 나오면 [채우기] 탭에서 '질감/그림'을 클릭한 후, '질감/그림'–'그림'을 클릭합니다.

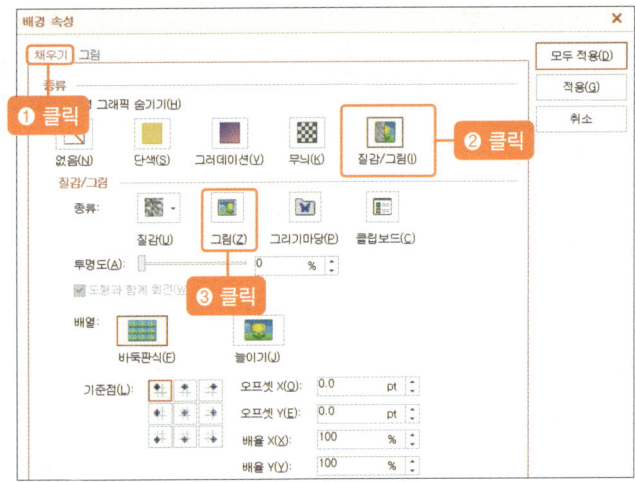

❸ [그림 넣기] 대화상자가 나오면 [소스 및 정답]–[그림 파일]–[출제유형11]–'그림 2'를 선택한 후, 〈넣기〉 단추를 클릭합니다.

TIP 시험 유의 사항

실제 시험에서는 바탕 화면의 [KAIT]–[제출파일] 폴더에 있는 그림을 이용해야 합니다.
본 교재에서 제공되는 파일을 위 실제 시험지에 지시한 경로대로 바탕 화면에 복사한 후, 연습하는 것도 좋은 방법입니다.

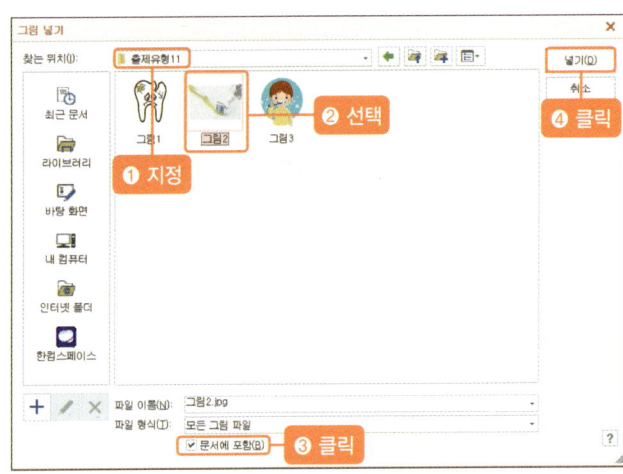

④ [배경 속성] 대화상자가 나오면 〈적용〉 단추를 클릭합니다.

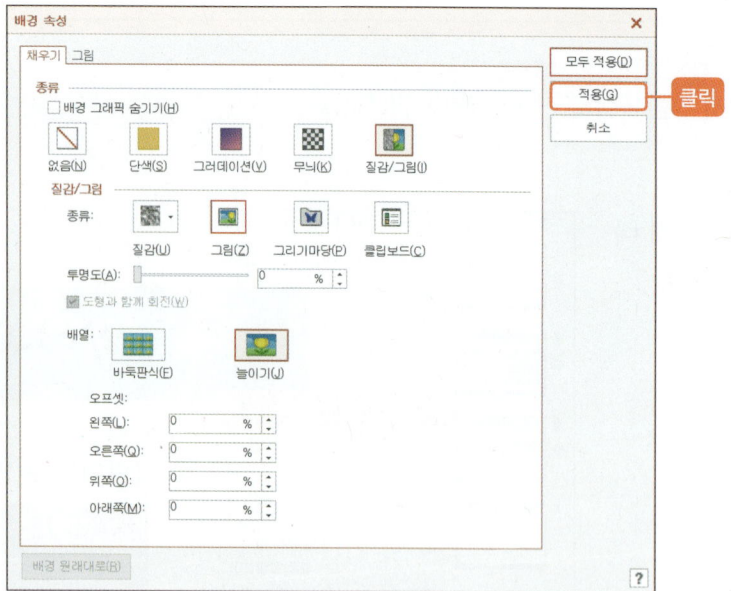

⑤ [슬라이드 3]에만 배경에 그림이 삽입된 것을 확인합니다.

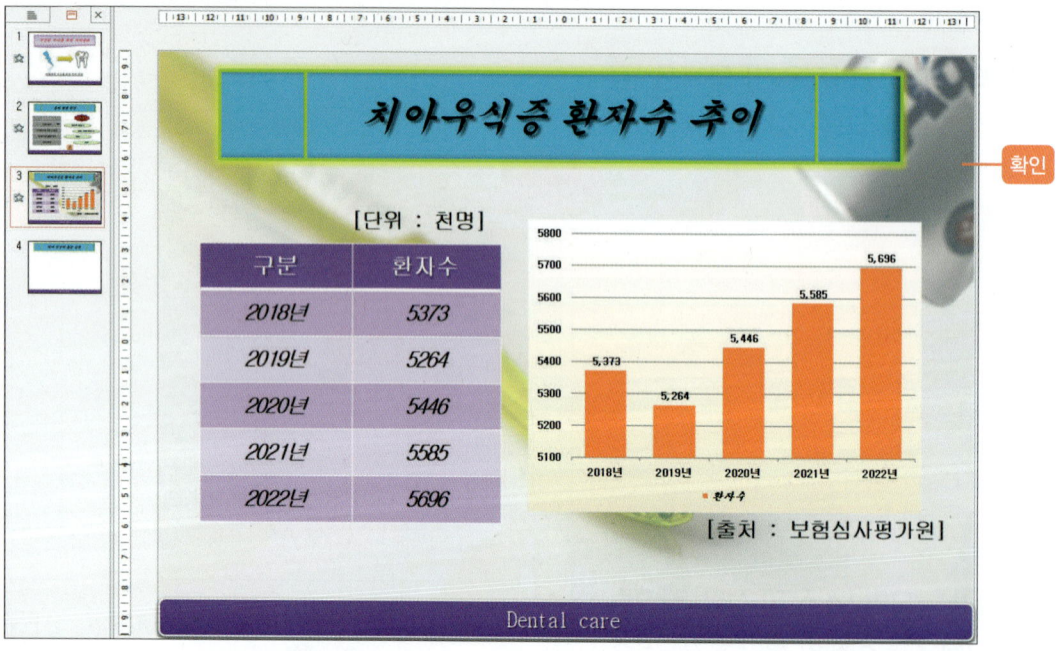

⑥ [파일]-[저장하기](Ctrl+S) 또는 [서식] 도구 상자에서 '저장하기(🖫)'를 클릭합니다.

※ 실제 시험을 볼 때 작업 도중에 수시로(10분에 한 번 정도) 저장을 하는 것이 좋습니다.

출제유형 완전정복
[슬라이드3] 글상자 및 배경

01 아래의 작성조건 및 출력형태에 알맞게 세 번째 슬라이드에 작업하시오.

* 소스 파일 : [출제유형 완전정복]–[소스 파일]–정복11_문제01.show
* 정답 파일 : [출제유형 완전정복]–[정답 파일]–정복11_완성01.show

● 출력형태

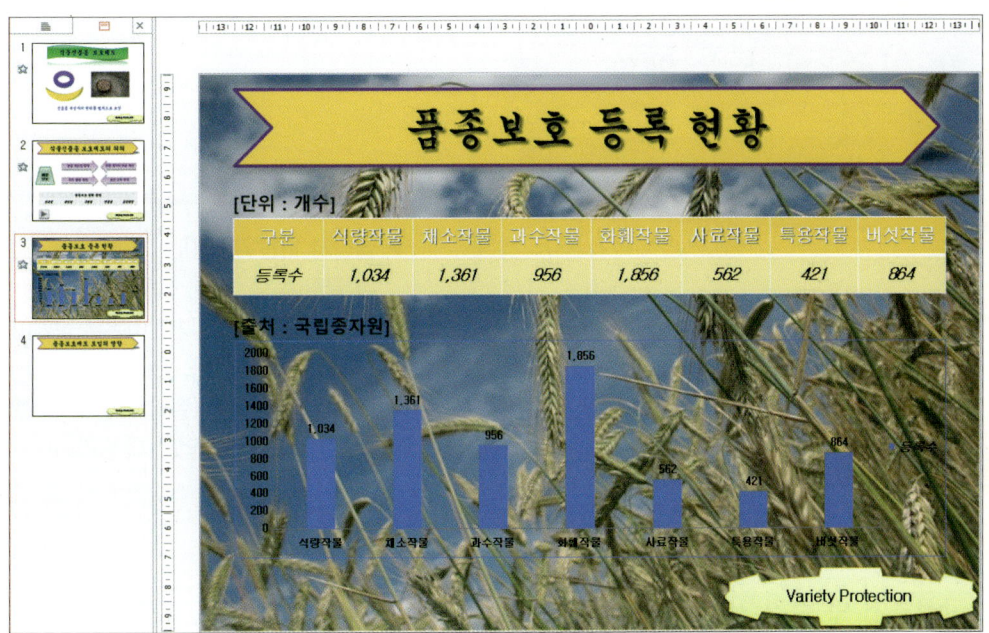

● 작성조건

▶ 글상자 1([단위 : 개수]) ⇒ 글꼴(맑은 고딕, 18pt, 진하게)
▶ 글상자 2([출처 : 국립종자원]) ⇒ 글꼴(맑은 고딕, 18pt, 진하게)
▶ 배경 ⇒ 배경 속성(질감/그림 - 그림)에서 그림 2 삽입(현재 슬라이드만 적용)

TIP 그림 파일 경로

위 [출제유형 완전정복]에 필요한 그림은 [소스 및 정답]–[그림 파일]–[출제유형 완전정복]–[완전정복01~05] 폴더에 있습니다.

[슬라이드3] 글상자 및 배경

02 아래의 작성조건 및 출력형태에 알맞게 세 번째 슬라이드에 작업하시오.

* 소스 파일 : [출제유형 완전정복]-[소스 파일]-정복11_문제02.show
* 정답 파일 : [출제유형 완전정복]-[정답 파일]-정복11_완성02.show

● 출력형태

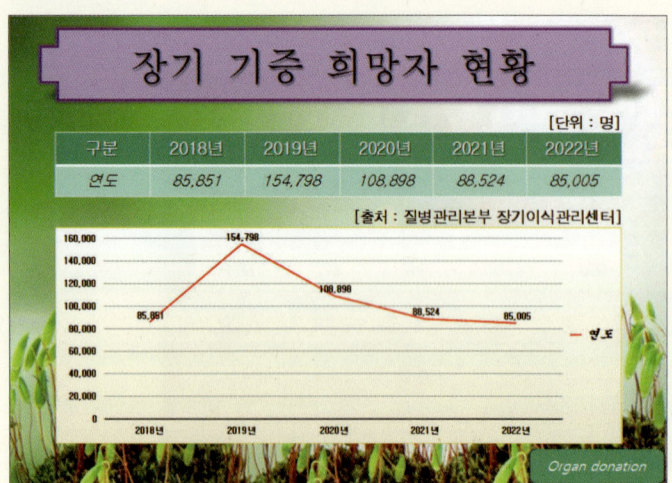

● 작성조건

▶ 글상자 1([단위 : 명])
  ⇒ 글꼴(돋움, 18pt, 진하게)
▶ 글상자 2([출처 : 질병관리본부 장기이식관리센터]) ⇒ 글꼴(돋움, 18pt, 진하게)
▶ 배경 ⇒ 배경 속성(질감/그림 - 그림)에서
  그림 2 삽입(현재 슬라이드만 적용)

03 아래의 작성조건 및 출력형태에 알맞게 세 번째 슬라이드에 작업하시오.

* 소스 파일 : [출제유형 완전정복]-[소스 파일]-정복11_문제03.show
* 정답 파일 : [출제유형 완전정복]-[정답 파일]-정복11_완성03.show

● 출력형태

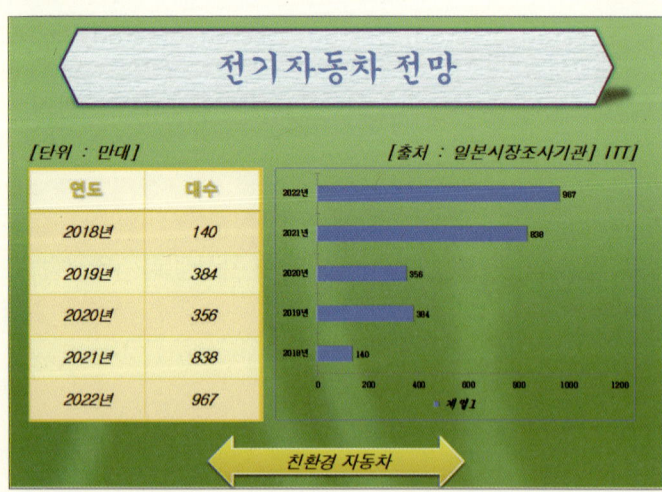

● 작성조건

▶ 글상자 1([단위 : 만대])
  ⇒ 글꼴(돋움체, 20pt, 진하게, 기울임)
▶ 글상자 2([출처 : 일본시장조사기관 ITT])
  ⇒ 글꼴(돋움체, 20pt, 진하게, 기울임)
▶ 배경 ⇒ 배경 속성(질감/그림 - 그림)에서
  그림 2 삽입(현재 슬라이드만 적용)

출제유형 완전정복

[슬라이드3] 글상자 및 배경

04 아래의 작성조건 및 출력형태에 알맞게 세 번째 슬라이드에 작업하시오.

* 소스 파일 : [출제유형 완전정복]-[소스 파일]-정복11_문제04.show
* 정답 파일 : [출제유형 완전정복]-[정답 파일]-정복11_완성04.show

● 출력형태

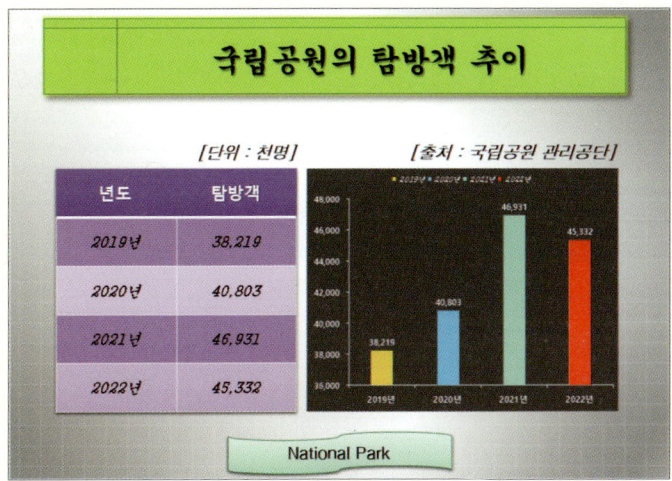

● 작성조건

▶ 글상자 1([단위 : 천명])
  ⇒ 글꼴(돋움, 20pt, 진하게, 기울임)
▶ 글상자 2([출처 : 국립공원 관리공단])
  ⇒ 글꼴(돋움, 20pt, 진하게, 기울임)
▶ 배경 ⇒ 배경 속성(질감/그림 - 그림)에서 그림 2 삽입(현재 슬라이드만 적용)

05 아래의 작성조건 및 출력형태에 알맞게 세 번째 슬라이드에 작업하시오.

* 소스 파일 : [출제유형 완전정복]-[소스 파일]-정복11_문제05.show
* 정답 파일 : [출제유형 완전정복]-[정답 파일]-정복11_완성05.show

● 출력형태

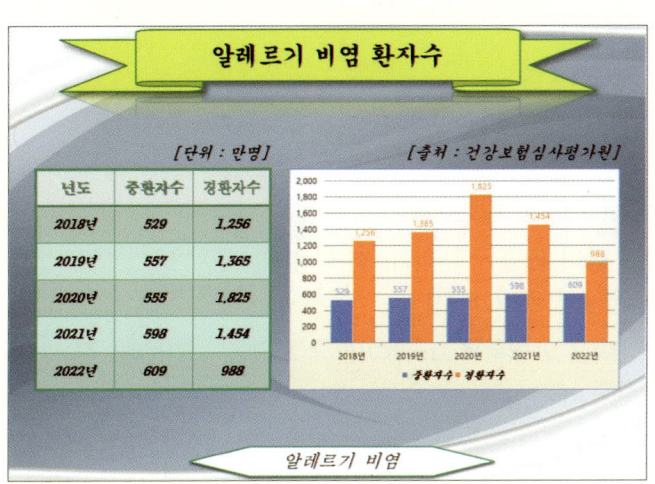

● 작성조건

▶ 글상자 1([단위 : 만명])
  ⇒ 글꼴(궁서, 20pt, 기울임)
▶ 글상자 2([출처 : 건강보험심사평가원])
  ⇒ 글꼴(궁서, 20pt, 기울임)
▶ 배경 ⇒ 배경 속성(질감/그림 - 그림)에서 그림 2 삽입(현재 슬라이드만 적용)

[슬라이드4] 본문 도형

출제유형 12 | PART 02 출제유형 완전정복

- ☑ 다양한 형태의 도형을 만든 후 복사하기
- ☑ 도형에 그림을 삽입하기

문제 미리보기

소스 파일 : [출제유형 완전정복]-[소스 파일]-유형12_문제.show
정답 파일 : [출제유형 완전정복]-[정답 파일]-유형12_완성.show

【슬라이드4】 아래의 작성조건 및 출력형태에 알맞게 네 번째 슬라이드에 작업하시오. (60점)

● 출력형태

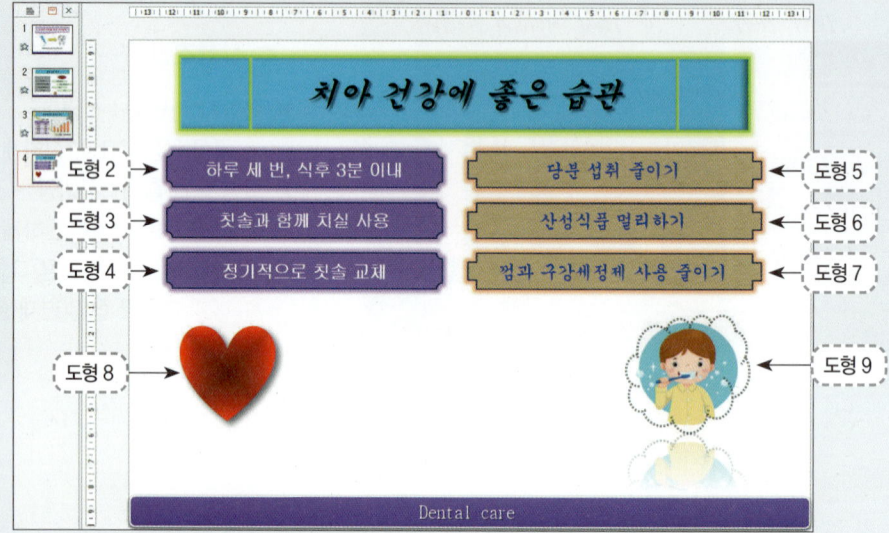

● 작성조건

(1) 제목

▶ 도형 1 ⇒ 순서도 : 종속 처리, 도형 채우기(시안), 선 색(단색, 색 : 밝은 연두색),
　　　　　선 스타일(선 종류 : 실선, 굵기 : 3pt, 겹선 종류 : 단순형),
　　　　　도형 효과(그림자 – 안쪽 – 오른쪽, 네온 – '강조 색 4, 10pt'), 글꼴(바탕체, 36pt, 기울임, 그림자)

(2) 본문

▶ 도형 2~4 ⇒ 기본 도형 : 배지, 도형 채우기(강조 6 보라), 선 색 없음,
　　　　　　도형 효과(네온 – '강조 색 6, 10pt'), 글꼴(굴림, 20pt, 진하게)

▶ 도형 5~7 ⇒ 기본 도형 : 십자형, 도형 채우기(질감 – 종이, 배열 – 늘이기), 선 색 없음,
　　　　　　도형 효과(네온 – '강조 색 2, 10pt'), 글꼴(궁서, 20pt, 파랑)

▶ 도형 8 ⇒ 기본 도형 : 하트, 도형 채우기(빨강, 그러데이션 – 어두운 그러데이션 – 사각형 – 가운데), 선 색 없음,
　　　　　도형 효과(그림자 – 바깥쪽 – 대각선 오른쪽 아래)

▶ 도형 9 ⇒ 기본 도형 : 구름, 도형 채우기(질감/그림 – 그림) 기능을 사용하여 그림 3 삽입, 선 색(단색, 색 : 검정),
　　　　　선 스타일(선 종류 : 점선, 굵기 : 2pt, 겹선 종류 : 이중), 도형 효과(반사 – '1/2 크기, 근접')

▶ 워드숍 삽입(올바른 치아관리 시작) ⇒ 워드숍 스타일 3, 워드숍 모양(팽창), 글꼴(굴림, 54pt, 진하게)

▶ 지시사항이 없는 부분은 《출력형태》와 동일하게 작성하시오.

01 도형 2~4 작성하기

◆ 작성조건
  (2) 본문
    ▶ 도형 2~4 ⇒ 기본 도형 : 배지, 도형 채우기(강조 6 보라), 선 색 없음,
       도형 효과(네온 – '강조 색 5, 10 pt'), 글꼴(굴림, 20pt, 진하게)

❶ [파일]-[불러오기](Ctrl+O)를 클릭합니다. [불러오기] 대화상자가 나오면 '유형12_문제.show' 파일을 불러옵니다.

❷ 네 번째 슬라이드를 선택한 후, [입력] 탭에서 '도형' 이미지 꾸러미의 자세히(▼) 단추를 눌러 '기본 도형-배지(⌒)'을 선택합니다.

❸ 마우스 포인터가 ＋모양으로 변경되면 드래그하여 도형을 삽입합니다. 이어서, 조절점(◪)을 드래그하여 《출력형태》와 같이 크기를 조절한 후, 위치를 변경합니다.

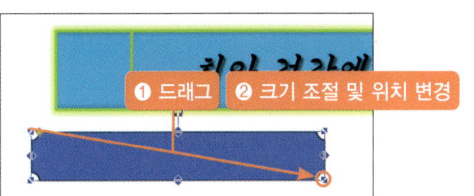

❹ 도형이 선택된 상태에서 '하루 세 번, 식후 3분 이내'를 입력한 후, Esc 키를 누릅니다.

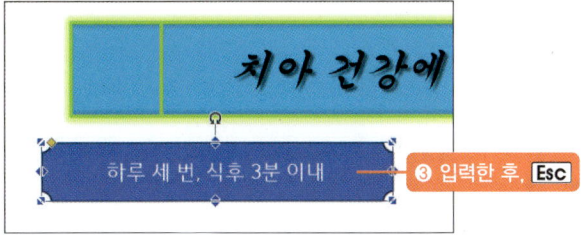

❺ [도형] 탭에서 '채우기'의 목록(▼) 단추를 클릭한 후, '강조 6 보라'을 선택합니다.

❻ 네온 효과를 적용하기 위해 [도형] 탭의 [도형 효과]-[네온]에서 '강조 색 6, 10 pt'을 클릭합니다.

❼ 글꼴 서식을 변경하기 위해 [서식] 탭에서 '글꼴(굴림), 글자 크기(20pt), 진하게(가)'를 지정합니다.

❽ 도형이 완성되면 Ctrl+Shift 키를 누른 채 도형의 테두리를 아래쪽으로 드래그하여 《출력형태》와 같이 복사합니다.

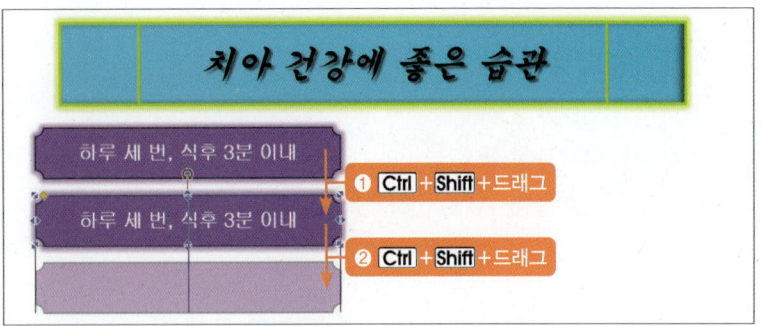

❾ 도형이 모두 복사되면 도형 안쪽 텍스트를 드래그하여 블록으로 지정한 후, 《출력형태》와 같이 내용을 입력합니다.

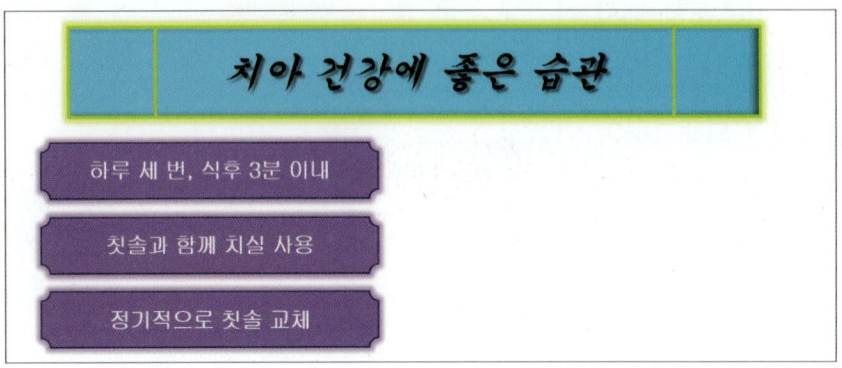

02 도형 5~7 작성하기

▶ 도형 5~7 ⇒ 기본 도형 : 십자형, 도형 채우기(질감 – 종이, 배열 – 늘이기), 선 색 없음, 도형 효과(네온 – '강조 색 2, 10 pt'), 글꼴(궁서, 20pt, 파랑)

❶ [입력] 탭의 [개체] 그룹에서 '도형' 이미지 꾸러미의 자세히(▼) 단추를 눌러 '기본 도형–십자형(✚)'을 선택합니다.

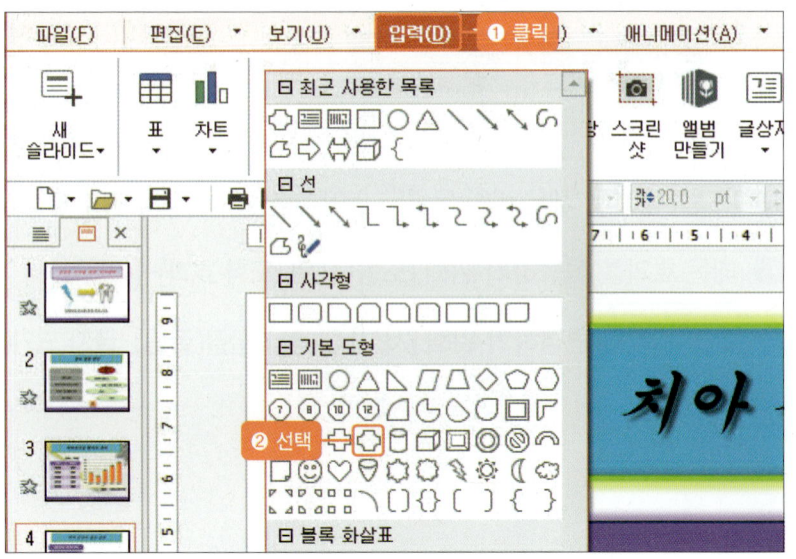

❷ 마우스 포인터가 ┼모양으로 변경되면 드래그하여 도형을 삽입합니다. 이어서, 조절점( )을 드래그하여 《출력형태》와 같이 크기를 조절한 후, 위치를 변경합니다.

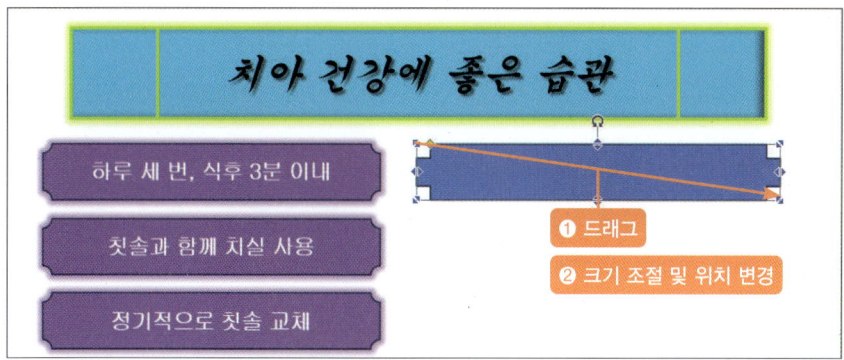

❸ 도형이 선택된 상태에서 '당분 섭취 줄이기'를 입력한 후, Esc 키를 누릅니다.

❹ 도형 서식을 변경하기 위해 도형의 텍스트가 없는 부분 위에서 마우스 오른쪽 단추를 눌러 [바로 가기] 메뉴가 나오면 [개체 속성]을 클릭합니다.

❺ [개체 속성] 대화상자가 나오면 [채우기] 탭을 클릭한 후, '질감/그림'을 클릭합니다. '질감/그림-종류'에서 '질감'을 선택한 후, '배열' - '늘이기'를 지정한 후, 〈설정〉 단추를 클릭합니다.

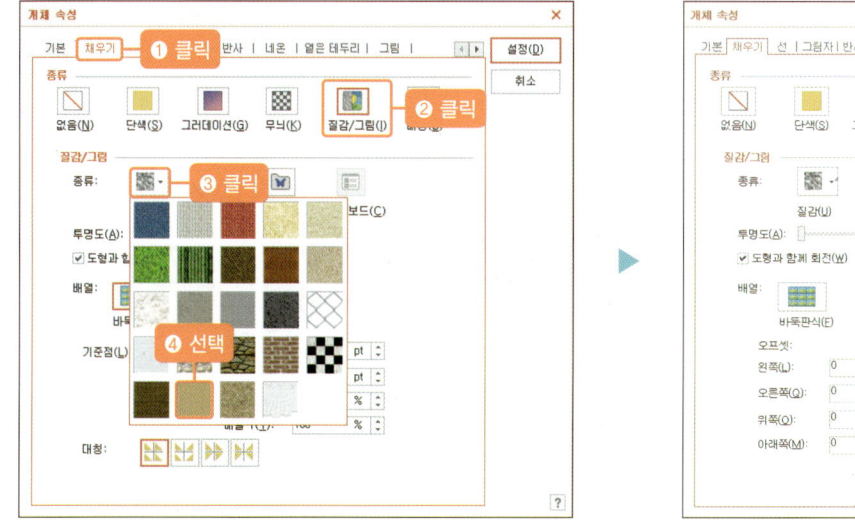 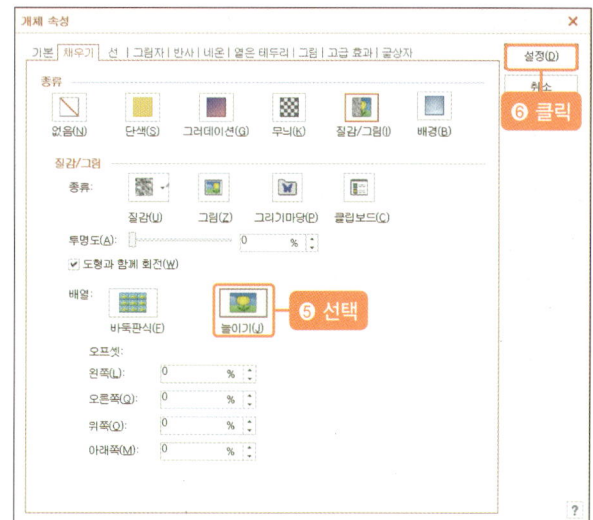

❻ 네온을 적용하기 위해 [도형]-[효과] 탭의 [도형 효과]-[네온]에서 '강조 색 2, 10 pt'을 선택합니다.

❼ 글꼴 서식을 변경하기 위해 [서식] 탭에서 '글꼴(궁서), 글자 크기(20pt), 파랑'을 지정합니다.

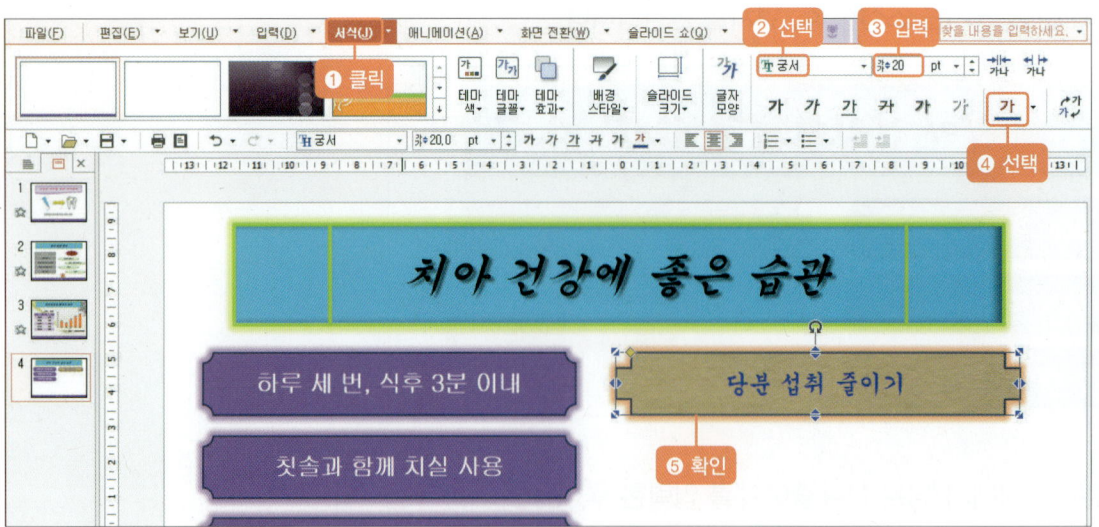

❽ 도형이 완성되면 [Ctrl]+[Shift] 키를 누른 채 도형의 테두리를 아래쪽으로 드래그하여 《출력형태》와 같이 복사합니다.

❾ 도형이 모두 복사되면 도형 안쪽 텍스트를 드래그하여 블록으로 지정한 후, 《출력형태》와 같이 내용을 입력합니다.

03 도형 8 작성하기

▶ 도형 8 ⇒ 기본 도형 : 하트, 도형 채우기(빨강, 그러데이션 – 어두운 그러데이션 – 사각형 – 가운데), 선 색 없음, 도형 효과(그림자 – 바깥쪽 – 대각선 오른쪽 아래)

❶ [입력] 탭에서 '도형' 이미지 꾸러미의 자세히(▼) 단추를 눌러 '**기본 도형-하트**(♡)'를 클릭합니다.

❷ 마우스 포인터가 ╋ 모양으로 변경되면 드래그하여 도형을 삽입합니다. 이어서, 조절점(◩)을 드래그하여 《출력형태》와 같이 크기를 조절한 후, 위치를 변경합니다.

❸ 도형의 스타일을 변경하기 위해 [도형] 탭에서 '**채우기**'의 목록(▼) 단추를 클릭한 후, '**빨강**'을 선택합니다.

❹ [스타일] 그룹에서 '**채우기**'의 목록(▼) 단추를 클릭한 후, '**그러데이션**'–'**어두운 그러데이션**–**사각형** – **가운데**(■)' 를 선택합니다.

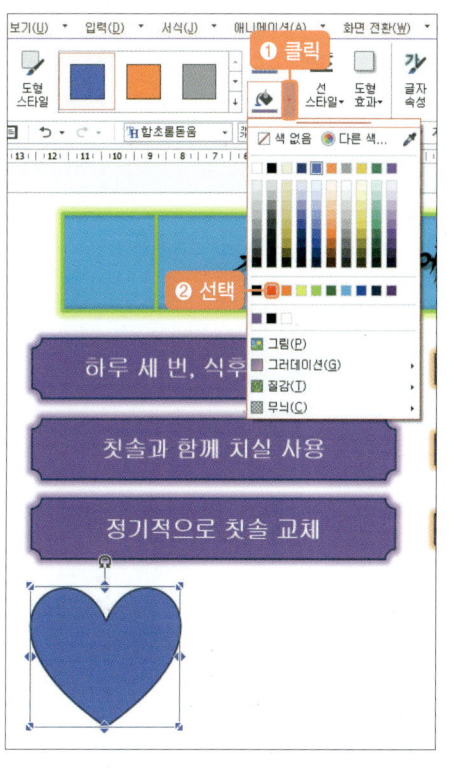 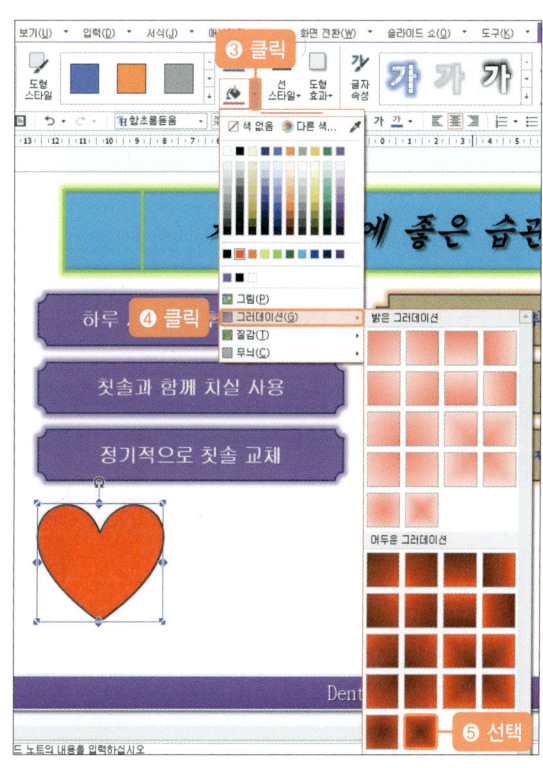

❺ [도형] 탭에서 '선 스타일'–'선 종류'–'선 없음'을 선택합니다.

❻ [도형] 탭에서 '도형 효과'–'그림자'–'바깥쪽–대각선 오른쪽 아래(■)'를 선택합니다.

 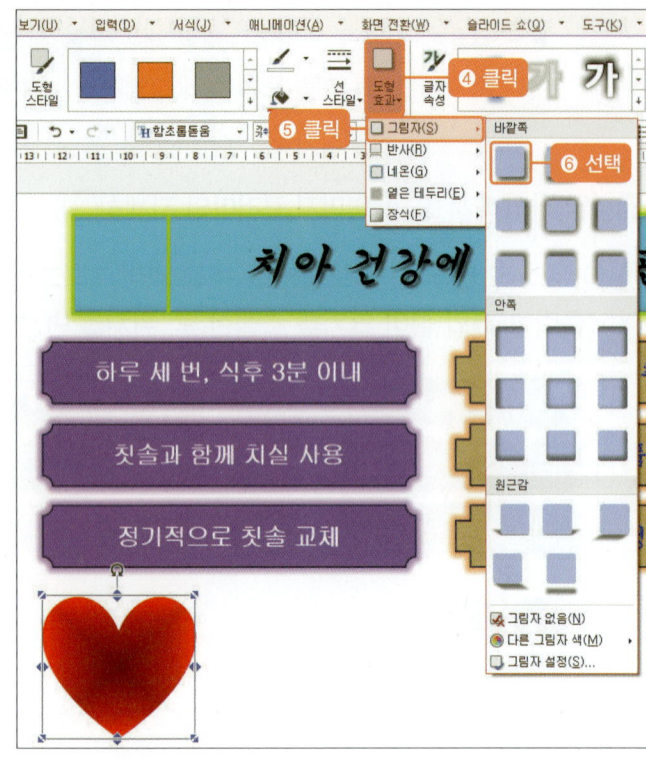

04 도형 9 작성하기

▶ 도형 9 ⇒ 기본 도형 : 구름, 도형 채우기(질감/그림 – 그림) 기능을 사용하여 그림 3 삽입,
선 색(단색, 색 : 검정), 선 스타일(선 종류 : 점선, 굵기 : 2pt, 겹선 종류 : 이중),
도형 효과(반사 – '1/2 크기, 근접')

❶ [입력] 탭에서 '도형' 이미지 꾸러미의 자세히(▼) 단추를 눌러 '기본 도형–구름(☁)'을 클릭합니다.

❷ 마우스 포인터가 ✚ 모양으로 변경되면 드래그하여 도형을 삽입합니다. 이어서, 조절점(◢)을 드래그하여 《출력형태》와 같이 크기를 조절한 후, 위치를 변경합니다.

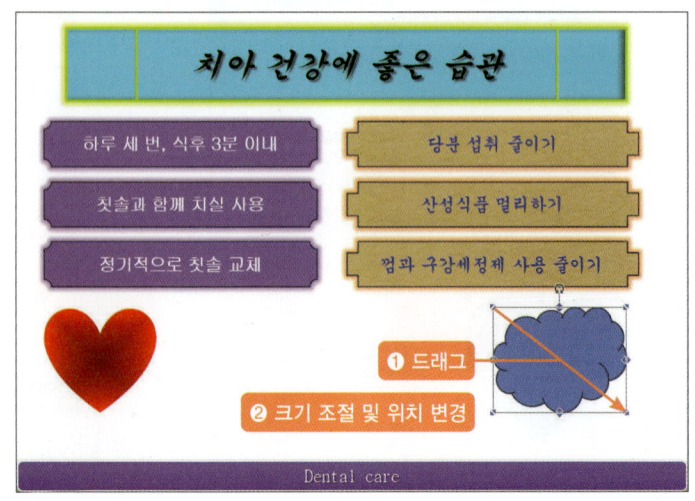

❸ 도형에 그림을 채우기 위해 마우스 오른쪽 단추를 눌러 [바로 가기] 메뉴가 나오면 [개체 속성]을 클릭합니다.

❹ [개체 속성] 대화상자가 나오면 [채우기] 탭의 '질감/그림'-'질감/그림'-'그림'을 클릭한 후, [소스 및 정답]-[그림 파일]-[출제유형 완전정복]-[출제유형12]-'그림 3'을 선택한 후, 〈넣기〉-〈설정〉 단추를 클릭합니다.

※ 실제 시험에서는 바탕화면의 [KAIT]-[제출파일] 폴더에 있는 그림을 이용해야 합니다.

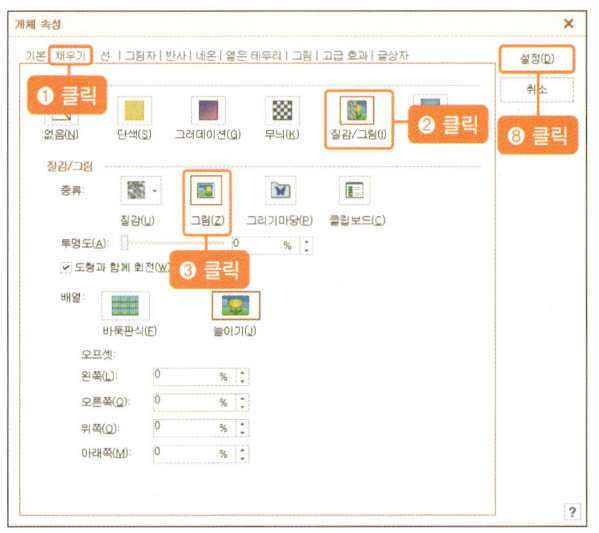
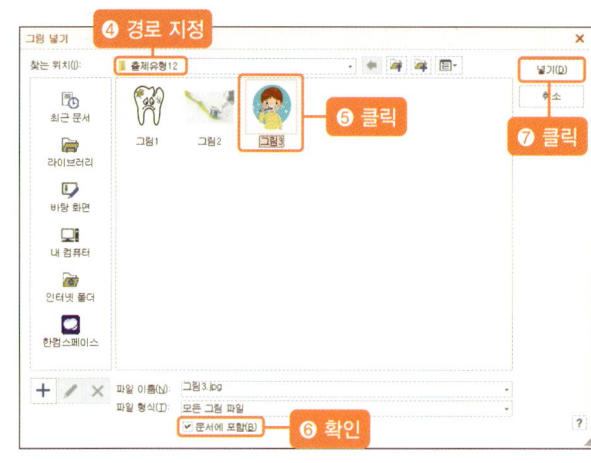

❺ 그림이 채워진 도형 위에서 마우스 오른쪽 단추를 눌러 [바로 가기] 메뉴가 나오면 [개체 속성]을 클릭합니다.

❻ [개체 속성] 대화상자가 나오면 [선] 탭을 클릭한 후, '선 색'에서 '단색'-'색-검정'을 선택합니다. '선'에서 '선 종류(점선(··············), 굵기(2pt), 겹선 종류(이중(═══════))'을 선택합니다.

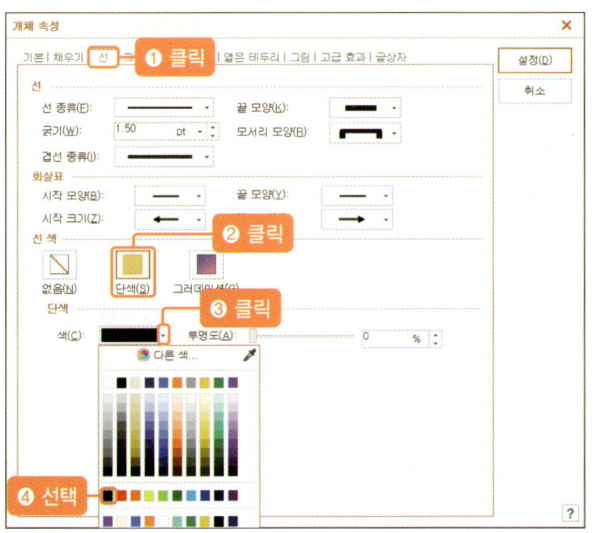

❼ [개체 속성] 대화상자에서 [반사] 탭을 클릭한 후, '반사 효과'-'1/2 크기, 근접'을 클릭하고 〈설정〉 단추를 클릭합니다.

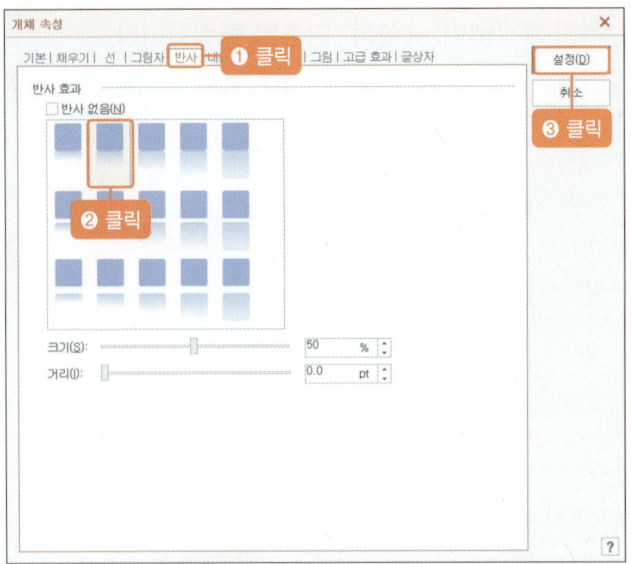

❽ [파일]-[저장하기]([Ctrl]+[S]) 또는 [서식] 도구 상자에서 '저장하기([日])'를 클릭합니다.
　※ 실제 시험을 볼 때 작업 도중에 수시로(10분에 한 번 정도) 저장을 하는 것이 좋습니다.

출제유형 완전정복 [슬라이드4] 본문 도형

01 아래의 작성조건 및 출력형태에 알맞게 네 번째 슬라이드에 작업하시오.

* 소스 파일 : [출제유형 완전정복]-[소스 파일]-정복12_문제01.show
* 정답 파일 : [출제유형 완전정복]-[정답 파일]-정복12_완성01.show

● 출력형태

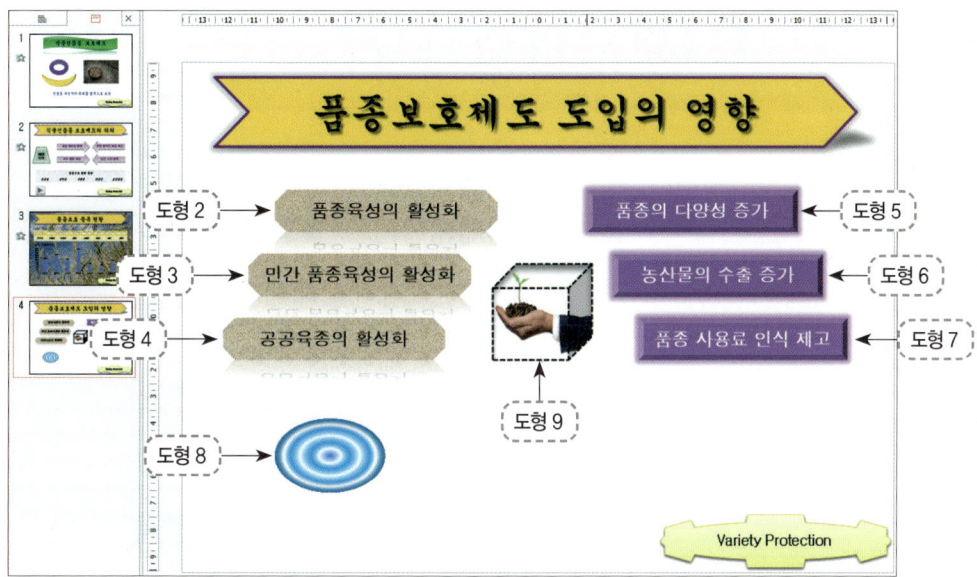

● 작성조건

▶ 도형 2~4 ⇒ 기본 도형 : 팔각형, 도형 채우기(질감 – 모래, 배열 – 바둑판식), 선 색 없음,
　　　　　　　도형 효과(반사 – '1/2 크기, 근접'), 글꼴(돋움, 20pt, 진하게, 검정)
▶ 도형 5~7 ⇒ 기본 도형 : 빗면, 도형 채우기(강조 6 보라), 선 색 없음,
　　　　　　　도형 효과(네온 – '강조 색 6, 10 pt'), 글꼴(돋움, 20pt, 진하게)
▶ 도형 8 ⇒ 기본 도형 : 타원, 도형 채우기(그러데이션 : 유형 – 빙글빙글, 종류 – 경로형), 선 색 없음,
　　　　　　도형 효과(그림자 – 안쪽 – 가운데)
▶ 도형 9 ⇒ 기본 도형 : 정육면체, 도형 채우기(질감/그림 – 그림) 기능을 사용하여 그림 3 삽입,
　　　　　　선 색(단색, 색 : 검정), 선 스타일(선 종류 : 긴 점선, 굵기 : 2pt, 겹선 종류 : 단순형),
　　　　　　도형 효과(그림자 – 안쪽 – 위쪽)

TIP 그림 파일 경로
위 [출제유형 완전정복]에 필요한 그림은 [소스 및 정답]-[그림 파일]-[출제유형 완전정복]-[완전정복01~05] 폴더에 있습니다.

[슬라이드4] 본문 도형

02 아래의 작성조건 및 출력형태에 알맞게 네 번째 슬라이드에 작업하시오.

* 소스 파일 : [출제유형 완전정복]-[소스 파일]-정복12_문제02.show
* 정답 파일 : [출제유형 완전정복]-[정답 파일]-정복12_완성02.show

● 출력형태

● 작성조건

▶ 도형 2~4 ⇒ 별 및 현수막 : 이중 물결, 도형 채우기(노랑), 선 색 없음, 도형 효과(네온 - '강조 색 5, 10 pt'),
  글꼴(궁서, 20pt, 진하게, 보라)
▶ 도형 5~7 ⇒ 블록 화살표 : 오각형, 도형 채우기(질감 - 종이, 배열 - 바둑판식), 선 색 없음,
  도형 효과(반사 - '1/2 크기, 근접'), 글꼴(굴림, 20pt, 진하게, 검정)
▶ 도형 8 ⇒ 기본 도형 : 번개, 도형 채우기(그러데이션 : 유형 - 촛불, 종류 - 경로형), 선 색 없음,
  도형 효과(네온 - '강조 색 2, 10 pt')
▶ 도형 9 ⇒ 기본 도형 : 해, 도형 채우기(질감/그림 - 그림) 기능을 사용하여 그림 3 삽입,
  선 색(단색, 색 : 빨강), 선 스타일(선 종류 : 점선, 굵기 : 2pt, 겹선 종류 : 단순형),
  도형 효과(그림자 - 바깥쪽 - 아래쪽)

[슬라이드4] 본문 도형

03 아래의 작성조건 및 출력형태에 알맞게 네 번째 슬라이드에 작업하시오.

* 소스 파일 : [출제유형 완전정복]–[소스 파일]–정복12_문제03.show
* 정답 파일 : [출제유형 완전정복]–[정답 파일]–정복12_완성03.show

● 출력형태

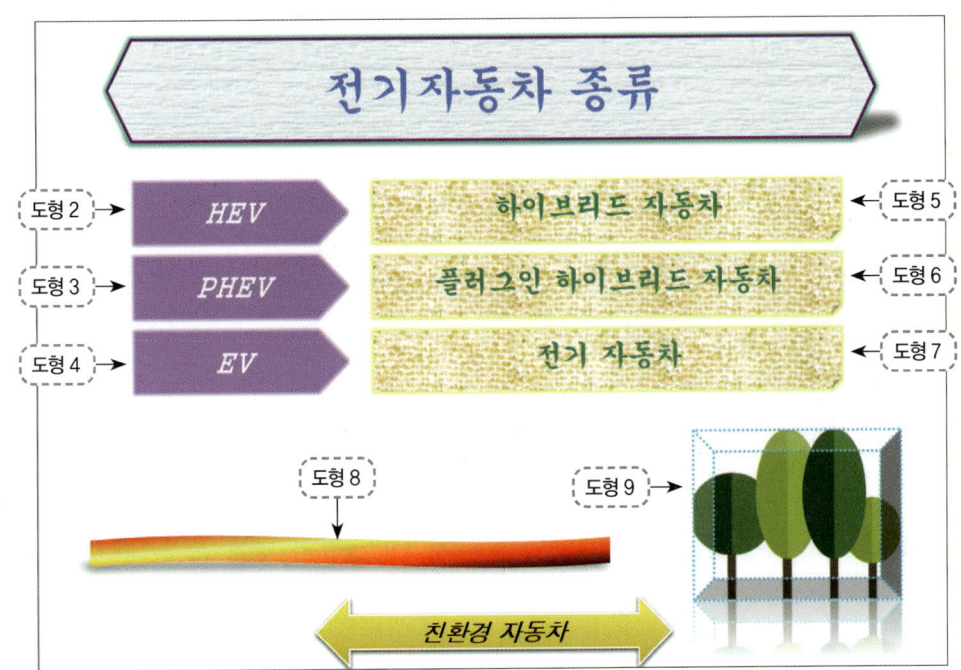

● 작성조건

▶ 도형 2~4 ⇒ 블록 화살표 : 오각형, 도형 채우기('강조 6 보라 20% 밝게'), 선 색 없음,
　　　　　　도형 효과(네온 – '강조 색 6, 5pt'), 글꼴(궁서, 24pt, 기울임)
▶ 도형 5~7 ⇒ 기본 도형 : 모서리가 접힌 도형, 도형 채우기(질감 – 삼베, 배열 – 바둑판식), 선 색 없음,
　　　　　　도형 효과(네온 – '강조 색 4, 5pt'), 글꼴(궁서, 24pt, 진하게, '강조 5 초록 10% 어둡게')
▶ 도형 8 ⇒ 별 빛 현수막 : 물결, 도형 채우기(그러데이션 : 유형 – 붉은 노을, 종류 – 선형, 방향 – 오른쪽 아래에서),
　　　　　선 색 없음, 도형 효과(그림자 – 원근감 – 대각선 왼쪽 위)
▶ 도형 9 ⇒ 기본 도형 : 빗면, 도형 채우기(질감/그림 – 그림) 기능을 사용하여 그림 3 삽입, 선 색(단색, 색 : 시안),
　　　　　선 스타일(선 종류 : 점선, 굵기 : 2pt, 겹선 종류 : 단순형), 도형 효과(반사 – '1/3 크기, 근접')

출제유형 완전정복

[슬라이드4] 본문 도형

04 아래의 작성조건 및 출력형태에 알맞게 네 번째 슬라이드에 작업하시오.

* 소스 파일 : [출제유형 완전정복]-[소스 파일]-정복12_문제04.show
* 정답 파일 : [출제유형 완전정복]-[정답 파일]-정복12_완성04.show

● 출력형태

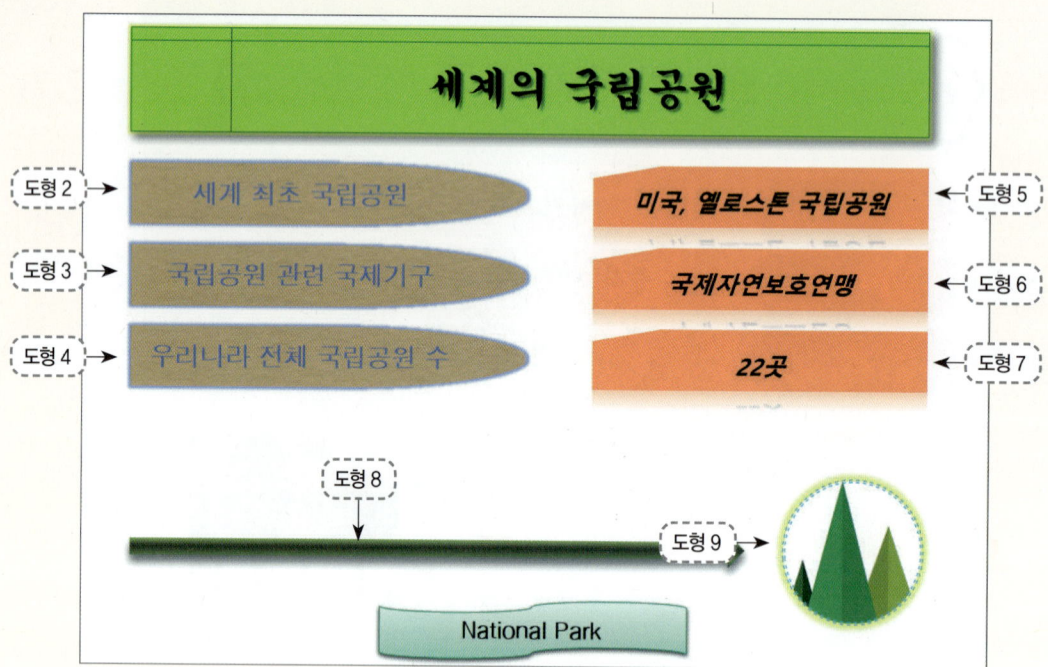

● 작성조건

▶ 도형 2~4 ⇒ 순서도 : 지연, 도형 채우기(질감 – 종이, 배열 – 늘이기), 선 색 없음,
도형 효과(네온 – '강조 색 1, 5 pt'), 글꼴(돋움, 22pt, 진하게, 강조 1 하늘색)

▶ 도형 5~7 ⇒ 순서도 : 카드, 도형 채우기('강조 2 주황 20% 밝게'), 선 색 없음,
도형 효과(반사 – '1/3 크기, 근접'), 글꼴(맑은 고딕, 20pt, 진하게, 기울임, 검정)

▶ 도형 8 ⇒ 블록 화살표 : 오른쪽 화살표, 도형 채우기(그러데이션 : 유형 – 청동, 종류 – 선형, 방향 – 위쪽에서),
선 색 없음, 도형 효과(그림자 – 바깥쪽 – 아래쪽)

▶ 도형 9 ⇒ 기본 도형 : 타원, 도형 채우기(질감/그림 – 그림) 기능을 사용하여 그림 3 삽입,
선 색(단색, 색 : 시안), 선 스타일(선 종류 : 점선, 굵기 : 3pt, 겹선 종류 : 이중),
도형 효과(네온 – '강조 색 4, 10 pt')

[슬라이드4] 본문 도형

05 아래의 작성조건 및 출력형태에 알맞게 네 번째 슬라이드에 작업하시오.

* 소스 파일 : [출제유형 완전정복]-[소스 파일]-정복12_문제05.show
* 정답 파일 : [출제유형 완전정복]-[정답 파일]-정복12_완성05.show

● 출력형태

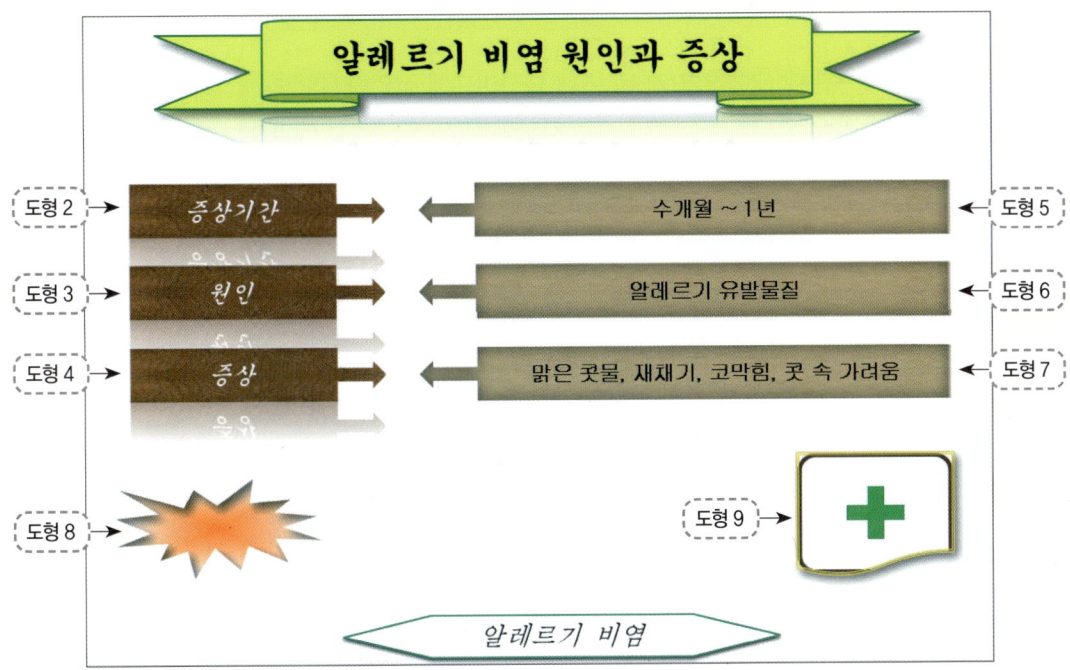

● 작성조건

▶ 도형 2~4 ⇒ 블록 화살표 : 오른쪽 화살표 설명선, 도형 채우기(질감 - 가죽, 배열 - 늘이기), 선 색 없음, 도형 효과(반사 - '3/4 크기, 근접'), 글꼴(궁서, 20pt, 기울임)

▶ 도형 5~7 ⇒ 블록 화살표 : 왼쪽 화살표 설명선, 도형 채우기(질감 - 종이, 배열 - 늘이기), 선 색 없음, 도형 효과(그림자 - 안쪽 - 가운데), 글꼴(굴림, 18pt, 진하게, 검정)

▶ 도형 8 ⇒ 별 및 현수막 : 폭발 1, 도형 채우기(주황, 그러데이션 - 사각형 - 가운데), 선 색 없음, 도형 효과(그림자 - 안쪽 - 대각선 왼쪽 위)

▶ 도형 9 ⇒ 순서도 : 문서, 도형 채우기(질감/그림 - 그림) 기능을 사용하여 그림 3 삽입, 선 색(단색, 색 : 강조 4 노랑), 선 스타일(선 종류 : 실선, 굵기 : 3pt, 겹선 종류 : 이중), 도형 효과(그림자 - 바깥쪽 - 대각선 오른쪽 아래)

[슬라이드4] 워드숍

출제유형 **13**

PART 02 출제유형 완전정복

- ☑ WordArt 삽입하기
- ☑ WordArt 글꼴 서식 변경하기

문제 미리보기

소스 파일 : [출제유형 완전정복]-[소스 파일]-유형13_문제.show
정답 파일 : [출제유형 완전정복]-[정답 파일]-유형13_완성.show

【슬라이드4】 아래의 작성조건 및 출력형태에 알맞게 네 번째 슬라이드에 작업하시오. (60점)

● 출력형태

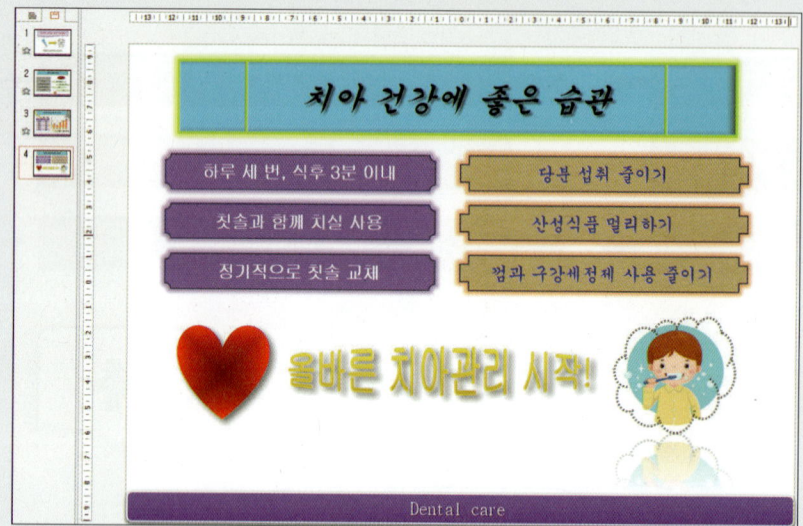

● 작성조건

(1) 제목
- ▶ 도형 1 ⇒ 순서도 : 종속 처리, 도형 채우기(시안), 선 색(단색, 색 : 밝은 연두색), 선 스타일(선 종류 : 실선, 굵기 : 3pt, 겹선 종류 : 단순형), 도형 효과(그림자 – 안쪽 – 오른쪽, 네온 – '강조 색 4, 10pt'), 글꼴(바탕체, 36pt, 기울임, 그림자)

(2) 본문
- ▶ 도형 2~4 ⇒ 기본 도형 : 배지, 도형 채우기(강조 5 에메랄드 블루), 선 색 없음, 도형 효과(네온 – '강조 색 5, 10pt'), 글꼴(굴림, 24pt, 진하게)
- ▶ 도형 5~7 ⇒ 기본 도형 : 십자형, 도형 채우기(질감 – 종이, 배열 – 늘이기), 선 색 없음, 도형 효과(네온 – '강조 색 1, 10 pt'), 글꼴(궁서, 24pt, 파랑)
- ▶ 도형 8 ⇒ 기본 도형 : 하트, 도형 채우기(빨강, 그라데이션 – 어두운 그라데이션 – 사각형 – 가운데), 선 색 없음, 도형 효과(그림자 – 바깥쪽 – 대각선 오른쪽 아래)
- ▶ 도형 9 ⇒ 기본 도형 : 구름, 도형 채우기(질감/그림 – 그림) 기능을 사용하여 그림 3 삽입, 선 색(단색, 색 : 검정), 선 스타일(선 종류 : 점선, 너비 : 2pt, 겹선 종류 : 이중), 도형 효과(반사 – '1/2 크기, 근접')
- ▶ 워드숍 삽입(올바른 치아관리 시작!) ⇒ 채우기 – 강조 4(어두운 계열, 그러데이션), 윤곽 – 강조 4, 그림자, 글자 효과(변환–휘기–팽창), 글꼴(굴림, 32pt, 진하게)
- ▶ 지시사항이 없는 부분은 《출력형태》와 동일하게 작성하시오.

01 WordArt 작성하기

◆ 작성조건
  (2) 본문
   ▶ 워드숍 삽입(올바른 치아관리 시작!) ⇒ 채우기 – 강조 4(어두운 계열, 그러데이션), 윤곽 – 강조 4, 그림자, 글자 효과(변환–휘기–팽창), 글꼴(굴림, 54pt, 진하게)

❶ [파일]-[불러오기](Ctrl+O)를 클릭합니다. [불러오기] 대화상자가 나오면 '유형13_문제.show' 파일을 불러옵니다.

❷ 네 번째 슬라이드를 선택한 후, [입력] 탭에서 '워드숍( )'–'채우기 – 강조 4(어두운 계열, 그러데이션), 윤곽 – 강조 4, 그림자(가)'을 선택합니다.

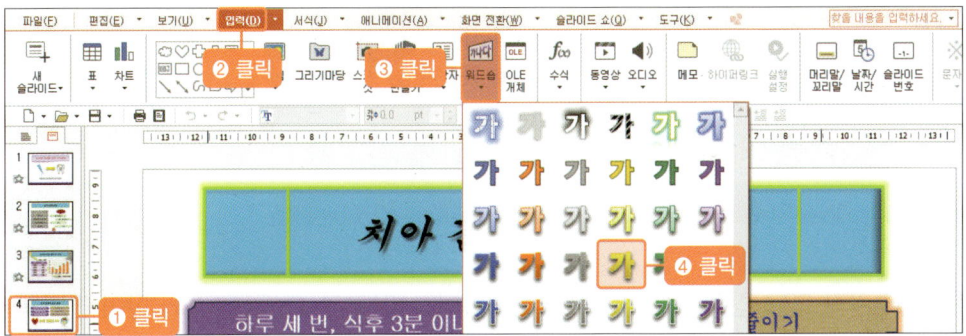

❸ 크기와 위치를 지정한 후, 《출력형태》와 같이 워드숍 글자를 '올바른 치아관리 시작!'으로 변경합니다.

> **TIP** 워드숍 이동하기
> 워크숍을 마우스로 드래그하여 이동할 수 있으며, Ctrl 키를 누른 채 키보드의 방향키(↑, ↓, ←, →)를 누르면 조금 더 세밀하게 위치를 변경할 수 있습니다.

※ 삽입된 워드숍을 마우스로 드래그할 때 워드숍 크기가 변경되지 않도록 주의합니다.

④ 도형의 외곽을 클릭한 후, [도형( )] 탭을 클릭합니다. 이어서, '글자 효과'-'변환'-'휘기'-'팽창(12345)'을 선택합니다.

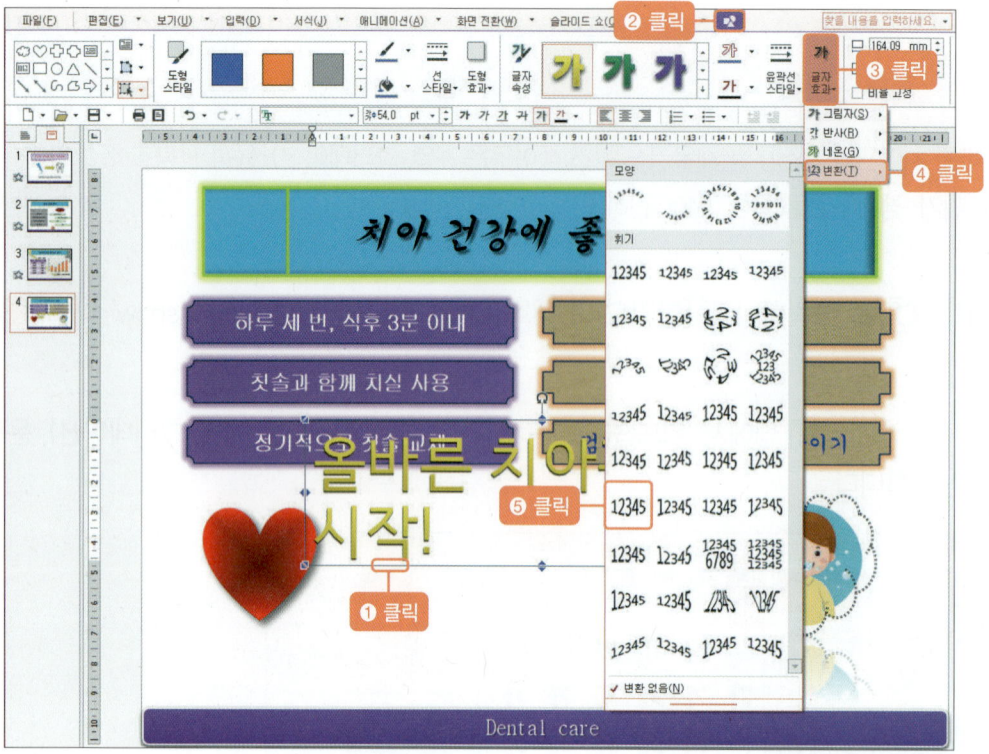

⑤ 도형의 외곽을 클릭한 후, '글꼴(굴림, 32pt, 진하게, 그림자)'를 지정합니다. 이어서, 《출력형태》와 같이 크기와 위치를 변경합니다.

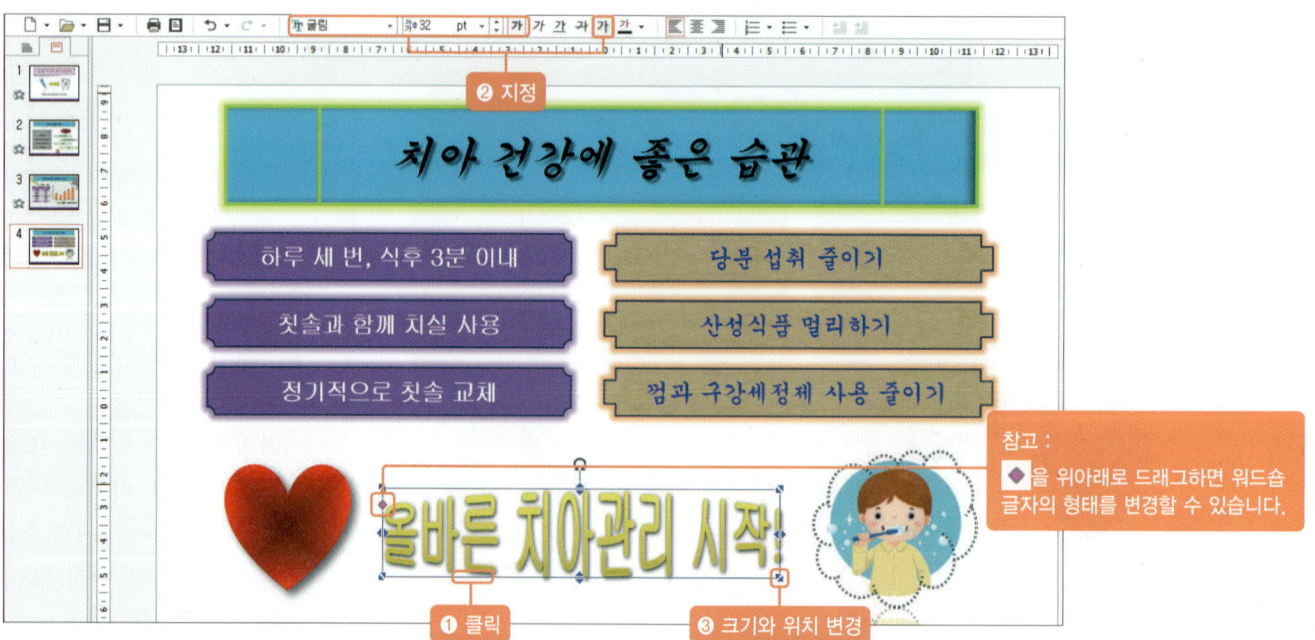

참고 :
◆을 위아래로 드래그하면 워드숍 글자의 형태를 변경할 수 있습니다.

⑥ [파일]-[저장하기](Ctrl + S) 또는 [서식] 도구 상자에서 '저장하기(日)'를 클릭합니다.

※ 실제 시험을 볼 때 작업 도중에 수시로(10분에 한 번 정도) 저장을 하는 것이 좋습니다.

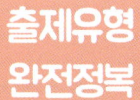

[슬라이드4] 워드숍

01 아래의 작성조건 및 출력형태에 알맞게 네 번째 슬라이드에 작업하시오.

* 소스 파일 : [출제유형 완전정복]-[소스 파일]-정복13_문제01.show
* 정답 파일 : [출제유형 완전정복]-[정답 파일]-정복13_완성01.show

● 출력형태

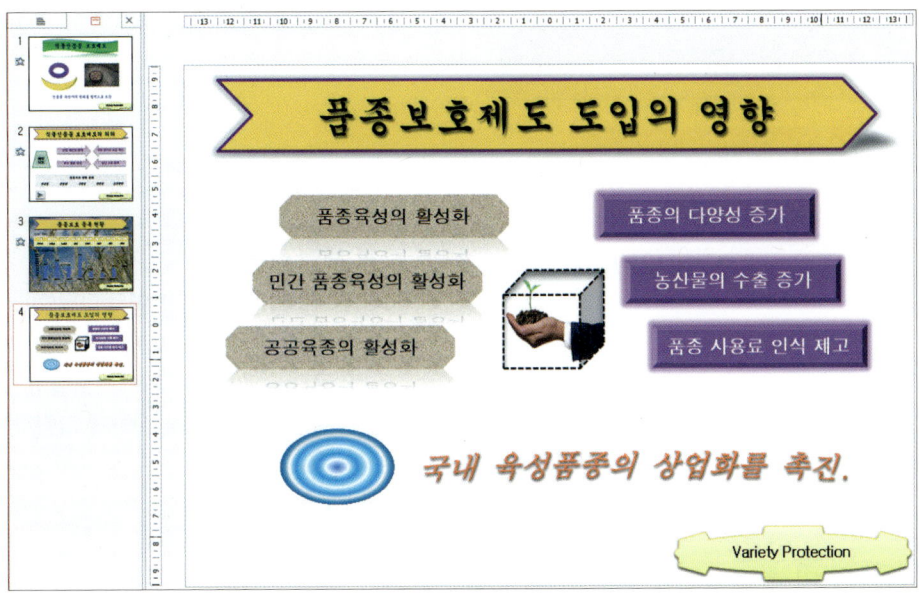

● 작성조건

▶ 워드숍 삽입(국내 육성품종의 상업화를 촉진) ⇒ 채우기 - 강조 2(어두운 계열, 그러데이션), 윤곽 - 강조 2, 그림자,
　글자 효과(변환 - 휘기 - 원통 위),
　글꼴(바탕체, 28pt, 기울임, 그림자)

[슬라이드4] 워드숍

02 아래의 작성조건 및 출력형태에 알맞게 네 번째 슬라이드에 작업하시오.

* 소스 파일 : [출제유형 완전정복]-[소스 파일]-정복13_문제02.show
* 정답 파일 : [출제유형 완전정복]-[정답 파일]-정복13_완성02.show

● 출력형태

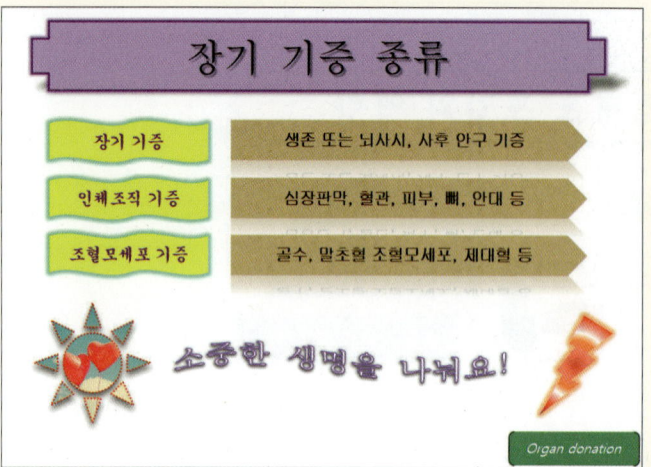

● 유의 사항

▶ 워드숍 삽입(소중한 생명을 나눠요!)
⇒ 윤곽 - 강조 6, 그림자,
글자 효과(변환 - 휘기 - 물결 1),
글꼴(바탕체, 32pt, 진하게, 그림자)

03 아래의 작성조건 및 출력형태에 알맞게 네 번째 슬라이드에 작업하시오.

* 소스 파일 : [출제유형 완전정복]-[소스 파일]-정복13_문제03.show
* 정답 파일 : [출제유형 완전정복]-[정답 파일]-정복13_완성03.show

● 출력형태

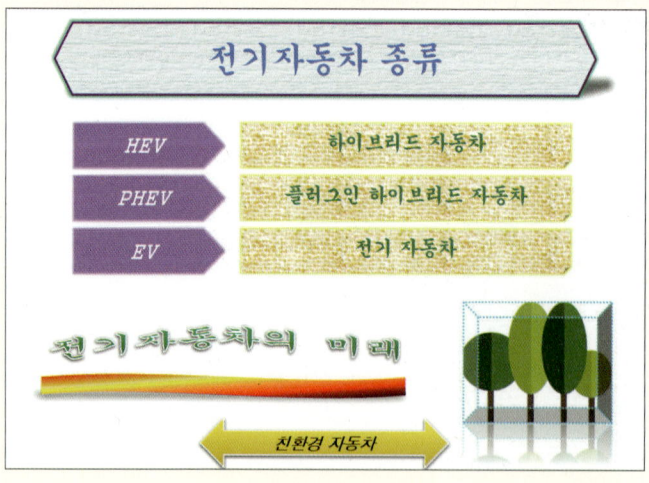

● 유의 사항

▶ 워드숍 삽입("전기자동차의 미래")
⇒ 채우기 - 강조 5(그러데이션), 윤곽 - 밝은색 1,
글자 효과(변환 - 휘기 - 갈매기형 수장),
글꼴(궁서체, 36pt, 진하게)

[슬라이드4] 워드숍

04 아래의 작성조건 및 출력형태에 알맞게 네 번째 슬라이드에 작업하시오.

* 소스 파일 : [출제유형 완전정복]-[소스 파일]-정복13_문제04.show
* 정답 파일 : [출제유형 완전정복]-[정답 파일]-정복13_완성04.show

● 출력형태

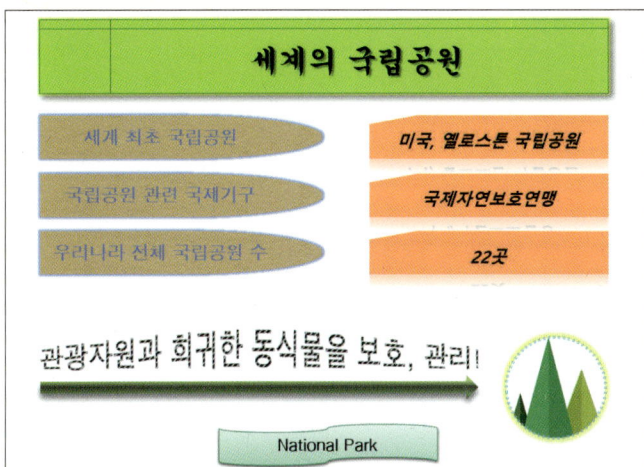

● 유의 사항

▶ 워드숍 삽입
(관광자원과 희귀한 동식물을 보호, 관리!)
⇒ 채우기 - 어두운색 1 + 강조 3(무늬 18),
윤곽 - 강조 3,
글자 효과(변환 - 휘기 - 위쪽 팽창),
글꼴(돋움, 28pt, 진하게)

05 아래의 작성조건 및 출력형태에 알맞게 네 번째 슬라이드에 작업하시오.

* 소스 파일 : [출제유형 완전정복]-[소스 파일]-정복13_문제05.show
* 정답 파일 : [출제유형 완전정복]-[정답 파일]-정복13_완성05.show

● 출력형태

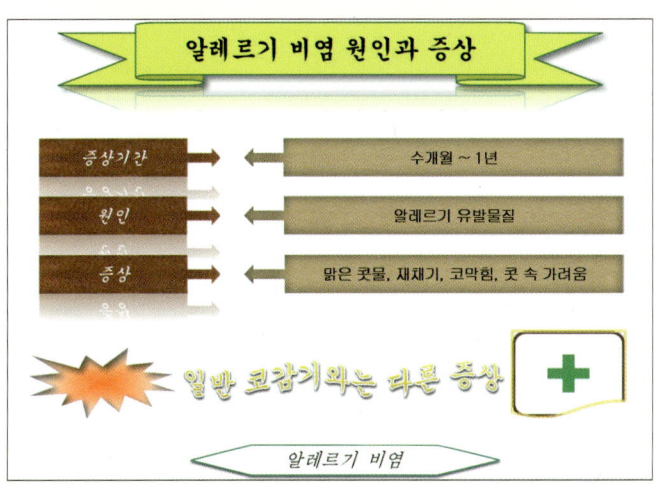

● 유의 사항

▶ 워드숍 삽입(일반 코감기와는 다른 증상)
⇒ 채우기 - 강조 4(그러데이션), 윤곽 - 밝은색 1,
글자 효과(변환 - 휘기 - 이중 물결 2),
글꼴(궁서, 28pt, 진하게)

MEMO

DIAT

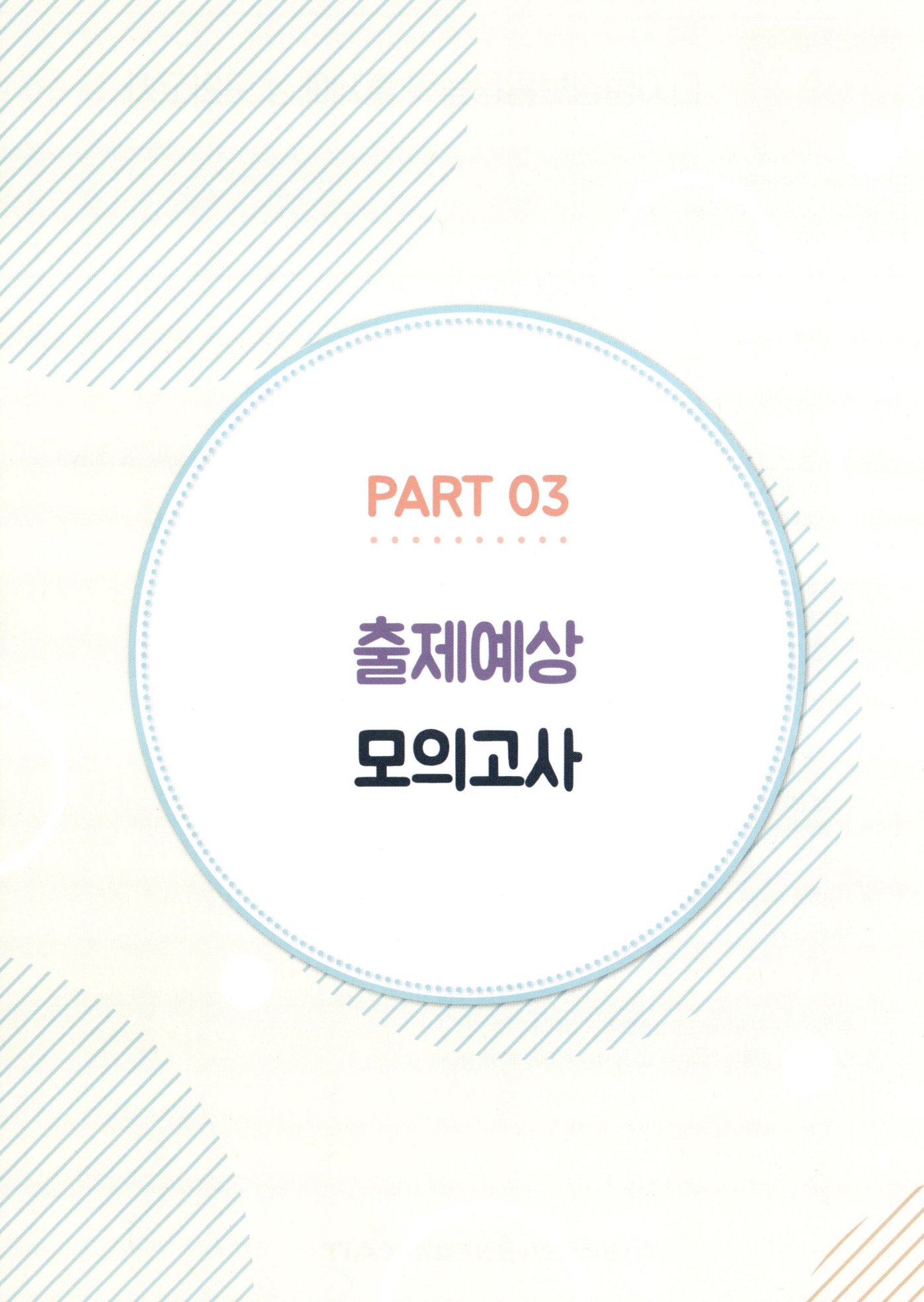

제 01 회 디지털정보활용능력 출제예상 모의고사

- ☑ 시험과목 : 프리젠테이션(한쇼)
- ☑ 시험일자 : 20XX. XX. XX. (X)
- ☑ 응시자 기재사항 및 감독위원 확인

수검번호	DIO - XXXX -	감독위원 확인
성 명		

응시자 유의사항

1. 응시자는 신분증을 지참하여야 시험에 응시할 수 있으며, 시험이 종료될 때까지 신분증을 제시하지 못 할 경우 해당 시험은 0점 처리됩니다.
2. 시스템(PC작동여부, 네트워크 상태 등)의 이상여부를 반드시 확인하여야 하며, 시스템 이상이 있을시 감독위원에게 조치를 받으셔야 합니다.
3. 시험 중 부주의 또는 고의로 시스템을 파손한 경우는 응시자 부담으로 합니다.
4. 답안 전송 프로그램을 통해 다운로드 받은 파일을 이용하여 답안파일을 작성하시기 바랍니다.
5. 작성한 답안 파일은 답안 전송 프로그램을 통하여 전송됩니다. 감독위원의 지시에 따라 주시기 바랍니다.
6. 다음사항의 경우 실격(0점) 혹은 부정행위 처리됩니다.
    1) 답안파일을 저장하지 않았거나, 저장한 파일이 손상되었을 경우
    2) 답안파일을 지정된 폴더(바탕화면 – "KAIT" 폴더)에 저장하지 않았을 경우
       ※ 답안 전송 프로그램 로그인 시 바탕화면에 자동 생성됨
    3) 답안파일을 다른 보조 기억장치(USB) 혹은 네트워크(메신저, 게시판 등)로 전송할 경우
    4) 휴대용 전화기 등 통신기기를 사용할 경우
7. 슬라이드는 반드시 순서대로 작성해야 하며, 순서가 다를 경우 "0"점 처리 됩니다.
8. 시험지에 제시된 글꼴이 응시 프로그램에 없는 경우, 반드시 감독위원에게 해당 내용을 통보한 뒤 조치를 받아야 합니다.
9. 슬라이드 작성 시 도형의 그룹설정을 사용하는 경우, 채점에서 감점처리 됩니다.
10. 시험의 완료는 작성이 완료된 답안을 저장하고, 답안 전송이 완료된 상태를 확인한 것으로 합니다. 답안 전송 확인 후 문제지는 감독위원에게 제출한 후 퇴실하여야 합니다.
11. 답안전송이 완료된 경우에는 수정 또는 정정이 불가능합니다.
12. 시험시행 후 합격자 발표는 홈페이지(www.ihd.or.kr)에서 확인하시기 바랍니다.
    1) 문제 및 모범답안 공개 : 20XX. XX. XX. (X)
    2) 합격자 발표 : 20XX. XX. XX. (X)

디지털정보활용능력 – 프리젠테이션[한쇼] (시험시간 : 40분)

유의사항
- 《작성조건》을 준수하여 반드시 프리젠테이션 슬라이드로 작업합니다.
- 글꼴 및 기타 사항에 대해 별도의 지시사항이 없는 경우, 슬라이드 크기와 전체적인 균형을 고려하여 임의로 작성하되, 도형은 그룹으로 설정하지 않습니다.
- 새 프레젠테이션 만들기 – 한컴오피스, 쪽 설정(종류 – A4용지(210 x 297mm)), 슬라이드 방향(가로)로 지정합니다.
  ▶ 슬라이드 크기, 방향 조정 시 '맞춤 확인'으로 지정하여야 합니다.
- 공통적용사항(슬라이드 마스터)
  ▶ 도형 ⇒ 기본 도형 : 액자, 도형 스타일('밝은 계열 – 강조 6'), 글꼴(바탕체, 18pt, 기울임, 밑줄)
- 그림 삽입 시 다운로드 한 그림 파일을 반드시 사용하여야 합니다.
- ⎵ 은 지시사항이므로 작성하지 않습니다.
- 슬라이드에 제시된 글자 및 숫자 오타는 감점처리 됩니다.

[슬라이드 1] 아래의 작성조건 및 출력형태에 알맞게 첫 번째 슬라이드에 작업하시오. (30점)

《출력형태》

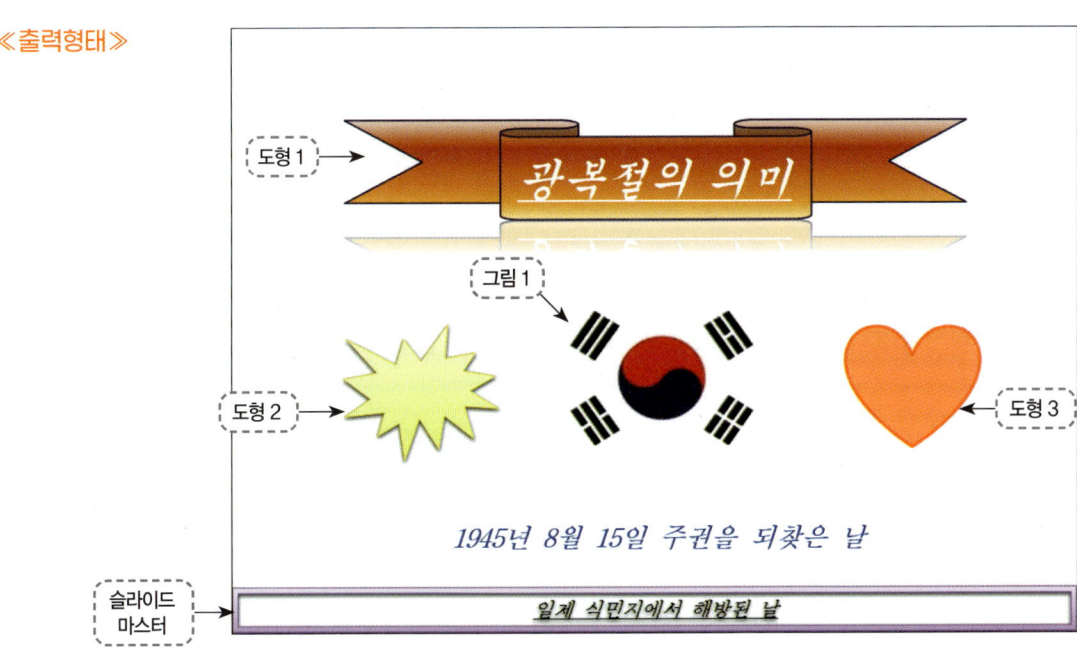

《작성조건》

▶ 도형 1 ⇒ 별 및 현수막 : 아래쪽 리본, 도형 채우기(그러데이션 : 유형 – 오렌지, 종류 – 선형, 방향 – 위쪽에서), 선 색(단색, 색 : 검은 군청, 선 스타일(선 종류 : 실선, 굵기 : 1.5pt, 겹선 종류 : 단순형), 도형 효과(반사 – '1/3크기, 근접'), 글꼴(궁서, 40pt, 기울임, 밑줄)

▶ 도형 2 ⇒ 별 및 현수막 : 폭발 1, 도형 스타일('밝은 계열 – 강조 4')

▶ 도형 3 ⇒ 기본 도형 : 하트, 도형 채우기(강조 2 주황 20% 밝게), 선 색(단색, 색 : 강조 2 주황 10% 어둡게), 선 스타일(선 종류 : 실선, 굵기 : 3pt, 겹선 종류 : 단순형)

▶ 그림 삽입 ⇒ 그림 1 삽입, 크기(너비 : 70mm, 높이 : 50mm)

▶ 글상자(1945년 8월 15일 주권을 되찾은 날) ⇒ 글꼴(바탕체, 24pt, 진하게, 기울임, 강조 1 하늘색 30% 어둡게)

▶ 애니메이션 지정 ⇒ 그림 1 : 나타내기 – 다이아몬드형

▶ 지시사항이 없는 부분은 《출력형태》와 동일하게 작성하시오.

디지털정보활용능력 - 프리젠테이션[한쇼] (시험시간 : 40분)

[슬라이드 2] 아래의 작성조건 및 출력형태에 알맞게 두 번째 슬라이드에 작업하시오. (50점)

《출력형태》

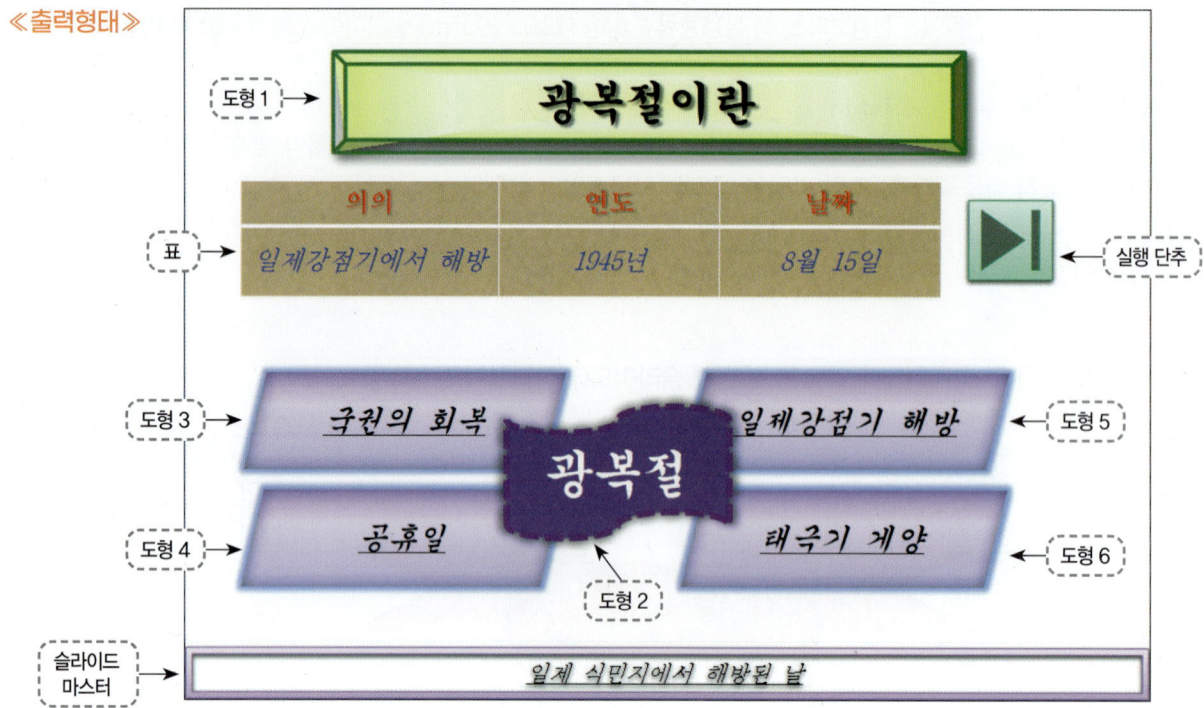

《작성조건》

(1) 제목

▶ 도형 1 ⇒ 기본 도형 : 빗면, 도형 채우기(그러데이션 : 유형 - 레몬, 종류 - 경로형), 선 색(단색, 색 : 초록),
선 스타일(선 종류 : 실선, 굵기 : 3pt, 겹선 종류 : 단순형),
도형 효과(그림자 - 바깥쪽 - 대각선 오른쪽 아래), 글꼴(궁서, 36pt, 진하게, 그림자, 검정)

(2) 본문

▶ 도형 2 ⇒ 순서도 : 천공 테이프, 도형 채우기(강조 6 보다 30% 어둡게),
선 색(단색, 색 : 보라, 선 스타일(선 종류 : 긴 점선, 굵기 : 5pt, 겹선 종류 : 단순형),
도형 효과(그림자 - 바깥쪽 - 가운데), 글꼴(궁서, 40pt, 진하게)

▶ 도형 3~6 ⇒ 기본 도형 : 평행 사변형, 도형 채우기(그라데이션 : 유형 - 보라, 종류 - 선형,
방향 - 아래쪽에서), 선 색 없음, 도형 효과(네온 - 강조색 1, 10pt),
글꼴(궁서체, 24pt, 기울임, 밑줄, 검정)

▶ 실행 단추 ⇒ 실행 단추 : 끝, 하이퍼링크 : 마지막 슬라이드, 도형 스타일('밝은 계열 - 강조 5')

▶ 표 ⇒ 채우기(질감 - 종이, 배열 - 바둑판식),
가장 위의 행 : 글꼴(바탕체, 20pt, 진하게, 빨강, 그림자, 가운데 정렬, 가운데 맞춤),
나머지 행 : 글꼴(바탕체, 20pt, 기울임, 파랑, 가운데 정렬, 가운데 맞춤)

▶ 애니메이션 지정 ⇒ 도형 2 : 나타내기 - 모자이크

▶ 지시사항이 없는 부분은 《출력형태》와 동일하게 작성하시오.

디지털정보활용능력 – 프리젠테이션[한쇼] (시험시간 : 40분)

[슬라이드 3] 아래의 작성조건 및 출력형태에 알맞게 세 번째 슬라이드에 작업하시오. (60점)

≪출력형태≫

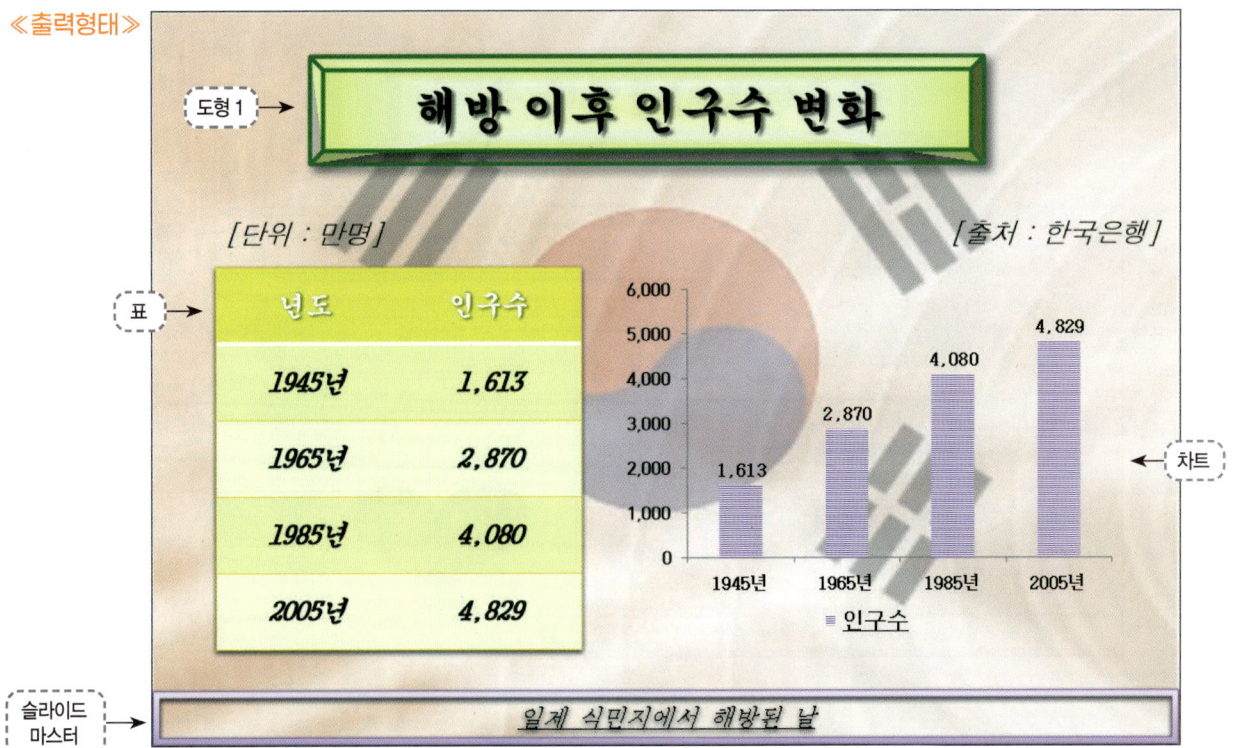

≪작성조건≫

(1) 제목
- 도형 1 ⇒ 기본 도형 : 빗면, 도형 채우기(그러데이션 : 유형 – 레몬, 종류 – 경로형), 선 색(단색, 색 : 초록), 선 스타일(선 종류 : 실선, 굵기 : 3pt, 겹선 종류 : 단순형), 도형 효과(그림자 – 바깥쪽 – 대각선 오른쪽 아래), 글꼴(궁서, 36pt, 진하게, 그림자, 검정)

(2) 본문
- 글상자 1([단위 : 만명]) ⇒ 글꼴(돋움, 20pt, 기울임)
- 표 ⇒ 표 스타일(보통 스타일 2 – 강조 4),
  가장 위의 행 : 글꼴(궁서체, 20pt, 진하게, 그림자, 가운데 정렬, 가운데 맞춤),
  나머지 행 : 글꼴(궁서체, 20pt, 진하게, 기울임, 가운데 정렬, 가운데 맞춤)
- 글상자 2([출처 : 한국은행]) ⇒ 글꼴(돋움, 20pt, 기울임)
- 차트 ⇒ 세로 막대형 : 묶은 세로 막대형, 차트 계열색('색상조합 – 색 4'), 차트 스타일(스타일 4),
  축 서식/자료점 이름표 서식 : 글꼴(바탕체, 14pt, 진하게),
  범례 서식 : 글꼴(바탕체, 16pt, 진하게, 밑줄), 데이터는 표 참고, 천 단위 기호 기입
- 배경 ⇒ 배경 속성(질감/그림 – 그림)에서 그림 2 삽입(현재 슬라이드만 적용)
- 애니메이션 지정 ⇒ 차트 : 나타내기 – 블라인드
- 지시사항이 없는 부분은 ≪출력형태≫와 동일하게 작성하시오.

디지털정보활용능력 - 프리젠테이션[한쇼] (시험시간 : 40분) 4/4

[슬라이드 4] 아래의 작성조건 및 출력형태에 알맞게 네 번째 슬라이드에 작업하시오. (60점)

≪출력형태≫

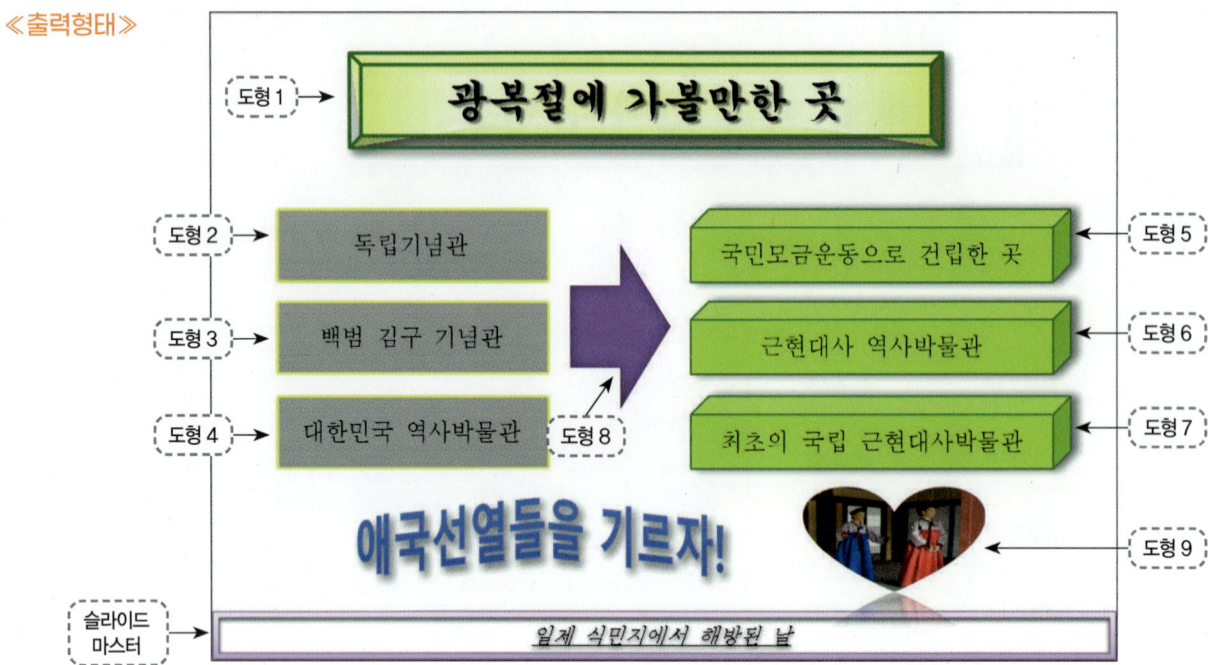

≪작성조건≫

(1) 제목

▶ 도형 1 ⇒ 기본 도형 : 빗면, 도형 채우기(그러데이션 : 유형 - 레몬, 종류 - 경로형), 선 색(단색, 색 : 초록),
선 스타일(선 종류 : 실선, 굵기 : 3pt, 겹선 종류 : 단순형),
도형 효과(그림자 - 바깥쪽 - 대각선 오른쪽 아래), 글꼴(궁서, 36pt, 진하게, 그림자, 검정)

(2) 본문

▶ 도형 2~4 ⇒ 사각형 : 직사각형, 도형 채우기(질감 - 금속, 배열 - 바둑판식), 선 색(단색, 색 : 노랑),
선 스타일(선 종류 : 실선, 굵기 : 3pt, 겹선 종류 : 단순형), 도형 효과(엷은 테두리 - 3pt),
글꼴(바탕체, 20pt, 검정)

▶ 도형 5~7 ⇒ 기본 도형 : 정육면체, 도형 채우기(밝은 연두색), 선 색(단색, 색 : 초록),
선 스타일(선 종류 : 실선, 굵기 : 1.5pt, 겹선 종류 : 단순형), 도형 효과(그림자 - 바깥쪽 - 오른쪽),
글꼴(바탕체, 20pt, 검정)

▶ 도형 8 ⇒ 블록 화살표 : 오른쪽 화살표, 도형채우기(강조 6 보라), 선 색(단색, 색 : 보라),
선 스타일(선 종류 : 실선, 굵기 : 1pt, 겹선 종류 : 단순형), 도형 효과(그림자 - 안쪽 - 가운데)

▶ 도형 9 ⇒ 기본 도형 : 하트, 도형 채우기(질감/그림 - 그림) 기능을 사용하여 그림 3 삽입,
선 색 없음, 도형 효과(반사 - '1/3 크기, 근접')

▶ 워드숍 삽입(애국선열들을 기리자!) ⇒ 채우기 - 강조1(어두운계열, 그러데이션), 윤곽 - 강조1, 그림자,
글자 효과(변환 - 휘기 - 갈매기형 수장),
글꼴(맑은 고딕, 32pt, 진하게)

▶ 지시사항이 없는 부분은 ≪출력형태≫와 동일하게 작성하시오.

제 02 회 디지털정보활용능력 출제예상 모의고사

- ☑ 시험과목 : 프리젠테이션(한쇼)
- ☑ 시험일자 : 20XX. XX. XX. (X)
- ☑ 응시자 기재사항 및 감독위원 확인

수검번호	DIO - XXXX -	감독위원 확인
성 명		

응시자 유의사항

1. 응시자는 신분증을 지참하여야 시험에 응시할 수 있으며, 시험이 종료될 때까지 신분증을 제시하지 못 할 경우 해당 시험은 0점 처리됩니다.
2. 시스템(PC작동여부, 네트워크 상태 등)의 이상여부를 반드시 확인하여야 하며, 시스템 이상이 있을시 감독위원에게 조치를 받으셔야 합니다.
3. 시험 중 부주의 또는 고의로 시스템을 파손한 경우는 응시자 부담으로 합니다.
4. 답안 전송 프로그램을 통해 다운로드 받은 파일을 이용하여 답안파일을 작성하시기 바랍니다.
5. 작성한 답안 파일은 답안 전송 프로그램을 통하여 전송됩니다. 감독위원의 지시에 따라 주시기 바랍니다.
6. 다음사항의 경우 실격(0점) 혹은 부정행위 처리됩니다.
   1) 답안파일을 저장하지 않았거나, 저장한 파일이 손상되었을 경우
   2) 답안파일을 지정된 폴더(바탕화면 – "KAIT" 폴더)에 저장하지 않았을 경우
      ※ 답안 전송 프로그램 로그인 시 바탕화면에 자동 생성됨
   3) 답안파일을 다른 보조 기억장치(USB) 혹은 네트워크(메신저, 게시판 등)로 전송할 경우
   4) 휴대용 전화기 등 통신기기를 사용할 경우
7. 슬라이드는 반드시 순서대로 작성해야 하며, 순서가 다를 경우 "0"점 처리 됩니다.
8. 시험지에 제시된 글꼴이 응시 프로그램에 없는 경우, 반드시 감독위원에게 해당 내용을 통보한 뒤 조치를 받아야 합니다.
9. 슬라이드 작성 시 도형의 그룹설정을 사용하는 경우, 채점에서 감점처리 됩니다.
10. 시험의 완료는 작성이 완료된 답안을 저장하고, 답안 전송이 완료된 상태를 확인한 것으로 합니다. 답안 전송 확인 후 문제지는 감독위원에게 제출한 후 퇴실하여야 합니다.
11. 답안전송이 완료된 경우에는 수정 또는 정정이 불가능합니다.
12. 시험시행 후 합격자 발표는 홈페이지(www.ihd.or.kr)에서 확인하시기 바랍니다.
    1) 문제 및 모범답안 공개 : 20XX. XX. XX. (X)
    2) 합격자 발표 : 20XX. XX. XX. (X)

디지털정보활용능력 – 프리젠테이션[한쇼] (시험시간 : 40분)   1/4

유의사항
- 《작성조건》을 준수하여 반드시 프리젠테이션 슬라이드로 작업합니다.
- 글꼴 및 기타 사항에 대해 별도의 지시사항이 없는 경우, 슬라이드 크기와 전체적인 균형을 고려하여 임의로 작성하되, 도형은 그룹으로 설정하지 않습니다.
- 새 프레젠테이션 만들기 – 한컴오피스, 쪽 설정(종류 – A4용지(210 x 297mm)), 슬라이드 방향(가로)로 지정합니다.
  ▶ 슬라이드 크기, 방향 조정 시 '맞춤 확인'으로 지정하여야 합니다.
- 공통적용사항(슬라이드 마스터)
  ▶ 도형 ⇒ 순서도 : 수동 입력, 도형 스타일('밝은 계열 – 강조 6'), 글꼴(굴림, 20pt, 진하게)
- 그림 삽입 시 다운로드 한 그림 파일을 반드시 사용하여야 합니다.
- ☐──▶ 은 지시사항이므로 작성하지 않습니다.
- 슬라이드에 제시된 글자 및 숫자 오타는 감점처리 됩니다.

[슬라이드 1] 아래의 작성조건 및 출력형태에 알맞게 첫 번째 슬라이드에 작업하시오. (30점)

《출력형태》

《작성조건》

▶ 도형 1 ⇒ 기본 도형 : 정육면체, 도형 채우기(파랑), 선 색(단색, 색 : 검정),
　　　　　선 스타일(선 종류 : 실선, 굵기 : 1pt, 겹선 종류 : 단순형), 도형 효과(그림자 – 안쪽 – 아래쪽),
　　　　　글꼴(궁서, 44pt, 그림자, 노랑)

▶ 도형 2 ⇒ 블록 화살표 : 휘어진 화살표, 도형 채우기(노랑), 선 색(단색, 색 : 빨강),
　　　　　선 스타일(선 종류 : 실선, 굵기 : 3pt, 겹선 종류 : 단순형), 도형 효과(그림자 – 안쪽 – 아래쪽)

▶ 도형 3 ⇒ 기본 도형 : 해, 도형 스타일('강한 효과 – 강조 2')

▶ 그림 삽입 ⇒ 그림 1 삽입, 크기(너비 : 70mm, 높이 : 60mm)

▶ 글상자(태양에서 지구에 도달하는 열) ⇒ 글꼴(돋움, 24pt, 진하게, 기울임)

▶ 애니메이션 지정 ⇒ 도형 1 : 나타내기 – 날아오기

▶ 지시사항이 없는 부분은《출력형태》와 동일하게 작성하시오.

디지털정보활용능력 – 프리젠테이션[한쇼] (시험시간 : 40분)

[슬라이드 2] 아래의 작성조건 및 출력형태에 알맞게 두 번째 슬라이드에 작업하시오. (50점)

≪출력형태≫

≪작성조건≫

(1) 제목

▶ 도형 1 ⇒ 별 및 현수막 : 가로로 말린 두루마리 모양,
　　　　도형 채우기(그러데이션 : 유형 –청명한 하늘, 종류 – 선형, 방향 – 위쪽에서), 선 색 없음,
　　　　도형 효과(네온 – '강조색 2, 10pt'), 글꼴(바탕체, 40pt, 그림자, 노랑)

(2) 본문

▶ 도형 2 ⇒ 순서도 : 문서, 도형 채우기(초록), 선 색(단색, 색 : 노랑),
　　　　선 스타일(선 종류 : 실선, 굵기 : 3pt, 겹선 종류 : 단순형),
　　　　도형 효과(그림자 –바깥쪽 – 가운데), 글꼴(굴림체, 28pt, 진하게)

▶ 도형 3~6 ⇒ 블록 화살표 : 위쪽 화살표 설명선, 도형 채우기(시안), 선 색 없음,
　　　　도형 효과(그림자 – 안쪽 – 아래쪽), 글꼴(궁서, 22pt, 검정)

▶ 실행 단추 ⇒ 실행 단추 : 홈, 하이퍼링크 : 첫째 슬라이드, 도형 스타일(채우기 – 강조 3)

▶ 표 ⇒ 채우기(그러데이션 : 유형 – 솜사탕2, 종류 – 선형, 방향 – 위쪽에서),
　　　　가장 위의 행 : 글꼴(궁서, 20pt, 기울임, 빨강, 가운데 정렬, 가운데 맞춤),
　　　　나머지 행 : 글꼴(굴림, 20pt, 진하게, 검정, 가운데 정렬, 가운데 맞춤)

▶ 애니메이션 지정 ⇒ 도형 2 : 나타내기 – 블라인드

▶ 지시사항이 없는 부분은 ≪출력형태≫와 동일하게 작성하시오.

디지털정보활용능력 – 프리젠테이션[한쇼] (시험시간 : 40분)

[슬라이드 3] 아래의 작성조건 및 출력형태에 알맞게 세 번째 슬라이드에 작업하시오. (60점)

≪출력형태≫

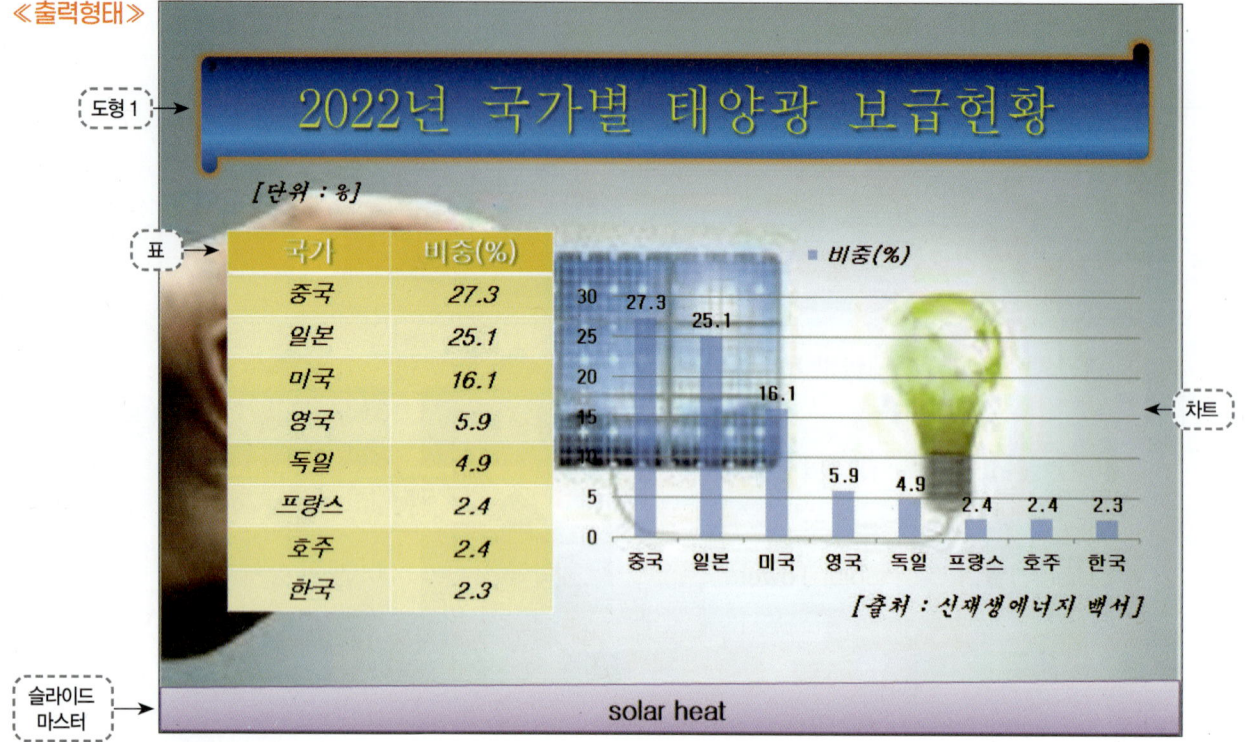

≪작성조건≫

(1) 제목

▶ 도형 1 ⇒ 별 및 현수막 : 가로로 말린 두루마리 모양,
　　　　도형 채우기(그러데이션 : 유형 –청명한 하늘, 종류 – 선형, 방향 – 위쪽에서), 선 색 없음,
　　　　도형 효과(네온 – '강조색 2, 10pt'), 글꼴(바탕체, 40pt, 그림자, 노랑)

(2) 본문

▶ 글상자 1([단위 : %]) ⇒ 글꼴(궁서, 18pt, 기울임)

▶ 표 ⇒ 표 스타일(보통 스타일 1 – 강조 4),
　　　가장 위의 행 : 글꼴(돋움, 20pt, 진하게, 그림자, 가운데 정렬, 가운데 맞춤),
　　　나머지 행 : 글꼴(돋움, 18pt, 진하게, 기울임, 가운데 정렬, 가운데 맞춤)

▶ 글상자 2([출처 : 신재생에너지 백서]) ⇒ 글꼴(궁서, 18pt, 기울임)

▶ 차트 ⇒ 세로 막대형 : 묶은 세로 막대형, 차트 스타일(스타일 8),
　　　축 서식/자료점 이름표 서식 : 글꼴(굴림체, 14pt, 진하게),
　　　범례 서식 : 글꼴(굴림, 16pt, 진하게, 기울임), 데이터는 표 참고(소수점 반드시 기입)

▶ 배경 ⇒ 배경 속성(질감/그림 – 그림)에서 그림 2 삽입(현재 슬라이드만 적용)

▶ 애니메이션 지정 ⇒ 차트 : 나타내기 – 날아오기

▶ 지시사항이 없는 부분은 ≪출력형태≫와 동일하게 작성하시오.

디지털정보활용능력 – 프리젠테이션[한쇼] (시험시간 : 40분)

[슬라이드 4] 아래의 작성조건 및 출력형태에 알맞게 네 번째 슬라이드에 작업하시오. (60점)

≪출력형태≫

≪작성조건≫

(1) 제목

▶ 도형 1 ⇒ 별 및 현수막 : 가로로 말린 두루마리 모양,
  도형 채우기(그러데이션 : 유형 – 청명한 하늘, 종류 – 선형, 방향 – 위쪽에서), 선 색 없음,
  도형 효과(네온 – '강조 색 2, 10 pt'), 글꼴(바탕체, 40pt, 그림자, 노랑)

(2) 본문

▶ 도형 2~4 ⇒ 순서도 : 데이터, 도형 채우기(질감 – 종이, 배열 – 바둑판식), 선 색 없음,
  도형 효과(그림자 – 안쪽 – 아래쪽), 글꼴(궁서, 20pt, 기울임, 검정)

▶ 도형 5~7 ⇒ 기본 도형 : 팔각형, 도형채우기(강조 2 주황), 선 색(단색, 색 : 파랑),
  선 스타일(선 종류 : 실선, 굵기 : 1.5pt, 겹선 종류 : 단순형), 도형 효과(그림자 – 바깥쪽 – 아래쪽),
  글꼴(굴림, 20pt, 진하게, 기울임)

▶ 도형 8 ⇒ 기본 도형 : 웃는 얼굴, 도형 채우기(노랑), 선 색(단색, 색 : 검정), 선 스타일(선 종류 : 실선, 굵기 :
  1pt, 겹선 종류 : 단순형), 도형 효과(그림자 – 원근감 – 대각선 오른쪽 위, 반사 – '1/3크기, 근접')

▶ 도형 9 ⇒ 기본 도형 : 하트, 도형 채우기(질감/그림 – 그림) 기능을 사용하여 그림 3 삽입,
  선 색 없음, 도형 효과(네온 – '강조 색 6, 15 pt')

▶ 워드숍 삽입(미래를 준비하는 환경 친화형 에너지) ⇒ 채우기 – 강조5(밝은계열, 그러데이션),
  윤곽 – 강조5, 글자 효과(변환 – 휘기 – 사각형),
  글꼴(궁서, 24pt, 진하게, 그림자)

▶ 지시사항이 없는 부분은 ≪출력형태≫와 동일하게 작성하시오.

제03회 디지털정보활용능력 출제예상 모의고사

- ☑ 시험과목 : 프리젠테이션(한쇼)
- ☑ 시험일자 : 20XX. XX. XX. (X)
- ☑ 응시자 기재사항 및 감독위원 확인

수검번호	DIO - XXXX -	감독위원 확인
성 명		

응시자 유의사항

1. 응시자는 신분증을 지참하여야 시험에 응시할 수 있으며, 시험이 종료될 때까지 신분증을 제시하지 못 할 경우 해당 시험은 0점 처리됩니다.
2. 시스템(PC작동여부, 네트워크 상태 등)의 이상여부를 반드시 확인하여야 하며, 시스템 이상이 있을시 감독위원에게 조치를 받으셔야 합니다.
3. 시험 중 부주의 또는 고의로 시스템을 파손한 경우는 응시자 부담으로 합니다.
4. 답안 전송 프로그램을 통해 다운로드 받은 파일을 이용하여 답안파일을 작성하시기 바랍니다.
5. 작성한 답안 파일은 답안 전송 프로그램을 통하여 전송됩니다. 감독위원의 지시에 따라 주시기 바랍니다.
6. 다음사항의 경우 실격(0점) 혹은 부정행위 처리됩니다.
    1) 답안파일을 저장하지 않았거나, 저장한 파일이 손상되었을 경우
    2) 답안파일을 지정된 폴더(바탕화면 – "KAIT" 폴더)에 저장하지 않았을 경우
        ※ 답안 전송 프로그램 로그인 시 바탕화면에 자동 생성됨
    3) 답안파일을 다른 보조 기억장치(USB) 혹은 네트워크(메신저, 게시판 등)로 전송할 경우
    4) 휴대용 전화기 등 통신기기를 사용할 경우
7. 슬라이드는 반드시 순서대로 작성해야 하며, 순서가 다를 경우 "0"점 처리 됩니다.
8. 시험지에 제시된 글꼴이 응시 프로그램에 없는 경우, 반드시 감독위원에게 해당 내용을 통보한 뒤 조치를 받아야 합니다.
9. 슬라이드 작성 시 도형의 그룹설정을 사용하는 경우, 채점에서 감점처리 됩니다.
10. 시험의 완료는 작성이 완료된 답안을 저장하고, 답안 전송이 완료된 상태를 확인한 것으로 합니다. 답안 전송 확인 후 문제지는 감독위원에게 제출한 후 퇴실하여야 합니다.
11. 답안전송이 완료된 경우에는 수정 또는 정정이 불가능합니다.
12. 시험시행 후 합격자 발표는 홈페이지(www.ihd.or.kr)에서 확인하시기 바랍니다.
    1) 문제 및 모범답안 공개 : 20XX. XX. XX. (X)
    2) 합격자 발표 : 20XX. XX. XX. (X)

디지털정보활용능력 – 프리젠테이션[한쇼] (시험시간 : 40분) 1/4

유의사항
- 《작성조건》을 준수하여 반드시 프리젠테이션 슬라이드로 작업합니다.
- 글꼴 및 기타 사항에 대해 별도의 지시사항이 없는 경우, 슬라이드 크기와 전체적인 균형을 고려하여 임의로 작성하되, 도형은 그룹으로 설정하지 않습니다.
- 새 프레젠테이션 만들기 – 한컴오피스, 쪽 설정(종류 – A4용지(210 x 297mm)), 슬라이드 방향(가로)로 지정합니다.
  ▶ 슬라이드 크기, 방향 조정 시 '맞춤 확인'으로 지정하여야 합니다.
- 공통적용사항(슬라이드 마스터)
  ▶ 도형 ⇒ 블록 화살표 : 오각형, 도형 스타일('강한 효과 – 강조 4'), 글꼴(돋움, 20pt, 진하게)
- 그림 삽입 시 다운로드 한 그림 파일을 반드시 사용하여야 합니다.
- ⬜⟶ 은 지시사항이므로 작성하지 않습니다.
- 슬라이드에 제시된 글자 및 숫자 오타는 감점처리 됩니다.

[슬라이드 1] 아래의 작성조건 및 출력형태에 알맞게 첫 번째 슬라이드에 작업하시오. (30점)

《출력형태》

《작성조건》

▶ 도형 1 ⇒ 기본 도형 : 액자 , 도형 채우기(밝은 연두색), 선 색(단색, 색 : 검정),
　　　　　 선 스타일(선 종류 : 실선, 굵기 : 3pt, 겹선 종류 : 단순형), 도형 효과 (그림자 – 안쪽 – 가운데),
　　　　　 글꼴(궁서체, 48pt, 기울임, 검정)

▶ 도형 2 ⇒ 기본 도형 : "없음" 기호, 도형 스타일('강한 효과 – 강조 2')

▶ 도형 3 ⇒ 기본 도형 : 삼각형 모서리, 도형 채우기(노랑), 선 색(단색, 색 : 초록),
　　　　　 선 스타일(선 종류 : 파선, 굵기 : 1.5pt, 겹선 종류 : 단순형), 도형 효과(반사 : 전체 크기 – 근접)

▶ 그림 삽입 ⇒ 그림 1 삽입, 크기(너비 : 70mm, 높이 : 60mm)

▶ 글상자(이용자의 일상생활 장애가 유발되는 상태) ⇒ 글꼴(궁서, 24pt, 밑줄)

▶ 애니메이션 지정 ⇒ 도형 1 : 나타내기 – 사각형

▶ 지시사항이 없는 부분은 《출력형태》와 동일하게 작성하시오.

디지털정보활용능력 – 프리젠테이션[한쇼] (시험시간 : 40분)

[슬라이드 2] 아래의 작성조건 및 출력형태에 알맞게 두 번째 슬라이드에 작업하시오. (50점)

≪출력형태≫

≪작성조건≫

(1) 제목

▶ 도형 1 ⇒ 순서도 : 수동 입력, 도형 채우기(그러데이션 : 유형 – 개나리, 종류 – 선형, 방향 – 위쪽에서),
선 색(단색, 색 : 검정), 선 스타일(선 종류 : 실선, 굵기 : 1pt, 겹선 종류 : 단순형),
도형 효과(그림자 – 바깥쪽 – 아래쪽), 글꼴(바탕체, 36pt, 그림자, 검정)

(2) 본문

▶ 도형 2 ⇒ 별 및 현수막 : 포인트가 8개인 별, 도형 채우기(초록), 선 색(단색, 색 : 노랑),
선 스타일(선 종류 : 긴 점선, 굵기 : 3pt, 겹선 종류 : 단순형),
도형 효과(그림자 – 바깥쪽 – 가운데), 글꼴(궁서, 20pt, 기울임, 노랑)

▶ 도형 3~6 ⇒ 기본 도형 : 배지, 도형 채우기(보라), 선 색 없음, 도형 효과(반사 – 1/3 크기, 근접),
글꼴(돋움, 20pt, 진하게)

▶ 실행 단추 ⇒ 실행 단추 : 끝, 하이퍼링크 : 마지막 슬라이드, 도형 스타일('밝은 계열 – 강조 1')

▶ 표 ⇒ 채우기(질감 – 모래, 배열 – 바둑판식),
가장 위의 행 : 글꼴(돋움체, 20pt, 진하게, 파랑, 가운데 정렬, 가운데 맞춤),
나머지 행 : 글꼴(돋움체, 18pt, 진하게, 검정, 가운데 정렬, 가운데 맞춤)

▶ 애니메이션 지정 ⇒ 도형 2 : 나타내기 – 블라인드

▶ 지시사항이 없는 부분은 ≪출력형태≫와 동일하게 작성하시오.

디지털정보활용능력 – 프리젠테이션[한쇼] (시험시간 : 40분)

[슬라이드 3] 아래의 작성조건 및 출력형태에 알맞게 세 번째 슬라이드에 작업하시오. (60점)

≪출력형태≫

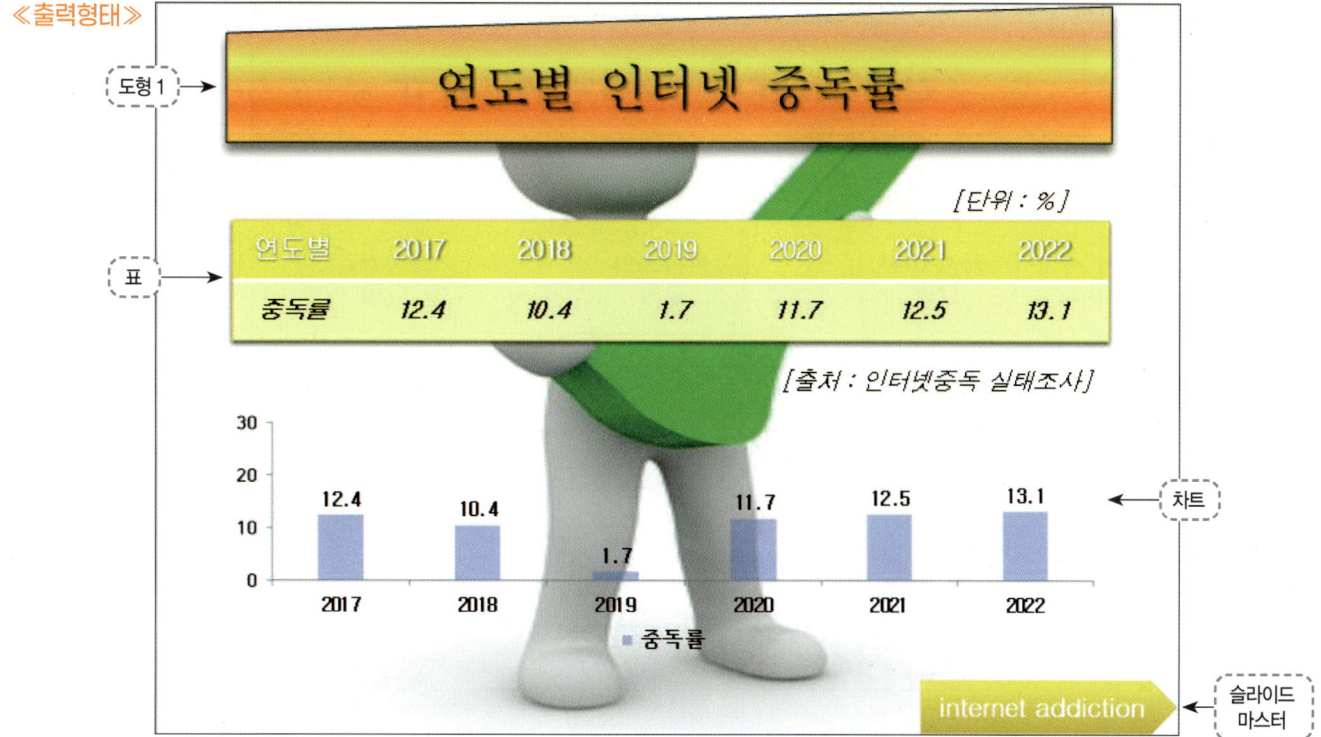

≪작성조건≫

(1) 제목
- 도형 1 ⇒ 순서도 : 수동 입력, 도형 채우기(그러데이션 : 유형 – 개나리, 종류 – 선형, 방향 – 위쪽에서), 선 색(단색, 색 : 검정, 선 스타일(선 종류 : 실선, 굵기 : 1pt, 겹선 종류 : 단순형), 도형 효과(그림자 – 바깥쪽 – 아래쪽), 글꼴(바탕체, 36pt, 그림자, 검정)

(2) 본문
- 글상자 1([단위 : %]) ⇒ 글꼴(돋움, 18pt, 기울임)
- 표 ⇒ 표 스타일(보통 스타일 2 – 강조 4),
  가장 위의 행 : 글꼴(굴림체, 20pt, 진하게, 그림자, 가운데 정렬, 가운데 맞춤),
  나머지 행 : 글꼴(굴림체, 18pt, 진하게, 기울임, 가운데 정렬, 가운데 맞춤)
- 글상자 2([출처 : 인터넷중독 실태조사]) ⇒ 글꼴(돋움, 18pt, 기울임)
- 차트 ⇒ 세로 막대형 : 묶은 세로 막대형, 차트 스타일(스타일 8),
  축 서식/자료점 이름표 서식 : 글꼴(굴림체, 14pt, 진하게),
  범례 서식 : 글꼴(바탕체, 16pt, 진하게), 데이터는 표 참고(소수점 반드시 기입)
- 배경 ⇒ 배경 속성(질감/그림 – 그림)에서 그림 2 삽입(현재 슬라이드만 적용)
- 애니메이션 지정 ⇒ 차트 : 나타내기 – 다이아몬드형
- 지시사항이 없는 부분은 ≪출력형태≫와 동일하게 작성하시오.

디지털정보활용능력 – 프리젠테이션[한쇼] (시험시간 : 40분)

[슬라이드 4] 아래의 작성조건 및 출력형태에 알맞게 네 번째 슬라이드에 작업하시오. (60점)

≪출력형태≫

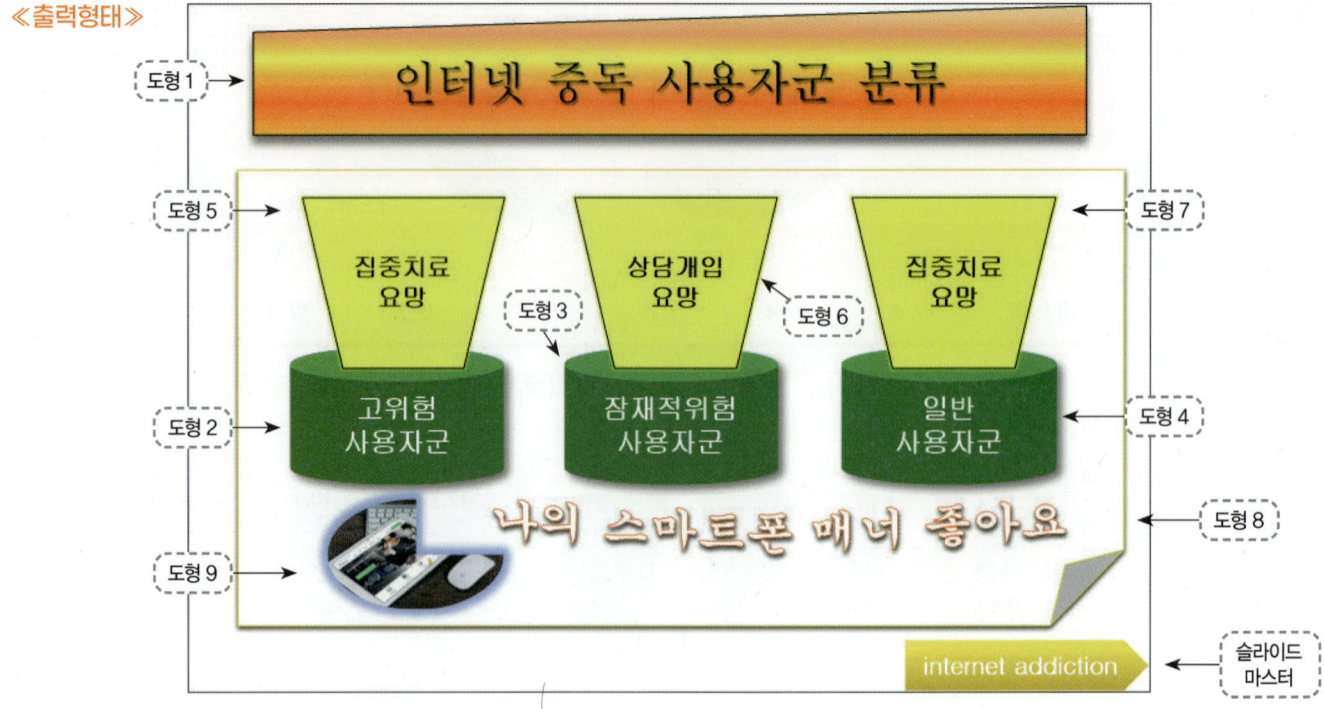

≪작성조건≫

(1) 제목
- 도형 1 ⇒ 순서도 : 수동 입력, 도형 채우기(그러데이션 : 유형 – 개나리, 종류 – 선형, 방향–위쪽에서),
  선 색(단색, 색 : 검정, 선 스타일(선 종류 : 실선, 굵기 : 1pt, 겹선 종류 : 단순형),
  도형 효과(그림자 – 바깥쪽 – 아래쪽), 글꼴(바탕체, 36pt, 그림자, 검정)

(2) 본문
- 도형 2~4 ⇒ 기본 도형 : 원통, 도형 채우기(초록), 선 색 없음, 도형 효과(그림자 – 바깥쪽 – 대각선 오른쪽 아래),
  글꼴(굴림체, 22pt, 진하게)
- 도형 5~7 ⇒ 순서도 : 수동 연산, 도형 채우기(노랑), 선 색(단색, 색 : 검정),
  선 스타일(선 종류 : 실선, 굵기 : 1pt, 겹선 종류 : 단순형), 도형 효과(네온 – '강조 색 4, 5 pt'),
  글꼴(굴림체, 20pt, 진하게, 검정)
- 도형 8 ⇒ 기본 도형 : 모서리가 접힌 도형, 도형 스타일(테두리 – 강조 4, 채우기 – 본문/배경 밝은색 1)
- 도형 9 ⇒ 기본 도형 : 원형, 도형 채우기(질감/그림 – 그림) 기능을 사용하여 그림 3 삽입, 선 색 없음,
  도형 효과(네온 – '강조 색 1, 15 pt')
- 워드숍 삽입(나의 스마트폰 매너 좋아요) ⇒ '윤곽 – 강조 2, 그림자',
  글자 효과(변환 – 휘기 – 역갈매기형수장),
  글꼴(궁서, 32pt, 진하게)
- 지시사항이 없는 부분은 ≪출력형태≫와 동일하게 작성하시오.

제04회 디지털정보활용능력 출제예상 모의고사

- ☑ 시험과목 : 프리젠테이션(한쇼)
- ☑ 시험일자 : 20XX. XX. XX. (X)
- ☑ 응시자 기재사항 및 감독위원 확인

수검번호	DIO - XXXX -	감독위원 확인
성 명		

응시자 유의사항

1. 응시자는 신분증을 지참하여야 시험에 응시할 수 있으며, 시험이 종료될 때까지 신분증을 제시하지 못 할 경우 해당 시험은 0점 처리됩니다.
2. 시스템(PC작동여부, 네트워크 상태 등)의 이상여부를 반드시 확인하여야 하며, 시스템 이상이 있을시 감독위원에게 조치를 받으셔야 합니다.
3. 시험 중 부주의 또는 고의로 시스템을 파손한 경우는 응시자 부담으로 합니다.
4. 답안 전송 프로그램을 통해 다운로드 받은 파일을 이용하여 답안파일을 작성하시기 바랍니다.
5. 작성한 답안 파일은 답안 전송 프로그램을 통하여 전송됩니다. 감독위원의 지시에 따라 주시기 바랍니다.
6. 다음사항의 경우 실격(0점) 혹은 부정행위 처리됩니다.
    1) 답안파일을 저장하지 않았거나, 저장한 파일이 손상되었을 경우
    2) 답안파일을 지정된 폴더(바탕화면 – "KAIT" 폴더)에 저장하지 않았을 경우
        ※ 답안 전송 프로그램 로그인 시 바탕화면에 자동 생성됨
    3) 답안파일을 다른 보조 기억장치(USB) 혹은 네트워크(메신저, 게시판 등)로 전송할 경우
    4) 휴대용 전화기 등 통신기기를 사용할 경우
7. 슬라이드는 반드시 순서대로 작성해야 하며, 순서가 다를 경우 "0"점 처리 됩니다.
8. 시험지에 제시된 글꼴이 응시 프로그램에 없는 경우, 반드시 감독위원에게 해당 내용을 통보한 뒤 조치를 받아야 합니다.
9. 슬라이드 작성 시 도형의 그룹설정을 사용하는 경우, 채점에서 감점처리 됩니다.
10. 시험의 완료는 작성이 완료된 답안을 저장하고, 답안 전송이 완료된 상태를 확인한 것으로 합니다. 답안 전송 확인 후 문제지는 감독위원에게 제출한 후 퇴실하여야 합니다.
11. 답안전송이 완료된 경우에는 수정 또는 정정이 불가능합니다.
12. 시험시행 후 합격자 발표는 홈페이지(www.ihd.or.kr)에서 확인하시기 바랍니다.
    1) 문제 및 모범답안 공개 : 20XX. XX. XX. (X)
    2) 합격자 발표 : 20XX. XX. XX. (X)

디지털정보활용능력 – 프리젠테이션[한쇼] (시험시간 : 40분)

유의사항
- 《작성조건》을 준수하여 반드시 프리젠테이션 슬라이드로 작업합니다.
- 글꼴 및 기타 사항에 대해 별도의 지시사항이 없는 경우, 슬라이드 크기와 전체적인 균형을 고려하여 임의로 작성하되, 도형은 그룹으로 설정하지 않습니다.
- 새 프레젠테이션 만들기 – 한컴오피스, 쪽 설정(종류 – A4용지(210 x 297mm)), 슬라이드 방향(가로)로 지정합니다.
  ▶ 슬라이드 크기, 방향 조정 시 '맞춤 확인'으로 지정하여야 합니다.
- 공통적용사항(슬라이드 마스터)
  ▶ 도형 ⇒ 기본 도형 : 육각형, 도형 스타일('밝은 계열 – 강조 6'), 글꼴(궁서, 24pt, 그림자)
- 그림 삽입 시 다운로드 한 그림 파일을 반드시 사용하여야 합니다.
- ⬜⟶ 은 지시사항이므로 작성하지 않습니다.
- 슬라이드에 제시된 글자 및 숫자 오타는 감점처리 됩니다.

[슬라이드 1] 아래의 작성조건 및 출력형태에 알맞게 첫 번째 슬라이드에 작업하시오. (30점)

《출력형태》

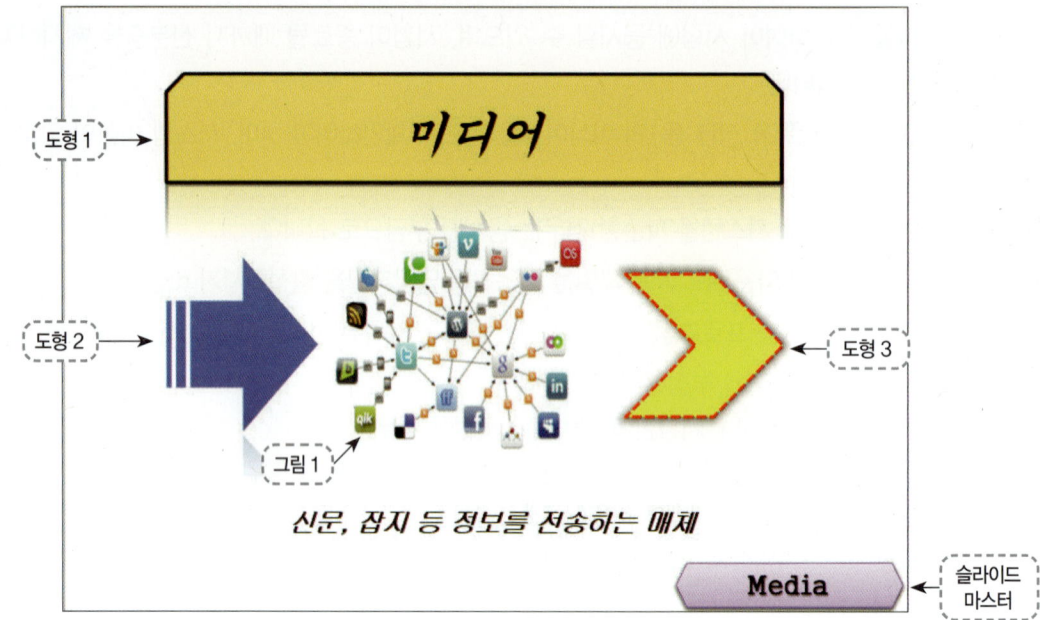

《작성조건》

▶ 도형 1 ⇒ 사각형 : 양쪽 모서리가 잘린 사각형, 도형채우기(강조 4 노랑 40% 밝게), 선 색(단색, 색 : 검정), 선 스타일(선 종류 : 실선, 굵기 : 3pt, 겹선 종류 : 단순형), 도형 효과(반사 – '1/2 크기, 근접'), 글꼴(궁서, 44pt, 기울임, 검정)

▶ 도형 2 ⇒ 블록 화살표 : 줄무늬가 있는 오른쪽 화살표, 도형 스타일('강한 효과 – 강조 1')

▶ 도형 3 ⇒ 블록 화살표 : 갈매기형 수장, 도형 채우기(노랑), 선 색(단색, 색 : 빨강), 선 스타일(선 종류 : 긴 점선, 굵기 : 3pt, 겹선 종류 : 단순형), 도형 효과(그림자 – 바깥쪽 – 가운데)

▶ 그림 삽입 ⇒ 그림 1 삽입, 크기(너비 : 80mm, 높이 : 70mm)

▶ 글상자(신문, 잡지 등 정보를 전송하는 매체) ⇒ 글꼴(굴림, 24pt, 진하게, 기울임)

▶ 애니메이션 지정 ⇒ 도형 1 : 나타내기 – 다이아몬드형

▶ 지시사항이 없는 부분은 《출력형태》와 동일하게 작성하시오.

디지털정보활용능력 – 프리젠테이션[한쇼] (시험시간 : 40분)

[슬라이드 2] 아래의 작성조건 및 출력형태에 알맞게 두 번째 슬라이드에 작업하시오. (50점)

≪출력형태≫

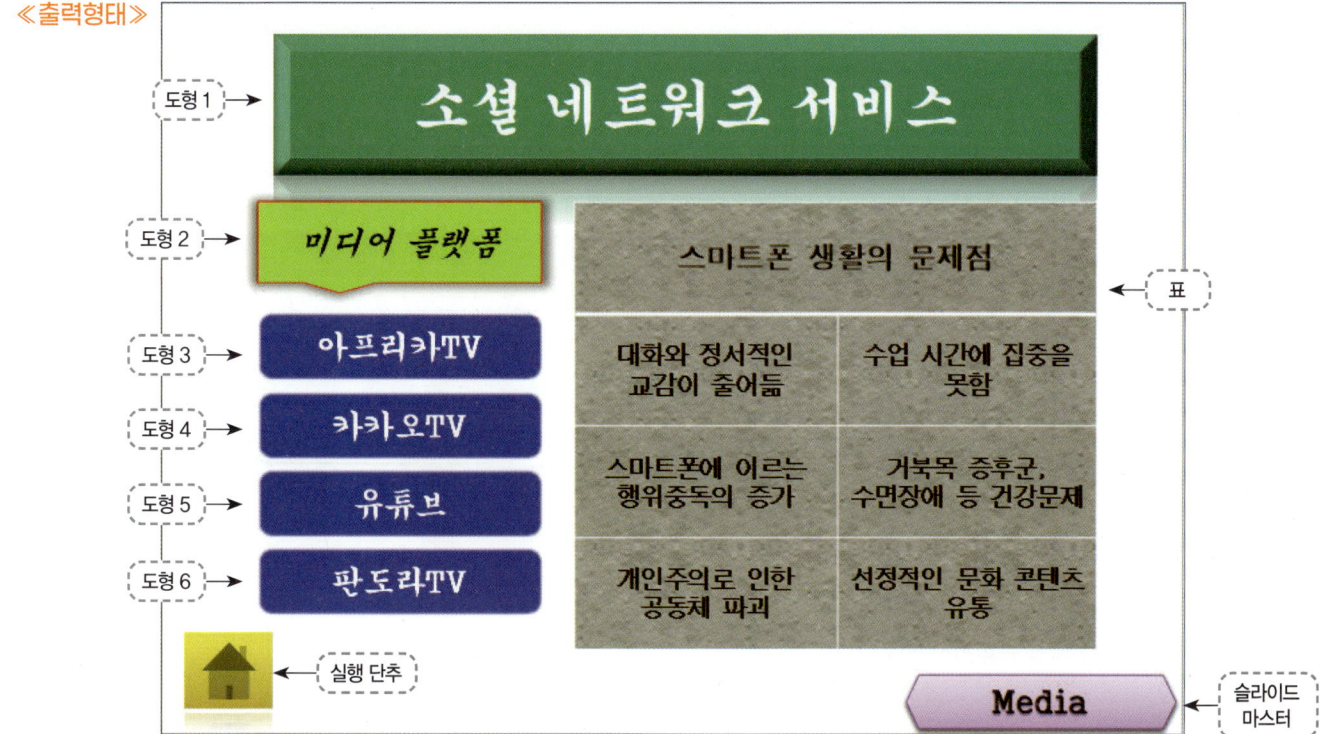

≪작성조건≫

(1) 제목

▶ 도형 1 ⇒ 기본 도형 : 빗면, 도형채우기(강조 5 초록), 선 색 없음,
　　　　　도형 효과(그림자 – 안쪽 – 아래쪽, 반사 – '1/3 크기, 근접'), 글꼴(궁서, 44pt, 진하게)

(2) 본문

▶ 도형 2 ⇒ 설명선 : 사각형 설명선, 도형 채우기(밝은 연두색), 선 색(단색, 색 : 빨강),
　　　　　선 스타일(선 종류 : 실선, 굵기 : 1pt, 겹선 종류 : 단순형),
　　　　　도형 효과(그림자 – 바깥쪽 – 가운데), 글꼴(궁서, 24pt, 기울임, 검정)

▶ 도형 3~6 ⇒ 순서도 : 대체 처리, 도형 채우기(파랑), 선 색 없음, 도형 효과(옅은 테두리 – 3pt),
　　　　　글꼴(궁서, 24pt, 진하게)

▶ 실행 단추 ⇒ 실행 단추 : 홈, 하이퍼링크 : 첫째 슬라이드, 도형 스타일('강한 효과 – 강조 4')

▶ 표 ⇒ 채우기(질감 – 시멘트, 배열 – 바둑판식),
　　　가장 위의 행 : 글꼴(돋움체, 22pt, 진하게, 검정, 가운데 정렬, 가운데 맞춤),
　　　나머지 행 : 글꼴(돋움체, 18pt, 진하게, 가운데 정렬, 가운데 맞춤)

▶ 애니메이션 지정 ⇒ 도형 2 : 나타내기 – 날아오기

▶ 지시사항이 없는 부분은 ≪출력형태≫와 동일하게 작성하시오.

디지털정보활용능력 – 프리젠테이션[한쇼] (시험시간 : 40분)

[슬라이드 3] 아래의 작성조건 및 출력형태에 알맞게 세 번째 슬라이드에 작업하시오. (60점)

≪출력형태≫

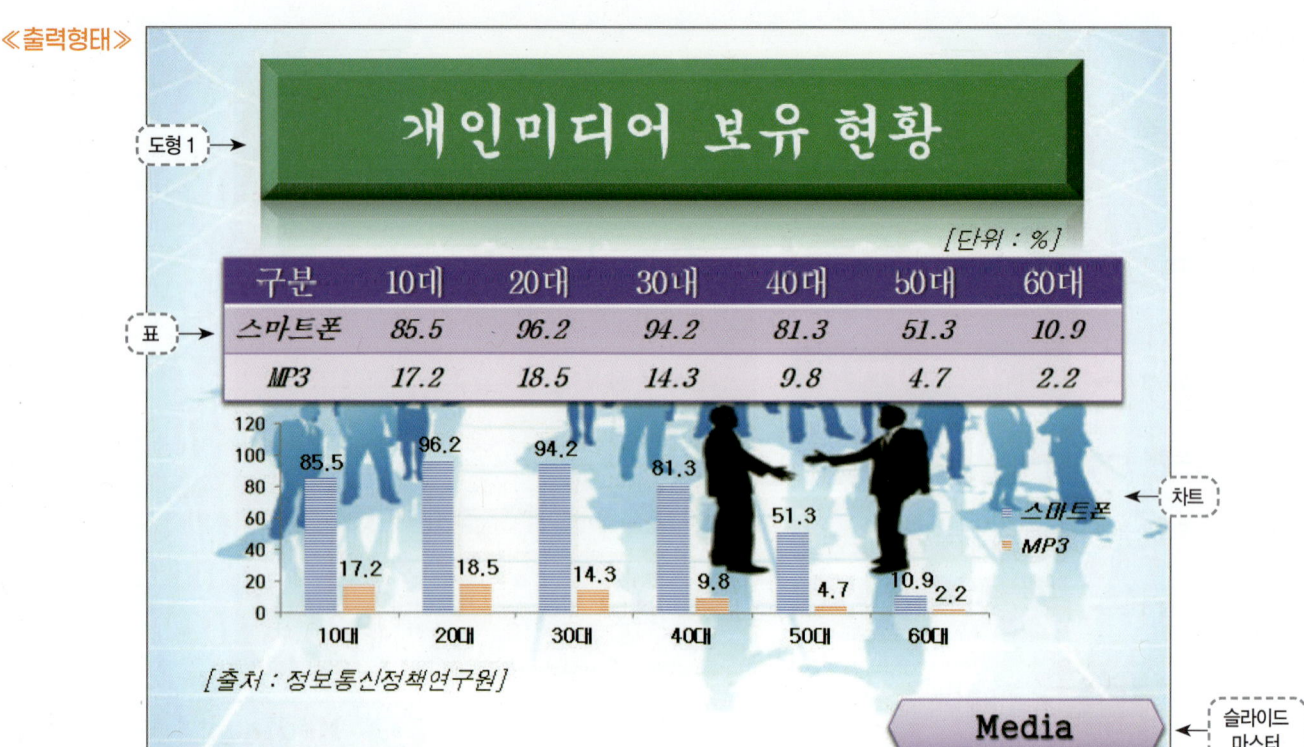

≪작성조건≫

(1) 제목
- ▶ 도형 1 ⇒ 기본 도형 : 빗면, 도형 채우기(강조 5 초록), 선 색 없음, 도형 효과(그림자 – 안쪽 – 아래쪽, 반사 – '1/3 크기, 근접'), 글꼴(궁서, 44pt, 진하게)

(2) 본문
- ▶ 글상자 1([단위 : %]) ⇒ 글꼴(돋움, 18pt, 기울임)
- ▶ 표 ⇒ 표 스타일(보통 스타일 2 – 강조 6), 가장 위의 행 : 글꼴(바탕체, 24pt, 진하게, 그림자, 가운데 정렬, 가운데 맞춤), 나머지 행 : 글꼴(바탕체, 20pt, 진하게, 기울임, 가운데 정렬, 가운데 맞춤)
- ▶ 글상자 2([출처 : 정보통신정책연구원]) ⇒ 글꼴(돋움, 18pt, 기울임)
- ▶ 차트 ⇒ 세로 막대형 : 묶은 세로 막대형, 차트 스타일(스타일 4), 축 서식/자료점 이름표 서식 : 글꼴(굴림, 14pt, 진하게), 범례 서식 : 글꼴(굴림체, 16pt, 진하게, 기울임), 데이터는 표 참고(소수점 반드시 기입)
- ▶ 배경 ⇒ 배경 속성(질감/그림 – 그림)에서 그림 2 삽입(현재 슬라이드만 적용)
- ▶ 애니메이션 지정 ⇒ 차트 : 나타내기 – 블라인드
- ▶ 지시사항이 없는 부분은 ≪출력형태≫와 동일하게 작성하시오.

디지털정보활용능력 – 프리젠테이션[한쇼] (시험시간 : 40분)

[슬라이드 4] 아래의 작성조건 및 출력형태에 알맞게 네 번째 슬라이드에 작업하시오. (60점)

《출력형태》

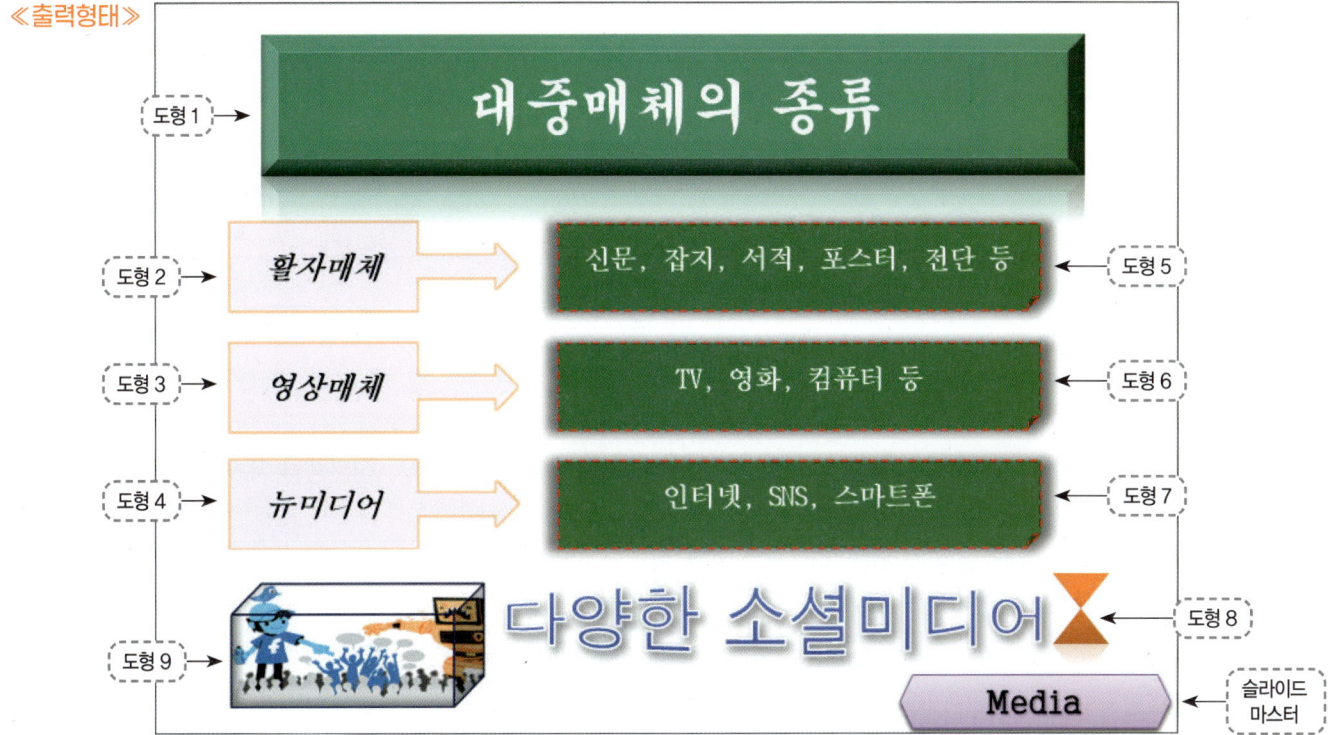

《작성조건》

(1) 제목
  ▶ 도형 1 ⇒ 기본 도형 : 빗면, 도형 채우기(강조 5 초록), 선 색 없음,
            도형 효과(그림자 – 안쪽 – 아래쪽, 반사 – '1/3 크기, 근접'), 글꼴(궁서, 44pt, 진하게)

(2) 본문
  ▶ 도형 2~4 ⇒ 블록 화살표 : 오른쪽 화살표 설명선, 도형 채우기(강조 6 보라) 90% 밝게, 선 색 없음,
              도형 효과(네온 – '강조 색 2, 5pt'), 글꼴(바탕체, 22pt, 진하게, 기울임, 검정)
  ▶ 도형 5~7 ⇒ 기본 도형 : 모서리가 접힌 도형, 도형 채우기(초록), 선 색(단색, 색 : 빨강),
              선 스타일(선 종류 : 파선, 굵기:1.5pt, 겹선 종류:단순형),
              도형 효과(그림자 – 바깥쪽 – 가운데), 글꼴(바탕체, 20pt, 진하게)
  ▶ 도형 8 ⇒ 순서도 : 대조, 도형 스타일('강한 효과 – 강조 2')
  ▶ 도형 9 ⇒ 기본 도형 : 정육면체, 도형 채우기(질감/그림 – 그림) 기능을 사용하여 그림 3 삽입,
            선 색(단색, 색 : 검은 군청), 선 스타일(선 종류 : 실선, 굵기 : 1.5pt, 겹선 종류 : 단순형),
            도형 효과(그림자 – 안쪽 – 대각선 왼쪽 아래)
  ▶ 워드숍 삽입(다양한 소셜미디어) ⇒ 채우기–강조1(그러데이션), 윤곽–밝은색 1,
              글자 효과(변환 – 휘기 – 팽창), 글꼴(돋움, 48pt, 진하게)
  ▶ 지시사항이 없는 부분은 《출력형태》와 동일하게 작성하시오.

제05회 디지털정보활용능력 출제예상 모의고사

- ☑ 시험과목 : 프리젠테이션(한쇼)
- ☑ 시험일자 : 20XX. XX. XX. (X)
- ☑ 응시자 기재사항 및 감독위원 확인

수검번호	DIO - XXXX -	감독위원 확인
성 명		

응시자 유의사항

1. 응시자는 신분증을 지참하여야 시험에 응시할 수 있으며, 시험이 종료될 때까지 신분증을 제시하지 못 할 경우 해당 시험은 0점 처리됩니다.
2. 시스템(PC작동여부, 네트워크 상태 등)의 이상여부를 반드시 확인하여야 하며, 시스템 이상이 있을시 감독위원에게 조치를 받으셔야 합니다.
3. 시험 중 부주의 또는 고의로 시스템을 파손한 경우는 응시자 부담으로 합니다.
4. 답안 전송 프로그램을 통해 다운로드 받은 파일을 이용하여 답안파일을 작성하시기 바랍니다.
5. 작성한 답안 파일은 답안 전송 프로그램을 통하여 전송됩니다. 감독위원의 지시에 따라 주시기 바랍니다.
6. 다음사항의 경우 실격(0점) 혹은 부정행위 처리됩니다.
    1) 답안파일을 저장하지 않았거나, 저장한 파일이 손상되었을 경우
    2) 답안파일을 지정된 폴더(바탕화면 – "KAIT" 폴더)에 저장하지 않았을 경우
        ※ 답안 전송 프로그램 로그인 시 바탕화면에 자동 생성됨
    3) 답안파일을 다른 보조 기억장치(USB) 혹은 네트워크(메신저, 게시판 등)로 전송할 경우
    4) 휴대용 전화기 등 통신기기를 사용할 경우
7. 슬라이드는 반드시 순서대로 작성해야 하며, 순서가 다를 경우 "0"점 처리 됩니다.
8. 시험지에 제시된 글꼴이 응시 프로그램에 없는 경우, 반드시 감독위원에게 해당 내용을 통보한 뒤 조치를 받아야 합니다.
9. 슬라이드 작성 시 도형의 그룹설정을 사용하는 경우, 채점에서 감점처리 됩니다.
10. 시험의 완료는 작성이 완료된 답안을 저장하고, 답안 전송이 완료된 상태를 확인한 것으로 합니다. 답안 전송 확인 후 문제지는 감독위원에게 제출한 후 퇴실하여야 합니다.
11. 답안전송이 완료된 경우에는 수정 또는 정정이 불가능합니다.
12. 시험시행 후 합격자 발표는 홈페이지(www.ihd.or.kr)에서 확인하시기 바랍니다.
    1) 문제 및 모범답안 공개 : 20XX. XX. XX. (X)
    2) 합격자 발표 : 20XX. XX. XX. (X)

디지털정보활용능력 – 프리젠테이션[한쇼] (시험시간 : 40분)

유의사항
- 《작성조건》을 준수하여 반드시 프리젠테이션 슬라이드로 작업합니다.
- 글꼴 및 기타 사항에 대해 별도의 지시사항이 없는 경우, 슬라이드 크기와 전체적인 균형을 고려하여 임의로 작성하되, 도형은 그룹으로 설정하지 않습니다.
- 새 프레젠테이션 만들기 – 한컴오피스, 쪽 설정(종류 – A4용지(210 x 297mm)), 슬라이드 방향(가로)로 지정합니다.
  ▶ 슬라이드 크기, 방향 조정 시 '맞춤 확인'으로 지정하여야 합니다.
- 공통적용사항(슬라이드 마스터)
  ▶ 도형 ⇒ 기본 도형 : 사다리꼴, 도형 스타일('강한 효과 – 강조 4'), 글꼴(궁서, 22pt, 진하게, 그림자)
- 그림 삽입 시 다운로드 한 그림 파일을 반드시 사용하여야 합니다.
- ⬚⟶ 은 지시사항이므로 작성하지 않습니다.
- 슬라이드에 제시된 글자 및 숫자 오타는 감점처리 됩니다.

[슬라이드 1] 아래의 작성조건 및 출력형태에 알맞게 첫 번째 슬라이드에 작업하시오. (30점)

≪출력형태≫

≪작성조건≫

▶ 도형 1 ⇒ 설명선 : 사각형 설명선, 도형 채우기(강조 4 노랑 90% 밝게),
   선 색(단색, 색 : 시안), 선 스타일(선 종류 : 실선, 굵기 : 3pt, 겹선 종류 : 단순형),
   글꼴(궁서, 48pt, 그림자, 검정)

▶ 도형 2 ⇒ 기본 도형 : 해, 도형 스타일('강한 효과 – 강조 2')

▶ 도형 3 ⇒ 블록 화살표 : 접힌 화살표, 도형 채우기(강조 1 하늘색), 선 색(단색, 색 : 파랑)
   선 스타일(선 종류 : 점선, 굵기 : 3pt, 끝 모양 : 원형), 도형 효과(반사 – 1/2크기, 근접)

▶ 그림 삽입 ⇒ 그림 1 삽입, 크기(너비 : 70mm, 높이 : 60mm)

▶ 글상자(산림 및 수목으로 공원, 학교숲, 산림공원, 가로수) ⇒ 글꼴(궁서, 24pt, 진하게, 밑줄)

▶ 애니메이션 지정 ⇒ 도형 1 : 나타내기 – 모자이크

▶ 지시사항이 없는 부분은《출력형태》와 동일하게 작성하시오.

디지털정보활용능력 – 프리젠테이션[한쇼] (시험시간 : 40분)

[슬라이드 2] 아래의 작성조건 및 출력형태에 알맞게 두 번째 슬라이드에 작업하시오. (50점)

≪출력형태≫

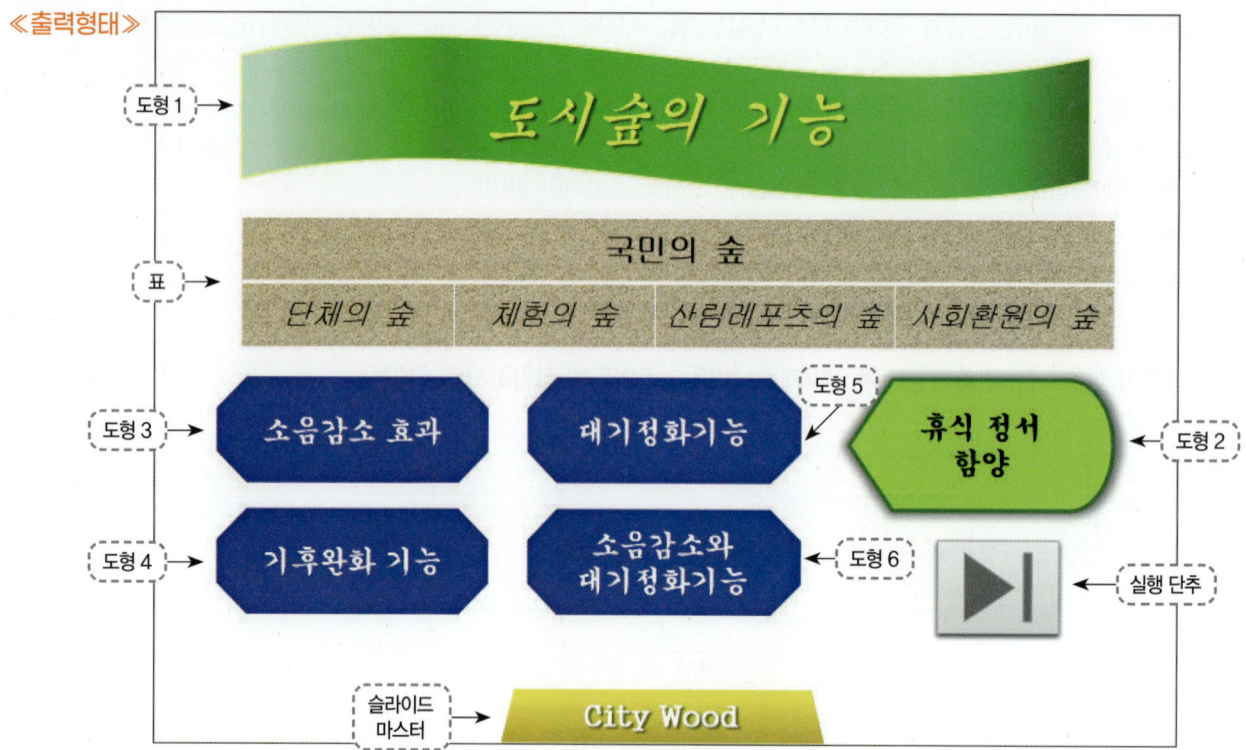

≪작성조건≫

(1) 제목

▶ 도형 1 ⇒ 별 및 현수막 : 물결, 도형 채우기(그러데이션 : 유형 – 신호등 2, 종류 – 선형, 방향 – 왼쪽에서), 선 색 없음, 도형 효과(네온 : '강조 색 4, 5pt'), 글꼴(궁서체, 42pt, 기울임, 그림자, 노랑)

(2) 본문

▶ 도형 2 ⇒ 순서도 : 화면표시, 도형 채우기(밝은 연두색), 선 색(단색, 색 : 초록), 선 스타일(선 종류 : 실선, 굵기 : 3pt, 겹선 종류 : 단순형), 도형 효과(그림자 – 바깥쪽 – 가운데), 글꼴(궁서, 22pt, 진하게, 검정)

▶ 도형 3~6 ⇒ 기본 도형 : 팔각형, 도형 채우기(파랑), 선 색 없음, 도형 효과(그림자 – 안쪽 – 가운데), 글꼴(궁서, 22pt, 진하게)

▶ 실행 단추 ⇒ 실행 단추 : 끝, 하이퍼링크 : 마지막 슬라이드, 도형 스타일('밝은 계열 – 강조 3')

▶ 표 ⇒ 채우기(질감 – 모래, 배열 – 바둑판식), 가장 위의 행 : 글꼴(굴림체, 24pt, 진하게, 검정, 가운데 정렬, 가운데 맞춤), 나머지 행 : 글꼴(굴림체, 22pt, 기울임, 가운데 정렬, 가운데 맞춤)

▶ 애니메이션 지정 ⇒ 도형 2 : 나타내기 – 블라인드

▶ 지시사항이 없는 부분은 ≪출력형태≫와 동일하게 작성하시오.

디지털정보활용능력 – 프리젠테이션[한쇼] (시험시간 : 40분)

[슬라이드 3] 아래의 작성조건 및 출력형태에 알맞게 세 번째 슬라이드에 작업하시오. (60점)

≪출력형태≫

≪작성조건≫

(1) 제목
- ▶ 도형 1 ⇒ 별 및 현수막 : 물결, 도형 채우기(그러데이션 : 유형 – 신호등 2, 종류 – 선형, 방향 – 왼쪽에서), 선 색 없음, 도형 효과(네온 : '강조 색 4, 5pt'), 글꼴(궁서체, 42pt, 기울임, 그림자, 노랑)

(2) 본문
- ▶ 글상자 1([단위 : 개소]) ⇒ 글꼴(돋움, 18pt, 진하게)
- ▶ 표 ⇒ 표 스타일(보통 스타일 2 – 강조 3),
  가장 위의 행 : 글꼴(굴림체, 20pt, 진하게, 그림자, 가운데 정렬, 가운데 맞춤),
  나머지 행 : 글꼴(굴림체, 18pt, 진하게, 기울임, 가운데 정렬, 가운데 맞춤)
- ▶ 글상자 2([출처 : 산림청]) ⇒ 글꼴(돋움, 18pt, 진하게)
- ▶ 차트 ⇒ 세로 막대형 : 묶은 세로 막대형, 차트 스타일(스타일 8),
  축 서식/자료점 이름표 서식 : 글꼴(돋움, 14pt, 진하게),
  범례 서식 : 글꼴(굴림, 16pt, 진하게), 데이터는 표 참고
- ▶ 배경 ⇒ 배경 속성(질감/그림 – 그림)에서 그림 2 삽입(현재 슬라이드만 적용)
- ▶ 애니메이션 지정 ⇒ 차트 : 나타내기 – 다이아몬드형
- ▶ 지시사항이 없는 부분은 ≪출력형태≫와 동일하게 작성하시오.

디지털정보활용능력 – 프리젠테이션[한쇼] (시험시간 : 40분)

[슬라이드 4] 아래의 작성조건 및 출력형태에 알맞게 네 번째 슬라이드에 작업하시오. (60점)

《출력형태》

《작성조건》

(1) 제목
- ▶ 도형 1 ⇒ 별 및 현수막 : 물결, 도형 채우기(그러데이션 : 유형 – 신호등 2, 종류 – 선형, 방향 – 왼쪽에서),
  선 색 없음, 도형 효과(네온 : '강조 색 4, 5 pt'), 글꼴(궁서체, 42pt, 기울임, 그림자, 노랑)

(2) 본문
- ▶ 도형 2~4 ⇒ 블록 화살표 : 오각형, 도형 채우기(강조 3 시멘트색), 선 색 없음,
  도형 효과(그림자 – 바깥쪽 – 대각선 오른쪽 아래), 글꼴(궁서체, 22pt, 진하게)
- ▶ 도형 5~7 ⇒ 블록 화살표 : 갈매기형 수장, 도형 채우기(검은 군청), 선 없음,
  도형 효과(그림자 – 원근감 – 대각선 오른쪽 위), 글꼴(궁서, 24pt, 기울임)
- ▶ 도형 8 ⇒ 블록 화살표 : 왼쪽/오른쪽/위쪽 화살표, 도형 스타일('보통 효과 – 강조 6')
- ▶ 도형 9 ⇒ 기본 도형 : 눈물 방울, 도형 채우기(질감/그림 – 그림) 기능을 사용하여 그림 3 삽입,
  선 색 없음, 도형 효과(네온 – '강조 색 4, 15 pt')
- ▶ 워드숍 삽입(도시 생활의 필수품 도시숲) ⇒ 채우기 – 강조5(밝은 계열, 그러데이션), 윤곽 – 강조 5,
  글자 효과(변환 – 휘기 – 휘어 올라오기),
  글꼴(궁서, 40pt, 진하게)
- ▶ 지시사항이 없는 부분은 《출력형태》와 동일하게 작성하시오.

제06회 디지털정보활용능력 출제예상 모의고사

- ☑ 시험과목 : 프리젠테이션(한쇼)
- ☑ 시험일자 : 20XX. XX. XX. (X)
- ☑ 응시자 기재사항 및 감독위원 확인

수검번호	DIO - XXXX -	감독위원 확인
성 명		

응시자 유의사항

1. 응시자는 신분증을 지참하여야 시험에 응시할 수 있으며, 시험이 종료될 때까지 신분증을 제시하지 못 할 경우 해당 시험은 0점 처리됩니다.
2. 시스템(PC작동여부, 네트워크 상태 등)의 이상여부를 반드시 확인하여야 하며, 시스템 이상이 있을시 감독위원에게 조치를 받으셔야 합니다.
3. 시험 중 부주의 또는 고의로 시스템을 파손한 경우는 응시자 부담으로 합니다.
4. 답안 전송 프로그램을 통해 다운로드 받은 파일을 이용하여 답안파일을 작성하시기 바랍니다.
5. 작성한 답안 파일은 답안 전송 프로그램을 통하여 전송됩니다. 감독위원의 지시에 따라 주시기 바랍니다.
6. 다음사항의 경우 실격(0점) 혹은 부정행위 처리됩니다.
   1) 답안파일을 저장하지 않았거나, 저장한 파일이 손상되었을 경우
   2) 답안파일을 지정된 폴더(바탕화면 – "KAIT" 폴더)에 저장하지 않았을 경우
      ※ 답안 전송 프로그램 로그인 시 바탕화면에 자동 생성됨
   3) 답안파일을 다른 보조 기억장치(USB) 혹은 네트워크(메신저, 게시판 등)로 전송할 경우
   4) 휴대용 전화기 등 통신기기를 사용할 경우
7. 슬라이드는 반드시 순서대로 작성해야 하며, 순서가 다를 경우 "0"점 처리 됩니다.
8. 시험지에 제시된 글꼴이 응시 프로그램에 없는 경우, 반드시 감독위원에게 해당 내용을 통보한 뒤 조치를 받아야 합니다.
9. 슬라이드 작성 시 도형의 그룹설정을 사용하는 경우, 채점에서 감점처리 됩니다.
10. 시험의 완료는 작성이 완료된 답안을 저장하고, 답안 전송이 완료된 상태를 확인한 것으로 합니다. 답안 전송 확인 후 문제지는 감독위원에게 제출한 후 퇴실하여야 합니다.
11. 답안전송이 완료된 경우에는 수정 또는 정정이 불가능합니다.
12. 시험시행 후 합격자 발표는 홈페이지(www.ihd.or.kr)에서 확인하시기 바랍니다.
    1) 문제 및 모범답안 공개 : 20XX. XX. XX. (X)
    2) 합격자 발표 : 20XX. XX. XX. (X)

디지털정보활용능력 – 프리젠테이션[한쇼] (시험시간 : 40분)

유의사항
- 《작성조건》을 준수하여 반드시 프리젠테이션 슬라이드로 작업합니다.
- 글꼴 및 기타 사항에 대해 별도의 지시사항이 없는 경우, 슬라이드 크기와 전체적인 균형을 고려하여 임의로 작성하되, 도형은 그룹으로 설정하지 않습니다.
- 새 프레젠테이션 만들기 – 한컴오피스, 쪽 설정(종류 – A4용지(210 x 297mm)), 슬라이드 방향(가로)로 지정합니다.
  ▶ 슬라이드 크기, 방향 조정 시 '맞춤 확인'으로 지정하여야 합니다.
- 공통적용사항(슬라이드 마스터)
  ▶ 도형 ⇒ 순서도 : 지연, 도형 스타일('밝은 계열 – 강조 4'), 글꼴(궁서, 16pt, 진하게)
- 그림 삽입 시 다운로드 한 그림 파일을 반드시 사용하여야 합니다.
- [ ] ⟶ 은 지시사항이므로 작성하지 않습니다.
- 슬라이드에 제시된 글자 및 숫자 오타는 감점처리 됩니다.

[슬라이드 1] 아래의 작성조건 및 출력형태에 알맞게 첫 번째 슬라이드에 작업하시오. (30점)

《출력형태》

《작성조건》

▶ 도형 1 ⇒ 별 및 현수막 : 물결, 도형 채우기(그러데이션 : 유형 – 석류, 종류 – 선형, 방향 – 아래쪽에서), 선 색(단색, 색 : 보라), 선 스타일(선 종류 : 실선, 굵기 : 3pt, 겹선 종류 : 단순형), 도형 효과(그림자 – 바깥쪽 – 아래쪽), 글꼴(궁서, 36pt)

▶ 도형 2 ⇒ 기본 도형 : 깔때기, 도형 스타일('강한 효과 – 강조 4')

▶ 도형 3 ⇒ 기본 도형 : 해, 도형 채우기(주황), 선 색 없음, 도형 효과(네온 – '강조 색 2, 10 pt')

▶ 그림 삽입 ⇒ 그림 1 삽입, 크기(너비 : 115mm, 높이 : 65mm)

▶ 글상자(KOREA NATIONAL PARK) ⇒ 글꼴(맑은 고딕, 26pt, 진하게, 기울임)

▶ 애니메이션 지정 ⇒ 그림 1 : 나타내기 – 블라인드

▶ 지시사항이 없는 부분은 《출력형태》와 동일하게 작성하시오.

디지털정보활용능력 – 프리젠테이션[한쇼] (시험시간 : 40분)

[슬라이드 2] 아래의 작성조건 및 출력형태에 알맞게 두 번째 슬라이드에 작업하시오. (50점)

≪출력형태≫

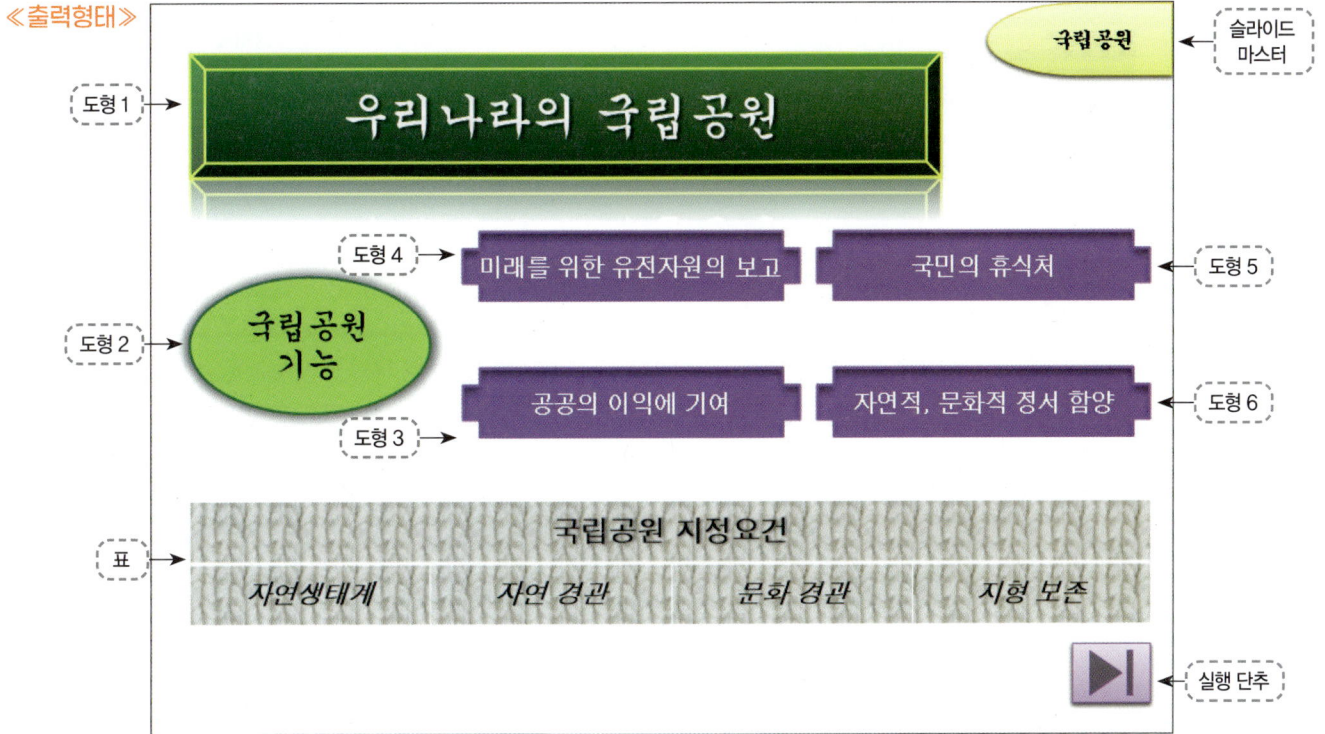

≪작성조건≫

(1) 제목

▶ 도형 1 ⇒ 기본 도형 : 빗면, 도형 채우기(초록), 어두운 그러데이션 – 선형 아래쪽), 선 색(단색, 색 : 노랑),
　　　　　선 스타일(선 종류 : 실선, 굵기 : 2pt, 겹선 종류 : 단순형), 도형 효과(반사 – '1/3 크기, 근접'),
　　　　　글꼴(궁서, 36pt, 그림자)

(2) 본문

▶ 도형 2 ⇒ 기본 도형 : 타원, 도형 채우기(밝은 연두색), 선 색(단색, 색 : 초록),
　　　　　선 스타일(선 종류 : 실선, 굵기 : 2pt, 겹선 종류 : 단순형),
　　　　　도형 효과(그림자 – 바깥쪽 – 가운데), 글꼴(궁서, 24pt, 검정)

▶ 도형 3~6 ⇒ 기본 도형 : 십자형, 도형 채우기(강조 6 보라), 선 색(단색, 색 : (강조 6 보라),
　　　　　선 스타일(선 종류 : 실선, 굵기 : 2pt, 겹선 종류 : 단순형),
　　　　　도형 효과(그림자 – 안쪽 – 위쪽), 글꼴(돋움, 18pt, 진하게)

▶ 실행 단추 ⇒ 실행 단추 : 끝, 하이퍼링크 : 마지막 슬라이드, 도형 스타일('밝은 계열 – 강조 6')

▶ 표 ⇒ 채우기(질감 – 흰색 걸뜨기 스웨터, 배열 – 바둑판식),
　　　가장 위의 행 : 글꼴(돋움, 22pt, 진하게, 그림자, 검정, 가운데 정렬, 가운데 맞춤),
　　　나머지 행 : 글꼴(돋움, 20pt, 진하게, 기울임, 가운데 정렬, 가운데 맞춤)

▶ 애니메이션 지정 ⇒ 표 : 나타내기 – 다이아몬드형

▶ 지시사항이 없는 부분은 ≪출력형태≫와 동일하게 작성하시오.

[슬라이드 3] 아래의 작성조건 및 출력형태에 알맞게 세 번째 슬라이드에 작업하시오. (60점)

≪작성조건≫

(1) 제목
- 도형 1 ⇒ 기본 도형 : 빗면, 도형 채우기(초록, 어두운 그러데이션 – 선형 아래쪽), 선 색(단색, 색 : 노랑), 선 스타일(선 종류 : 실선, 굵기 : 2pt, 겹선 종류 : 단순형), 도형 효과(반사 – '1/3 크기, 근접'), 글꼴(궁서, 36pt, 그림자)

(2) 본문
- 글상자 1([단위 : 명]) ⇒ 글꼴(굴림, 20pt, 진하게)
- 표 ⇒ 표 스타일(보통 스타일 3 – 강조 4),
  가장 위의 행 : 글꼴(맑은 고딕, 18pt, 진하게, 그림자, 가운데 정렬, 가운데 맞춤),
  나머지 행 : 글꼴(맑은 고딕, 16pt, 진하게, 기울임, 가운데 정렬, 가운데 맞춤)
- 글상자 2([출처 : 국립공원관리공단]) ⇒ 글꼴(굴림, 20pt, 진하게)
- 차트 ⇒ 꺾은선/영역형 : 꺾은선형, 차트 스타일(스타일 8),
  축 서식/자료점 이름표 서식 : 글꼴(맑은 고딕, 10pt, 진하게),
  범례 서식 : 글꼴(궁서, 20pt, 진하게, 기울임), 데이터는 표 참고(천 단위 기호 기입)
- 배경 ⇒ 배경 속성(질감/그림 – 그림)에서 그림 2 삽입(현재 슬라이드만 적용)
- 애니메이션 지정 ⇒ 차트 : 나타내기 – 날아오기
- 지시사항이 없는 부분은 ≪출력형태≫와 동일하게 작성하시오.

디지털정보활용능력 – 프리젠테이션[한쇼] (시험시간 : 40분)

[슬라이드 4] 아래의 작성조건 및 출력형태에 알맞게 네 번째 슬라이드에 작업하시오. (60점)

≪출력형태≫

≪작성조건≫

(1) 제목

▶ 도형 1 ⇒ 기본 도형 : 빗면, 도형 채우기(초록, 어두운 그러데이션 – 선형 아래쪽), 선 색(단색, 색 : 노랑), 선 스타일(선 종류 : 실선, 굵기 : 2pt, 겹선 종류 : 단순형), 도형 효과(반사 – '1/3 크기, 근접'), 글꼴(궁서, 36pt, 그림자)

(2) 본문

▶ 도형 2~4 ⇒ 기본 도형 : 육각형, 도형 채우기(주황), 선 색(단색, 색 : 보라), 선 스타일(선 종류 : 실선, 굵기 : 3pt, 겹선 종류 : 단순형), 도형 효과(그림자 – 안쪽 – 아래쪽), 글꼴(돋움, 18pt, 진하게)

▶ 도형 5~7 ⇒ 순서도 : 대체 처리, 도형 채우기(질감 – 현무암, 배열 – 바둑판식), 선 색(단색, 색 : 시안), 선 스타일(선 종류 : 실선, 굵기 : 3pt, 겹선 종류 : 단순형), 도형 효과(그림자 – 바깥쪽 – 아래쪽), 글꼴(궁서, 20pt, 노랑)

▶ 도형 8 ⇒ 기본 도형 : 하트, 도형 스타일('밝은 계열 – 강조 2')

▶ 도형 9 ⇒ 기본 도형 : 톱니바퀴2, 도형 채우기(질감/그림 – 그림) 기능을 사용하여 그림 3 삽입, 선 색 없음, 도형 효과(네온 – '강조 색 4, 15 pt')

▶ 워드숍 삽입(아름다운 국립공원 내가 지킨다) ⇒ 윤곽 – 강조 5, 반사, 글자 효과(변환 – 휘기 – 물결 1), 글꼴(궁서, 32pt, 진하게)

▶ 지시사항이 없는 부분은 ≪출력형태≫와 동일하게 작성하시오.

제 07 회 디지털정보활용능력 출제예상 모의고사

- ☑ 시험과목 : 프리젠테이션(한쇼)
- ☑ 시험일자 : 20XX. XX. XX. (X)
- ☑ 응시자 기재사항 및 감독위원 확인

수검번호	DIO – XXXX –	감독위원 확인
성 명		

응시자 유의사항

1. 응시자는 신분증을 지참하여야 시험에 응시할 수 있으며, 시험이 종료될 때까지 신분증을 제시하지 못 할 경우 해당 시험은 0점 처리됩니다.
2. 시스템(PC작동여부, 네트워크 상태 등)의 이상여부를 반드시 확인하여야 하며, 시스템 이상이 있을시 감독위원에게 조치를 받으셔야 합니다.
3. 시험 중 부주의 또는 고의로 시스템을 파손한 경우는 응시자 부담으로 합니다.
4. 답안 전송 프로그램을 통해 다운로드 받은 파일을 이용하여 답안파일을 작성하시기 바랍니다.
5. 작성한 답안 파일은 답안 전송 프로그램을 통하여 전송됩니다. 감독위원의 지시에 따라 주시기 바랍니다.
6. 다음사항의 경우 실격(0점) 혹은 부정행위 처리됩니다.
    1) 답안파일을 저장하지 않았거나, 저장한 파일이 손상되었을 경우
    2) 답안파일을 지정된 폴더(바탕화면 – "KAIT" 폴더)에 저장하지 않았을 경우
       ※ 답안 전송 프로그램 로그인 시 바탕화면에 자동 생성됨
    3) 답안파일을 다른 보조 기억장치(USB) 혹은 네트워크(메신저, 게시판 등)로 전송할 경우
    4) 휴대용 전화기 등 통신기기를 사용할 경우
7. 슬라이드는 반드시 순서대로 작성해야 하며, 순서가 다를 경우 "0"점 처리 됩니다.
8. 시험지에 제시된 글꼴이 응시 프로그램에 없는 경우, 반드시 감독위원에게 해당 내용을 통보한 뒤 조치를 받아야 합니다.
9. 슬라이드 작성 시 도형의 그룹설정을 사용하는 경우, 채점에서 감점처리 됩니다.
10. 시험의 완료는 작성이 완료된 답안을 저장하고, 답안 전송이 완료된 상태를 확인한 것으로 합니다. 답안 전송 확인 후 문제지는 감독위원에게 제출한 후 퇴실하여야 합니다.
11. 답안전송이 완료된 경우에는 수정 또는 정정이 불가능합니다.
12. 시험시행 후 합격자 발표는 홈페이지(www.ihd.or.kr)에서 확인하시기 바랍니다.
    1) 문제 및 모범답안 공개 : 20XX. XX. XX. (X)
    2) 합격자 발표 : 20XX. XX. XX. (X)

디지털정보활용능력 – 프리젠테이션[한쇼] (시험시간 : 40분)

유의사항
- 《작성조건》을 준수하여 반드시 프리젠테이션 슬라이드로 작업합니다.
- 글꼴 및 기타 사항에 대해 별도의 지시사항이 없는 경우, 슬라이드 크기와 전체적인 균형을 고려하여 임의로 작성하되, 도형은 그룹으로 설정하지 않습니다.
- 새 프레젠테이션 만들기 – 한컴오피스, 쪽 설정(종류 – A4용지(210 x 297mm)), 슬라이드 방향(가로)로 지정합니다.
  ▶ 슬라이드 크기, 방향 조정 시 '맞춤 확인'으로 지정하여야 합니다.
- 공통적용사항(슬라이드 마스터)
  ▶ 도형 ⇒ 기본 도형 : 액자, 도형 스타일('밝은 계열 – 강조 4'), 글꼴(궁서, 16pt, 진하게)
- 그림 삽입 시 다운로드 한 그림 파일을 반드시 사용하여야 합니다.
- ⬜ ⟶ 은 지시사항이므로 작성하지 않습니다.
- 슬라이드에 제시된 글자 및 숫자 오타는 감점처리 됩니다.

[슬라이드 1] 아래의 작성조건 및 출력형태에 알맞게 첫 번째 슬라이드에 작업하시오. (30점)

《출력형태》

《작성조건》

▶ 도형 1 ⇒ 기본 도형 : 톱니바퀴 1, 도형 채우기(그러데이션 : 유형 – 솜사탕 1, 종류 – 선형, 방향 – 아래쪽에서), 선 색(단색, 색 : 주황), 선 스타일(선 종류 : 실선, 굵기 : 3pt, 겹선 종류 : 단순형), 도형 효과(그림자 – 안쪽 – 가운데), 글꼴(궁서, 40pt, 그림자)

▶ 도형 2 ⇒ 블록 화살표 : 위로 굽은 화살표, 도형 채우기(노랑), 선 색 없음, 도형 효과(반사 – '1/2 크기, 근접', 네온 – '강조 색 4, 10 pt')

▶ 도형 3 ⇒ 기본 도형 : 하트, 도형 스타일('강한 효과 – 강조 6')

▶ 그림 삽입 ⇒ 그림 1 삽입, 크기(너비 : 72mm, 높이 : 72mm)

▶ 글상자(청소년근로자는 특별한 보호를 받습니다.) ⇒ 글꼴(맑은 고딕, 26pt, 진하게, 기울임)

▶ 애니메이션 지정 ⇒ 도형 1 : 나타내기 – 블라인드

▶ 지시사항이 없는 부분은 《출력형태》와 동일하게 작성하시오.

디지털정보활용능력 – 프리젠테이션[한쇼] (시험시간 : 40분)

[슬라이드 2] 아래의 작성조건 및 출력형태에 알맞게 두 번째 슬라이드에 작업하시오. (50점)

≪출력형태≫

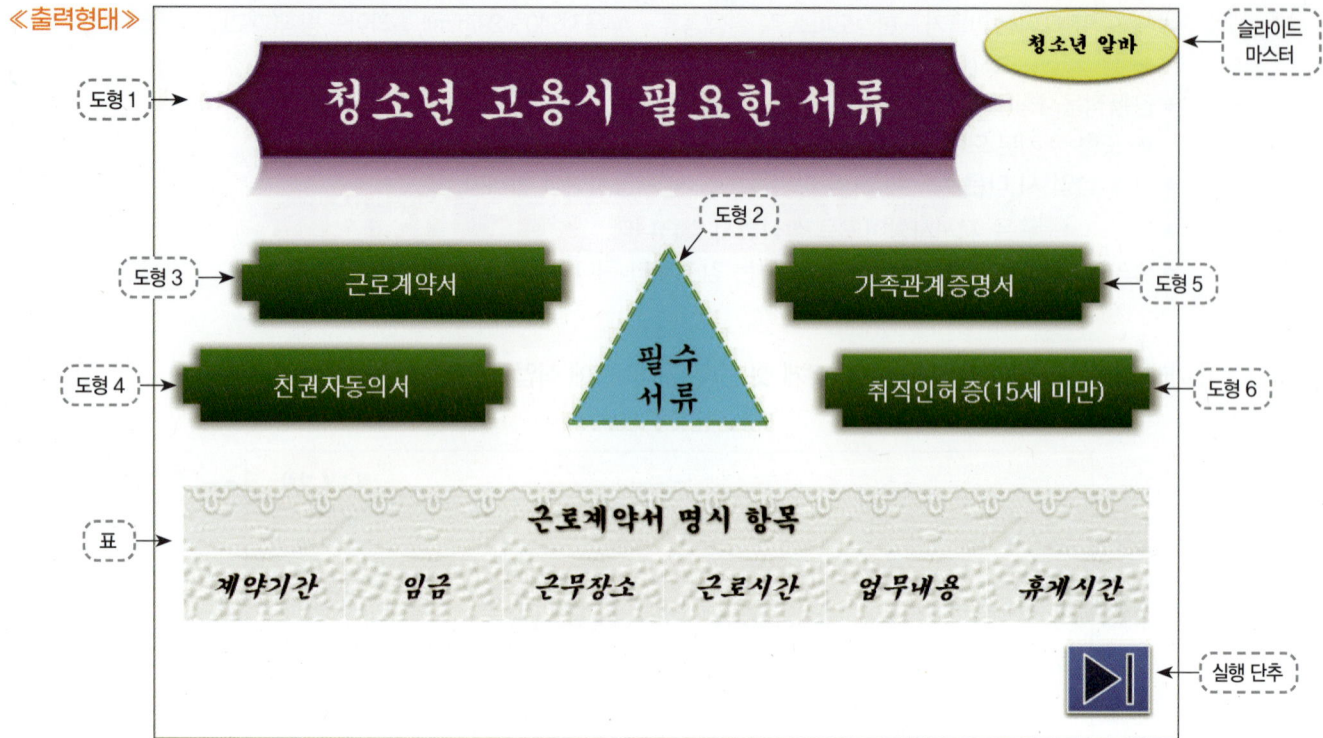

≪작성조건≫

(1) 제목
- ▶ 도형 1 ⇒ 기본 도형 : 배지, 도형 채우기(보라), 선 색(단색, 색 : 강조 6 보라),
  선 스타일(선 종류 : 실선, 굵기: 2pt, 겹선 종류 : 단순형),
  도형 효과(그림자 – 안쪽 – 가운데, 반사 – '1/3 크기, 근접'), 글꼴(궁서, 37pt, 진하게)

(2) 본문
- ▶ 도형 2 ⇒ 기본 도형 : 이등변 삼각형, 도형 채우기(시안), 선 색(단색, 색 : 초록),
  선 스타일(선 종류 : 긴 점선, 굵기 : 3pt, 겹선 종류 : 이중), 글꼴(궁서, 24pt, 검정)
- ▶ 도형 3~6 ⇒ 기본 도형 : 십자형, 도형 채우기(초록, 어두운 그러데이션 – 선형 아래쪽),
  선 색 없음, 도형 효과(그림자 – 바깥쪽 – 가운데), 글꼴(돋움, 18pt, 진하게)
- ▶ 실행 단추 ⇒ 실행 단추 : 끝, 하이퍼링크 : 마지막 슬라이드, 도형 스타일(보통 효과 – 강조 1)
- ▶ 표 ⇒ 채우기(질감 – 레이스, 배열 – 바둑판식),
  가장 위의 행 : 글꼴(궁서, 22pt, 진하게, 그림자, 검정, 가운데 정렬, 가운데 맞춤),
  나머지 행 : 글꼴(궁서, 20pt, 진하게, 기울임, 가운데 정렬, 가운데 맞춤)
- ▶ 애니메이션 지정 ⇒ 표 : 나타내기 – 다이아몬드형
- ▶ 지시사항이 없는 부분은 ≪출력형태≫와 동일하게 작성하시오.

디지털정보활용능력 – 프리젠테이션[한쇼] (시험시간 : 40분)

[슬라이드 3] 아래의 작성조건 및 출력형태에 알맞게 세 번째 슬라이드에 작업하시오. (60점)

≪출력형태≫

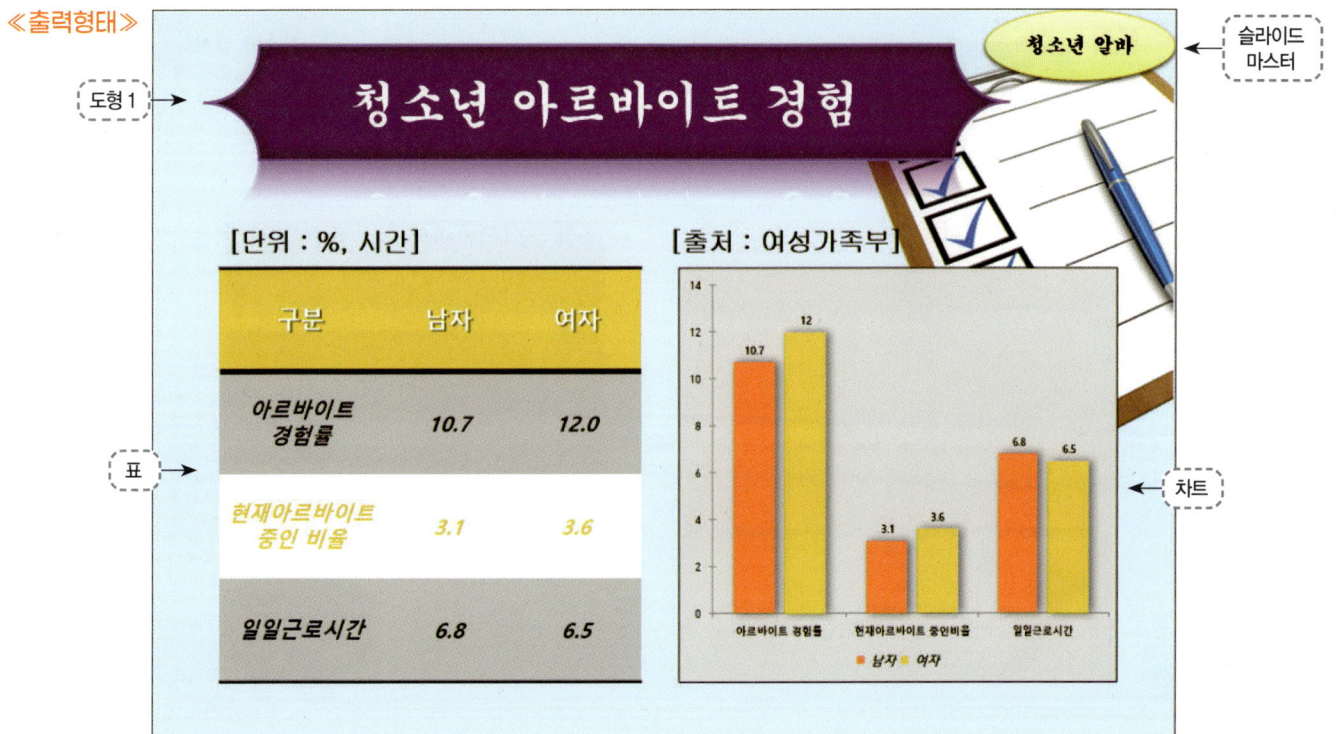

≪작성조건≫

(1) 제목

▶ 도형 1 ⇒ 기본 도형 : 배지, 도형 채우기(보라), 선 색(단색, 색 : 강조 6 보라),
  선 스타일(선 종류 : 실선, 굵기 : 2pt, 겹선 종류 : 단순형),
  도형 효과(그림자 – 안쪽 – 가운데, 반사 – '1/3 크기, 근접'), 글꼴(궁서, 37pt, 진하게)

(2) 본문

▶ 글상자 1([단위 : %, 시간]) ⇒ 글꼴(굴림, 20pt, 진하게)

▶ 표 ⇒ 표 스타일(보통 스타일 3 – 강조 4),
  가장 위의 행 : 글꼴(맑은 고딕, 18pt, 진하게, 그림자, 가운데 정렬, 가운데 맞춤),
  나머지 행 : 글꼴(맑은 고딕, 16pt, 진하게, 기울임, 가운데 정렬, 가운데 맞춤)

▶ 글상자 2([출처 : 여성가족부]) ⇒ 글꼴(굴림, 20pt, 진하게)

▶ 차트 ⇒ 세로 막대형 : 묶은 세로 막대형, 차트 계열색('색상조합 – 색 3'), 차트 스타일(스타일 9),
  선 색(검정), 채우기(단색 – 본문/배경 – 밝은색 1 하양 10% 어둡게)
  축 서식/자료점 이름표 서식 : 글꼴(맑은 고딕, 8pt, 진하게),
  범례 서식 : 글꼴(맑은 고딕, 10pt, 진하게, 기울임), 데이터는 표 참고

▶ 배경 ⇒ 배경 속성(질감/그림 – 그림)에서 그림 2 삽입(현재 슬라이드만 적용)

▶ 애니메이션 지정 ⇒ 차트 : 나타내기 – 날아오기

▶ 지시사항이 없는 부분은 ≪출력형태≫와 동일하게 작성하시오.

디지털정보활용능력 – 프리젠테이션[한쇼] (시험시간 : 40분)

[슬라이드 4] 아래의 작성조건 및 출력형태에 알맞게 네 번째 슬라이드에 작업하시오. (60점)

≪출력형태≫

≪작성조건≫

(1) 제목

▶ 도형 1 ⇒ 기본 도형 : 배지, 도형 채우기(보라), 선 색(단색, 색 : 강조 6 보라),
  선 스타일(선 종류 : 실선, 굵기 : 2pt, 겹선 종류 : 단순형),
  도형 효과(그림자 – 안쪽 – 가운데, 반사 – '1/3 크기, 근접'), 글꼴(궁서, 37pt, 진하게)

(2) 본문

▶ 도형 2~4 ⇒ 기본 도형 : 사다리꼴, 도형 채우기(강조 2 주황),
  선 색 없음, 도형 효과(그림자 – 바깥쪽 – 아래쪽), 글꼴(돋움, 18pt, 진하게)

▶ 도형 5~7 ⇒ 순서도 : 대체 처리, 도형 채우기(질감 – 모직, 배열 – 늘이기), 선 색 없음,
  도형 효과(그림자 – 바깥쪽 – 아래쪽), 글꼴(돋움, 18pt, 진하게, 노랑)

▶ 도형 8 ⇒ 기본 도형 : 번개, 도형 채우기(주황, 어두운 그러데이션 – 선형 위쪽), 선 색 없음,
  도형 효과(그림자 – 바깥쪽 – 가운데)

▶ 도형 9 ⇒ 기본 도형 : 팔각형, 도형 채우기(질감/그림 – 그림) 기능을 사용하여 그림 3 삽입,
  선 색(단색, 색 : 강조 4 노랑), 선 스타일(선 종류 : 실선, 굵기 : 3pt, 겹선 종류 : 단순형),
  도형 효과(네온 – '강조 색 4, 10 pt')

▶ 워드숍 삽입(부당처우 상담 #1388 문자로) ⇒ 윤곽 – 강조 5, 반사, 글자 효과(변환 – 휘기 – 이중 물결 1),
  글꼴(궁서, 32pt, 진하게)

▶ 지시사항이 없는 부분은 ≪출력형태≫와 동일하게 작성하시오.

제08회 디지털정보활용능력 출제예상 모의고사

- ☑ 시험과목 : 프리젠테이션(한쇼)
- ☑ 시험일자 : 20XX. XX. XX. (X)
- ☑ 응시자 기재사항 및 감독위원 확인

수검번호	DIO - XXXX -	감독위원 확인
성 명		

응시자 유의사항

1. 응시자는 신분증을 지참하여야 시험에 응시할 수 있으며, 시험이 종료될 때까지 신분증을 제시하지 못 할 경우 해당 시험은 0점 처리됩니다.
2. 시스템(PC작동여부, 네트워크 상태 등)의 이상여부를 반드시 확인하여야 하며, 시스템 이상이 있을시 감독위원에게 조치를 받으셔야 합니다.
3. 시험 중 부주의 또는 고의로 시스템을 파손한 경우는 응시자 부담으로 합니다.
4. 답안 전송 프로그램을 통해 다운로드 받은 파일을 이용하여 답안파일을 작성하시기 바랍니다.
5. 작성한 답안 파일은 답안 전송 프로그램을 통하여 전송됩니다. 감독위원의 지시에 따라 주시기 바랍니다.
6. 다음사항의 경우 실격(0점) 혹은 부정행위 처리됩니다.
    1) 답안파일을 저장하지 않았거나, 저장한 파일이 손상되었을 경우
    2) 답안파일을 지정된 폴더(바탕화면 - "KAIT" 폴더)에 저장하지 않았을 경우
       ※ 답안 전송 프로그램 로그인 시 바탕화면에 자동 생성됨
    3) 답안파일을 다른 보조 기억장치(USB) 혹은 네트워크(메신저, 게시판 등)로 전송할 경우
    4) 휴대용 전화기 등 통신기기를 사용할 경우
7. 슬라이드는 반드시 순서대로 작성해야 하며, 순서가 다를 경우 "0"점 처리 됩니다.
8. 시험지에 제시된 글꼴이 응시 프로그램에 없는 경우, 반드시 감독위원에게 해당 내용을 통보한 뒤 조치를 받아야 합니다.
9. 슬라이드 작성 시 도형의 그룹설정을 사용하는 경우, 채점에서 감점처리 됩니다.
10. 시험의 완료는 작성이 완료된 답안을 저장하고, 답안 전송이 완료된 상태를 확인한 것으로 합니다. 답안 전송 확인 후 문제지는 감독위원에게 제출한 후 퇴실하여야 합니다.
11. 답안전송이 완료된 경우에는 수정 또는 정정이 불가능합니다.
12. 시험시행 후 합격자 발표는 홈페이지(www.ihd.or.kr)에서 확인하시기 바랍니다.
    1) 문제 및 모범답안 공개 : 20XX. XX. XX. (X)
    2) 합격자 발표 : 20XX. XX. XX. (X)

디지털정보활용능력 – 프리젠테이션[한쇼] (시험시간 : 40분)

유의사항
- 《작성조건》을 준수하여 반드시 프리젠테이션 슬라이드로 작업합니다.
- 글꼴 및 기타 사항에 대해 별도의 지시사항이 없는 경우, 슬라이드 크기와 전체적인 균형을 고려하여 임의로 작성하되, 도형은 그룹으로 설정하지 않습니다.
- 새 프레젠테이션 만들기 – 한컴오피스, 쪽 설정(종류 – A4용지(210 x 297mm)), 슬라이드 방향(가로)로 지정합니다.
  ▶ 슬라이드 크기, 방향 조정 시 '맞춤 확인'으로 지정하여야 합니다.
- 공통적용사항(슬라이드 마스터)
  ▶ 도형 ⇒ 기본 도형 : 사다리꼴, 도형 스타일('밝은 계열 – 강조 2'), 글꼴(궁서, 22pt, 기울임)
- 그림 삽입 시 다운로드 한 그림 파일을 반드시 사용하여야 합니다.
- ⎵ ⟶ 은 지시사항이므로 작성하지 않습니다.
- 슬라이드에 제시된 글자 및 숫자 오타는 감점처리 됩니다.

[슬라이드 1] 아래의 작성조건 및 출력형태에 알맞게 첫 번째 슬라이드에 작업하시오. (30점)

《출력형태》

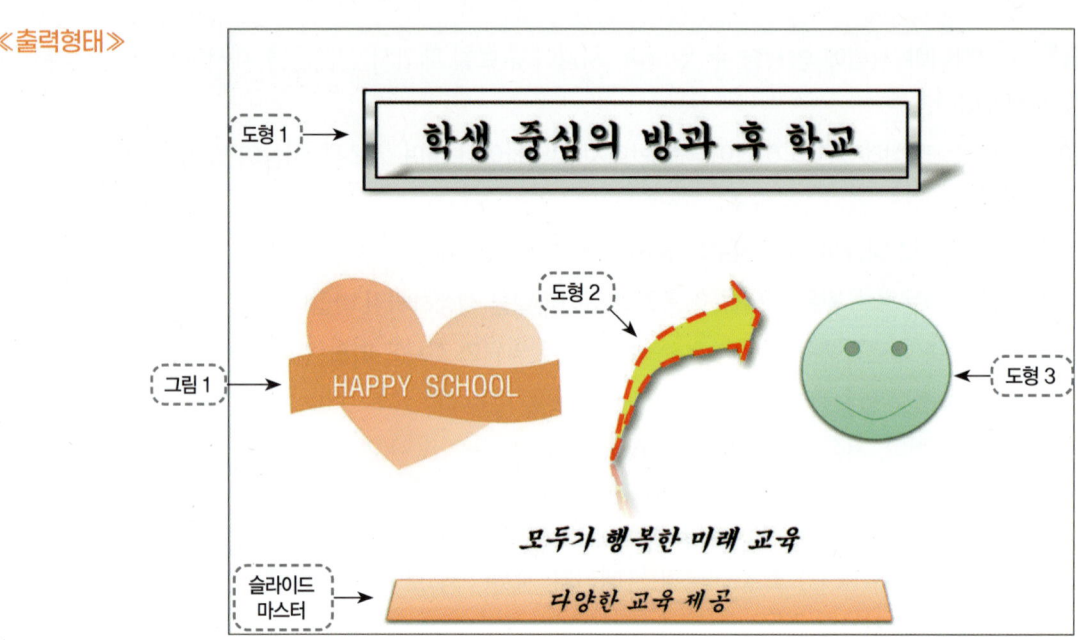

《작성조건》

▶ 도형 1 ⇒ 기본 도형 : 액자, 도형 채우기(그러데이션 : 유형–알루미늄, 종류–선형, 방향–위쪽에서), 선 색(단색, 색 : 검정), 선 스타일(선 종류 : 실선, 굵기 : 2pt, 겹선 종류 : 단순형), 도형 효과 (그림자–원근감–대각선 오른쪽 위), 글꼴(궁서, 36pt, 그림자, 검정)

▶ 도형 2 ⇒ 블록 화살표 : 휘어진 화살표, 도형 채우기(노랑), 선 색(단색, 색 : 빨강), 선 스타일(선 종류 : 파선, 굵기 : 4.5pt, 겹선 종류 : 단순형), 도형 효과(그림자 – 바깥쪽 – 대각선 오른쪽 아래, 반사 – '1/3 크기, 근접')

▶ 도형 3 ⇒ 기본 도형 : 웃는 얼굴, 도형 스타일('밝은 계열 – 강조 5')

▶ 그림 삽입 ⇒ 그림 1 삽입, 크기(높이 : 90mm, 너비 : 90mm)

▶ 글상자(모두가 행복한 미래 교육) ⇒ 글꼴(궁서, 24pt, 진하게, 기울임)

▶ 애니메이션 지정 ⇒ 도형 1 : 나타내기 – 날아오기

▶ 지시사항이 없는 부분은 《출력형태》와 동일하게 작성하시오.

디지털정보활용능력 – 프리젠테이션[한쇼] (시험시간 : 40분)

[슬라이드 2] 아래의 작성조건 및 출력형태에 알맞게 두 번째 슬라이드에 작업하시오. (50점)

≪출력형태≫

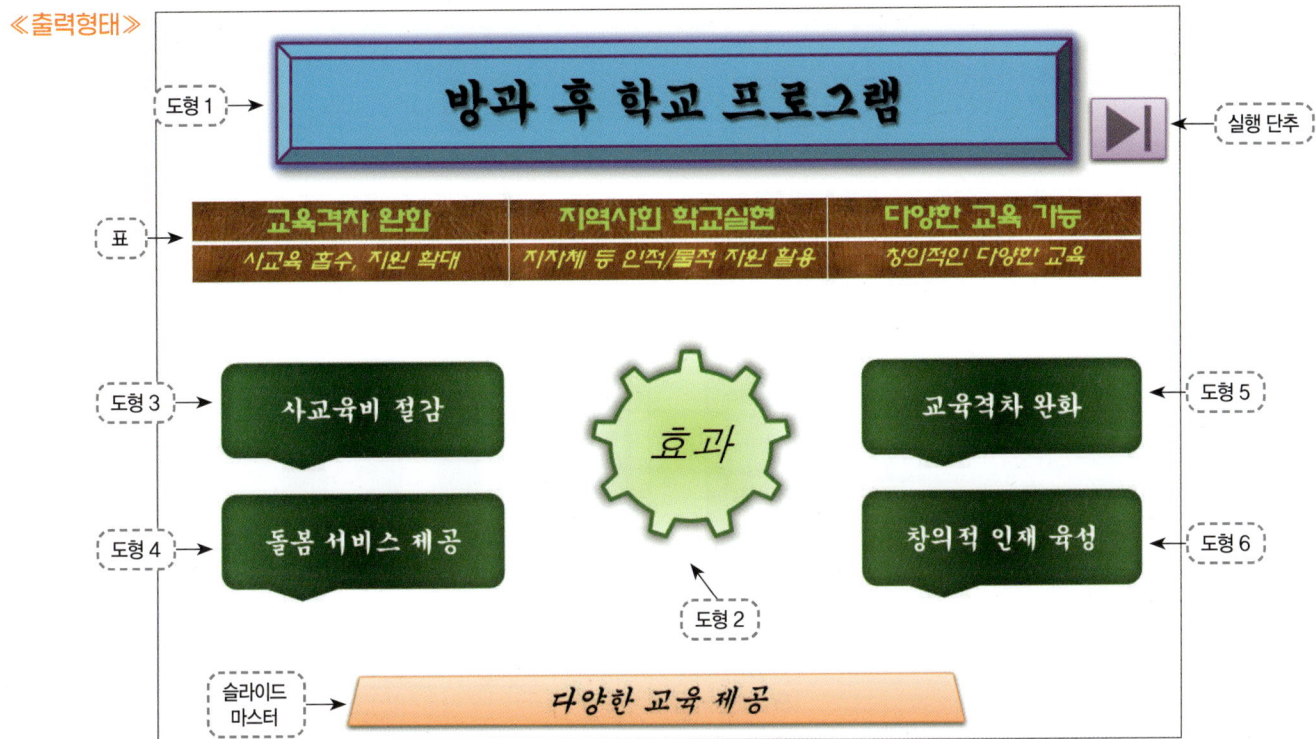

≪작성조건≫

(1) 제목
- ▶ 도형 1 ⇒ 기본 도형 : 빗면, 도형 채우기(시안), 선 색(실선, 색 : 보라),
  선 스타일(선 종류 : 실선, 굵기 : 2.25pt, 겹선 종류 : 단순형),
  도형 효과(그림자 – 바깥쪽 – 대각선 오른쪽 아래, 네온 – '강조 색 1, 10pt'),
  글꼴(궁서, 36pt, 진하게, 그림자, 검정)

(2) 본문
- ▶ 도형 2 ⇒ 기본 도형 : 톱니바퀴2, 도형 채우기(밝은 연두색, 그러데이션 – 밝은 그러데이션 – 사각형 – 가운데),
  선 색(단색, 색 : 초록), 선 스타일(선 종류 : 실선, 굵기 : 3pt, 겹선 종류 : 단순형),
  도형 효과(그림자 – 바깥쪽 – 가운데), 글꼴(돋움, 32pt, 기울임, 검정)
- ▶ 도형 3~6 ⇒ 설명선 : 모서리가 둥근 사각형 설명선,
  도형 채우기(초록, 그러데이션 – 어두운 그러데이션 – 방사형 – 가운데), 선 색 없음,
  도형 효과(그림자 – 안쪽 – 가운데), 글꼴(궁서, 20pt, 진하게)
- ▶ 실행 단추 ⇒ 실행 단추 : 끝, 하이퍼링크 : 마지막 슬라이드, 도형 스타일('밝은 계열 – 강조 6')
- ▶ 표 ⇒ 채우기(질감 – 가죽, 배열 – 바둑판식),
  가장 위의 행 : 글꼴(궁서, 20pt, 진하게, 밝은 연두색, 가운데 정렬, 가운데 맞춤),
  나머지 행 : 글꼴(궁서, 16pt, 기울임, 노랑, 가운데 정렬, 가운데 맞춤)
- ▶ 애니메이션 지정 ⇒ 도형 2 : 나타내기 – 다이아몬드형
- ▶ 지시사항이 없는 부분은 ≪출력형태≫와 동일하게 작성하시오.

디지털정보활용능력 – 프리젠테이션[한쇼] (시험시간 : 40분)

[슬라이드 3] 아래의 작성조건 및 출력형태에 알맞게 세 번째 슬라이드에 작업하시오. (60점)

≪출력형태≫

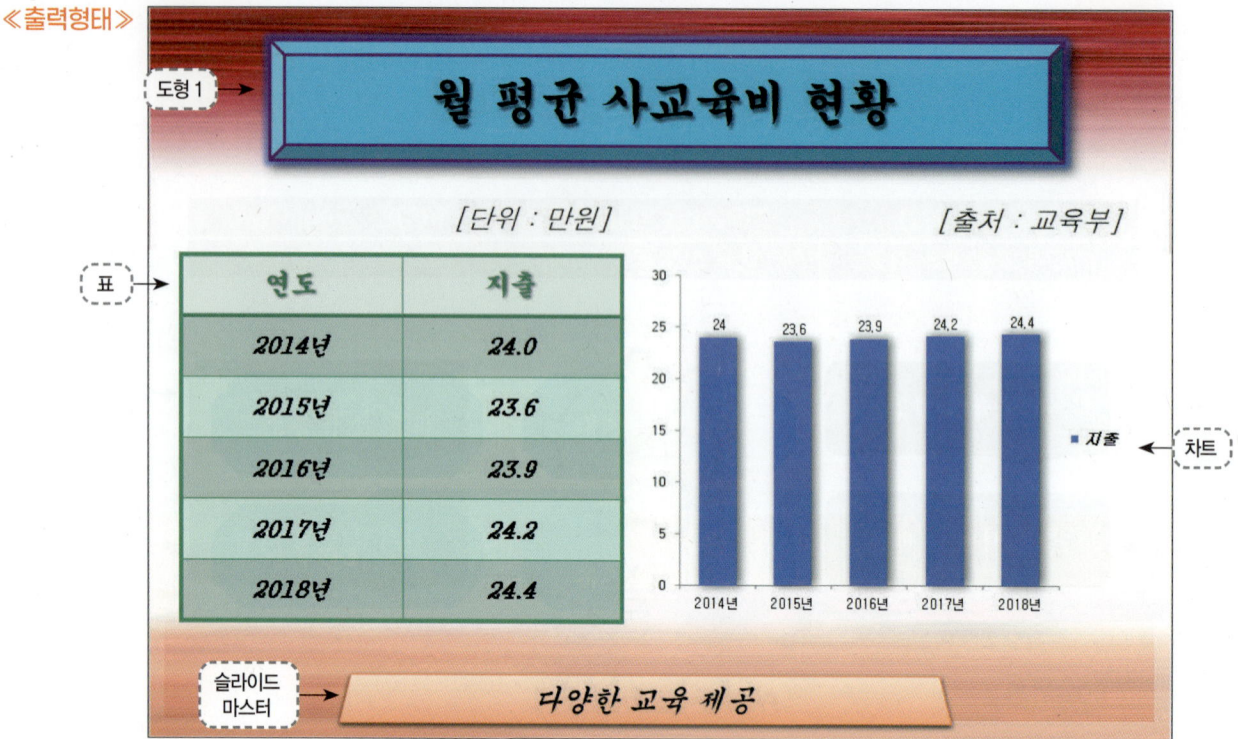

≪작성조건≫

(1) 제목

▶ 도형 1 ⇒ 기본 도형 : 빗면, 도형 채우기(시안), 선 색(단색, 색 : 보라),
　　　선 스타일(선 종류 : 실선, 굵기 : 2.25pt, 겹선 종류 : 단순형),
　　　도형 효과(그림자 – 바깥쪽 – 대각선 오른쪽 아래, 네온 – '강조 색 1, 10 pt'),
　　　글꼴(궁서, 36pt, 진하게, 그림자, 검정)

(2) 본문

▶ 글상자 1([단위 : 만원]) ⇒ 글꼴(돋움, 20pt, 기울임)

▶ 표 ⇒ 표 스타일(보통 스타일 4 – 강조 5),
　　가장 위의 행 : 글꼴(궁서, 20pt, 진하게, 그림자, 가운데 정렬, 가운데 맞춤),
　　나머지 행 : 글꼴(궁서, 18pt, 진하게, 기울임, 가운데 정렬, 가운데 맞춤)

▶ 글상자 2([출처 : 교육부]) ⇒ 글꼴(돋움, 20pt, 기울임)

▶ 차트 ⇒ 세로 막대형 : 묶은 세로 막대형, 차트 스타일(스타일 9), 축 서식/자료점 이름표 서식 : 글꼴(굴림, 10pt),
　　범례 서식 : 글꼴(굴림, 12pt, 진하게, 기울임), 데이터는 표 참고

▶ 배경 ⇒ 배경 속성(질감/그림 – 그림)에서 그림 2 삽입(현재 슬라이드만 적용)

▶ 애니메이션 지정 ⇒ 차트 : 나타내기 – 모자이크

▶ 지시사항이 없는 부분은 ≪출력형태≫와 동일하게 작성하시오.

디지털정보활용능력 – 프리젠테이션[한쇼] (시험시간 : 40분)

[슬라이드 4] 아래의 작성조건 및 출력형태에 알맞게 네 번째 슬라이드에 작업하시오. (60점)

≪출력형태≫

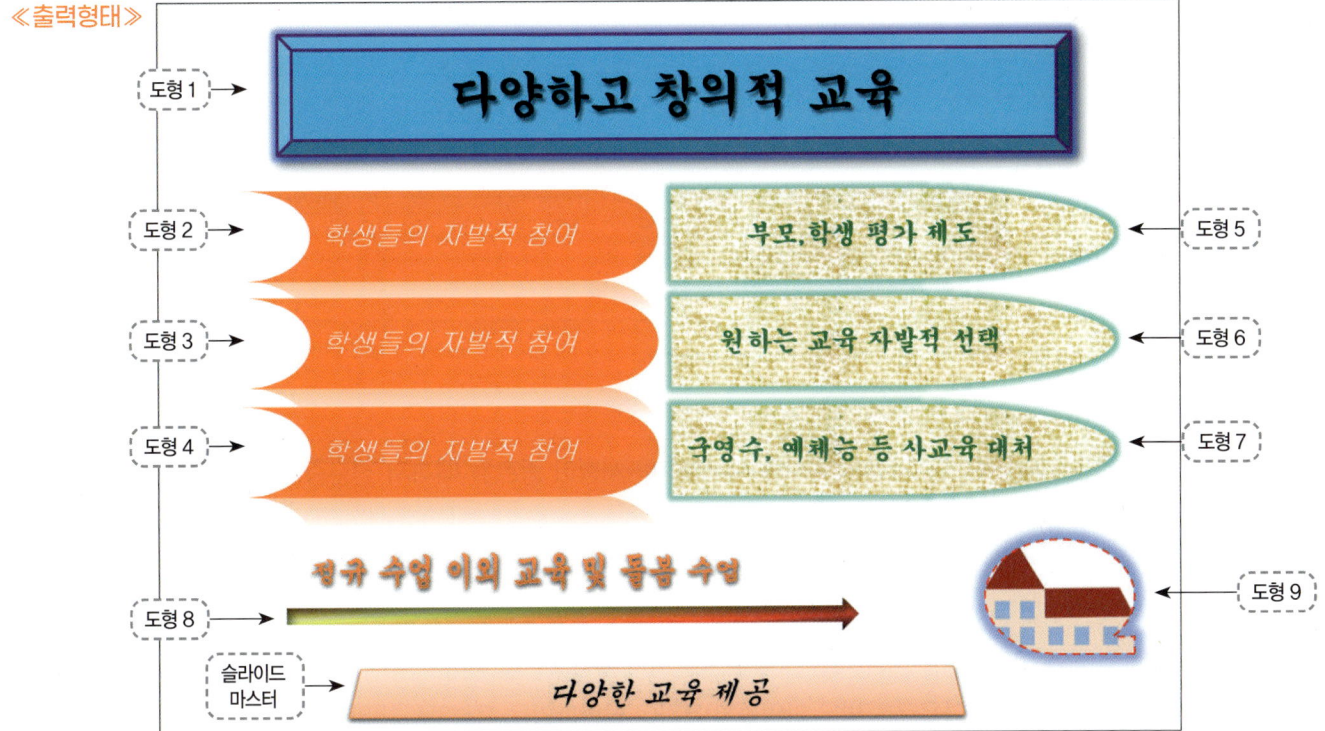

≪작성조건≫

(1) 제목
- 도형 1 ⇒ 기본 도형 : 빗면, 도형 채우기(시안), 선 색(단색, 색 : 보라),
  선 스타일(선 종류 : 실선, 굵기 : 2.25pt, 겹선 종류 : 단순형),
  도형 효과(그림자-바깥쪽-대각선 오른쪽 아래, 네온-'강조 색 1, 10pt'),
  글꼴(궁서, 36pt, 진하게, 그림자, 검정)

(2) 본문
- 도형 2~4 ⇒ 순서도 : 저장 데이터, 도형 채우기(주황), 선 색 없음,
  도형 효과(반사 – '1/3 크기, 근접'), 글꼴(굴림, 20pt, 기울임)
- 도형 5~7 ⇒ 순서도 : 지연, 도형 채우기(질감 – 삼베, 배열 – 바둑판식), 선 색 없음,
  도형 효과(네온 – '강조 색 5, 10pt'), 글꼴(궁서, 20pt, 진하게, 초록)
- 도형 8 ⇒ 블록 화살표 : 오른쪽 화살표, 도형 채우기(그러데이션 : 유형 – 붉은 노을, 종류 – 선형,
  방향 – 오른쪽 아래에서), 선 색 없음, 도형 효과(그림자 – 안쪽 – 대각선 왼쪽 위)
- 도형 9 ⇒ 순서도 : 순차적 액세스 저장소, 도형 채우기(질감/그림 – 그림) 기능을 사용하여 그림 3 삽입,
  선 색(단색, 색 : 빨강 선 스타일(선 종류 : 파선, 굵기 : 1.5pt, 겹선 종류 : 단순형),
  도형 효과(네온 – '강조 색 1, 15 pt')
- 워드숍 삽입(정규 수업 이외 교육 및 돌봄 수업) ⇒ 채우기 – 강조 2(어두운 계열, 그러데이션),
  윤곽 – 강조 2,그림자, 글자 효과(변환 – 휘기 – 팽창),
  글꼴(궁서, 18pt)
- 지시사항이 없는 부분은《출력형태》와 동일하게 작성하시오.

제09회 디지털정보활용능력 출제예상 모의고사

- ✓ 시험과목 : 프리젠테이션(한쇼)
- ✓ 시험일자 : 20XX. XX. XX. (X)
- ✓ 응시자 기재사항 및 감독위원 확인

수검번호	DIO - XXXX -	감독위원 확인
성 명		

응시자 유의사항

1. 응시자는 신분증을 지참하여야 시험에 응시할 수 있으며, 시험이 종료될 때까지 신분증을 제시하지 못 할 경우 해당 시험은 0점 처리됩니다.
2. 시스템(PC작동여부, 네트워크 상태 등)의 이상여부를 반드시 확인하여야 하며, 시스템 이상이 있을시 감독위원에게 조치를 받으셔야 합니다.
3. 시험 중 부주의 또는 고의로 시스템을 파손한 경우는 응시자 부담으로 합니다.
4. 답안 전송 프로그램을 통해 다운로드 받은 파일을 이용하여 답안파일을 작성하시기 바랍니다.
5. 작성한 답안 파일은 답안 전송 프로그램을 통하여 전송됩니다. 감독위원의 지시에 따라 주시기 바랍니다.
6. 다음사항의 경우 실격(0점) 혹은 부정행위 처리됩니다.
    1) 답안파일을 저장하지 않았거나, 저장한 파일이 손상되었을 경우
    2) 답안파일을 지정된 폴더(바탕화면 – "KAIT" 폴더)에 저장하지 않았을 경우
        ※ 답안 전송 프로그램 로그인 시 바탕화면에 자동 생성됨
    3) 답안파일을 다른 보조 기억장치(USB) 혹은 네트워크(메신저, 게시판 등)로 전송할 경우
    4) 휴대용 전화기 등 통신기기를 사용할 경우
7. 슬라이드는 반드시 순서대로 작성해야 하며, 순서가 다를 경우 "0"점 처리 됩니다.
8. 시험지에 제시된 글꼴이 응시 프로그램에 없는 경우, 반드시 감독위원에게 해당 내용을 통보한 뒤 조치를 받아야 합니다.
9. 슬라이드 작성 시 도형의 그룹설정을 사용하는 경우, 채점에서 감점처리 됩니다.
10. 시험의 완료는 작성이 완료된 답안을 저장하고, 답안 전송이 완료된 상태를 확인한 것으로 합니다. 답안 전송 확인 후 문제지는 감독위원에게 제출한 후 퇴실하여야 합니다.
11. 답안전송이 완료된 경우에는 수정 또는 정정이 불가능합니다.
12. 시험시행 후 합격자 발표는 홈페이지(www.ihd.or.kr)에서 확인하시기 바랍니다.
    1) 문제 및 모범답안 공개 : 20XX. XX. XX. (X)
    2) 합격자 발표 : 20XX. XX. XX. (X)

디지털정보활용능력 – 프리젠테이션[한쇼] (시험시간 : 40분)

유의사항
- 《작성조건》을 준수하여 반드시 프리젠테이션 슬라이드로 작업합니다.
- 글꼴 및 기타 사항에 대해 별도의 지시사항이 없는 경우, 슬라이드 크기와 전체적인 균형을 고려하여 임의로 작성하되, 도형은 그룹으로 설정하지 않습니다.
- 새 프레젠테이션 만들기 – 한컴오피스, 쪽 설정(종류 – A4용지(210 x 297mm)), 슬라이드 방향(가로)로 지정합니다.
  ▶ 슬라이드 크기, 방향 조정 시 '맞춤 확인'으로 지정하여야 합니다.
- 공통적용사항(슬라이드 마스터)
  ▶ 도형 ⇒ 기본 도형 : 모서리가 접힌 도형, 도형 스타일('밝은 계열 – 강조 4'), 글꼴(굴림, 20pt)
- 그림 삽입 시 다운로드 한 그림 파일을 반드시 사용하여야 합니다.
- ⬚ ⟶ 은 지시사항이므로 작성하지 않습니다.
- 슬라이드에 제시된 글자 및 숫자 오타는 감점처리 됩니다.

[슬라이드 1] 아래의 작성조건 및 출력형태에 알맞게 첫 번째 슬라이드에 작업하시오. (30점)

《출력형태》

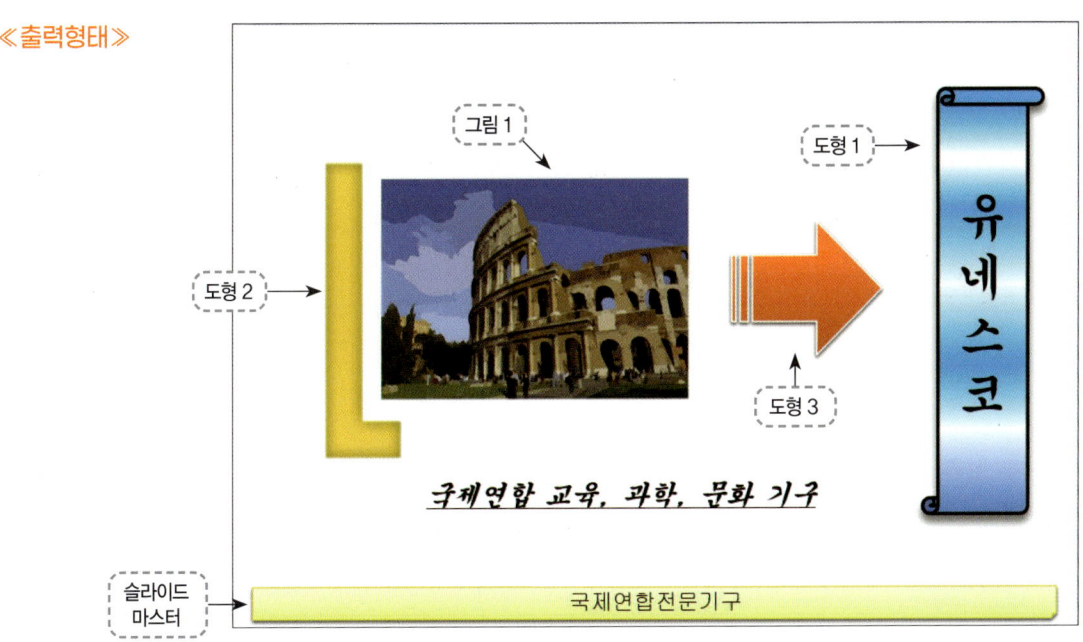

《작성조건》

▶ 도형 1 ⇒ 별 및 현수막 : 세로로 말린 두루마리모양,
　　　　　도형 채우기(그러데이션 : 유형 – 빙글빙글, 종류 – 선형, 방향 – 아래쪽에서), 선 색(단색, 색 : 검정),
　　　　　선 스타일(선 종류 : 실선, 굵기 : 3 pt, 겹선 종류 : 단순형),
　　　　　도형 효과(그림자 – 바깥쪽 – 아래쪽), 글꼴(궁서, 44pt, 진하게, 검정)

▶ 도형 2 ⇒ 기본 도형 : L 도형, 도형 채우기(강조 4 노랑), 선 색 없음,
　　　　　도형 효과(그림자 – 안쪽 – 가운데, 옅은 테두리 – '3 pt')

▶ 도형 3 ⇒ 블록 화살표 : 줄무늬가 있는 오른쪽 화살표, 도형 스타일('보통 효과 – 강조 2')

▶ 그림 삽입 ⇒ 그림 1 삽입, 크기(너비 : 100mm, 높이 : 70mm)

▶ 글상자(국제연합 교육, 과학, 문화 기구) ⇒ 글꼴(궁서체, 24pt, 진하게, 기울임, 밑줄)

▶ 애니메이션 지정 ⇒ 그림 1 : 나타내기 – 날아오기

▶ 지시사항이 없는 부분은 《출력형태》와 동일하게 작성하시오.

디지털정보활용능력 - 프리젠테이션[한쇼] (시험시간 : 40분)

[슬라이드 2] 아래의 작성조건 및 출력형태에 알맞게 두 번째 슬라이드에 작업하시오. (50점)

《출력형태》

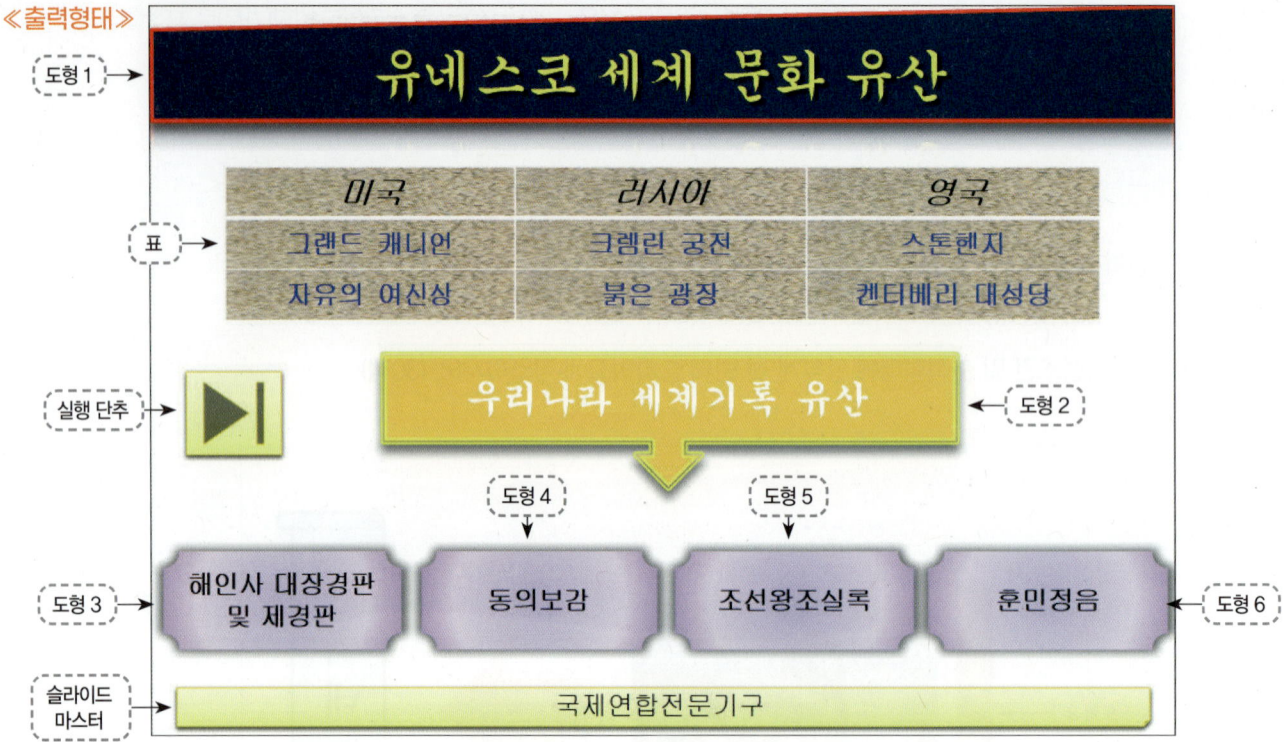

《작성조건》

(1) 제목

▶ 도형 1 ⇒ 순서도 : 수동 입력, 도형 채우기(검은 군청), 선 색(단색, 색 : 빨강)),
　　　선 스타일(선 종류 : 실선, 굵기 : 3pt, 겹선 종류 : 단순형),
　　　도형 효과(그림자 - 바깥쪽 - 아래쪽, 반사 - '1/3 크기, 근접'), 글꼴(궁서, 40pt, 그림자, 노랑)

(2) 본문

▶ 표 ⇒ 채우기(질감 - 모래, 배열 - 늘이기),
　　　가장 위의 행 : 글꼴(굴림체, 24pt, 진하게, 기울임, 검정, 가운데 정렬, 가운데 맞춤),
　　　나머지 행 : 글꼴(굴림체, 20pt, 진하게, 파랑, 가운데 정렬, 가운데 맞춤)

▶ 도형 2 ⇒ 블록 화살표 : 아래쪽 화살표 설명선, 도형 채우기(강조 4 노랑),
　　　선 색(단색, 색 : 노랑), 선 스타일(선 종류 : 실선, 굵기 : 5pt, 겹선 종류 : 이중),
　　　도형 효과(그림자 - 바깥쪽 - 아래쪽), 글꼴(궁서체, 28pt, 진하게)

▶ 도형 3~6 ⇒ 기본 도형 : 배지, 도형 채우기(그라데이션 : 유형 - 보라, 종류 - 방사형, 방향 - 가운데에서),
　　　선 색 없음, 도형 효과(그림자 - 바깥쪽 - 가운데), 글꼴(굴림, 20pt, 진하게, 검정)

▶ 실행 단추 ⇒ 실행 단추 : 끝, 하이퍼링크 : 마지막 슬라이드, 도형 스타일('밝은 계열 - 강조 4')

▶ 애니메이션 지정 ⇒ 표 : 나타내기 - 블라인드

▶ 지시사항이 없는 부분은 《출력형태》와 동일하게 작성하시오.

디지털정보활용능력 – 프리젠테이션[한쇼] (시험시간 : 40분)

[슬라이드 3] 아래의 작성조건 및 출력형태에 알맞게 세 번째 슬라이드에 작업하시오. (60점)

≪출력형태≫

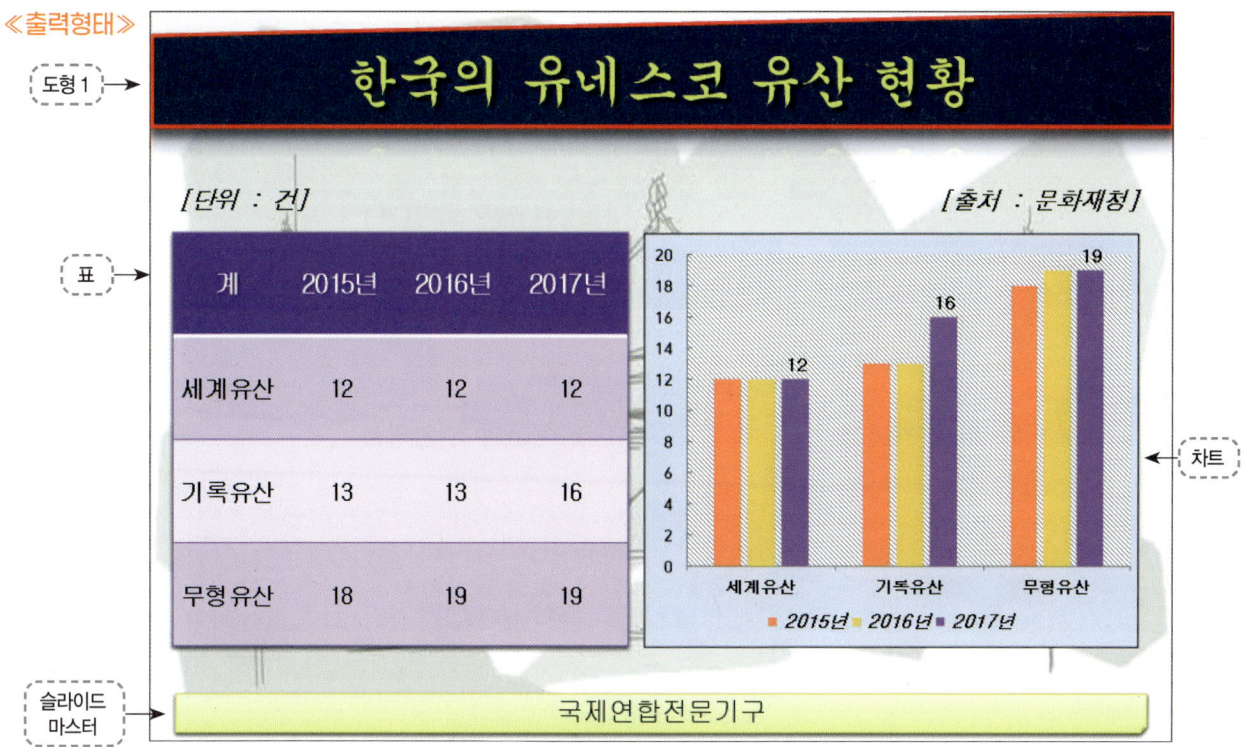

≪작성조건≫

(1) 제목

▶ 도형 1 ⇒ 순서도 : 수동 입력, 도형 채우기(검은 군청), 선 색(단색, 색 : 빨강),
　　　　　선 스타일(선 종류 : 실선, 굵기 : 3pt, 겹선 종류 : 단순형),
　　　　　도형 효과(그림자 – 바깥쪽 – 아래쪽, 반사 – '1/3 크기, 근접'), 글꼴(궁서, 40pt, 그림자, 노랑)

(2) 본문

▶ 글상자 1([단위 : 건]) ⇒ 글꼴(돋움체, 18pt, 진하게, 기울임)

▶ 표 ⇒ 표 스타일(보통 스타일 2 – 강조 6),
　　　가장 위의 행 : 글꼴(굴림체, 20pt, 진하게, 그림자, 가운데 정렬, 가운데 맞춤),
　　　나머지 행 : 글꼴(굴림체, 18pt, 진하게, 가운데 정렬, 가운데 맞춤)

▶ 글상자 2([출처 : 문화재청]) ⇒ 글꼴(돋움체, 18pt, 진하게, 기울임)

▶ 차트 ⇒ 세로 막대형 : 묶은 세로 막대형, 차트 계열색('색상 조합 – 색 3'), 차트 스타일(스타일 5),
　　　　축 서식/자료점 이름표 서식 : 글꼴(돋움, 12pt, 진하게),
　　　　범례 서식 : 글꼴(돋움, 14pt, 진하게, 기울임), 데이터는 표 참고

▶ 배경 ⇒ 배경 속성(질감/그림 – 그림)에서 그림 2 삽입(현재 슬라이드만 적용)

▶ 애니메이션 지정 ⇒ 차트 : 나타내기 – 다이아몬드형

▶ 지시사항이 없는 부분은 ≪출력형태≫와 동일하게 작성하시오.

디지털정보활용능력 - 프리젠테이션[한쇼] (시험시간 : 40분)

[슬라이드 4] 아래의 작성조건 및 출력형태에 알맞게 네 번째 슬라이드에 작업하시오. (60점)

《출력형태》

《작성조건》

(1) 제목

▶ 도형 1 ⇒ 순서도 : 수동 입력, 도형 채우기(검은 군청), 선 색(단색, 색 : 빨강),
선 스타일(선 종류 : 실선, 굵기 : 3pt, 겹선 종류 : 단순형),
도형 효과(그림자 – 바깥쪽 – 아래쪽, 반사 – '1/3 크기, 근접'), 글꼴(궁서, 40pt, 그림자, 노랑)

(2) 본문

▶ 도형 2~4 ⇒ 기본 도형 : 사다리꼴, 도형 채우기(강조 1 하늘색 60% 밝게), 선 색 없음,
도형 효과(그림자 – 바깥쪽 – 아래쪽), 글꼴(돋움체, 20pt, 진하게, 검정)

▶ 도형 5~7 ⇒ 순서도 : 수동 연산, 도형 채우기(질감 – 흰색 벽), 선 색 없음, 도형 효과(네온 – '강조 색 4, 5 pt'),
글꼴(돋움체, 20pt, 진하게, 검정)

▶ 도형 8 ⇒ 별 빛 현수막 : 포인트가 4개인 별, 도형 채우기(그러데이션 : 유형 – 신호등 2, 종류 – 사각형,
방향 – 가운데에서), 선 색 없음, 도형 효과(반사 – '1/3 크기, 근접')

▶ 도형 9 ⇒ 기본 도형 : 하트, 도형 채우기(질감/그림 – 그림) 기능을 사용하여 그림 3 삽입,
선 색(단색, 색 : 빨강), 선 스타일(선 종류 : 점선, 굵기 : 3pt, 겹선 종류 : 단순형),
도형 효과(네온 – '강조 색 6, 5 pt')

▶ 워드숍 삽입(문화재 사랑) ⇒ 윤곽 – 강조6, 그림자, 글자 효과(변환 – 휘기 – 팽창),
글꼴(궁서, 54pt, 진하게, 그림자)

▶ 지시사항이 없는 부분은 《출력형태》와 동일하게 작성하시오.

디지털정보활용능력 출제예상 모의고사

- ☑ 시험과목 : 프리젠테이션(한쇼)
- ☑ 시험일자 : 20XX. XX. XX. (X)
- ☑ 응시자 기재사항 및 감독위원 확인

수검번호	DIO - XXXX -	감독위원 확인
성 명		

응시자 유의사항

1. 응시자는 신분증을 지참하여야 시험에 응시할 수 있으며, 시험이 종료될 때까지 신분증을 제시하지 못 할 경우 해당 시험은 0점 처리됩니다.
2. 시스템(PC작동여부, 네트워크 상태 등)의 이상여부를 반드시 확인하여야 하며, 시스템 이상이 있을시 감독위원에게 조치를 받으셔야 합니다.
3. 시험 중 부주의 또는 고의로 시스템을 파손한 경우는 응시자 부담으로 합니다.
4. 답안 전송 프로그램을 통해 다운로드 받은 파일을 이용하여 답안파일을 작성하시기 바랍니다.
5. 작성한 답안 파일은 답안 전송 프로그램을 통하여 전송됩니다. 감독위원의 지시에 따라 주시기 바랍니다.
6. 다음사항의 경우 실격(0점) 혹은 부정행위 처리됩니다.
   1) 답안파일을 저장하지 않았거나, 저장한 파일이 손상되었을 경우
   2) 답안파일을 지정된 폴더(바탕화면 – "KAIT" 폴더)에 저장하지 않았을 경우
      ※ 답안 전송 프로그램 로그인 시 바탕화면에 자동 생성됨
   3) 답안파일을 다른 보조 기억장치(USB) 혹은 네트워크(메신저, 게시판 등)로 전송할 경우
   4) 휴대용 전화기 등 통신기기를 사용할 경우
7. 슬라이드는 반드시 순서대로 작성해야 하며, 순서가 다를 경우 "0"점 처리 됩니다.
8. 시험지에 제시된 글꼴이 응시 프로그램에 없는 경우, 반드시 감독위원에게 해당 내용을 통보한 뒤 조치를 받아야 합니다.
9. 슬라이드 작성 시 도형의 그룹설정을 사용하는 경우, 채점에서 감점처리 됩니다.
10. 시험의 완료는 작성이 완료된 답안을 저장하고, 답안 전송이 완료된 상태를 확인한 것으로 합니다. 답안 전송 확인 후 문제지는 감독위원에게 제출한 후 퇴실하여야 합니다.
11. 답안전송이 완료된 경우에는 수정 또는 정정이 불가능합니다.
12. 시험시행 후 합격자 발표는 홈페이지(www.ihd.or.kr)에서 확인하시기 바랍니다.
    1) 문제 및 모범답안 공개 : 20XX. XX. XX. (X)
    2) 합격자 발표 : 20XX. XX. XX. (X)

디지털정보활용능력 – 프리젠테이션[한쇼] (시험시간 : 40분)

유의사항
- 《작성조건》을 준수하여 반드시 프리젠테이션 슬라이드로 작업합니다.
- 글꼴 및 기타 사항에 대해 별도의 지시사항이 없는 경우, 슬라이드 크기와 전체적인 균형을 고려하여 임의로 작성하되, 도형은 그룹으로 설정하지 않습니다.
- 새 프레젠테이션 만들기 – 한컴오피스, 쪽 설정(종류 – A4용지(210 x 297mm)), 슬라이드 방향(가로)로 지정합니다.
  ▶ 슬라이드 크기, 방향 조정 시 '맞춤 확인'으로 지정하여야 합니다.
- 공통적용사항(슬라이드 마스터)
  ▶ 도형 ⇒ 블록 화살표 : 오각형, 도형 스타일('강한 효과 – 강조 2'), 글꼴(궁서, 25pt, 진하게)
- 그림 삽입 시 다운로드 한 그림 파일을 반드시 사용하여야 합니다.
- ▭ ➔ 은 지시사항이므로 작성하지 않습니다.
- 슬라이드에 제시된 글자 및 숫자 오타는 감점처리 됩니다.

[슬라이드 1] 아래의 작성조건 및 출력형태에 알맞게 첫 번째 슬라이드에 작업하시오. (30점)

《출력형태》

《작성조건》

▶ 도형 1 ⇒ 순서도 : 종속 처리, 도형 채우기(그러데이션 : 유형 – 솜사탕 3, 종류 – 선형, 방향 – 아래쪽에서),
　　선 색(단색, 색 : 검정), 선 스타일(선 종류 : 실선, 굵기 : 1pt, 겹선 종류 : 단순형),
　　도형 효과(그림자 – 바깥쪽 – 가운데), 글꼴(궁서체, 46pt, 진하게, 검정)

▶ 도형 2 ⇒ 별 및 현수막 : 포인트가 5개인 별, 도형 채우기(노랑),
　　선 색 없음, 도형 효과(그림자 – 안쪽 – 가운데, 반사 – '1/3 크기, 근접')

▶ 도형 3 ⇒ 기본 도형 : 하트, 도형 스타일('보통 효과 – 강조 2')

▶ 그림 삽입 ⇒ 그림 1 삽입, 크기(너비 : 80mm, 높이 : 80mm)

▶ 글상자(주로 한국의 전통식 요리를 뜻한다) ⇒ 글꼴(궁서, 22pt, 진하게, 기울임)

▶ 애니메이션 지정 ⇒ 도형 1 : 나타내기 – 날아오기

▶ 지시사항이 없는 부분은 《출력형태》와 동일하게 작성하시오.

디지털정보활용능력 – 프리젠테이션[한쇼] (시험시간 : 40분)

[슬라이드 2] 아래의 작성조건 및 출력형태에 알맞게 두 번째 슬라이드에 작업하시오. (50점)

《출력형태》

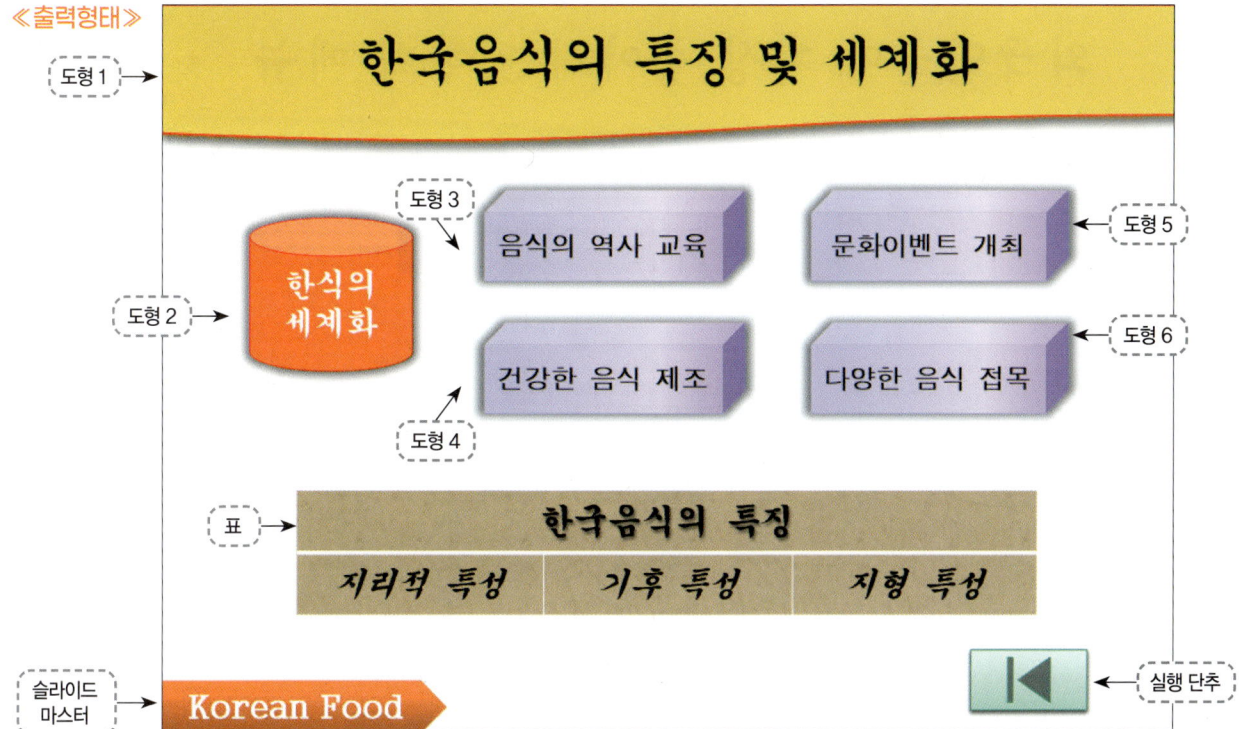

《작성조건》

(1) 제목

▶ 도형 1 ⇒ 순서도 : 문서, 도형 채우기(강조 4 노랑), 선 색(단색, 색 : 빨강),
　　　　　선 스타일(선 종류 : 실선, 굵기 : 1.5pt, 겹선 종류 : 단순형),
　　　　　도형 효과(그림자 – 바깥쪽 – 대각선 오른쪽 아래, 네온 – '강조 색 2, 5 pt'),
　　　　　글꼴(궁서, 40pt, 검정)

(2) 본문

▶ 표 ⇒ 채우기(질감 – 종이, 배열 – 바둑판식),
　　　가장 위의 행 : 글꼴(궁서체, 26pt, 진하게, 그림자, 검정, 가운데 정렬, 가운데 맞춤),
　　　나머지 행 : 글꼴(궁서체, 24pt, 진하게, 기울임, 가운데 정렬, 가운데 맞춤)

▶ 도형 2 ⇒ 기본 도형 : 원통, 도형 채우기(주황), 선 색(단색, 색 : 빨강),
　　　　　선 스타일(선 종류 : 실선, 굵기 : 1pt, 겹선 종류 : 단순형),
　　　　　도형 효과(그림자 – 바깥쪽 – 가운데), 글꼴(궁서체, 24pt, 진하게)

▶ 도형 3~6 ⇒ 기본 도형 : 정육면체, 도형 채우기(그러데이션 : 유형 – 보라, 종류 – 선형, 방향 – 왼쪽에서),
　　　　　　선 색 없음, 도형 효과(그림자 – 바깥쪽 – 가운데), 글꼴(돋움체, 20pt, 진하게, 검정)

▶ 실행 단추 ⇒ 실행 단추 : 시작, 하이퍼링크 : 첫째 슬라이드, 도형 스타일('밝은 계열 – 강조 5')

▶ 애니메이션 지정 ⇒ 도형 2 : 나타내기 – 모자이크

▶ 지시사항이 없는 부분은《출력형태》와 동일하게 작성하시오.

[슬라이드 3] 아래의 작성조건 및 출력형태에 알맞게 세 번째 슬라이드에 작업하시오. (60점)

≪출력형태≫

≪작성조건≫

(1) 제목

　▶ 도형 1 ⇒ 순서도 : 문서, 도형 채우기(강조 4 노랑), 선 색(단색, 색 : 빨강),
　　　선 스타일(선 종류 : 실선, 굵기 : 1.5pt, 겹선 종류 : 단순형),
　　　도형 효과(그림자 – 바깥쪽 – 대각선 오른쪽 아래, 네온 – '강조 색 2, 5 pt'),
　　　글꼴(궁서, 40pt, 검정)

(2) 본문

　▶ 글상자 1([단위 : %]) ⇒ 글꼴(굴림, 20pt, 진하게, 기울임)

　▶ 표 ⇒ 표 스타일(보통 스타일 1 – 강조 3),
　　　가장 위의 행 : 글꼴(굴림체, 20pt, 진하게, 그림자, 가운데 정렬, 가운데 맞춤),
　　　나머지 행 : 글꼴(굴림체, 18pt, 진하게, 기울임, 가운데 정렬, 가운데 맞춤)

　▶ 글상자 2([출처 : (사)세계한인언론인협회]) ⇒ 글꼴(굴림, 20pt, 진하게, 기울임)

　▶ 차트 ⇒ 가로 막대형 : 묶은 가로 막대형, 차트 스타일(스타일 4),
　　　축 서식/자료점 이름표 서식 : 글꼴(굴림, 14pt, 진하게),
　　　범례 서식 : 글꼴(굴림, 16pt, 진하게, 기울임), 데이터는 표 참고(소수점 반드시 기입)

　▶ 배경 ⇒ 배경 속성(질감/그림 – 그림)에서 그림 2 삽입(현재 슬라이드만 적용)

　▶ 애니메이션 지정 ⇒ 차트 : 나타내기 – 블라인드

　▶ 지시사항이 없는 부분은 ≪출력형태≫와 동일하게 작성하시오.

디지털정보활용능력 - 프리젠테이션[한쇼] (시험시간 : 40분)

[슬라이드 4] 아래의 작성조건 및 출력형태에 알맞게 네 번째 슬라이드에 작업하시오. (60점)

≪출력형태≫

≪작성조건≫

(1) 제목
- ▶ 도형 1 ⇒ 순서도 : 문서, 도형 채우기(강조 4 노랑), 선 색(단색, 색 : 빨강),
  선 스타일(선 종류, 실선, 굵기 : 1.5pt, 겹선 종류 : 단순형),
  도형 효과(그림자 – 바깥쪽 – 대각선 오른쪽 아래, 네온 – '강조 색 2, 5 pt'),
  글꼴(궁서, 40pt, 검정)

(2) 본문
- ▶ 도형 2~4 ⇒ 기본 도형 : 배지, 도형 채우기(질감 : 삼베, 배열 – 바둑판식), 선 색 없음,
  도형 효과(그림자 – 바깥쪽 – 아래쪽), 글꼴(굴림체, 20pt, 진하게, 검정)

- ▶ 도형 5~7 ⇒ 블록 화살표 : 왼쪽 화살표 설명선, 도형 채우기(노랑), 선 색 없음,
  도형 효과(그림자 – 바깥쪽 – 아래쪽), 글꼴(굴림체, 20pt, 진하게, 검정)

- ▶ 도형 8 ⇒ 기본 도형 : 해, 도형 채우기(빨강), 선 색 없음, 도형 효과(그림자 – 안쪽 – 가운데)

- ▶ 도형 9 ⇒ 별 및 현수막 : 물결, 도형 채우기(질감/그림 – 그림) 기능을 사용하여 그림 3 삽입,
  선 색 (단색, 색 : 파랑), 선 스타일(선 종류 : 실선, 너비 : 1pt, 겹선 종류 : 단순형),
  도형 효과(네온 – '강조 색 1, 10 pt')

- ▶ 워드숍 삽입(한국 고유의 맛) ⇒ 채우기 – 강조1(그러데이션), 윤곽–밝은색 1, 글자 효과(변환 – 휘기 – 팽창)
  글꼴(궁서, 44pt, 진하게, 그림자)

- ▶ 지시사항이 없는 부분은 ≪출력형태≫와 동일하게 작성하시오.

제11회 디지털정보활용능력 출제예상 모의고사

- ☑ 시험과목 : 프리젠테이션(한쇼)
- ☑ 시험일자 : 20XX. XX. XX. (X)
- ☑ 응시자 기재사항 및 감독위원 확인

수검번호	DIO - XXXX -	감독위원 확인
성 명		

응시자 유의사항

1. 응시자는 신분증을 지참하여야 시험에 응시할 수 있으며, 시험이 종료될 때까지 신분증을 제시하지 못 할 경우 해당 시험은 0점 처리됩니다.
2. 시스템(PC작동여부, 네트워크 상태 등)의 이상여부를 반드시 확인하여야 하며, 시스템 이상이 있을시 감독위원에게 조치를 받으셔야 합니다.
3. 시험 중 부주의 또는 고의로 시스템을 파손한 경우는 응시자 부담으로 합니다.
4. 답안 전송 프로그램을 통해 다운로드 받은 파일을 이용하여 답안파일을 작성하시기 바랍니다.
5. 작성한 답안 파일은 답안 전송 프로그램을 통하여 전송됩니다. 감독위원의 지시에 따라 주시기 바랍니다.
6. 다음사항의 경우 실격(0점) 혹은 부정행위 처리됩니다.
   1) 답안파일을 저장하지 않았거나, 저장한 파일이 손상되었을 경우
   2) 답안파일을 지정된 폴더(바탕화면 – "KAIT" 폴더)에 저장하지 않았을 경우
      ※ 답안 전송 프로그램 로그인 시 바탕화면에 자동 생성됨
   3) 답안파일을 다른 보조 기억장치(USB) 혹은 네트워크(메신저, 게시판 등)로 전송할 경우
   4) 휴대용 전화기 등 통신기기를 사용할 경우
7. 슬라이드는 반드시 순서대로 작성해야 하며, 순서가 다를 경우 "0"점 처리 됩니다.
8. 시험지에 제시된 글꼴이 응시 프로그램에 없는 경우, 반드시 감독위원에게 해당 내용을 통보한 뒤 조치를 받아야 합니다.
9. 슬라이드 작성 시 도형의 그룹설정을 사용하는 경우, 채점에서 감점처리 됩니다.
10. 시험의 완료는 작성이 완료된 답안을 저장하고, 답안 전송이 완료된 상태를 확인한 것으로 합니다. 답안 전송 확인 후 문제지는 감독위원에게 제출한 후 퇴실하여야 합니다.
11. 답안전송이 완료된 경우에는 수정 또는 정정이 불가능합니다.
12. 시험시행 후 합격자 발표는 홈페이지(www.ihd.or.kr)에서 확인하시기 바랍니다.
    1) 문제 및 모범답안 공개 : 20XX. XX. XX. (X)
    2) 합격자 발표 : 20XX. XX. XX. (X)

디지털정보활용능력 – 프리젠테이션[한쇼] (시험시간 : 40분)

유의사항
- 《작성조건》을 준수하여 반드시 프리젠테이션 슬라이드로 작업합니다.
- 글꼴 및 기타 사항에 대해 별도의 지시사항이 없는 경우, 슬라이드 크기와 전체적인 균형을 고려하여 임의로 작성하되, 도형은 그룹으로 설정하지 않습니다.
- 새 프레젠테이션 만들기 – 한컴오피스, 쪽 설정(종류 – A4용지(210 x 297mm)), 슬라이드 방향(가로)로 지정합니다.
  ▶ 슬라이드 크기, 방향 조정 시 '맞춤 확인'으로 지정하여야 합니다.
- 공통적용사항(슬라이드 마스터)
  ▶ 도형 ⇒ 기본 도형 : 타원, 도형 스타일('보통 효과 – 강조 2'), 글꼴(돋움, 16pt, 진하게)
- 그림 삽입 시 다운로드 한 그림 파일을 반드시 사용하여야 합니다.
- ┌──┐ ⟶ 은 지시사항이므로 작성하지 않습니다.
- 슬라이드에 제시된 글자 및 숫자 오타는 감점처리 됩니다.

[슬라이드 1] 아래의 작성조건 및 출력형태에 알맞게 첫 번째 슬라이드에 작업하시오. (30점)

《출력형태》

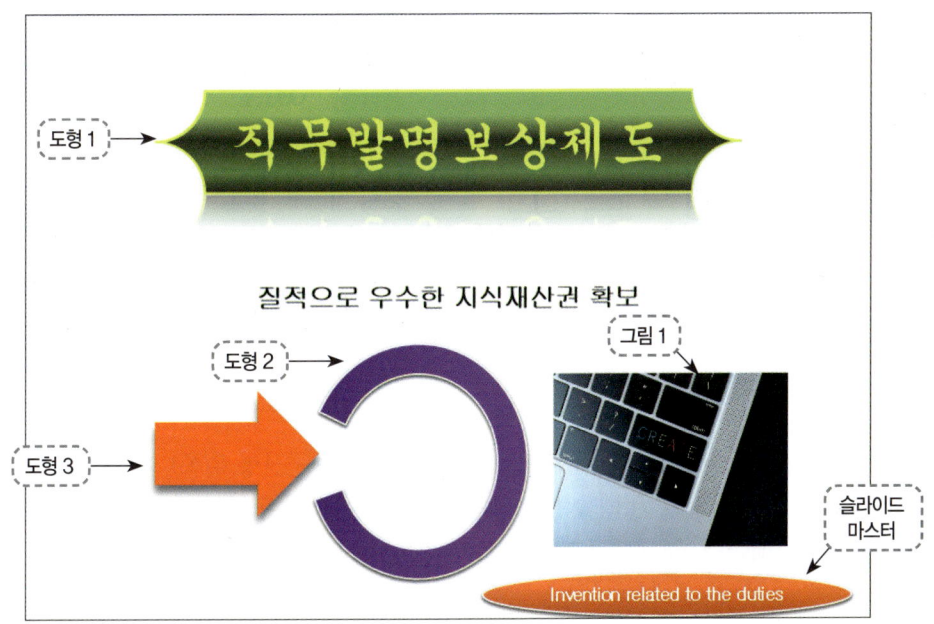

《작성조건》

▶ 도형 1 ⇒ 기본 도형 : 배지, 도형 채우기(그러데이션 : 유형 – 청동, 종류 – 선형, 방향 – 위쪽에서), 선 색(단색, 색 : 노랑), 선 스타일(선 종류 : 실선, 굵기 : 2pt, 겹선 종류 : 단순형), 도형 효과(반사 – '1/3 크기, 근접'), 글꼴(궁서, 50pt, 노랑)

▶ 도형 2 ⇒ 기본 도형 : 막힌 원호, 도형 스타일('보통 효과 – 강조 6')

▶ 도형 3 ⇒ 블록 화살표 : 오른쪽 화살표, 도형 채우기(주황), 선 색 없음, 도형 효과(그림자 – 바깥쪽 – 아래쪽)

▶ 그림 삽입 ⇒ 그림 1 삽입, 크기(너비 : 77mm, 높이 : 55mm)

▶ 글상자(질적으로 우수한 지식재산권 확보) ⇒ 글꼴(굴림, 24pt, 진하게)

▶ 애니메이션 지정 ⇒ 그림 1 : 나타내기 – 다이아몬드형

▶ 지시사항이 없는 부분은 《출력형태》와 동일하게 작성하시오.

디지털정보활용능력 – 프리젠테이션[한쇼] (시험시간 : 40분)

[슬라이드 2] 아래의 작성조건 및 출력형태에 알맞게 두 번째 슬라이드에 작업하시오. (50점)

《출력형태》

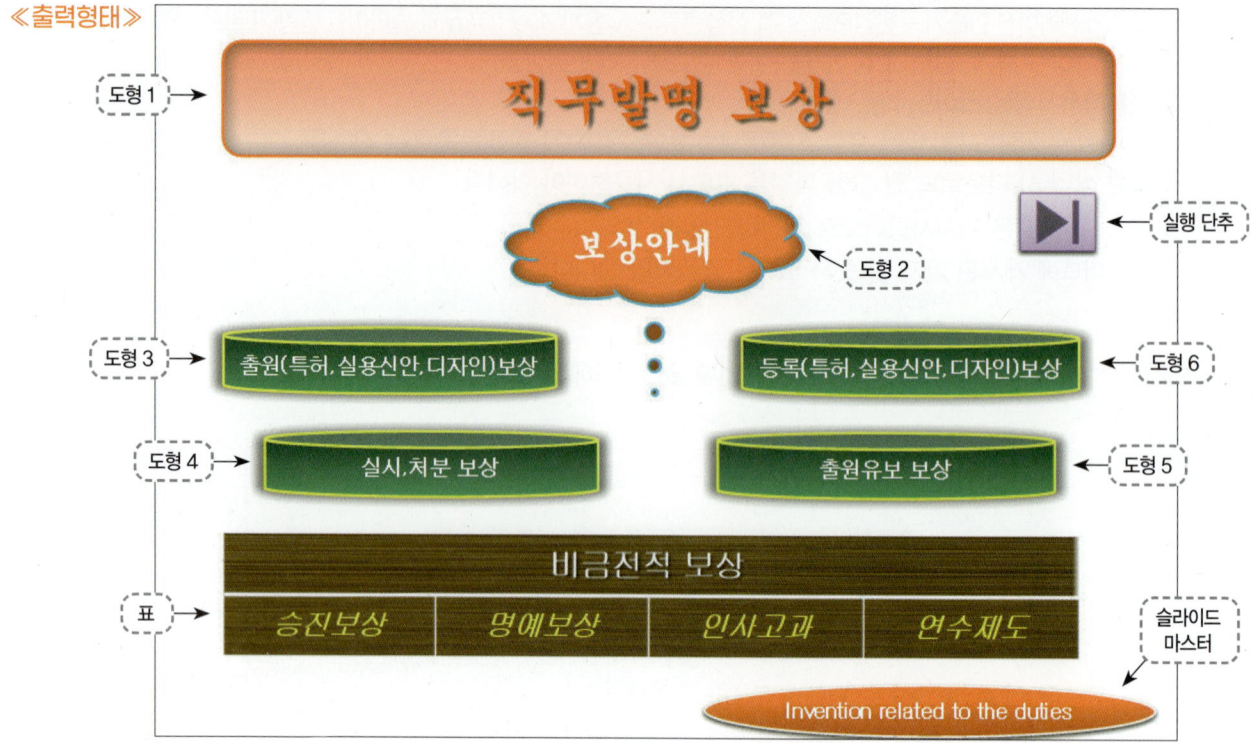

《작성조건》

(1) 제목

▶ 도형 1 ⇒ 순서도 : 대체 처리, 도형 채우기(주황, 밝은 그러데이션 – 선형 위쪽), 선 색(단색, 색 : 주황),
　　　　선 스타일(선 종류 : 실선, 굵기 : 2pt, 겹선 종류 : 단순형), 도형 효과(그림자 – 안쪽 – 가운데),
　　　　글꼴(궁서, 40pt, 그림자, 주황)

(2) 본문

▶ 도형 2 ⇒ 설명선 : 구름 모양 설명선, 도형 채우기(강조 2 주황), 선 색(단색, 색 : 시안),
　　　　선 스타일(선 종류 : 실선, 굵기 : 2pt, 겹선 종류 : 단순형), 도형 효과(그림자 – 안쪽– 가운데),
　　　　글꼴(궁서, 28pt, 진하게)

▶ 도형 3~6 ⇒ 기본 도형 : 원통, 도형 채우기(강조 5 초록, 어두운 그러데이션 – 선형 위쪽, 선 색(단색, 색 : 노랑),
　　　　선 스타일(선 종류 : 실선, 굵기 : 2pt, 겹선 종류 : 단순형), 도형 효과(그림자 – 바깥쪽 – 가운데),
　　　　글꼴(돋움, 16pt, 진하게)

▶ 표 ⇒ 채우기(질감 – 나무 무늬, 배열 – 늘이기),
　　　　가장 위의 행 : 글꼴(굴림, 24pt, 진하게, 그림자, 가운데 정렬, 가운데 맞춤),
　　　　나머지 행 : 글꼴(굴림, 22pt, 진하게, 기울임, 노랑, 가운데 정렬, 가운데 맞춤)

▶ 실행 단추 ⇒ 실행 단추 : 끝, 하이퍼링크 : 마지막 슬라이드, 도형 스타일('밝은 계열 – 강조 6')

▶ 애니메이션 지정 ⇒ 표 : 나타내기 – 블라인드

▶ 지시사항이 없는 부분은 《출력형태》와 동일하게 작성하시오.

디지털정보활용능력 – 프리젠테이션[한쇼] (시험시간 : 40분)

[슬라이드 3] 아래의 작성조건 및 출력형태에 알맞게 세 번째 슬라이드에 작업하시오. (60점)

≪출력형태≫

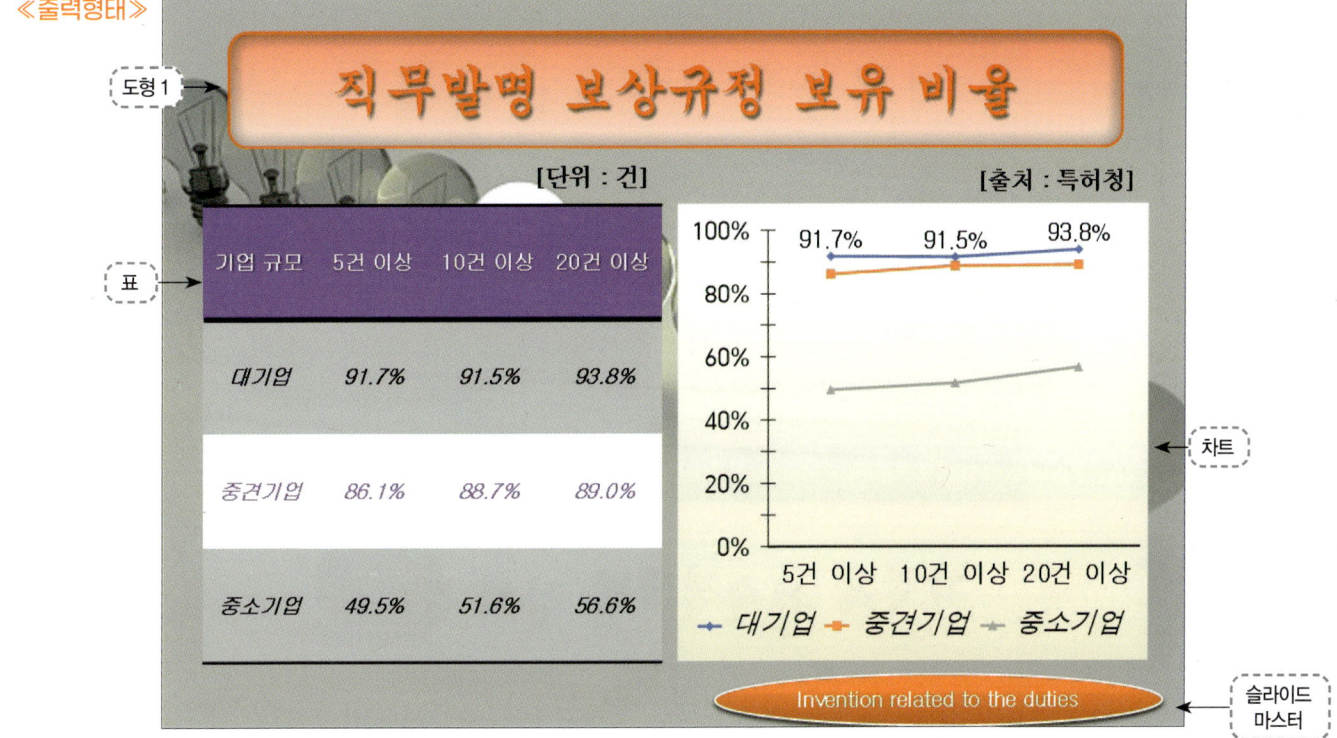

≪작성조건≫

(1) 제목
- 도형 1 ⇒ 순서도 : 대체 처리, 도형 채우기(주황), 그러데이션 – 선형 위쪽), 선 색(단색, 색 : 주황), 선 스타일(선 종류 : 실선, 굵기 : 2pt, 겹선 종류 : 단순형), 도형 효과(그림자 – 안쪽 – 가운데), 글꼴(궁서, 40pt, 그림자, 주황)

(2) 본문
- 글상자 1([단위 : 건]) ⇒ 글꼴(바탕, 18pt, 진하게)
- 표 ⇒ 표 스타일(보통 스타일 3 – 강조 6), 가장 위의 행 : 글꼴(굴림, 16pt, 진하게, 그림자, 가운데 정렬, 가운데 맞춤), 나머지 행 : 글꼴(굴림, 16pt, 진하게, 기울임, 가운데 정렬, 가운데 맞춤)
- 글상자 2([출처 : 특허청]) ⇒ 글꼴(바탕, 18pt, 진하게)
- 차트 ⇒ 꺾은선/영역형 : 표식이 있는 꺾은선형, 차트 스타일(스타일 3), 축 서식/자료점 이름표 서식 : 글꼴(돋움, 12pt), 범례 서식 : 글꼴(돋움, 14pt, 기울임), 데이터는 표 참고
- 배경 ⇒ 배경 속성(질감/그림 – 그림)에서 그림 2 삽입(현재 슬라이드만 적용)
- 애니메이션 지정 ⇒ 차트 : 나타내기 – 날아오기
- 지시사항이 없는 부분은 ≪출력형태≫와 동일하게 작성하시오.

디지털정보활용능력 – 프리젠테이션[한쇼] (시험시간 : 40분)

[슬라이드 4] 아래의 작성조건 및 출력형태에 알맞게 네 번째 슬라이드에 작업하시오. (60점)

《출력형태》

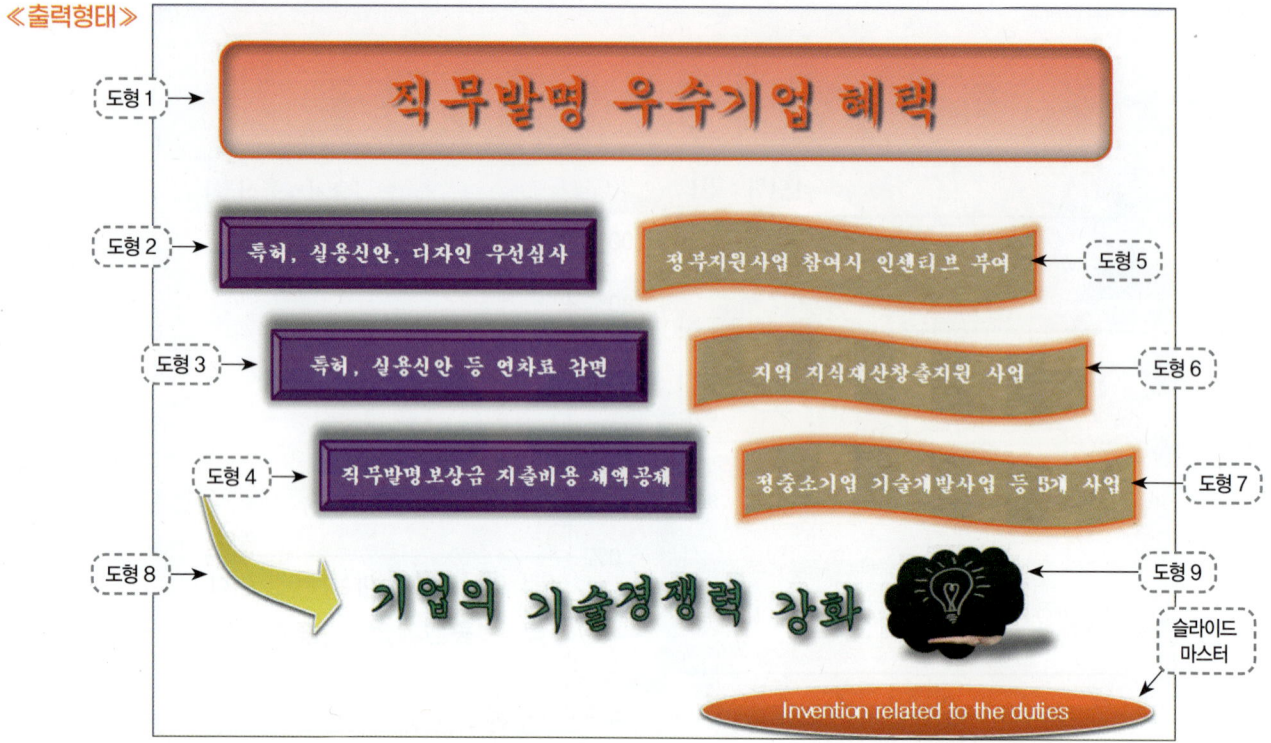

《작성조건》

(1) 제목

▶ 도형 1 ⇒ 순서도 : 대체 처리, 도형 채우기(주황), 그러데이션 – 선형 위쪽), 선 색(단색, 색 : 주황),
　　　　　선 스타일(선 종류 : 실선, 굵기 : 2pt, 겹선 종류 : 단순형), 도형 효과(그림자 – 안쪽 – 가운데),
　　　　　글꼴(궁서, 40pt, 그림자, 주황)

(2) 본문

▶ 도형 2~4 ⇒ 기본 도형 : 빗면, 도형 채우기(강조 6 보라), 선 색(단색, 색 : 보라),
　　　　　　선 스타일(선 종류 : 실선, 굵기 : 2pt, 겹선 종류 : 단순형), 도형 효과(그림자 – 바깥쪽 – 위쪽),
　　　　　　글꼴(궁서체, 16pt, 진하게)

▶ 도형 5~7 ⇒ 별 및 현수막 : 물결, 도형 채우기(질감 – 종이, 배열 – 늘이기), 선 색(단색, 색 : 주황),
　　　　　　선 스타일(선 종류 : 실선, 굵기 : 2pt, 겹선 종류 : 단순형), 도형 효과(네온 – '강조 색 2, 10 pt'),
　　　　　　글꼴(궁서체, 16pt, 진하게)

▶ 도형 8 ⇒ 블록 화살표 : 휘어진 화살표, 도형 스타일(보통 효과 – 강조 4)

▶ 도형 9 ⇒ 기본 도형 : 구름, 도형 채우기(질감/그림 – 그림) 기능을 사용하여 그림 3 삽입, 선 색 없음,
　　　　　도형 효과(그림자 – 원근감 – 대각선 오른쪽 위)

▶ 워드숍 삽입(기업의 기술경쟁력 강화) ⇒ 채우기 – 강조 5, 윤곽 – 강조 5(어두운계열),
　　　　　　　　　　　　　　　　　　글자 효과(변환 – 휘기 – 이중 물결 1), 글꼴(궁서체, 32pt, 그림자)

▶ 지시사항이 없는 부분은 《출력형태》와 동일하게 작성하시오.

제12회 디지털정보활용능력 출제예상 모의고사

- ☑ 시험과목 : 프리젠테이션(한쇼)
- ☑ 시험일자 : 20XX. XX. XX. (X)
- ☑ 응시자 기재사항 및 감독위원 확인

수검번호	DIO - XXXX -	감독위원 확인
성 명		

응시자 유의사항

1. 응시자는 신분증을 지참하여야 시험에 응시할 수 있으며, 시험이 종료될 때까지 신분증을 제시하지 못 할 경우 해당 시험은 0점 처리됩니다.
2. 시스템(PC작동여부, 네트워크 상태 등)의 이상여부를 반드시 확인하여야 하며, 시스템 이상이 있을시 감독위원에게 조치를 받으셔야 합니다.
3. 시험 중 부주의 또는 고의로 시스템을 파손한 경우는 응시자 부담으로 합니다.
4. 답안 전송 프로그램을 통해 다운로드 받은 파일을 이용하여 답안파일을 작성하시기 바랍니다.
5. 작성한 답안 파일은 답안 전송 프로그램을 통하여 전송됩니다. 감독위원의 지시에 따라 주시기 바랍니다.
6. 다음사항의 경우 실격(0점) 혹은 부정행위 처리됩니다.
    1) 답안파일을 저장하지 않았거나, 저장한 파일이 손상되었을 경우
    2) 답안파일을 지정된 폴더(바탕화면 – "KAIT" 폴더)에 저장하지 않았을 경우
        ※ 답안 전송 프로그램 로그인 시 바탕화면에 자동 생성됨
    3) 답안파일을 다른 보조 기억장치(USB) 혹은 네트워크(메신저, 게시판 등)로 전송할 경우
    4) 휴대용 전화기 등 통신기기를 사용할 경우
7. 슬라이드는 반드시 순서대로 작성해야 하며, 순서가 다를 경우 "0"점 처리 됩니다.
8. 시험지에 제시된 글꼴이 응시 프로그램에 없는 경우, 반드시 감독위원에게 해당 내용을 통보한 뒤 조치를 받아야 합니다.
9. 슬라이드 작성 시 도형의 그룹설정을 사용하는 경우, 채점에서 감점처리 됩니다.
10. 시험의 완료는 작성이 완료된 답안을 저장하고, 답안 전송이 완료된 상태를 확인한 것으로 합니다. 답안 전송 확인 후 문제지는 감독위원에게 제출한 후 퇴실하여야 합니다.
11. 답안전송이 완료된 경우에는 수정 또는 정정이 불가능합니다.
12. 시험시행 후 합격자 발표는 홈페이지(www.ihd.or.kr)에서 확인하시기 바랍니다.
    1) 문제 및 모범답안 공개 : 20XX. XX. XX. (X)
    2) 합격자 발표 : 20XX. XX. XX. (X)

디지털정보활용능력 – 프리젠테이션[한쇼] (시험시간 : 40분)

유의사항
- 《작성조건》을 준수하여 반드시 프리젠테이션 슬라이드로 작업합니다.
- 글꼴 및 기타 사항에 대해 별도의 지시사항이 없는 경우, 슬라이드 크기와 전체적인 균형을 고려하여 임의로 작성하되, 도형은 그룹으로 설정하지 않습니다.
- 새 프레젠테이션 만들기 – 한컴오피스, 쪽 설정(종류 – A4용지(210 x 297mm)), 슬라이드 방향(가로)로 지정합니다.
  ▶ 슬라이드 크기, 방향 조정 시 '맞춤 확인'으로 지정하여야 합니다.
- 공통적용사항(슬라이드 마스터)
  ▶ 도형 ⇒ 기본 도형 : 사다리꼴, 도형 스타일('강한 효과 – 강조 4), 글꼴(돋움, 16pt, 진하게)
- 그림 삽입 시 다운로드 한 그림 파일을 반드시 사용하여야 합니다.
- ⟶ 은 지시사항이므로 작성하지 않습니다.
- 슬라이드에 제시된 글자 및 숫자 오타는 감점처리 됩니다.

[슬라이드 1] 아래의 작성조건 및 출력형태에 알맞게 첫 번째 슬라이드에 작업하시오. (30점)

《출력형태》

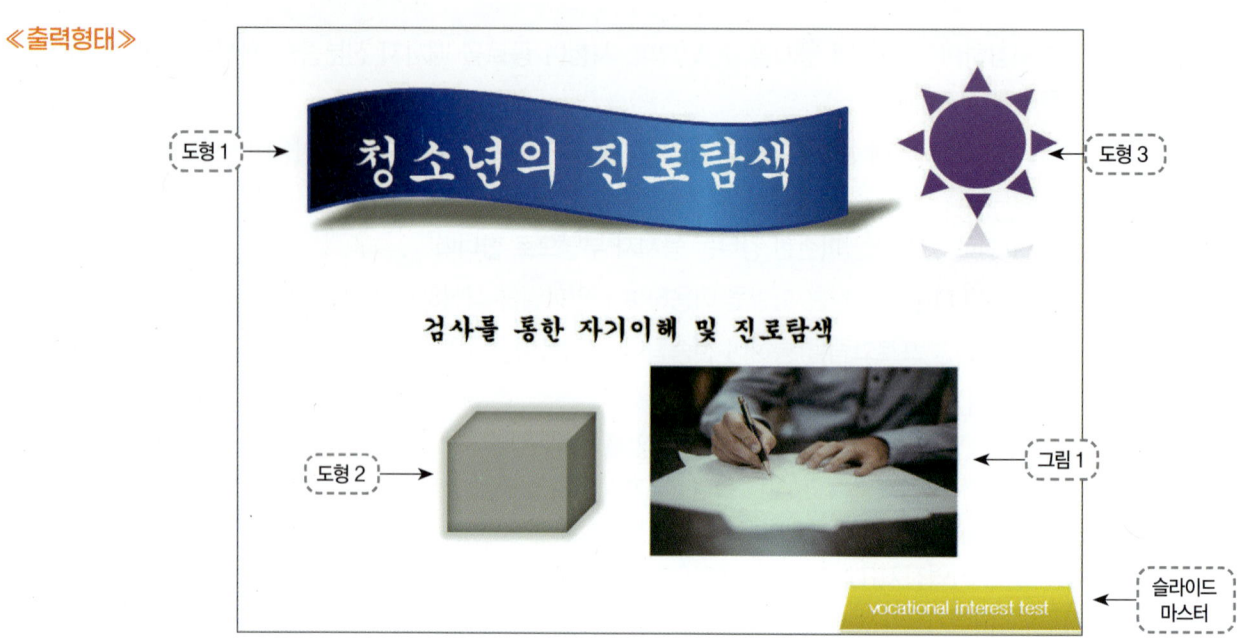

《작성조건》

▶ 도형 1 ⇒ 별 및 현수막 : 물결, 도형 채우기(그러데이션 : 유형 – 청명한 하늘, 종류 – 선형, 방향 – 왼쪽에서),
　　　　　선 색(단색, 색 : 파랑), 선 스타일(선 종류 : 실선, 굵기 : 3pt, 겹선 종류 : 단순형),
　　　　　도형 효과(그림자 – 원근감 – 대각선 오른쪽 위), 글꼴(궁서, 50pt)

▶ 도형 2 ⇒ 기본 도형 : 정육면체, 도형 채우기(강조 3 시멘트색), 선 색 없음,
　　　　　도형 효과(그림자 – 안쪽 – 가운데, 네온 – '강조 색 3, 15 pt')

▶ 도형 3 ⇒ 기본 도형 : 해, 도형 스타일('강한 효과 – 강조 6')

▶ 그림 삽입 ⇒ 그림 1 삽입, 크기(너비 : 100mm, 높이 : 60mm)

▶ 글상자(검사를 통한 자기이해 및 진로탐색) ⇒ 글꼴(궁서체, 24pt, 진하게)

▶ 애니메이션 지정 ⇒ 도형 1 : 나타내기 – 날아오기

▶ 지시사항이 없는 부분은 《출력형태》와 동일하게 작성하시오.

디지털정보활용능력 – 프리젠테이션[한쇼] (시험시간 : 40분)

[슬라이드 2] 아래의 작성조건 및 출력형태에 알맞게 두 번째 슬라이드에 작업하시오. (50점)

≪출력형태≫

≪작성조건≫

(1) 제목
- ▶ 도형 1 ⇒ 블록 화살표 : 오각형, 도형 채우기(질감 – 나무 무늬, 배열 – 늘이기), 선 색(단색, 색 : 주황), 선 스타일(선 종류 : 실선, 굵기 : 3pt, 겹선 종류 : 단순형), 도형 효과(반사 – '1/2 크기, 근접', 네온 – '강조 색 2, 10 pt'), 글꼴(궁서, 40pt, 진하게, 그림자)

(2) 본문
- ▶ 도형 2 ⇒ 별 및 현수막 : 포인트가 10개인 별, 도형 채우기(시안), 선 색(단색, 색 : 초록), 선 스타일(선 종류 : 긴 점선, 굵기 : 3pt, 겹선 종류 : 이중), 글꼴(궁서체, 26pt, 기울임)
- ▶ 도형 3~6 ⇒ 기본 도형 : L 도형, 도형 채우기(검정, 그러데이션 – 선형 아래쪽), 선 색 없음, 도형 효과(그림자 – 안쪽 – 가운데), 글꼴(돋움, 18pt, 진하게)
- ▶ 표 ⇒ 채우기(질감 – 붉은색 겉뜨기 스웨터, 배열 – 늘이기), 가장 위의 행 : 글꼴(궁서, 20pt, 진하게, 그림자, 가운데 정렬, 가운데 맞춤), 나머지 행 : 글꼴(궁서, 16pt, 진하게, 기울임, 가운데 정렬, 가운데 맞춤)
- ▶ 실행 단추 ⇒ 실행 단추 : 끝, 하이퍼링크 : 마지막 슬라이드, 도형 스타일(밝은 계열 – 강조 1)
- ▶ 애니메이션 지정 ⇒ 표 : 나타내기 – 모자이크
- ▶ 지시사항이 없는 부분은 ≪출력형태≫와 동일하게 작성하시오.

디지털정보활용능력 - 프리젠테이션[한쇼] (시험시간 : 40분)

[슬라이드 3] 아래의 작성조건 및 출력형태에 알맞게 세 번째 슬라이드에 작업하시오. (60점)

≪출력형태≫

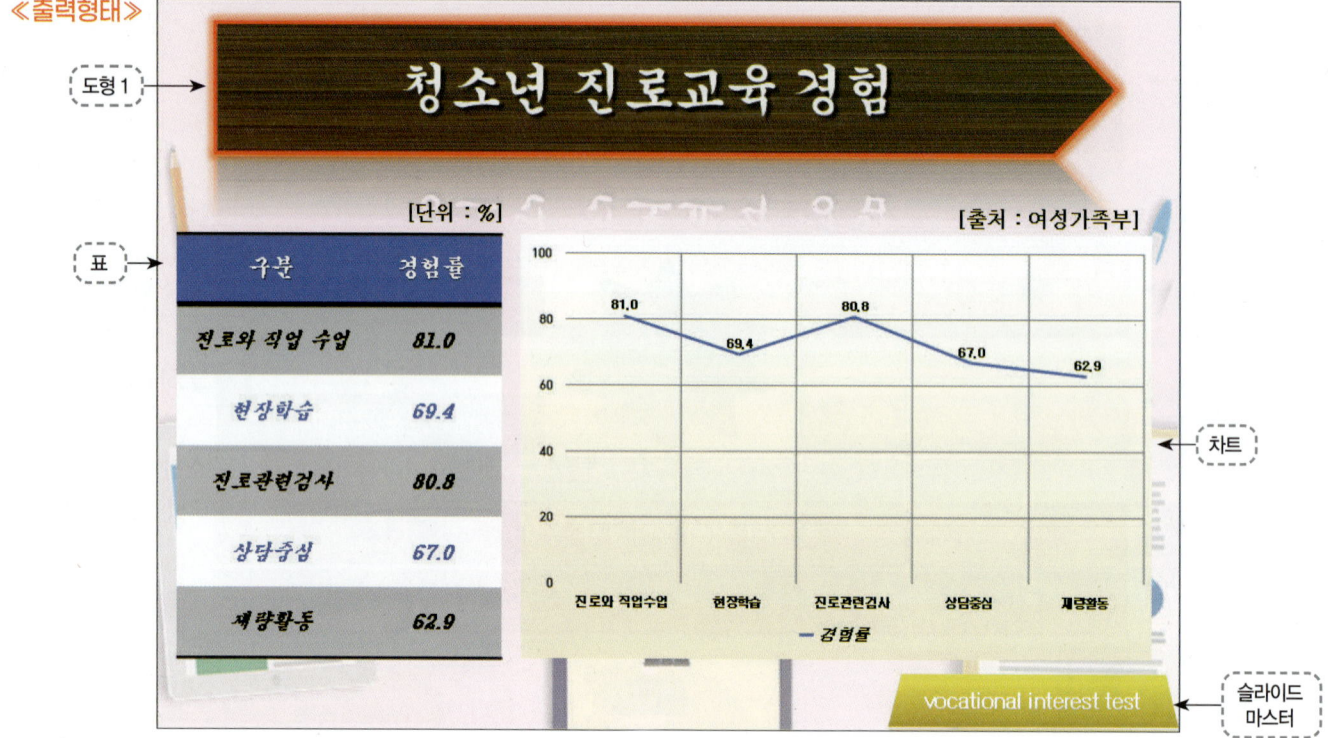

≪작성조건≫

(1) 제목
- ▶ 도형 1 ⇒ 블록 화살표 : 오각형, 도형 채우기(질감 - 나무 무늬, 배열 - 늘이기), 선 색(단색, 색 : 주황), 선 스타일(선 종류 : 실선, 굵기 : 3pt, 겹선 종류 : 단순형), 도형 효과(반사 - '1/2 크기, 근접', 네온 - '강조 색 2, 10 pt'), 글꼴(궁서, 40pt, 진하게, 그림자)

(2) 본문
- ▶ 글상자 1([단위 : %]) ⇒ 글꼴(바탕, 16pt, 진하게)
- ▶ 표 ⇒ 표 스타일(보통 스타일 3 - 강조 1), 가장 위의 행 : 글꼴(궁서, 18pt, 진하게, 그림자, 가운데 정렬, 가운데 맞춤), 나머지 행 : 글꼴(궁서, 16pt, 진하게, 기울임, 가운데 정렬, 가운데 맞춤)
- ▶ 글상자 2([출처 : 여성가족부]) ⇒ 글꼴(바탕, 16pt, 진하게)
- ▶ 차트 ⇒ 꺾은선/영역형 : 꺾은선형, 차트 스타일(스타일 3), 축 서식/자료점 이름표 서식 : 글꼴(돋움, 10pt, 진하게), 범례 서식 : 글꼴(돋움, 12pt, 진하게, 기울임), 데이터는 표 참고
- ▶ 배경 ⇒ 배경 속성(질감/그림 - 그림)에서 그림 2 삽입(현재 슬라이드만 적용)
- ▶ 애니메이션 지정 ⇒ 차트 : 나타내기 - 다이아몬드형
- ▶ 지시사항이 없는 부분은 ≪출력형태≫와 동일하게 작성하시오.

디지털정보활용능력 – 프리젠테이션[한쇼] (시험시간 : 40분)

[슬라이드 4] 아래의 작성조건 및 출력형태에 알맞게 네 번째 슬라이드에 작업하시오. (60점)

≪출력형태≫

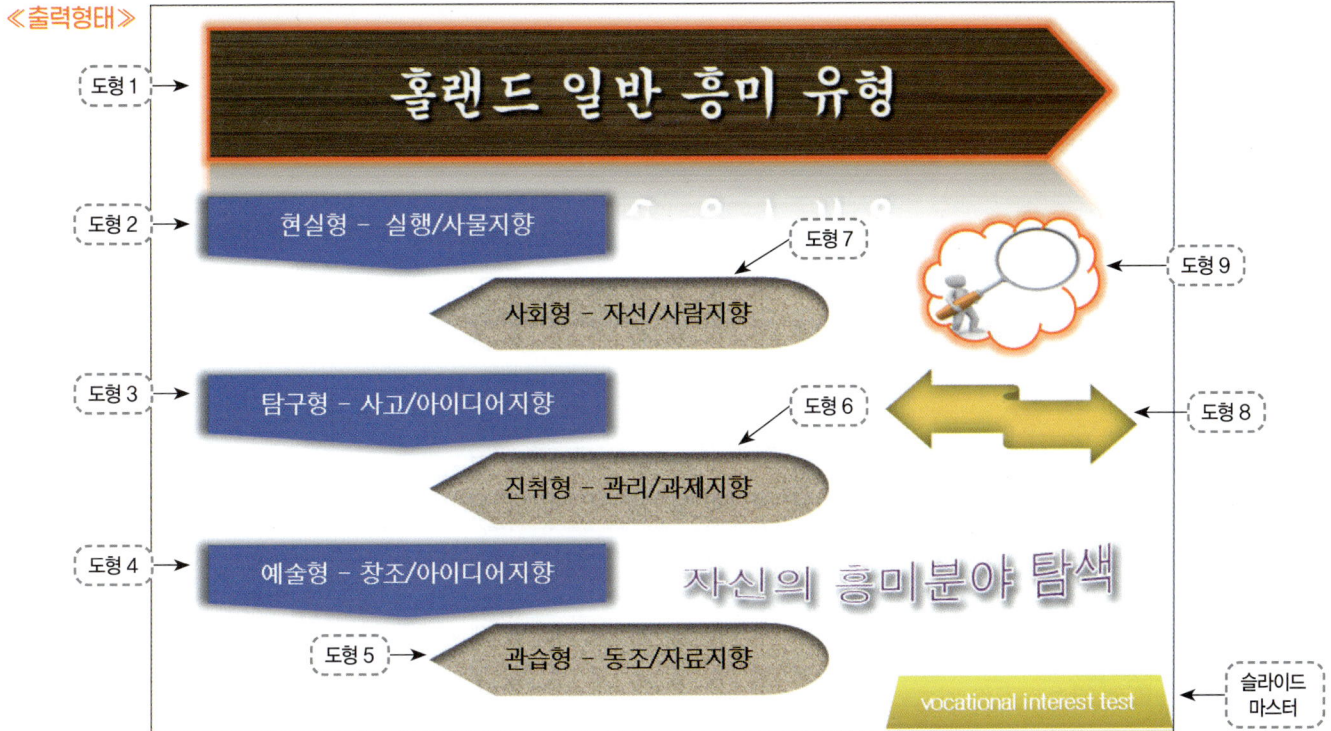

≪작성조건≫

(1) 제목

▶ 도형 1 ⇒ 블록 화살표 : 오각형, 도형 채우기(질감 – 나무 무늬, 배열 – 늘이기), 선 색(단색, 색 : 주황),
   선 스타일(선 종류 : 실선, 굵기 : 3pt, 겹선 종류 : 단순형),
   도형 효과(반사 – '1/2 크기, 근접', 네온 – '강조 색 2, 10 pt'), 글꼴(궁서, 40pt, 진하게, 그림자)

(2) 본문

▶ 도형 2~4 ⇒ 순서도 : 페이지 연결자, 도형 채우기(강조 1 하늘색), 선 색 없음,
   도형 효과(그림자 – 바깥쪽 – 가운데), 글꼴(돋움, 18pt, 진하게)

▶ 도형 5~7 ⇒ 순서도 : 화면 표시, 도형 채우기(질감 – 모래), 선 색 없음, 도형 효과(그림자 – 안쪽 – 위쪽),
   글꼴(돋움, 18pt, 진하게, 검정)

▶ 도형 8 ⇒ 블록 화살표 : 접힌 화살표, 도형 채우기(강조 4 노랑), 선 색 없음,
   도형 효과(그림자 – 안쪽 – 가운데)

▶ 도형 9 ⇒ 기본 도형 : 구름, 도형 채우기(질감/그림 – 그림) 기능을 사용하여 그림 3 삽입,
   선 색(단색, 색 : 주황), 선 스타일(선 종류 : 실선, 굵기 : 2pt, 겹선 종류: 단순형),
   도형 효과(네온 – '강조 색 2, 10 pt')

▶ 워드숍 삽입(자신의 흥미분야 탐색) ⇒ 채우기 – 강조6(그러데이션), 윤곽 – 밝은 색 1,
   글자 효과(변환 – 휘기 – 휘어 올라오기),
   글꼴(돋움, 32pt, 진하게, 그림자)

▶ 지시사항이 없는 부분은 ≪출력형태≫와 동일하게 작성하시오.

제13회 디지털정보활용능력 출제예상 모의고사

- ☑ 시험과목 : 프리젠테이션(한쇼)
- ☑ 시험일자 : 20XX. XX. XX. (X)
- ☑ 응시자 기재사항 및 감독위원 확인

수검번호	DIO - XXXX -	감독위원 확인
성 명		

응시자 유의사항

1. 응시자는 신분증을 지참하여야 시험에 응시할 수 있으며, 시험이 종료될 때까지 신분증을 제시하지 못 할 경우 해당 시험은 0점 처리됩니다.
2. 시스템(PC작동여부, 네트워크 상태 등)의 이상여부를 반드시 확인하여야 하며, 시스템 이상이 있을시 감독위원에게 조치를 받으셔야 합니다.
3. 시험 중 부주의 또는 고의로 시스템을 파손한 경우는 응시자 부담으로 합니다.
4. 답안 전송 프로그램을 통해 다운로드 받은 파일을 이용하여 답안파일을 작성하시기 바랍니다.
5. 작성한 답안 파일은 답안 전송 프로그램을 통하여 전송됩니다. 감독위원의 지시에 따라 주시기 바랍니다.
6. 다음사항의 경우 실격(0점) 혹은 부정행위 처리됩니다.
    1) 답안파일을 저장하지 않았거나, 저장한 파일이 손상되었을 경우
    2) 답안파일을 지정된 폴더(바탕화면 – "KAIT" 폴더)에 저장하지 않았을 경우
       ※ 답안 전송 프로그램 로그인 시 바탕화면에 자동 생성됨
    3) 답안파일을 다른 보조 기억장치(USB) 혹은 네트워크(메신저, 게시판 등)로 전송할 경우
    4) 휴대용 전화기 등 통신기기를 사용할 경우
7. 슬라이드는 반드시 순서대로 작성해야 하며, 순서가 다를 경우 "0"점 처리 됩니다.
8. 시험지에 제시된 글꼴이 응시 프로그램에 없는 경우, 반드시 감독위원에게 해당 내용을 통보한 뒤 조치를 받아야 합니다.
9. 슬라이드 작성 시 도형의 그룹설정을 사용하는 경우, 채점에서 감점처리 됩니다.
10. 시험의 완료는 작성이 완료된 답안을 저장하고, 답안 전송이 완료된 상태를 확인한 것으로 합니다. 답안 전송 확인 후 문제지는 감독위원에게 제출한 후 퇴실하여야 합니다.
11. 답안전송이 완료된 경우에는 수정 또는 정정이 불가능합니다.
12. 시험시행 후 합격자 발표는 홈페이지(www.ihd.or.kr)에서 확인하시기 바랍니다.
    1) 문제 및 모범답안 공개 : 20XX. XX. XX. (X)
    2) 합격자 발표 : 20XX. XX. XX. (X)

디지털정보활용능력 – 프리젠테이션[한쇼] (시험시간 : 40분)

유의사항
- 《작성조건》을 준수하여 반드시 프리젠테이션 슬라이드로 작업합니다.
- 글꼴 및 기타 사항에 대해 별도의 지시사항이 없는 경우, 슬라이드 크기와 전체적인 균형을 고려하여 임의로 작성하되, 도형은 그룹으로 설정하지 않습니다.
- 새 프레젠테이션 만들기 – 한컴오피스, 쪽 설정(종류 – A4용지(210 x 297mm)), 슬라이드 방향(가로)로 지정합니다.
  ▶ 슬라이드 크기, 방향 조정 시 '맞춤 확인'으로 지정하여야 합니다.
- 공통적용사항(슬라이드 마스터)
  ▶ 도형 ⇒ 기본 도형 : L 도형, 도형 스타일(테두리 – 강조 4, 채우기 없음), 글꼴(궁서, 20pt, 기울임)
- 그림 삽입 시 다운로드 한 그림 파일을 반드시 사용하여야 합니다.
- ⬚→ 은 지시사항이므로 작성하지 않습니다.
- 슬라이드에 제시된 글자 및 숫자 오타는 감점처리 됩니다.

[슬라이드 1] 아래의 작성조건 및 출력형태에 알맞게 첫 번째 슬라이드에 작업하시오. (30점)

≪출력형태≫

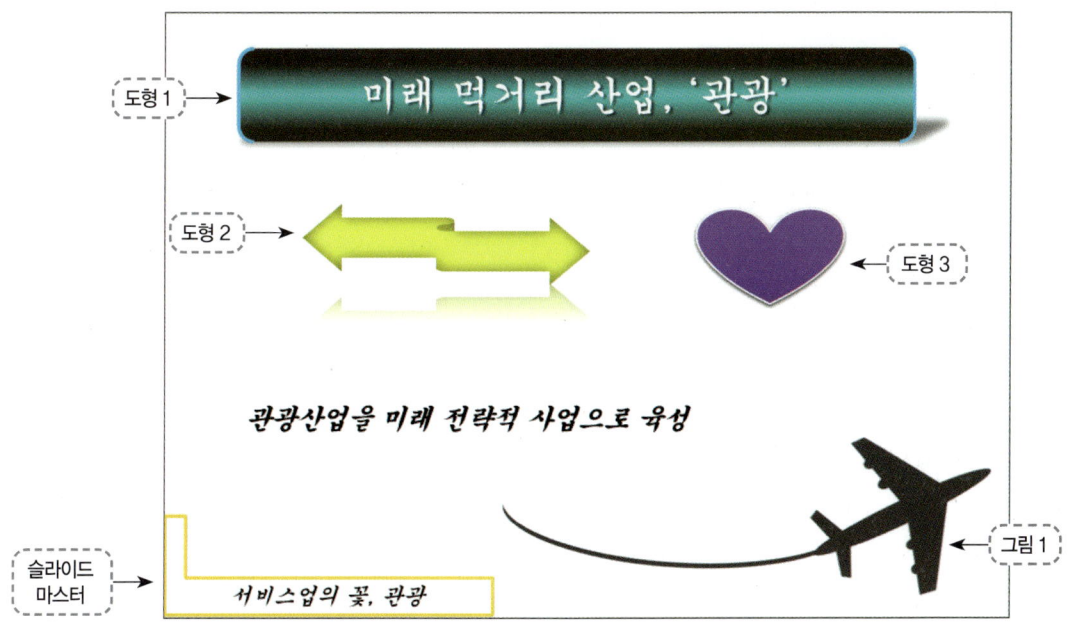

≪작성조건≫

▶ 도형 1 ⇒ 기본 도형 : 양쪽 대괄호, 도형 채우기(그러데이션 : 유형 – 루비, 종류 – 선형, 방향 – 위쪽에서),
  선 색(단색, 색 : 시안), 선 스타일(선 종류 : 실선, 굵기 : 3pt, 겹선 종류 : 단순형),
  도형 효과 (그림자 – 원근감 – 대각선 오른쪽 위),
  글꼴(궁서, 36pt, 그림자, 본문/배경 – 밝은 색 1 하양)

▶ 도형 2 ⇒ 블록 화살표 : 접힌 화살표, 도형 채우기(노랑), 선 색 없음,
  도형 효과(그림자 – 안쪽 – 가운데, 반사 – '1/2 크기, 근접')

▶ 도형 3 ⇒ 기본 도형 : 하트, 도형 스타일('보통 효과 – 강조 6')

▶ 그림 삽입 ⇒ 그림 1 삽입, 크기(너비 : 160mm, 높이 : 50mm)

▶ 글상자(관광산업을 미래 전략적 사업으로 육성) ⇒ 글꼴(궁서, 24pt, 진하게, 기울임)

▶ 애니메이션 지정 ⇒ 그림 1 : 나타내기 – 날아오기

▶ 지시사항이 없는 부분은 《출력형태》와 동일하게 작성하시오.

디지털정보활용능력 – 프리젠테이션[한쇼] (시험시간 : 40분)

[슬라이드 2] 아래의 작성조건 및 출력형태에 알맞게 두 번째 슬라이드에 작업하시오. (50점)

≪출력형태≫

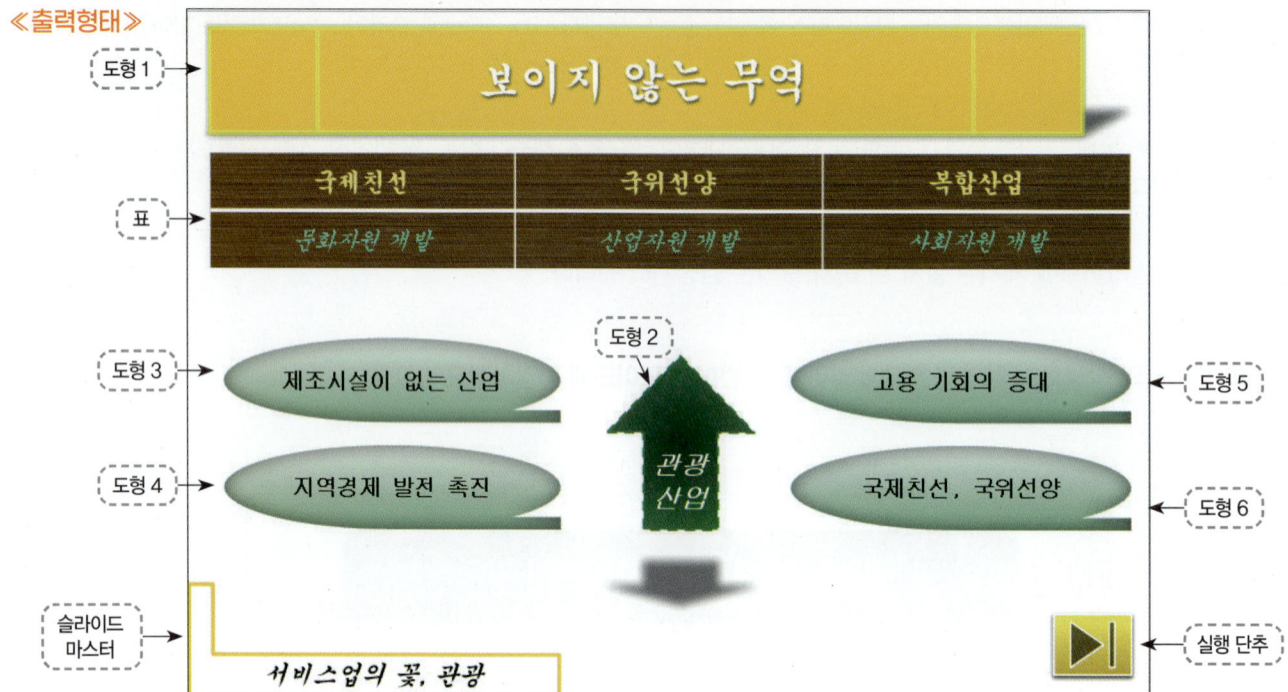

≪작성조건≫

(1) 제목

▶ 도형 1 ⇒ 순서도 : 종속 처리, 도형 채우기(강조 4 노랑), 선 색(단색, 색 : 노랑),
　　　　　선 스타일(선 종류 : 실선, 굵기 : 3pt, 겹선 종류 : 이중),
　　　　　도형 효과(그림자 – 원근감 – 대각선 오른쪽 위, 네온 – '강조 색 3, 5pt'),
　　　　　글꼴(궁서, 36pt, 진하게, 그림자)

(2) 본문

▶ 도형 2 ⇒ 블록 화살표 : 위쪽 화살표, 도형 채우기(초록, 그러데이션 – 어두운 그러데이션 – 방사형 – 가운데),
　　　　　선 색(단색, 색 : 초록), 선 스타일(선 종류 : 파선, 굵기 : 2pt, 겹선 종류 : 단순형),
　　　　　도형 효과(그림자 – 원근감 – 아래쪽), 글꼴(굴림체, 22pt, 진하게, 기울임)

▶ 도형 3~6 ⇒ 순서도 : 순차적 액세스 저장소, 도형 채우기(초록), 그러데이션 – 밝은 그러데이션 – 선형 아래쪽),
　　　　　선 색 없음, 도형 효과(그림자 – 안쪽 – 가운데), 글꼴(굴림체, 18pt, 진하게, 검정)

▶ 실행 단추 ⇒ 실행 단추 : 끝, 하이퍼링크 : 마지막 슬라이드, 도형 스타일('보통 효과 – 강조 4')

▶ 표 ⇒ 채우기(질감 – 나무 무늬, 배열 – 늘이기),
　　　가장 위의 행 : 글꼴(궁서, 20pt, 진하게, 강조 4 노랑 40% 밝게, 가운데 정렬, 가운데 맞춤),
　　　나머지 행 : 글꼴(궁서, 18pt, 기울임, 강조 5 초록 40% 밝게, 가운데 정렬, 가운데 맞춤)

▶ 애니메이션 지정 ⇒ 표 : 나타내기 – 다이아몬드형

▶ 지시사항이 없는 부분은 ≪출력형태≫와 동일하게 작성하시오.

디지털정보활용능력 - 프리젠테이션[한쇼] (시험시간 : 40분)

[슬라이드 3] 아래의 작성조건 및 출력형태에 알맞게 세 번째 슬라이드에 작업하시오. (60점)

≪출력형태≫

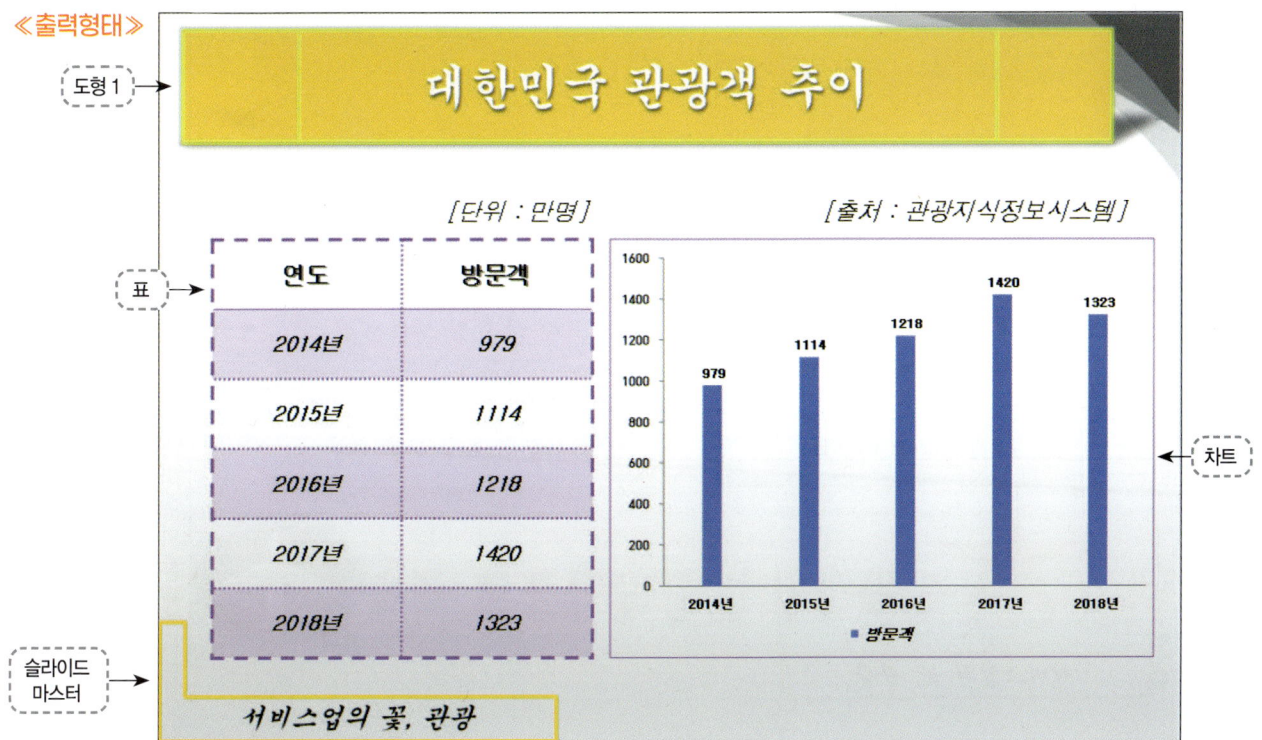

≪작성조건≫

(1) 제목
- ▶ 도형 1 ⇒ 순서도 : 종속 처리, 도형 채우기(강조 4 노랑), 선 색(단색, 색 : 노랑),
  선 스타일(선 종류 : 실선, 굵기 : 3pt, 겹선 종류 : 이중),
  도형 효과(그림자 - 원근감 - 대각선 오른쪽 위, 네온 - '강조 색 3, 5 pt'),
  글꼴(궁서, 36pt, 진하게, 그림자)

(2) 본문
- ▶ 글상자 1[단위 : 만명] ⇒ 글꼴(돋움, 18pt, 기울임)
- ▶ 표 ⇒ 표 스타일(밝은 스타일 3 - 강조 6),
  가장 위의 행 : 글꼴(굴림, 18pt, 진하게, 그림자, 가운데 정렬, 가운데 맞춤),
  나머지 행 : 글꼴(굴림, 16pt, 진하게, 기울임, 가운데 정렬, 가운데 맞춤)
- ▶ 글상자 2([출처 : 관광지식정보시스템] ⇒ 글꼴(돋움, 18pt, 기울임)
- ▶ 차트 ⇒ 세로 막대형 : 묶은 세로 막대형, 차트 스타일(스타일 3),
  축 서식/자료점 이름표 서식 : 글꼴(굴림, 10pt, 진하게),
  범례 서식 : 글꼴(굴림, 12pt, 진하게, 기울임), 데이터는 표 참고
- ▶ 배경 ⇒ 배경 속성(질감/그림 - 그림)에서 그림 2 삽입(현재 슬라이드만 적용)
- ▶ 애니메이션 지정 ⇒ 차트 : 나타내기 - 블라인드
- ▶ 지시사항이 없는 부분은 ≪출력형태≫와 동일하게 작성하시오.

디지털정보활용능력 - 프리젠테이션[한쇼] (시험시간 : 40분)

[슬라이드 4] 아래의 작성조건 및 출력형태에 알맞게 네 번째 슬라이드에 작업하시오. (60점)

≪출력형태≫

≪작성조건≫

(1) 제목
▶ 도형 1 ⇒ 순서도 : 종속 처리, 도형 채우기(강조4 노랑), 선 색(단색, 색 : 노랑),
  선 스타일(선 종류 : 실선, 굵기 : 3pt, 겹선 종류 : 이중),
  도형 효과(그림자 - 원근감 - 대각선 오른쪽 위, 네온 - '강조 색 3, 5pt'),
  글꼴(궁서, 36pt, 진하게, 그림자)

(2) 본문
▶ 도형 2~4 ⇒ 별 빛 현수막 : 가로로 말린 두루마리 모양, 도형 채우기(본문/배경 - 어두운 색 1 검정 90% 밝게),
  선 색 없음, 도형 효과(그림자 - 안쪽 - 대각선오른쪽 아래), 글꼴(궁서, 20pt, 검정)

▶ 도형 5~7 ⇒ 기본 도형 - 배지, 도형 채우기(질감 - 레이스, 배열 - 바둑판식), 선 색 없음,
  도형 효과(네온 - '강조 색 6, 5pt'), 글꼴(궁서, 20pt, 기울임, 보라)

▶ 도형 8 ⇒ 별 빛 현수막 : 포인트가 5개인 별,
  도형 채우기(그러데이션 : 유형 - 개나리, 종류 - 방사형, 방향 - 가운데에서), 선 색 없음,
  도형 효과(반사 - '1/3 크기, 근접')

▶ 도형 9 ⇒ 설명선 : 타원형 설명선, 도형 채우기(질감/그림 - 그림) 기능을 사용하여 그림 3 삽입,
  선 색(단색, 색 : 시안), 선 스타일(선 종류 : 실선, 굵기 : 3pt, 겹선 종류 : 단순형),
  도형 효과(네온 - '강조 색 5, 10 pt')

▶ 워드숍(관광산업을 전략적으로 육성) ⇒ 윤곽 - 강조6, 그림자, 글자 효과(변환 - 휘기 - 팽창),
  글꼴(궁서, 32pt, 진하게, 그림자)

▶ 지시사항이 없는 부분은 ≪출력형태≫와 동일하게 작성하시오.

제14회 디지털정보활용능력 출제예상 모의고사

- ✓ 시험과목 : 프리젠테이션(한쇼)
- ✓ 시험일자 : 20XX. XX. XX. (X)
- ✓ 응시자 기재사항 및 감독위원 확인

수검번호	DIO - XXXX -	감독위원 확인
성 명		

응시자 유의사항

1. 응시자는 신분증을 지참하여야 시험에 응시할 수 있으며, 시험이 종료될 때까지 신분증을 제시하지 못 할 경우 해당 시험은 0점 처리됩니다.
2. 시스템(PC작동여부, 네트워크 상태 등)의 이상여부를 반드시 확인하여야 하며, 시스템 이상이 있을시 감독위원에게 조치를 받으셔야 합니다.
3. 시험 중 부주의 또는 고의로 시스템을 파손한 경우는 응시자 부담으로 합니다.
4. 답안 전송 프로그램을 통해 다운로드 받은 파일을 이용하여 답안파일을 작성하시기 바랍니다.
5. 작성한 답안 파일은 답안 전송 프로그램을 통하여 전송됩니다. 감독위원의 지시에 따라 주시기 바랍니다.
6. 다음사항의 경우 실격(0점) 혹은 부정행위 처리됩니다.
    1) 답안파일을 저장하지 않았거나, 저장한 파일이 손상되었을 경우
    2) 답안파일을 지정된 폴더(바탕화면 - "KAIT" 폴더)에 저장하지 않았을 경우
        ※ 답안 전송 프로그램 로그인 시 바탕화면에 자동 생성됨
    3) 답안파일을 다른 보조 기억장치(USB) 혹은 네트워크(메신저, 게시판 등)로 전송할 경우
    4) 휴대용 전화기 등 통신기기를 사용할 경우
7. 슬라이드는 반드시 순서대로 작성해야 하며, 순서가 다를 경우 "0"점 처리 됩니다.
8. 시험지에 제시된 글꼴이 응시 프로그램에 없는 경우, 반드시 감독위원에게 해당 내용을 통보한 뒤 조치를 받아야 합니다.
9. 슬라이드 작성 시 도형의 그룹설정을 사용하는 경우, 채점에서 감점처리 됩니다.
10. 시험의 완료는 작성이 완료된 답안을 저장하고, 답안 전송이 완료된 상태를 확인한 것으로 합니다. 답안 전송 확인 후 문제지는 감독위원에게 제출한 후 퇴실하여야 합니다.
11. 답안전송이 완료된 경우에는 수정 또는 정정이 불가능합니다.
12. 시험시행 후 합격자 발표는 홈페이지(www.ihd.or.kr)에서 확인하시기 바랍니다.
    1) 문제 및 모범답안 공개 : 20XX. XX. XX. (X)
    2) 합격자 발표 : 20XX. XX. XX. (X)

디지털정보활용능력 – 프리젠테이션[한쇼] (시험시간 : 40분)

유의사항
- 《작성조건》을 준수하여 반드시 프리젠테이션 슬라이드로 작업합니다.
- 글꼴 및 기타 사항에 대해 별도의 지시사항이 없는 경우, 슬라이드 크기와 전체적인 균형을 고려하여 임의로 작성하되, 도형은 그룹으로 설정하지 않습니다.
- 새 프레젠테이션 만들기 – 한컴오피스, 쪽 설정(종류 – A4용지(210 x 297mm)), 슬라이드 방향(가로)로 지정합니다.
  ▶ 슬라이드 크기, 방향 조정 시 '맞춤 확인'으로 지정하여야 합니다.
- 공통적용사항(슬라이드 마스터)
  ▶ 도형 ⇒ 기본 도형 : 평행 사변형, 도형 스타일('어두운 계열 – 강조 6'), 글꼴(궁서체, 20pt, 진하게)
- 그림 삽입 시 다운로드 한 그림 파일을 반드시 사용하여야 합니다.
- [⟶] 은 지시사항이므로 작성하지 않습니다.
- 슬라이드에 제시된 글자 및 숫자 오타는 감점처리 됩니다.

[슬라이드 1] 아래의 작성조건 및 출력형태에 알맞게 첫 번째 슬라이드에 작업하시오. (30점)

《출력형태》

《작성조건》

▶ 도형 1 ⇒ 기본 도형 : 모서리가 접힌 도형,
　　도형 채우기(그러데이션 : 유형 – 신호등 2, 종류 – 선형, 방향 – 위쪽에서), 선 색(단색, 색 : 검정),
　　선 스타일(선 종류 : 실선, 굵기 : 5pt, 겹선 종류 : 굵고 얇음),
　　도형 효과 (그림자 –원근감 – 대각선 오른쪽 위), 글꼴(궁서체, 54pt, 진하게, 검정),

▶ 도형 2 ⇒ 블록 화살표 : 위쪽 화살표, 도형 채우기(검은 군청), 선 색 없음,
　　도형 효과(그림자 – 안쪽 – 가운데, 반사 – '1/3 크기, 4 pt')

▶ 도형 3 ⇒ 블록 화살표 : 왼쪽으로 구부러진 화살표, 도형 스타일('강한 효과 – 강조 6')

▶ 그림 삽입 ⇒ 그림 1 삽입, 크기(너비 : 80mm, 높이 : 70mm)

▶ 글상자(휴양 및 정서생활을 향상시키기 위한 시설) ⇒ 글꼴(돋움, 24pt, 진하게, 밑줄)

▶ 애니메이션 지정 ⇒ 그림 1 : 나타내기 – 다이아몬드형

▶ 지시사항이 없는 부분은 《출력형태》와 동일하게 작성하시오.

디지털정보활용능력 – 프리젠테이션[한쇼] (시험시간 : 40분)

[슬라이드 2] 아래의 작성조건 및 출력형태에 알맞게 두 번째 슬라이드에 작업하시오. (50점)

≪출력형태≫

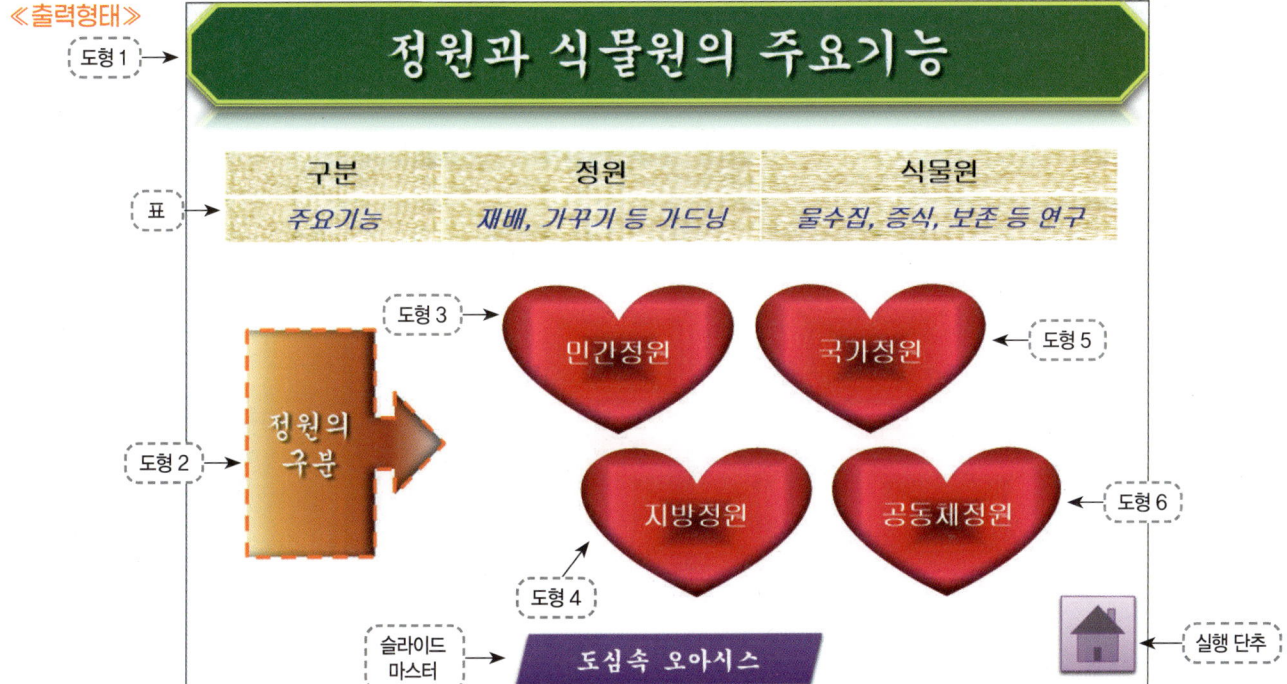

≪작성조건≫

(1) 제목

도형 1 ⇒ 기본 도형 : 팔각형, 도형 채우기(초록), 선 색(단색, 색 : 노랑),
선 스타일(선 종류 : 실선, 굵기 : 5pt, 겹선 종류 : 얇고 굵음),
도형 효과(그림자 – 바깥쪽 – 아래쪽, 반사 – '1/3 크기, 근접'),
글꼴(궁서, 40pt, 진하게, 그림자)

(2) 본문

▶ 표 ⇒ 채우기(질감 – 삼베, 배열 – 늘이기),
가장 위의 행 : 글꼴(굴림, 22pt, 진하게, 검정, 가운데 정렬, 가운데 맞춤),
나머지 행 : 글꼴(굴림, 20pt, 진하게, 기울임, 파랑, 가운데 정렬, 가운데 맞춤)

▶ 도형 2 ⇒ 블록 화살표 : 오른쪽 화살표 설명선, 도형 채우기(그러데이션 : 유형 – 오렌지, 종류 – 선형,
방향 – 오른쪽에서), 선 색(단색, 색 : 주황),
선 스타일(선 종류 : 파선, 굵기 : 3pt, 겹선 종류 : 단순형),
도형 효과(그림자 –안쪽 – 오른쪽), 글꼴(궁서, 24pt, 그림자, 본문/배경 – 밝은 색 1 하양)

▶ 도형 3~6 ⇒ 기본 도형 : 하트, 도형 채우기(그러데이션 : 유형 – 장미, 종류 – 사각형, 방향 – 가운데에서),
선 색 없음, 도형 효과(그림자 – 안쪽 – 아래쪽), 글꼴(굴림, 22pt, 진하게)

▶ 실행 단추 ⇒ 실행 단추 : 홈, 하이퍼링크 : 첫째 슬라이드, 도형 스타일('밝은 계열 – 강조 6')

▶ 애니메이션 지정 ⇒ 표 : 나타내기 – 날아오기

▶ 지시사항이 없는 부분은 ≪출력형태≫와 동일하게 작성하시오.

디지털정보활용능력 – 프리젠테이션[한쇼] (시험시간 : 40분)　　3/4

[슬라이드 3] 아래의 작성조건 및 출력형태에 알맞게 세 번째 슬라이드에 작업하시오. (60점)

≪출력형태≫

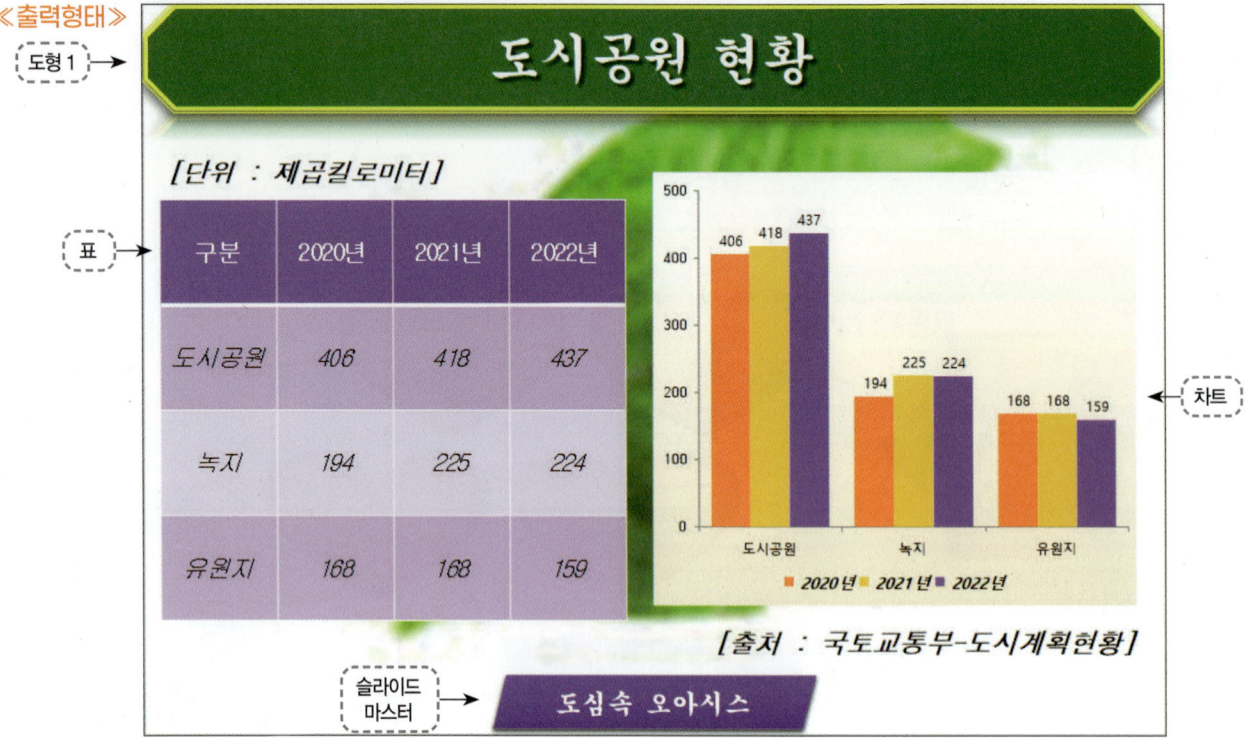

≪작성조건≫

(1) 제목

▶ 도형 1 ⇒ 기본 도형 : 팔각형, 도형 채우기(초록), 선 색(단색, 색 : 노랑),
　　선 스타일(선 종류 : 실선, 굵기 : 5pt, 겹선 종류 : 얇고 굵음),
　　도형 효과(그림자 – 바깥쪽 – 아래쪽, 반사 – '1/3 크기, 근접'),
　　글꼴(궁서, 40pt, 진하게, 그림자)

(2) 본문

▶ 글상자 1([단위 : 제곱킬로미터]) ⇒ 글꼴(돋움체, 20pt, 진하게, 기울임)

▶ 표 ⇒ 표 스타일(보통 스타일 1 – 강조 6),
　　가장 위의 행 : 글꼴(굴림체, 18pt, 진하게, 가운데 정렬, 가운데 맞춤),
　　나머지 행 : 글꼴(굴림체, 18pt, 기울임, 가운데 정렬, 가운데 맞춤)

▶ 글상자 2([출처 : 국토교통부-도시계획현황]) ⇒ 글꼴(맑은 고딕, 20pt, 진하게, 기울임)

▶ 차트 ⇒ 세로 막대형 : 묶은 세로 막대형, 차트 스타일(스타일 5),
　　축 서식/자료점 이름표 서식 : 글꼴(맑은 고딕, 10pt),
　　범례 서식 : 글꼴(맑은 고딕, 12pt, 진하게, 기울임), 데이터는 표 참고

▶ 배경 ⇒ 배경 속성(질감/그림 – 그림)에서 그림 2 삽입(현재 슬라이드만 적용)

▶ 애니메이션 지정 ⇒ 차트 : 나타내기 – 모자이크

▶ 지시사항이 없는 부분은 ≪출력형태≫와 동일하게 작성하시오.

디지털정보활용능력 – 프리젠테이션[한쇼] (시험시간 : 40분)

[슬라이드 4] 아래의 작성조건 및 출력형태에 알맞게 네 번째 슬라이드에 작업하시오. (60점)

≪출력형태≫

≪작성조건≫

(1) 제목
- ▶ 도형 1 ⇒ 기본 도형 : 팔각형, 도형 채우기(초록), 선 색(단색, 색 : 노랑),
  선 스타일(선 종류 : 실선, 굵기 : 5pt, 겹선 종류 : 얇고 굵음),
  도형 효과(그림자 – 바깥쪽 – 아래쪽, 반사 – '1/3 크기, 근접'),
  글꼴(궁서, 40pt, 진하게, 그림자)

(2) 본문
- ▶ 도형 2~4 ⇒ 순서도 : 지연, 도형 채우기(노랑), 선 색 없음,
  도형 효과(그림자 – 바깥쪽 – 아래쪽), 글꼴(굴림, 20pt, 진하게, 검정)
- ▶ 도형 5~7 ⇒ 순서도 : 저장 데이터, 도형 채우기(질감 – 흰색 벽), 선 색 없음,
  도형 효과(네온 – '강조 색 5, 5 pt'), 글꼴(굴림, 20pt, 진하게, 기울임, 검정)
- ▶ 도형 8 ⇒ 기본 도형 : 막힌 원호, 도형 채우기(그러데이션 : 유형 – 촛불, 종류 – 선형, 방향 – 아래쪽에서),
  선 색 없음, 도형 효과(그림자 – 바깥쪽 – 오른쪽)
- ▶ 도형 9 ⇒ 설명선 : 구름 모양 설명선, 도형 채우기(질감/그림 – 그림) 기능을 사용하여 그림 3 삽입,
  선 색(단색, 색 : 빨강), 선 스타일(선 종류 : 점선, 굵기 : 3pt, 겹선 종류 : 단순형),
  도형 효과(네온 – '강조 색 6, 10 pt')
- ▶ 워드숍 삽입(내 손안의 정원) ⇒ 채우기–강조5(그러데이션), 윤곽 – 밝은 색 1,
  글자 효과(변환 – 휘기 – 이중 물결 2), 글꼴(궁서, 36pt, 진하게)
- ▶ 지시사항이 없는 부분은 ≪출력형태≫와 동일하게 작성하시오.

제15회 디지털정보활용능력 출제예상 모의고사

- ☑ 시험과목 : 프리젠테이션(한쇼)
- ☑ 시험일자 : 20XX. XX. XX. (X)
- ☑ 응시자 기재사항 및 감독위원 확인

수검번호	DIO - XXXX -	감독위원 확인
성 명		

응시자 유의사항

1. 응시자는 신분증을 지참하여야 시험에 응시할 수 있으며, 시험이 종료될 때까지 신분증을 제시하지 못 할 경우 해당 시험은 0점 처리됩니다.
2. 시스템(PC작동여부, 네트워크 상태 등)의 이상여부를 반드시 확인하여야 하며, 시스템 이상이 있을시 감독위원에게 조치를 받으셔야 합니다.
3. 시험 중 부주의 또는 고의로 시스템을 파손한 경우는 응시자 부담으로 합니다.
4. 답안 전송 프로그램을 통해 다운로드 받은 파일을 이용하여 답안파일을 작성하시기 바랍니다.
5. 작성한 답안 파일은 답안 전송 프로그램을 통하여 전송됩니다. 감독위원의 지시에 따라 주시기 바랍니다.
6. 다음사항의 경우 실격(0점) 혹은 부정행위 처리됩니다.
    1) 답안파일을 저장하지 않았거나, 저장한 파일이 손상되었을 경우
    2) 답안파일을 지정된 폴더(바탕화면 – "KAIT" 폴더)에 저장하지 않았을 경우
        ※ 답안 전송 프로그램 로그인 시 바탕화면에 자동 생성됨
    3) 답안파일을 다른 보조 기억장치(USB) 혹은 네트워크(메신저, 게시판 등)로 전송할 경우
    4) 휴대용 전화기 등 통신기기를 사용할 경우
7. 슬라이드는 반드시 순서대로 작성해야 하며, 순서가 다를 경우 "0"점 처리 됩니다.
8. 시험지에 제시된 글꼴이 응시 프로그램에 없는 경우, 반드시 감독위원에게 해당 내용을 통보한 뒤 조치를 받아야 합니다.
9. 슬라이드 작성 시 도형의 그룹설정을 사용하는 경우, 채점에서 감점처리 됩니다.
10. 시험의 완료는 작성이 완료된 답안을 저장하고, 답안 전송이 완료된 상태를 확인한 것으로 합니다. 답안 전송 확인 후 문제지는 감독위원에게 제출한 후 퇴실하여야 합니다.
11. 답안전송이 완료된 경우에는 수정 또는 정정이 불가능합니다.
12. 시험시행 후 합격자 발표는 홈페이지(www.ihd.or.kr)에서 확인하시기 바랍니다.
    1) 문제 및 모범답안 공개 : 20XX. XX. XX. (X)
    2) 합격자 발표 : 20XX. XX. XX. (X)

디지털정보활용능력 – 프리젠테이션[한쇼] (시험시간 : 40분)

유의사항
- 《작성조건》을 준수하여 반드시 프리젠테이션 슬라이드로 작업합니다.
- 글꼴 및 기타 사항에 대해 별도의 지시사항이 없는 경우, 슬라이드 크기와 전체적인 균형을 고려하여 임의로 작성하되, 도형은 그룹으로 설정하지 않습니다.
- 새 프레젠테이션 만들기 – 한컴오피스, 쪽 설정(종류 – A4용지(210 x 297mm)), 슬라이드 방향(가로)로 지정합니다.
  ▶ 슬라이드 크기, 방향 조정 시 '맞춤 확인'으로 지정하여야 합니다.
- 공통적용사항(슬라이드 마스터)
  ▶ 도형 ⇒ 기본 도형 : 사다리꼴, 도형 스타일('밝은 계열 – 강조 2'), 글꼴(돋움, 15pt, 진하게)
- 그림 삽입 시 다운로드 한 그림 파일을 반드시 사용하여야 합니다.
- ⬜ ⟶ 은 지시사항이므로 작성하지 않습니다.
- 슬라이드에 제시된 글자 및 숫자 오타는 감점처리 됩니다.

[슬라이드 1] 아래의 작성조건 및 출력형태에 알맞게 첫 번째 슬라이드에 작업하시오. (30점)

《출력형태》

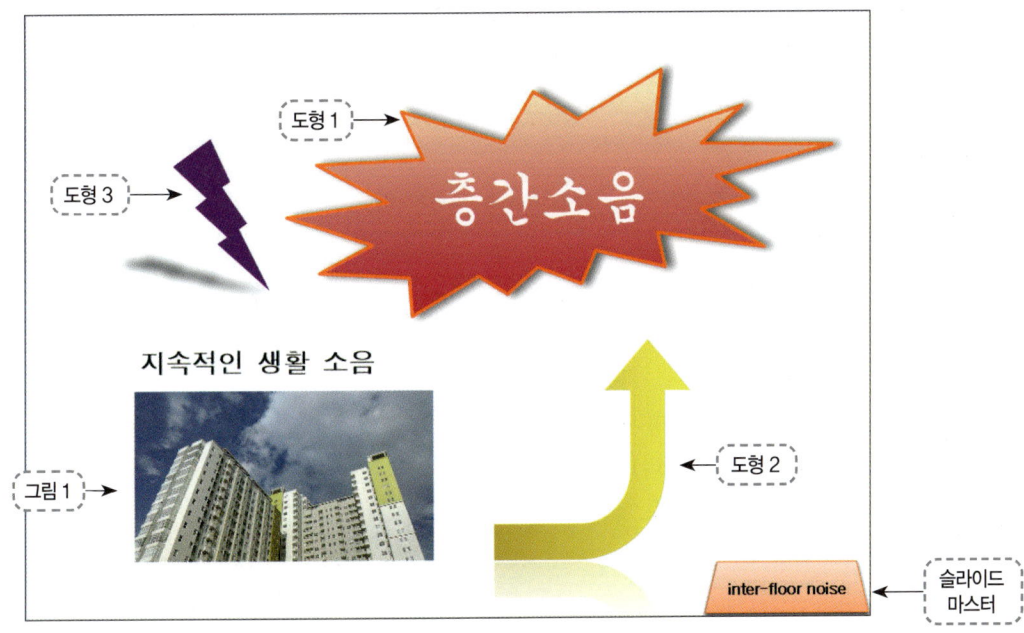

《작성조건》

▶ 도형 1 ⇒ 별 및 현수막 : 폭발 2, 도형 채우기(그러데이션 : 유형 – 막대 사탕, 종류 – 선형, 방향 – 아래쪽에서), 선 색(단색, 색 : 주황), 선 스타일(선 종류 : 실선, 굵기 : 3pt, 겹선 종류 : 단순형), 도형 효과(그림자 – 바깥쪽 – 오른쪽), 글꼴(궁서, 50pt)

▶ 도형 2 ⇒ 블록 화살표 : 굽은 화살표, 도형 스타일('강한 효과 – 강조 4')

▶ 도형 3 ⇒ 기본 도형 : 번개, 도형 채우기(보라), 선 색 없음, 도형 효과(그림자 – 원근감 – 대각선 왼쪽 위)

▶ 그림 삽입 ⇒ 그림 1 삽입, 크기(너비 : 97mm, 높이 : 54mm)

▶ 글상자(지속적인 생활 소음) ⇒ 글꼴(돋움체, 24pt, 진하게)

▶ 애니메이션 지정 ⇒ 그림 1 : 나타내기 – 날아오기

▶ 지시사항이 없는 부분은 《출력형태》와 동일하게 작성하시오.

디지털정보활용능력 – 프리젠테이션[한쇼] (시험시간 : 40분)

[슬라이드 2] 아래의 작성조건 및 출력형태에 알맞게 두 번째 슬라이드에 작업하시오. (50점)

≪출력형태≫

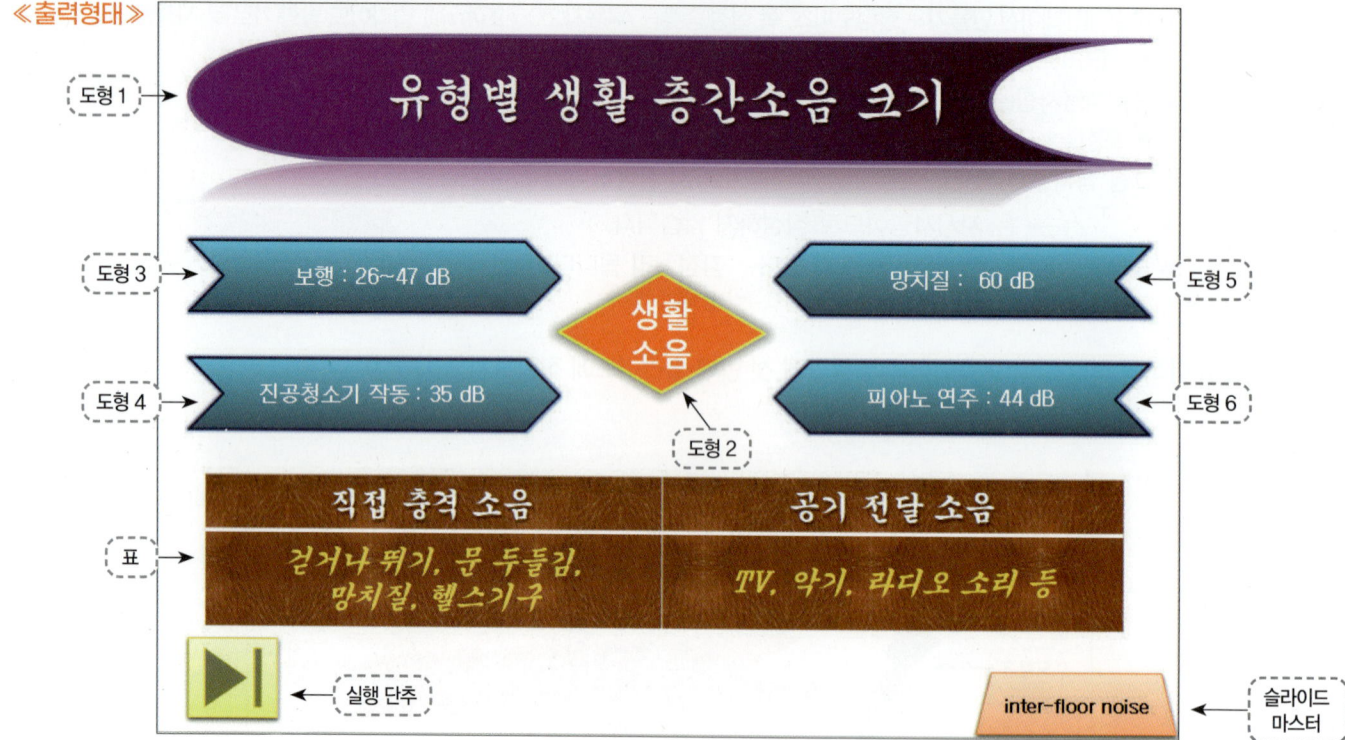

≪작성조건≫

(1) 제목

▶ 도형 1 ⇒ 순서도 : 저장 데이터, 도형 채우기(보라, 어두운 그러데이션 – 선형 오른쪽),
   선 색(단색, 색 : 강조 6 보라), 선 스타일(선 종류 : 실선, 굵기 : 3pt, 겹선 종류 : 단순형),
   도형 효과(반사 – '1/3 크기, 근접'), 글꼴(궁서, 36pt, 그림자)

(2) 본문

▶ 도형 2 ⇒ 기본 도형 : 다이아몬드, 도형 채우기(주황), 선 색(단색, 색 : 노랑),
   선 스타일(선 종류 : 실선, 굵기 : 2pt, 겹선 종류 : 단순형),
   도형 효과(그림자 – 바깥쪽 – 가운데), 글꼴(맑은 고딕, 24pt, 진하게)

▶ 도형 3~6 ⇒ 블록 화살표 : 갈매기형 수장, 도형 채우기(시안, 어두운 그러데이션 – 선형 아래쪽),
   선 색(단색, 색 : 검은 군청), 선 스타일(선 종류 : 실선, 굵기 : 2pt, 겹선 종류 : 단순형),
   도형 효과(네온 – '강조 색 1,5 pt'), 글꼴(돋움, 16pt, 진하게)

▶ 실행 단추 ⇒ 실행 단추 : 끝, 하이퍼링크 : 마지막 슬라이드, 도형 스타일(밝은 계열 – 강조 4)

▶ 표 ⇒ 채우기(질감 – 가죽, 배열 – 바둑판식),
   가장 위의 행 : 글꼴(궁서, 24pt, 진하게, 그림자, 가운데 정렬, 가운데 맞춤),
   나머지 행 : 글꼴(궁서, 22pt, 진하게, 기울임, 강조 4 노랑 20% 밝게, 가운데 정렬, 가운데 맞춤)

▶ 애니메이션 지정 ⇒ 표 : 나타내기 – 모자이크

▶ 지시사항이 없는 부분은 ≪출력형태≫와 동일하게 작성하시오.

디지털정보활용능력 – 프리젠테이션[한쇼] (시험시간 : 40분)

[슬라이드 3] 아래의 작성조건 및 출력형태에 알맞게 세 번째 슬라이드에 작업하시오. (60점)

≪출력형태≫

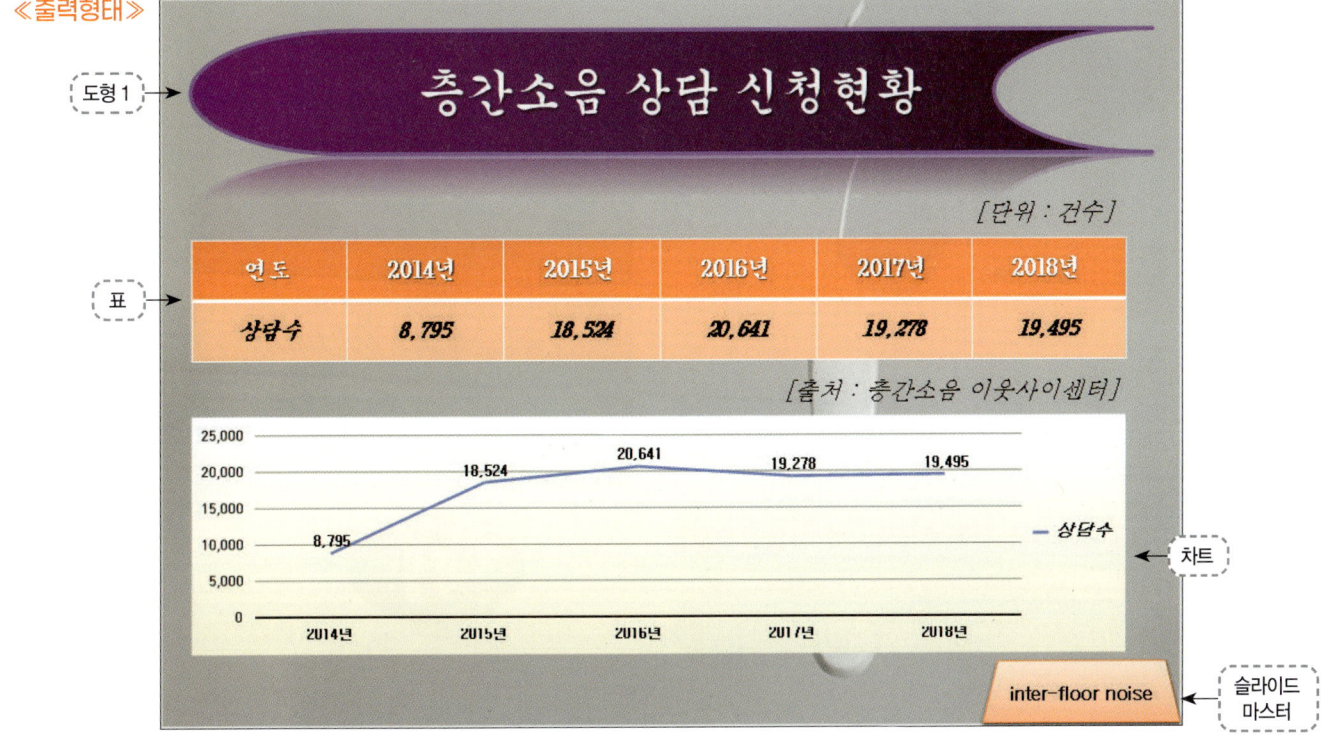

≪작성조건≫

(1) 제목

▶ 도형 1 ⇒ 순서도 : 저장 데이터, 도형 채우기(보라, 어두운 그러데이션 – 선형 오른쪽),
     선 색(단색, 색 : 강조 6 보라), 선 스타일(선 종류 : 실선, 굵기 : 3pt, 겹선 종류 : 단순형),
     도형 효과(반사 – '1/3 크기, 근접'), 글꼴(궁서, 36pt, 그림자)

(2) 본문

▶ 글상자 1([단위 : 건수]) ⇒ 글꼴(바탕, 18pt, 기울임)

▶ 표 ⇒ 표 스타일(보통 스타일 1 – 강조 2),
     가장 위의 행 : 글꼴(궁서체, 18pt, 진하게, 그림자, 가운데 정렬, 가운데 맞춤),
     나머지 행 : 글꼴(궁서체, 16pt, 진하게, 기울임, 가운데 정렬, 가운데 맞춤)

▶ 글상자 2([출처 : 층간소음 이웃사이센터]) ⇒ 글꼴(바탕, 18pt, 기울임)

▶ 차트 ⇒ 꺾은선/영역형 : 꺾은선형, 차트 스타일(스타일 3),
     축 서식/자료점 이름표 서식 : 글꼴(굴림, 10pt, 진하게),
     범례 서식 : 글꼴(굴림, 14pt, 진하게, 기울임), 데이터는 표 참고(천 단위 기호 기입)

▶ 배경 ⇒ 배경 속성(질감/그림 – 그림)에서 그림 2 삽입(현재 슬라이드만 적용)

▶ 애니메이션 지정 ⇒ 차트 : 나타내기 – 다이아몬드형

▶ 지시사항이 없는 부분은 ≪출력형태≫와 동일하게 작성하시오.

디지털정보활용능력 – 프리젠테이션[한쇼] (시험시간 : 40분)

[슬라이드 4] 아래의 작성조건 및 출력형태에 알맞게 네 번째 슬라이드에 작업하시오. (60점)

≪출력형태≫

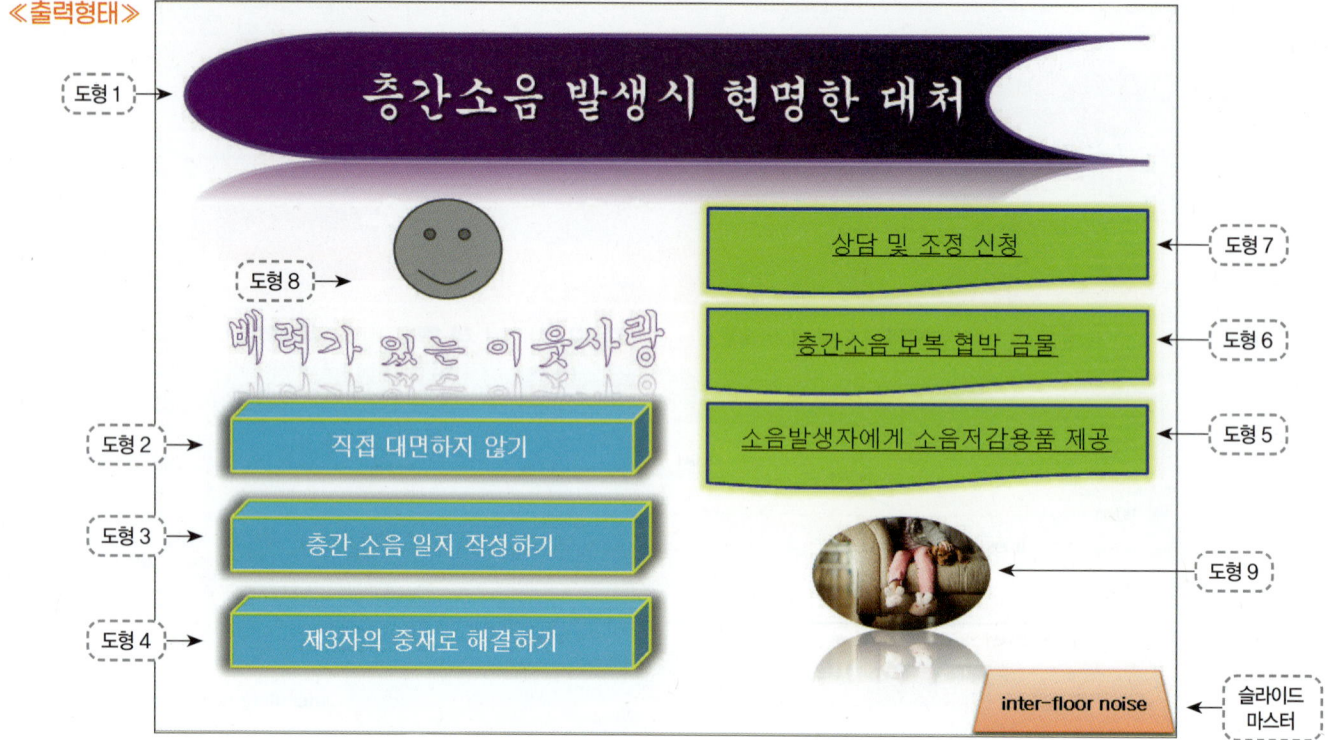

≪작성조건≫

(1) 제목

▶ 도형 1 ⇒ 순서도 : 저장 데이터, 도형 채우기(보라, 어두운 그러데이션 – 선형 오른쪽),
　　　　선 색(단색, 색 : 강조 6 보라), 선 스타일(선 종류 : 실선, 굵기 : 3pt, 겹선 종류 : 단순형),
　　　　도형 효과(반사 – '1/3 크기, 근접'), 글꼴(궁서, 36pt, 그림자)

(2) 본문

▶ 도형 2~4 ⇒ 기본 도형 : 정육면체, 도형 채우기(시안), 선 색(단색, 색 : 노랑),
　　　　선 스타일(선 종류 : 실선, 굵기 : 2pt, 겹선 종류 : 단순형),
　　　　도형 효과(그림자 – 바깥쪽 – 가운데), 글꼴(돋움, 18pt, 진하게)

▶ 도형 5~7 ⇒ 순서도 : 문서, 도형 채우기(밝은 연두색), 선 색(단색, 색 : 파랑),
　　　　선 스타일(선 종류 : 실선, 굵기 : 2pt, 겹선 종류 : 단순형), 도형 효과(네온 – '강조 색 4, 10 pt'),
　　　　글꼴(돋움, 18pt, 밑줄, 검정)

▶ 도형 8 ⇒ 기본 도형 : 웃는 얼굴, 도형 스타일(채우기 – 강조 3)

▶ 도형 9 ⇒ 기본 도형 : 타원, 도형 채우기(질감/그림 – 그림) 기능을 사용하여 그림 3 삽입, 선 색 없음,
　　　　도형 효과(반사 – '1/2 크기, 근접')

▶ 워드숍 삽입(배려가 있는 이웃사랑) ⇒ 윤곽 – 강조6, 반사, 글자 효과(변환 – 휘기 – 위쪽 수축),
　　　　글꼴(궁서, 32pt, 진하게)

▶ 지시사항이 없는 부분은 ≪출력형태≫와 동일하게 작성하시오.

PART 04

최신유형 기출문제

디지털정보활용능력 최신유형 기출문제

- ☑ 시험과목 : 프리젠테이션(한쇼)
- ☑ 시험일자 : 20XX. XX. XX. (X)
- ☑ 응시자 기재사항 및 감독위원 확인

수검번호	DIO - XXXX -	감독위원 확인
성 명		

응시자 유의사항

1. 응시자는 신분증을 지참하여야 시험에 응시할 수 있으며, 시험이 종료될 때까지 신분증을 제시하지 못 할 경우 해당 시험은 0점 처리됩니다.
2. 시스템(PC작동여부, 네트워크 상태 등)의 이상여부를 반드시 확인하여야 하며, 시스템 이상이 있을시 감독위원에게 조치를 받으셔야 합니다.
3. 시험 중 부주의 또는 고의로 시스템을 파손한 경우는 응시자 부담으로 합니다.
4. 답안 전송 프로그램을 통해 다운로드 받은 파일을 이용하여 답안파일을 작성하시기 바랍니다.
5. 작성한 답안 파일은 답안 전송 프로그램을 통하여 전송됩니다. 감독위원의 지시에 따라 주시기 바랍니다.
6. 다음사항의 경우 실격(0점) 혹은 부정행위 처리됩니다.
   1) 답안파일을 저장하지 않았거나, 저장한 파일이 손상되었을 경우
   2) 답안파일을 지정된 폴더(바탕화면 – "KAIT" 폴더)에 저장하지 않았을 경우
      ※ 답안 전송 프로그램 로그인 시 바탕화면에 자동 생성됨
   3) 답안파일을 다른 보조 기억장치(USB) 혹은 네트워크(메신저, 게시판 등)로 전송할 경우
   4) 휴대용 전화기 등 통신기기를 사용할 경우
7. 슬라이드는 반드시 순서대로 작성해야 하며, 순서가 다를 경우 "0"점 처리 됩니다.
8. 시험지에 제시된 글꼴이 응시 프로그램에 없는 경우, 반드시 감독위원에게 해당 내용을 통보한 뒤 조치를 받아야 합니다.
9. 슬라이드 작성 시 도형의 그룹설정을 사용하는 경우, 채점에서 감점처리 됩니다.
10. 시험의 완료는 작성이 완료된 답안을 저장하고, 답안 전송이 완료된 상태를 확인한 것으로 합니다. 답안 전송 확인 후 문제지는 감독위원에게 제출한 후 퇴실하여야 합니다.
11. 답안전송이 완료된 경우에는 수정 또는 정정이 불가능합니다.
12. 시험시행 후 합격자 발표는 홈페이지(www.ihd.or.kr)에서 확인하시기 바랍니다.
    1) 문제 및 모범답안 공개 : 20XX. XX. XX. (X)
    2) 합격자 발표 : 20XX. XX. XX. (X)

디지털정보활용능력-프리젠테이션[한쇼] (시험시간 : 40분)

유의사항
- 《작성조건》을 준수하여 반드시 프리젠테이션 슬라이드로 작업합니다.
- 글꼴 및 기타 사항에 대해 별도의 지시사항이 없는 경우, 슬라이드 크기와 전체적인 균형을 고려하여 임의로 작성하되, 도형은 그룹으로 설정하지 않습니다.
- 새 프레젠테이션 만들기 – 한컴오피스, 쪽 설정(종류 – A4용지(210 x 297mm)), 슬라이드 방향(가로)로 지정합니다.
  ▶ 슬라이드 크기, 방향 조정 시 '맞춤 확인'으로 지정하여야 합니다.
- 공통적용사항(슬라이드 마스터)
  ▶ 도형 ⇒ 기본 도형 : 사다리꼴, 도형 스타일('보통 효과 – 강조 6'), 글꼴(굴림체, 25pt, 진하게)
- 그림 삽입 시 다운로드 한 그림 파일을 반드시 사용하여야 합니다.
- ⬜ ➔ 은 지시사항이므로 작성하지 않습니다.
- 슬라이드에 제시된 글자 및 숫자 오타는 감점처리 됩니다.

[슬라이드 1] 아래의 작성조건 및 출력형태에 알맞게 첫 번째 슬라이드에 작업하시오. (30점)

《출력형태》

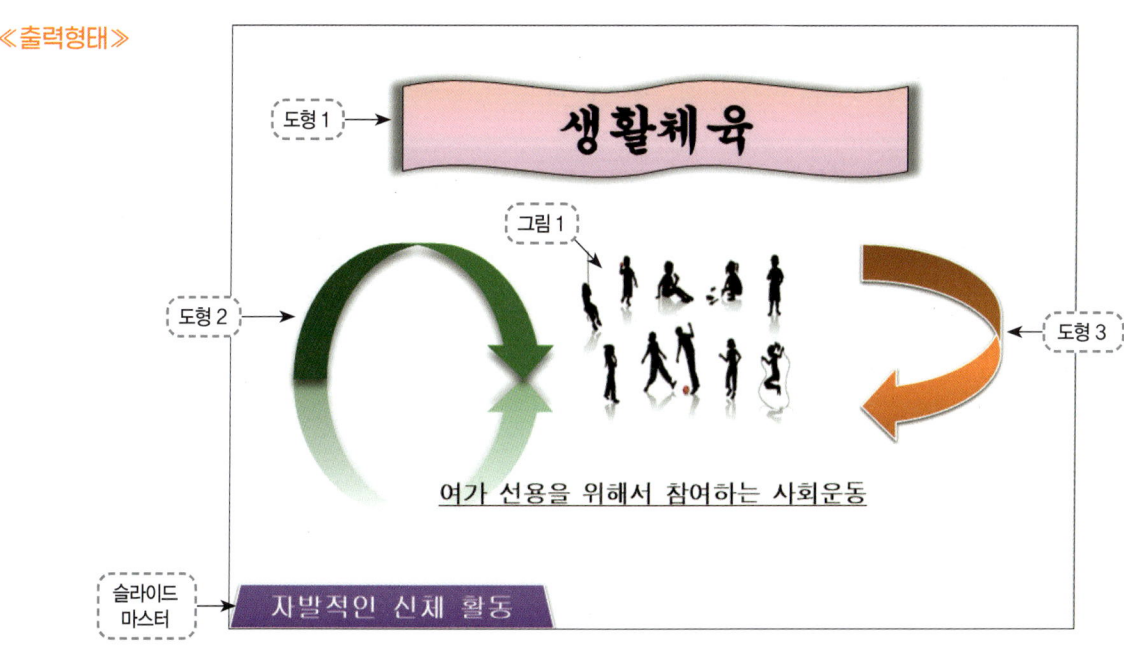

《작성조건》

▶ 도형 1 ⇒ 별 및 현수막 : 이중 물결, 도형 채우기(그러데이션 : 유형 – 솜사탕 1, 종류 –선형, 방향 – 아래쪽에서), 선 색(단색, 색 : 검정),
선 스타일(선 종류 : 실선, 굵기 : 1pt, 겹선 종류 : 단순형), 도형 효과(그림자 – 바깥쪽 –가운데),
글꼴(궁서, 46pt, 진하게, 검정)

▶ 도형 2 ⇒ 블록 화살표 : 아래로 구부러진 화살표, 도형 채우기(초록), 선 색 없음,
도형 효과(그림자 – 바깥쪽 – 아래쪽, 반사 – '전체 크기, 근접')

▶ 도형 3 ⇒ 블록 화살표 : 왼쪽으로 구부러진 화살표, 도형 스타일('보통 효과 – 강조 2')

▶ 그림 삽입 ⇒ 그림 1 삽입, 크기(너비 : 70mm, 높이 : 60mm)

▶ 글상자(여가 선용을 위해서 참여하는 사회운동) ⇒ 글꼴(돋움체, 22pt, 진하게, 밑줄)

▶ 애니메이션 지정 ⇒ 그림 1 : 나타내기 – 날아오기

▶ 지시사항이 없는 부분은《출력형태》와 동일하게 작성하시오.

디지털정보활용능력 – 프리젠테이션[한쇼] (시험시간 : 40분)

[슬라이드 2] 아래의 작성조건 및 출력형태에 알맞게 두 번째 슬라이드에 작업하시오. (50점)

≪출력형태≫

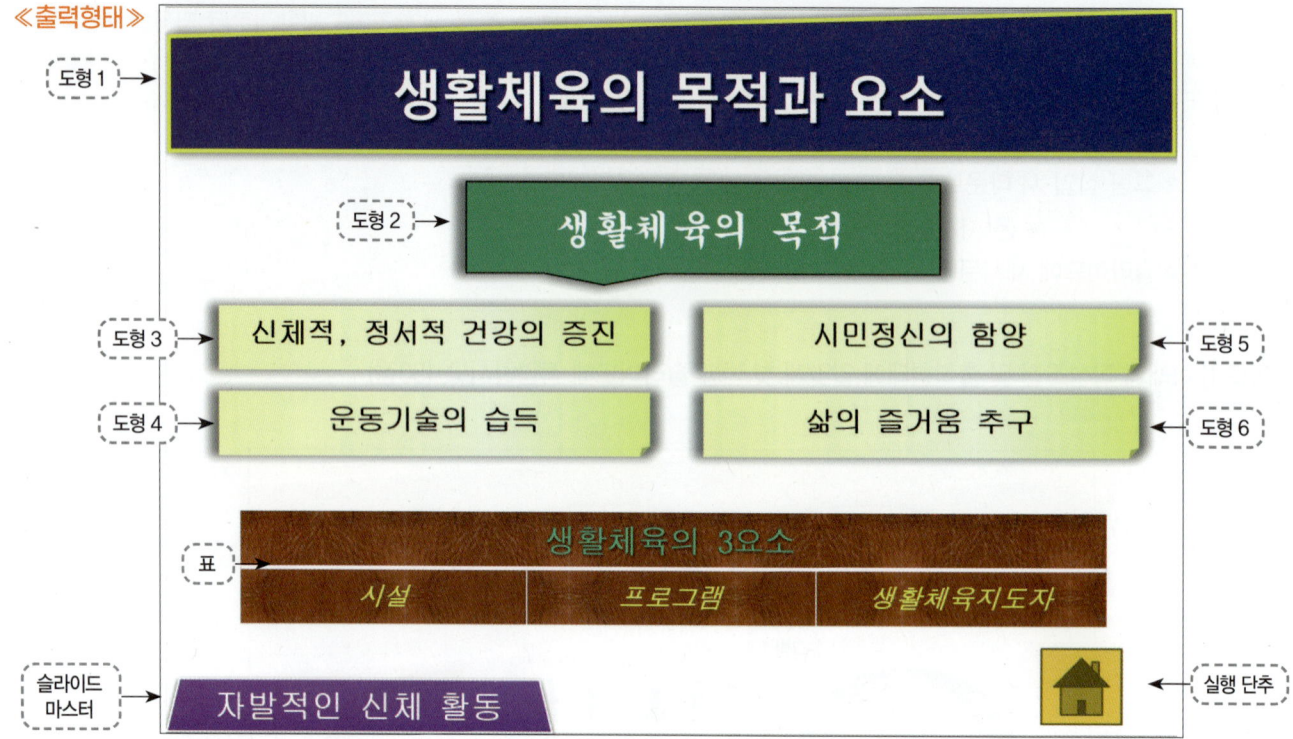

≪작성조건≫

(1) 제목
- ▶ 도형 1 ⇒ 순서도 : 수동 입력, 도형 채우기(제목/배경 – 어두운 색 2 남색), 선 색(단색, 색 : 노랑),
  선 스타일(선 종류 : 실선, 굵기 : 3pt, 겹선 종류 : 단순형),
  도형 효과(그림자 – 바깥쪽 – 오른쪽, 네온 – '강조 색 3, 5 pt'), 글꼴(맑은 고딕, 40pt, 진하게, 그림자)

(2) 본문
- ▶ 표 ⇒ 채우기(질감 – 가죽, 배열 – 바둑판식),
  가장 위의 행 : 글꼴(돋움체, 24pt, 진하게, 그림자, 강조 5 초록 20% 밝게, 가운데 정렬, 가운데 맞춤),
  나머지 행 : 글꼴(돋움체, 20pt, 진하게, 기울임, 노랑, 가운데 정렬, 가운데 맞춤)
- ▶ 도형 2 ⇒ 설명선 : 사각형 설명선, 도형 채우기(강조 5 초록), 선 색(단색, 색 : 검정),
  선 스타일(선 종류 : 실선, 굵기 : 1pt, 겹선 종류 : 단순형), 도형 효과(그림자 – 바깥쪽 – 가운데),
  글꼴(궁서체, 30pt, 진하게)
- ▶ 도형 3~6 ⇒ 기본 도형 : 모서리가 접힌 도형,
  도형 채우기(그러데이션 : 유형 – 레몬, 종류 – 선형, 방향 – 왼쪽에서), 선 색 없음,
  도형 효과(그림자 – 바깥쪽 – 가운데), 글꼴(굴림체, 22pt, 진하게, 검정)
- ▶ 실행 단추 ⇒ 실행 단추 : 홈, 하이퍼링크 : 첫째 슬라이드, 도형 스타일('채우기 – 강조 4')
- ▶ 애니메이션 지정 ⇒ 도형 2 : 나타내기 – 블라인드
- ▶ 지시사항이 없는 부분은 ≪출력형태≫와 동일하게 작성하시오.

디지털정보활용능력 – 프리젠테이션[한쇼] (시험시간 : 40분)

[슬라이드 3] 아래의 작성조건 및 출력형태에 알맞게 세 번째 슬라이드에 작업하시오. (60점)

≪출력형태≫

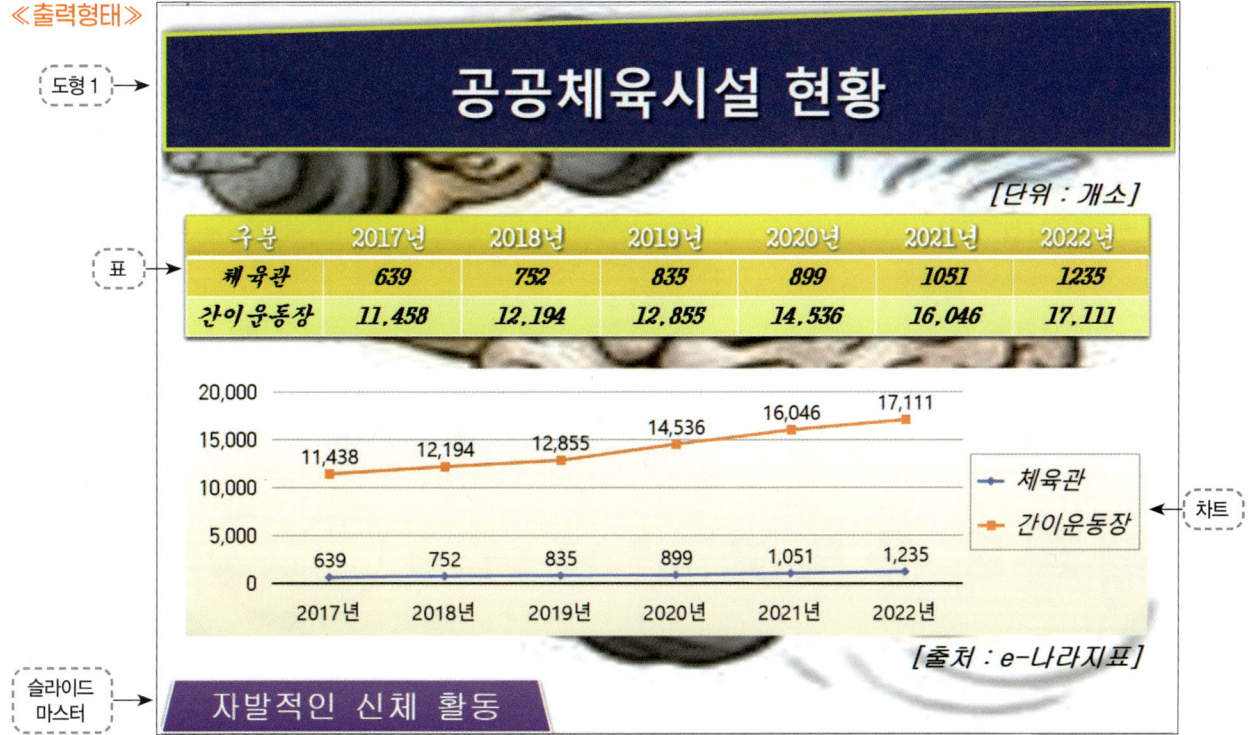

≪작성조건≫

(1) 제목
- ▶ 도형 1 ⇒ 순서도 : 수동 입력, 도형 채우기(제목/배경 – 어두운 색 2 남색), 선 색(단색, 색 : 노랑), 선 스타일(선 종류 : 실선, 굵기 : 3pt, 겹선 종류 : 단순형), 도형 효과(그림자 – 바깥쪽 – 오른쪽, 네온 – '강조 색 3, 5 pt'), 글꼴(맑은 고딕, 40pt, 진하게, 그림자)

(2) 본문
- ▶ 글상자 1([단위 : 개소]) ⇒ 글꼴(굴림, 20pt, 진하게, 기울임)
- ▶ 표 ⇒ 표 스타일(일반 스타일 1 – 강조 4), 가장 위의 행 : 글꼴(궁서체, 20pt, 진하게, 그림자, 가운데 정렬, 가운데 맞춤), 나머지 행 : 글꼴(궁서체, 18pt, 진하게, 기울임, 가운데 정렬, 가운데 맞춤)
- ▶ 글상자 2([출처 : e-나라지표]) ⇒ 글꼴(굴림, 20pt, 진하게, 기울임)
- ▶ 차트 ⇒ 꺾은선/영역형 : 표식이 있는 꺾은선형, 차트 스타일(스타일 3), 축 서식/자료점 이름표 서식 : 글꼴(맑은 고딕, 10pt), 범례 서식 : 글꼴(맑은 고딕, 12pt, 기울임), 데이터는 표 참고
- ▶ 배경 ⇒ 배경 속성(질감/그림 – 그림)에서 그림 2 삽입(현재 슬라이드만 적용)
- ▶ 애니메이션 지정 ⇒ 차트 : 나타내기 – 사각형
- ▶ 지시사항이 없는 부분은 ≪출력형태≫와 동일하게 작성하시오.

디지털정보활용능력 – 프리젠테이션[한쇼] (시험시간 : 40분)

[슬라이드 4] 아래의 작성조건 및 출력형태에 알맞게 네 번째 슬라이드에 작업하시오. (60점)

≪출력형태≫

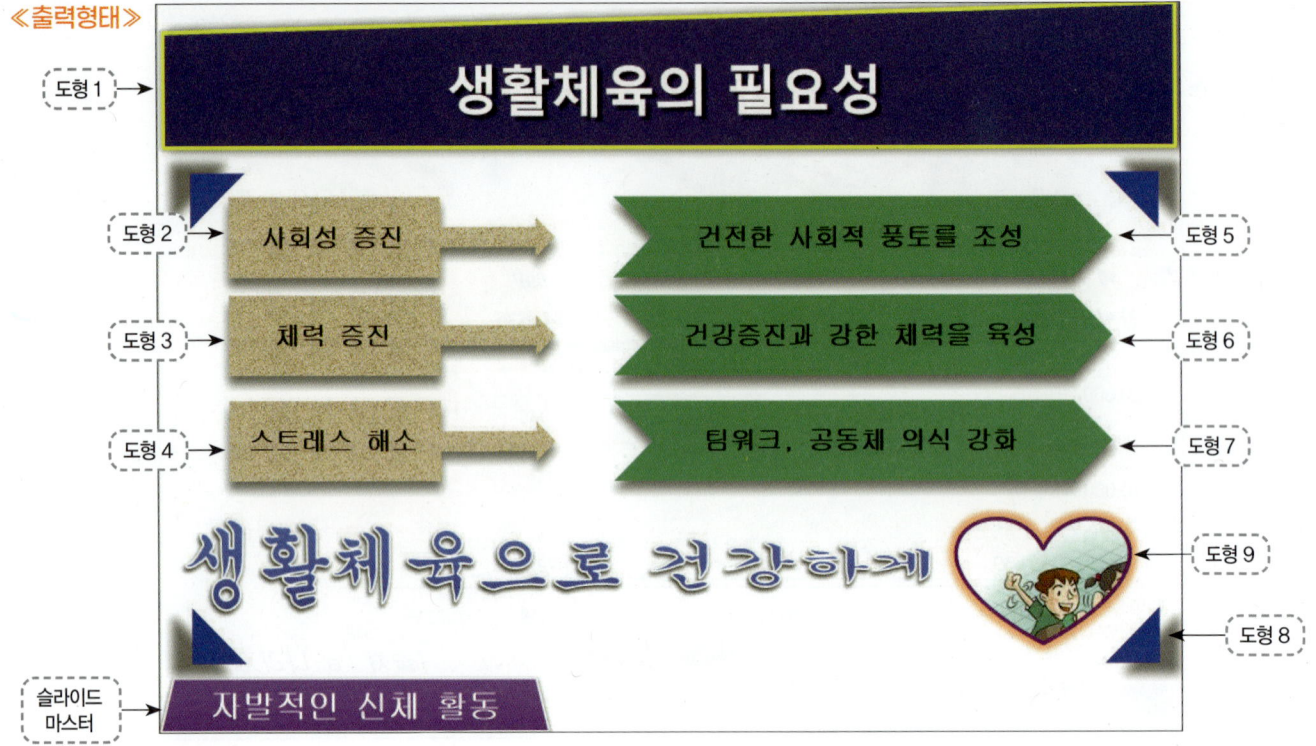

≪작성조건≫

(1) 제목
- 도형 1 ⇒ 순서도 : 수동 입력, 도형 채우기(제목/배경 – 어두운 색 2 남색), 선 색(단색, 색 : 노랑),
  선 스타일(선 종류 : 실선, 굵기 : 3pt, 겹선 종류 : 단순형),
  도형 효과(그림자 – 바깥쪽 – 오른쪽, 네온 – '강조 색 3, 5 pt'), 글꼴(맑은 고딕, 40pt, 진하게, 그림자)

(2) 본문
- 도형 2~4 ⇒ 블록 화살표 : 오른쪽 화살표 설명선, 도형 채우기(질감 : 모래), 선 색 없음,
  도형 효과(그림자 – 바깥쪽 – 아래쪽), 글꼴(굴림체, 20pt, 진하게, 검정)
- 도형 5~7 ⇒ 블록 화살표 : 갈매기형 수장, 도형 채우기(강조 5 초록), 선 색 없음,
  도형 효과(그림자 – 바깥쪽 – 아래쪽), 글꼴(굴림체, 20pt, 진하게, 검정)
- 도형 8 ⇒ 기본 도형 : 삼각형 모서리, 도형 채우기(파랑), 선 색 없음, 도형 효과(그림자 – 바깥쪽 – 가운데)
- 도형 9 ⇒ 기본 도형 : 하트, 도형 채우기(질감/그림 – 그림) 기능을 사용하여 그림 3 삽입,
  선 색(단색, 색 : 보라), 선 스타일(선 종류 : 실선, 너비 : 3pt, 겹선 종류 : 단순형),
  도형 효과(네온 – '강조 색 2, 10 pt')
- 워드숍 삽입(생활체육으로 건강하게) ⇒ 채우기 – 강조1(그러데이션), 윤곽 – 밝은 색 1,
  글자 효과(변환 – 휘기 – 오른쪽 줄이기),
  글꼴(궁서, 54pt, 진하게)
- 지시사항이 없는 부분은 ≪출력형태≫와 동일하게 작성하시오.

디지털정보활용능력 최신유형 기출문제

- ☑ 시험과목 : 프리젠테이션(한쇼)
- ☑ 시험일자 : 20XX. XX. XX. (X)
- ☑ 응시자 기재사항 및 감독위원 확인

수검번호	DIO - XXXX -	감독위원 확인
성 명		

응시자 유의사항

1. 응시자는 신분증을 지참하여야 시험에 응시할 수 있으며, 시험이 종료될 때까지 신분증을 제시하지 못 할 경우 해당 시험은 0점 처리됩니다.
2. 시스템(PC작동여부, 네트워크 상태 등)의 이상여부를 반드시 확인하여야 하며, 시스템 이상이 있을시 감독위원에게 조치를 받으셔야 합니다.
3. 시험 중 부주의 또는 고의로 시스템을 파손한 경우는 응시자 부담으로 합니다.
4. 답안 전송 프로그램을 통해 다운로드 받은 파일을 이용하여 답안파일을 작성하시기 바랍니다.
5. 작성한 답안 파일은 답안 전송 프로그램을 통하여 전송됩니다. 감독위원의 지시에 따라 주시기 바랍니다.
6. 다음사항의 경우 실격(0점) 혹은 부정행위 처리됩니다.
    1) 답안파일을 저장하지 않았거나, 저장한 파일이 손상되었을 경우
    2) 답안파일을 지정된 폴더(바탕화면 – "KAIT" 폴더)에 저장하지 않았을 경우
        ※ 답안 전송 프로그램 로그인 시 바탕화면에 자동 생성됨
    3) 답안파일을 다른 보조 기억장치(USB) 혹은 네트워크(메신저, 게시판 등)로 전송할 경우
    4) 휴대용 전화기 등 통신기기를 사용할 경우
7. 슬라이드는 반드시 순서대로 작성해야 하며, 순서가 다를 경우 "0"점 처리 됩니다.
8. 시험지에 제시된 글꼴이 응시 프로그램에 없는 경우, 반드시 감독위원에게 해당 내용을 통보한 뒤 조치를 받아야 합니다.
9. 슬라이드 작성 시 도형의 그룹설정을 사용하는 경우, 채점에서 감점처리 됩니다.
10. 시험의 완료는 작성이 완료된 답안을 저장하고, 답안 전송이 완료된 상태를 확인한 것으로 합니다. 답안 전송 확인 후 문제지는 감독위원에게 제출한 후 퇴실하여야 합니다.
11. 답안전송이 완료된 경우에는 수정 또는 정정이 불가능합니다.
12. 시험시행 후 합격자 발표는 홈페이지(www.ihd.or.kr)에서 확인하시기 바랍니다.
    1) 문제 및 모범답안 공개 : 20XX. XX. XX. (X)
    2) 합격자 발표 : 20XX. XX. XX. (X)

디지털정보활용능력-프리젠테이션[한쇼] (시험시간 : 40분)　　1/4

유의사항
- 《작성조건》을 준수하여 반드시 프리젠테이션 슬라이드로 작업합니다.
- 글꼴 및 기타 사항에 대해 별도의 지시사항이 없는 경우, 슬라이드 크기와 전체적인 균형을 고려하여 임의로 작성하되, 도형은 그룹으로 설정하지 않습니다.
- 새 프레젠테이션 만들기 – 한컴오피스, 쪽 설정(종류 – A4용지(210 x 297mm)), 슬라이드 방향(가로)로 지정합니다.
  ▶ 슬라이드 크기, 방향 조정 시 '맞춤 확인'으로 지정하여야 합니다.
- 공통적용사항(슬라이드 마스터)
  ▶ 도형 ⇒ 블록 화살표 : 갈매기형 수장, 도형 스타일('밝은 계열 – 강조 6'), 글꼴(굴림, 18pt, 진하게)
- 그림 삽입 시 다운로드 한 그림 파일을 반드시 사용하여야 합니다.
- ☐──▶ 은 지시사항이므로 작성하지 않습니다.
- 슬라이드에 제시된 글자 및 숫자 오타는 감점처리 됩니다.

[슬라이드 1] 아래의 작성조건 및 출력형태에 알맞게 첫 번째 슬라이드에 작업하시오. (30점)

《출력형태》

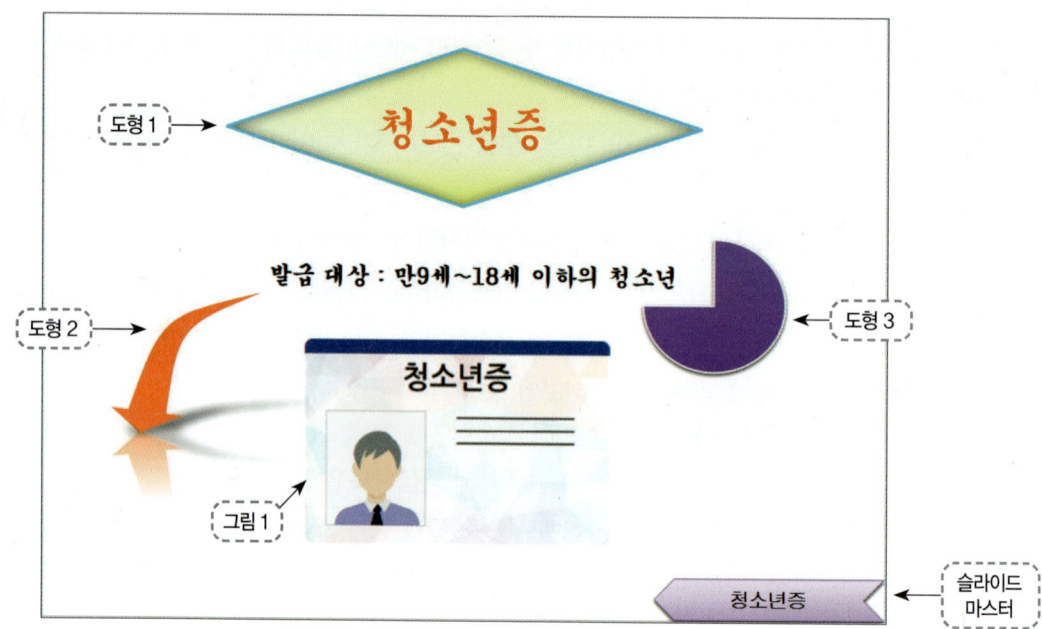

《작성조건》

▶ 도형 1 ⇒ 기본 도형 : 다이아몬드, 도형 채우기(그러데이션 : 유형 – 레몬, 종류 – 선형, 방향 – 위쪽에서),
　　　　선 색(단색, 색 : 시안), 선 스타일(선 종류 : 실선, 굵기 : 3pt, 겹선 종류 : 단순형),
　　　　도형 효과(그림자 – 안쪽 – 가운데), 글꼴(궁서, 40pt, 진하게, 주황)

▶ 도형 2 ⇒ 블록 화살표 : 휘어진 화살표, 도형 채우기(주황), 선 색 없음,
　　　　도형 효과(그림자 – 원근감 – 대각선 오른쪽 위, 반사 – '1/2 크기, 근접')

▶ 도형 3 ⇒ 기본 도형 : 원형, 도형 스타일('보통 효과 – 강조 6')

▶ 그림 삽입 ⇒ 그림 1 삽입, 크기(너비 : 100mm, 높이 : 65mm)

▶ 글상자(발급 대상 : 만9세~만18세 이하의 청소년) ⇒ 글꼴(궁서, 22pt, 진하게)

▶ 애니메이션 지정 ⇒ 도형 1 : 나타내기 – 다이아몬드형

▶ 지시사항이 없는 부분은 《출력형태》와 동일하게 작성하시오.

디지털정보활용능력 – 프리젠테이션[한쇼] (시험시간 : 40분)

[슬라이드 2] 아래의 작성조건 및 출력형태에 알맞게 두 번째 슬라이드에 작업하시오. (50점)

≪출력형태≫

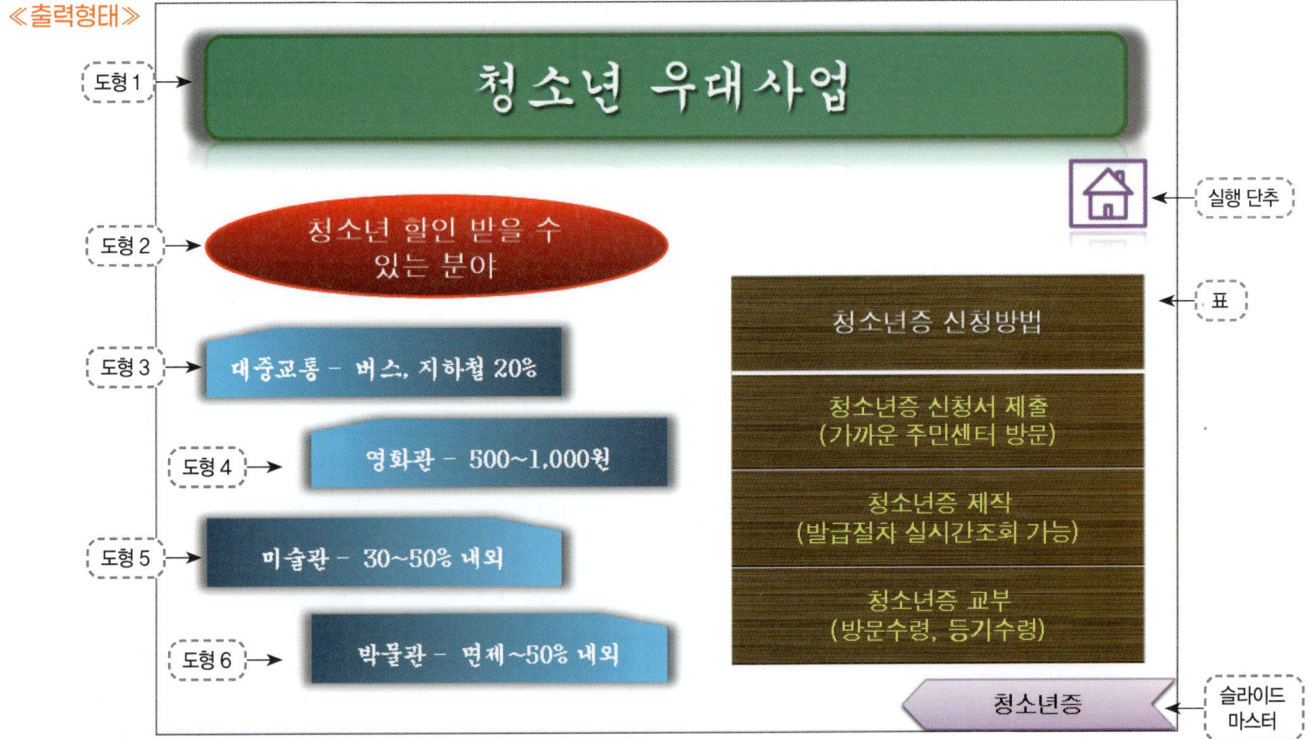

≪작성조건≫

(1) 제목
  ▶ 도형 1 ⇒ 순서도 : 대체 처리, 도형 채우기(강조 5 초록), 선 색(단색, 색 : 초록),
    선 스타일(선 종류 : 실선, 굵기 : 3pt, 겹선 종류 : 단순형),
    도형 효과(그림자 – 바깥쪽 – 가운데, 반사 – '1/3 크기, 근접'), 글꼴(궁서, 40pt, 그림자)

(2) 본문
  ▶ 도형 2 ⇒ 기본 도형 : 타원, 도형 채우기(빨강, 그러데이션 – 어두운 그러데이션 – 선형 아래쪽),
    선 색(단색, 색 : 빨강), 선 스타일(선 종류 : 실선, 굵기 : 2pt, 겹선 종류 : 단순형),
    글꼴(돋움, 22pt, 진하게)
  ▶ 도형 3~6 ⇒ 순서도 : 카드, 도형 채우기(시안, 그러데이션 – 어두운 그러데이션 – 선형 오른쪽, 선 색 없음,
    도형 효과(그림자 – 바깥쪽 – 가운데), 글꼴(궁서, 18pt, 진하게)
  ▶ 표 ⇒ 채우기(질감 – 나무 무늬, 배열 – 늘이기),
    가장 위의 행 : 글꼴(돋움, 20pt, 진하게, 그림자, 가운데 정렬, 가운데 맞춤),
    나머지 행 : 글꼴(돋움, 18pt, 진하게, 노랑, 가운데 정렬, 가운데 맞춤)
  ▶ 실행 단추 ⇒ 실행 단추 : 홈, 하이퍼링크 : 첫째 슬라이드, 도형 스타일(테두리 – 강조 6, 채우기 없음)
  ▶ 애니메이션 지정 ⇒ 표 : 나타내기 – 날아오기
  ▶ 지시사항이 없는 부분은 ≪출력형태≫와 동일하게 작성하시오.

디지털정보활용능력 – 프리젠테이션[한쇼] (시험시간 : 40분)

[슬라이드 3] 아래의 작성조건 및 출력형태에 알맞게 세 번째 슬라이드에 작업하시오. (60점)

≪출력형태≫

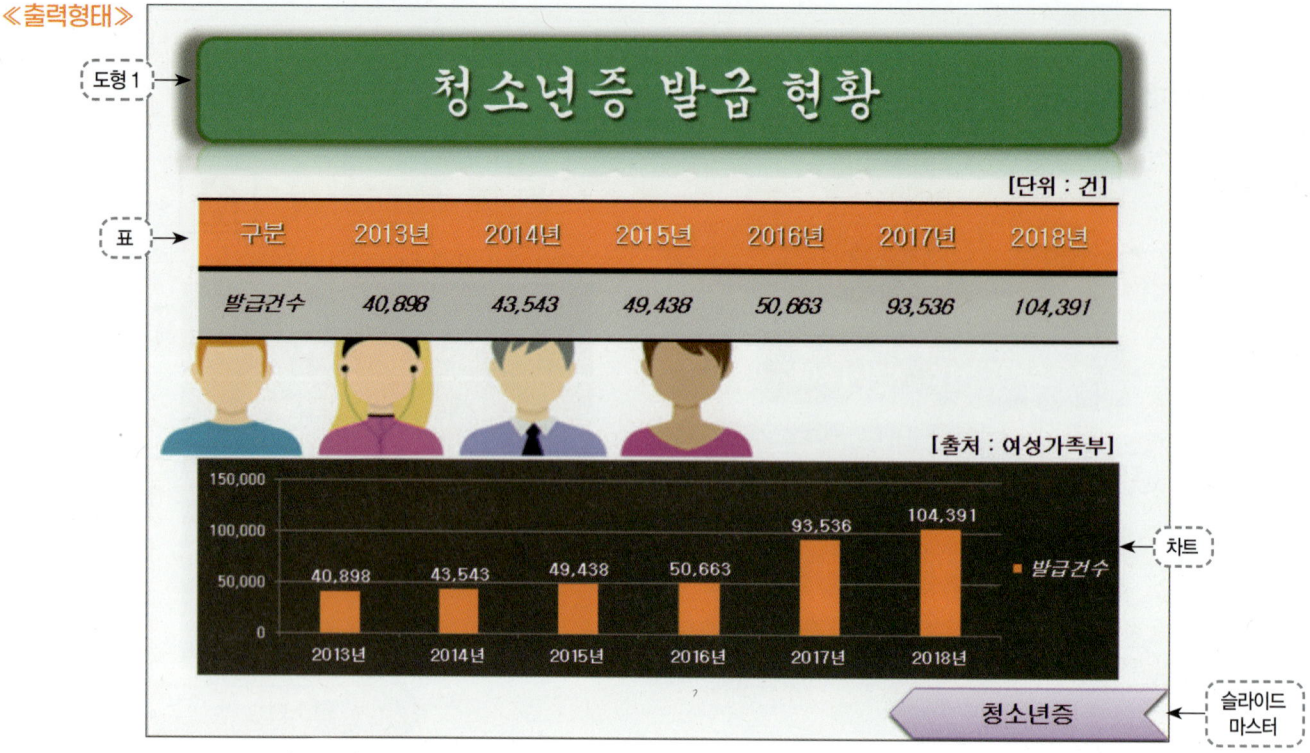

≪작성조건≫

(1) 제목

▶ 도형 1 ⇒ 순서도 : 대체 처리, 도형 채우기(강조 5 초록), 선 색(단색, 색 : 초록),
    선 스타일(선 종류 : 실선, 굵기 : 3pt, 겹선 종류 : 단순형),
    도형 효과(그림자 – 바깥쪽 – 가운데, 반사 – '1/3 크기, 근접'), 글꼴(궁서, 40pt, 그림자)

(2) 본문

▶ 글상자 1([단위 : 건]) ⇒ 글꼴(돋움, 16pt, 진하게)

▶ 표 ⇒ 표 스타일(보통 스타일 3 – 강조 2),
    가장 위의 행 : 글꼴(굴림, 18pt, 진하게, 그림자, 가운데 정렬, 가운데 맞춤),
    나머지 행 : 글꼴(굴림, 16pt, 진하게, 기울임, 가운데 정렬, 가운데 맞춤)

▶ 글상자 2([출처 : 여성가족부]) ⇒ 글꼴(돋움, 16pt, 진하게)

▶ 차트 ⇒ 세로 막대형 : 묶은 세로 막대형, 차트 스타일(스타일 2),
    축 서식/자료점 이름표 서식 : 글꼴(돋움, 12pt, 진하게),
    범례 서식 : 글꼴(돋움, 14pt, 진하게, 기울임), 데이터는 표 참고

▶ 배경 ⇒ 배경 속성(질감/그림 – 그림)에서 그림 2 삽입(현재 슬라이드만 적용)

▶ 애니메이션 지정 ⇒ 차트 : 나타내기 – 블라인드

▶ 지시사항이 없는 부분은 ≪출력형태≫와 동일하게 작성하시오.

디지털정보활용능력 – 프리젠테이션[한쇼] (시험시간 : 40분)

4/4

[슬라이드 4] 아래의 작성조건 및 출력형태에 알맞게 네 번째 슬라이드에 작업하시오. (60점)

《출력형태》

《작성조건》

(1) 제목
- 도형 1 ⇒ 순서도 : 대체 처리, 도형 채우기(강조 5 초록),
  선 색(단색, 색 : 초록), 선 스타일(선 종류 : 실선, 굵기 : 3pt, 겹선 종류 : 단순형),
  도형 효과(그림자 – 바깥쪽 – 가운데, 반사 – '1/3 크기, 근접'), 글꼴(궁서, 40pt, 그림자)

(2) 본문
- 도형 2~4 ⇒ 기본 도형 : L 도형, 도형 채우기(질감 – 가죽), 선 색 없음,
  도형 효과(그림자 – 바깥쪽 – 아래쪽), 글꼴(궁서체, 18pt, 진하게, 그림자)
- 도형 5~7 ⇒ 사각형 : 직사각형, 도형 채우기(보라), 선 색 없음,
  도형 효과(그림자 – 바깥쪽 – 아래쪽), 글꼴(궁서체, 18pt, 진하게)
- 도형 8 ⇒ 기본 도형 : 달, 도형 채우기(주황, 그러데이션 – 밝은 그러데이션 – 선형 아래쪽),
  선 색 없음, 도형 효과(그림자 – 바깥쪽 – 아래쪽)
- 도형 9 ⇒ 기본 도형 : 육각형, 도형 채우기(질감/그림 – 그림) 기능을 사용하여 그림 3 삽입,
  선 색(단색, 색 : 노랑), 선 스타일(선 종류 : 실선, 굵기 : 2pt, 겹선 종류 : 단순형),
  도형 효과(그림자 – 바깥쪽 – 가운데)
- 워드숍 삽입(청소년에게는 청소년증이 있다!) ⇒ 채우기 – 강조4(어두운 계열, 그러데이션),
  윤곽 – 강조 4, 그림자, 글자 효과(변환 – 휘기 – 위쪽 수축),
  글꼴(궁서체, 32pt, 진하게)
- 지시사항이 없는 부분은 《출력형태》와 동일하게 작성하시오.

제03회 디지털정보활용능력 최신유형 기출문제

- ☑ 시험과목 : 프리젠테이션(한쇼)
- ☑ 시험일자 : 20XX. XX. XX. (X)
- ☑ 응시자 기재사항 및 감독위원 확인

수검번호	DIO - XXXX -	감독위원 확인
성 명		

응시자 유의사항

1. 응시자는 신분증을 지참하여야 시험에 응시할 수 있으며, 시험이 종료될 때까지 신분증을 제시하지 못 할 경우 해당 시험은 0점 처리됩니다.
2. 시스템(PC작동여부, 네트워크 상태 등)의 이상여부를 반드시 확인하여야 하며, 시스템 이상이 있을시 감독위원에게 조치를 받으셔야 합니다.
3. 시험 중 부주의 또는 고의로 시스템을 파손한 경우는 응시자 부담으로 합니다.
4. 답안 전송 프로그램을 통해 다운로드 받은 파일을 이용하여 답안파일을 작성하시기 바랍니다.
5. 작성한 답안 파일은 답안 전송 프로그램을 통하여 전송됩니다. 감독위원의 지시에 따라 주시기 바랍니다.
6. 다음사항의 경우 실격(0점) 혹은 부정행위 처리됩니다.
    1) 답안파일을 저장하지 않았거나, 저장한 파일이 손상되었을 경우
    2) 답안파일을 지정된 폴더(바탕화면 – "KAIT" 폴더)에 저장하지 않았을 경우
       ※ 답안 전송 프로그램 로그인 시 바탕화면에 자동 생성됨
    3) 답안파일을 다른 보조 기억장치(USB) 혹은 네트워크(메신저, 게시판 등)로 전송할 경우
    4) 휴대용 전화기 등 통신기기를 사용할 경우
7. 슬라이드는 반드시 순서대로 작성해야 하며, 순서가 다를 경우 "0"점 처리 됩니다.
8. 시험지에 제시된 글꼴이 응시 프로그램에 없는 경우, 반드시 감독위원에게 해당 내용을 통보한 뒤 조치를 받아야 합니다.
9. 슬라이드 작성 시 도형의 그룹설정을 사용하는 경우, 채점에서 감점처리 됩니다.
10. 시험의 완료는 작성이 완료된 답안을 저장하고, 답안 전송이 완료된 상태를 확인한 것으로 합니다. 답안 전송 확인 후 문제지는 감독위원에게 제출한 후 퇴실하여야 합니다.
11. 답안전송이 완료된 경우에는 수정 또는 정정이 불가능합니다.
12. 시험시행 후 합격자 발표는 홈페이지(www.ihd.or.kr)에서 확인하시기 바랍니다.
    1) 문제 및 모범답안 공개 : 20XX. XX. XX. (X)
    2) 합격자 발표 : 20XX. XX. XX. (X)

디지털정보활용능력-프리젠테이션[한쇼] (시험시간 : 40분)

유의사항
- 《작성조건》을 준수하여 반드시 프리젠테이션 슬라이드로 작업합니다.
- 글꼴 및 기타 사항에 대해 별도의 지시사항이 없는 경우, 슬라이드 크기와 전체적인 균형을 고려하여 임의로 작성하되, 도형은 그룹으로 설정하지 않습니다.
- 새 프레젠테이션 만들기 – 한컴오피스, 쪽 설정(종류 – A4용지(210 x 297mm)), 슬라이드 방향(가로)로 지정합니다.
  ▶ 슬라이드 크기, 방향 조정 시 '맞춤 확인'으로 지정하여야 합니다.
- 공통적용사항(슬라이드 마스터)
  ▶ 도형 ⇒ 기본 도형 : 정오각형, 도형 스타일('밝은 계열 – 강조 1'), 글꼴(궁서, 22pt, 기울임)
- 그림 삽입 시 다운로드 한 그림 파일을 반드시 사용하여야 합니다.
- ⬚ ⟶ 은 지시사항이므로 작성하지 않습니다.
- 슬라이드에 제시된 글자 및 숫자 오타는 감점처리 됩니다.

[슬라이드 1] 아래의 작성조건 및 출력형태에 알맞게 첫 번째 슬라이드에 작업하시오. (30점)

《출력형태》

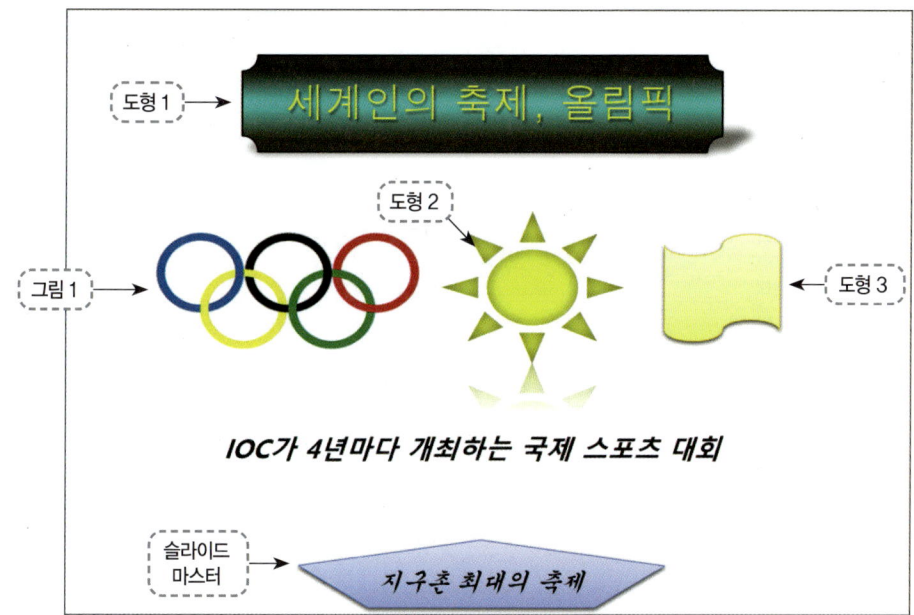

《작성조건》
- ▶ 도형 1 ⇒ 기본 도형 : 배지, 도형 채우기(그러데이션 : 유형 – 루비, 종류 – 선형, 방향 –위쪽에서),
  선 색(단색, 색 : 검정), 선 스타일(선 종류 : 실선, 굵기 : 3pt, 겹선 종류 :단순형),
  도형 효과(그림자 – 원근감 – 대각선 오른쪽 위), 글꼴(돋움, 36pt, 그림자, 노랑)
- ▶ 도형 2 ⇒ 기본 도형 : 해, 도형 채우기(노랑), 선 색 없음,
  도형 효과(그림자 – 안쪽 – 가운데, 반사 – '1/3 크기, 근접')
- ▶ 도형 3 ⇒ 순서도 : 천공 테이프, 도형 스타일('밝은 계열 – 강조 4')
- ▶ 그림 삽입 ⇒ 그림 1 삽입, 크기(높이 : 40mm, 너비 : 90mm)
- ▶ 글상자(IOC가 4년마다 개최하는 국제 스포츠 대회) ⇒ 글꼴(맑은 고딕, 24pt, 진하게, 기울임)
- ▶ 애니메이션 지정 ⇒ 도형 1 : 나타내기 – 블라인드
- ▶ 지시사항이 없는 부분은《출력형태》와 동일하게 작성하시오.

디지털정보활용능력 – 프리젠테이션[한쇼] (시험시간 : 40분)

[슬라이드 2] 아래의 작성조건 및 출력형태에 알맞게 두 번째 슬라이드에 작업하시오. (50점)

≪출력형태≫

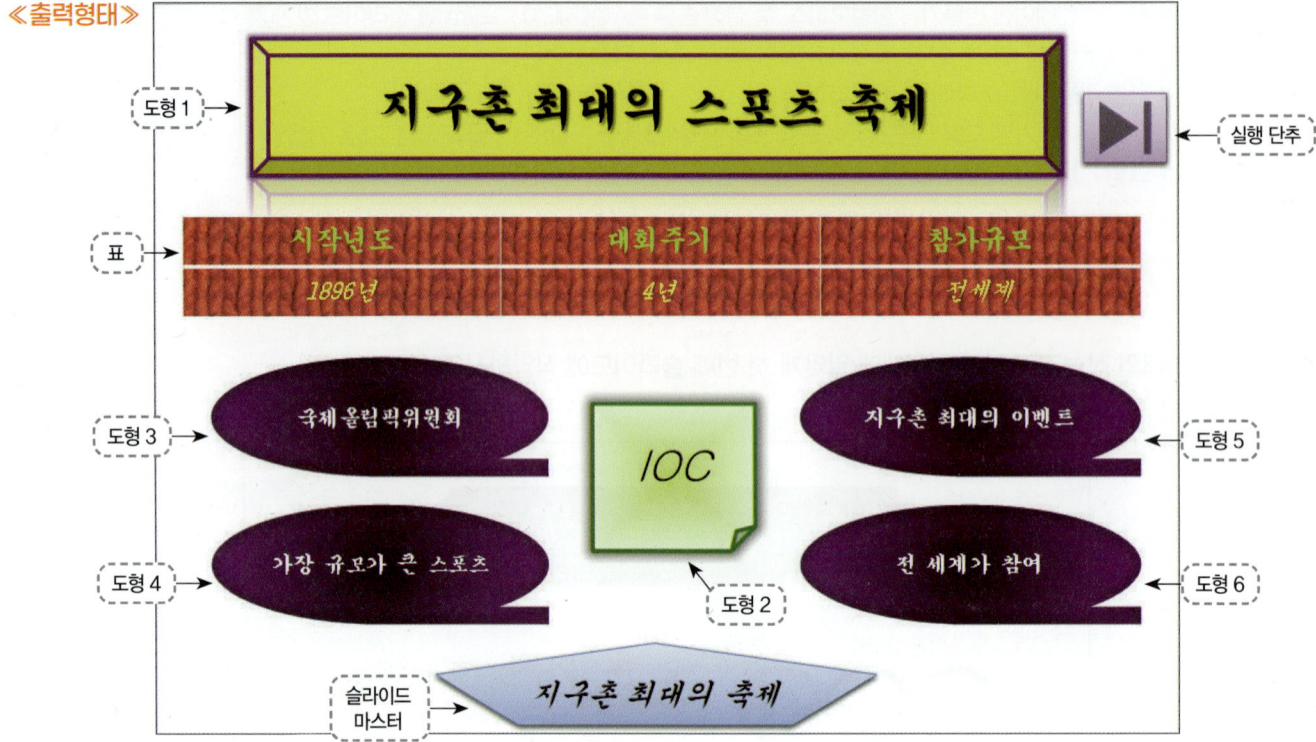

≪작성조건≫

(1) 제목

▶ 도형 1 ⇒ 기본 도형 : 빗면, 도형 채우기(노랑), 선 색(단색, 색 : 보라),
  선 스타일(선 종류 : 실선, 굵기 : 3pt, 겹선 종류 : 단순형),
  도형 효과(반사– '1/3크기 근접', 네온 – '강조 색 6, 5pt'),
  글꼴(궁서, 36pt, 진하게, 그림자, 검정)

(2) 본문

▶ 도형 2 ⇒ 기본 도형 : 모서리가 접힌 도형,
  도형 채우기(밝은 연두색, 그러데이션 – 밝은 그러데이션 – 사각형 – 가운데), 선 색(단색, 색 : 초록),
  선 스타일(선 종류 : 실선, 굵기 : 3pt, 겹선 종류 : 단순형), 도형 효과(그림자 –바깥쪽 – 가운데),
  글꼴(돋움, 32pt, 기울임, 검정)

▶ 도형 3~6 ⇒ 순서도 : 순차적 액세스 저장소,
  도형 채우기(보라, 그러데이션 – 어두운 그러데이션 – 방사형 – 가운데), 선 색 없음,
  도형 효과(그림자 – 안쪽–가운데), 글꼴(궁서체, 16pt, 진하게)

▶ 실행 단추 ⇒ 실행 단추 : 끝, 하이퍼링크 : 마지막 슬라이드, 도형 스타일('밝은 계열 – 강조 6')

▶ 표 ⇒ 채우기(질감 – 붉은색 겉뜨기 스웨터, 배열 – 바둑판식),
  가장 위의 행 : 글꼴(궁서체, 20pt, 진하게, 밝은 연두색, 가운데 정렬, 가운데 맞춤),
  나머지 행 : 글꼴(궁서체, 18pt, 기울임, 노랑, 가운데 정렬, 가운데 맞춤)

▶ 애니메이션 지정 ⇒ 표 : 나타내기 – 다이아몬드형

▶ 지시사항이 없는 부분은 ≪출력형태≫와 동일하게 작성하시오.

디지털정보활용능력 - 프리젠테이션[한쇼] (시험시간 : 40분)

[슬라이드 3] 아래의 작성조건 및 출력형태에 알맞게 세 번째 슬라이드에 작업하시오. (60점)

≪출력형태≫

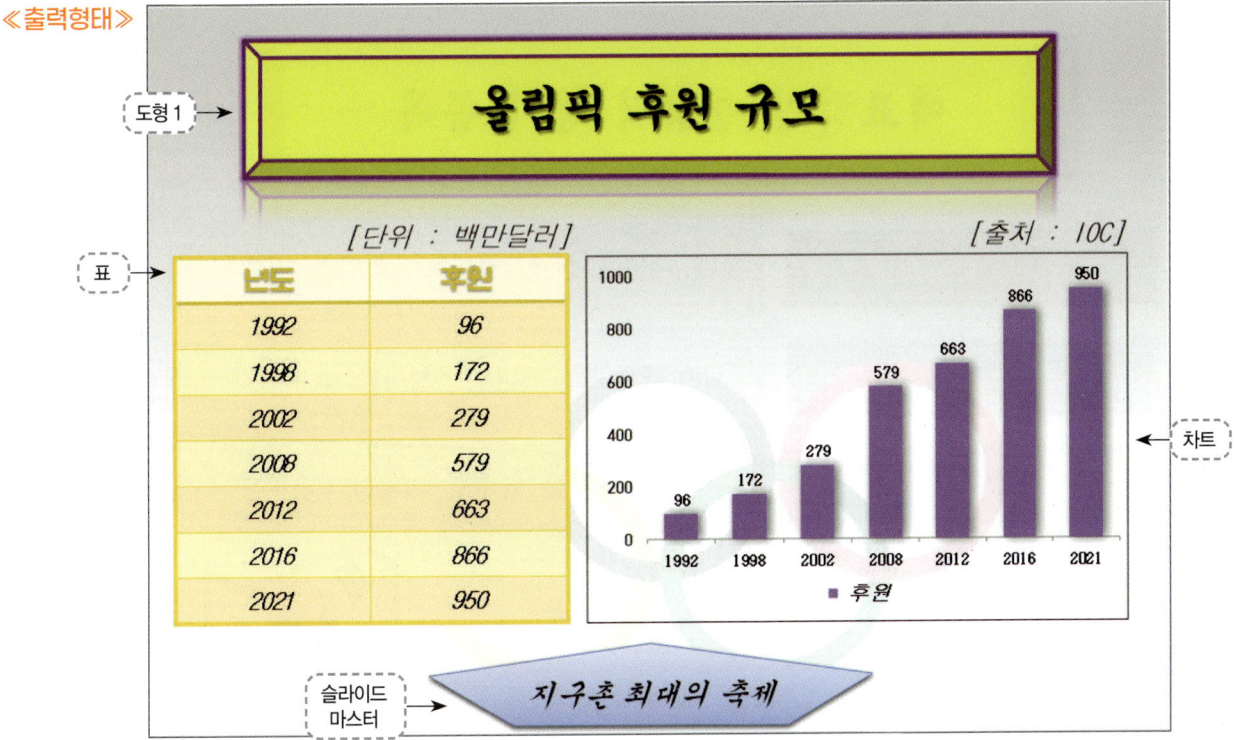

≪작성조건≫

(1) 제목

▶ 도형 1 ⇒ 기본 도형 : 빗면, 도형 채우기(노랑), 선 색(단색, 색 : 보라),
　　　　　선 스타일(선 종류 : 실선, 굵기 : 3pt, 겹선 종류 : 단순형),
　　　　　도형 효과(반사 - '1/3크기 근접', 네온 - '강조 색 6, 5pt'),
　　　　　글꼴(궁서, 36pt, 진하게, 그림자, 검정)

(2) 본문

▶ 글상자 1([단위 : 백만달러]) ⇒ 글꼴(돋움체, 20pt, 기울임)

▶ 표 ⇒ 표 스타일(보통 스타일 4 - 강조 4),
　　　가장 위의 행 : 글꼴(궁서체, 20pt, 진하게, 그림자, 가운데 정렬, 가운데 맞춤),
　　　나머지 행 : 글꼴(돋움체, 18pt, 진하게, 기울임, 가운데 정렬, 가운데 맞춤)

▶ 글상자 2([출처 : IOC]) ⇒ 글꼴(돋움체, 20pt, 기울임)

▶ 차트 ⇒ 세로 막대형 : 묶은 세로 막대형, 차트 계열색('색상조합 - 색 4'), 차트 스타일(스타일 9),
　　　　축 서식/자료점 이름표 서식 : 글꼴(바탕체, 12pt, 진하게),
　　　　범례 서식 : 글꼴(굴림, 16pt, 진하게, 기울임), 데이터는 표 참고

▶ 배경 ⇒ 배경 속성(질감/그림 - 그림)에서 그림 2 삽입(현재 슬라이드만 적용)

▶ 애니메이션 지정 ⇒ 차트 : 나타내기 - 다이아몬드형

▶ 지시사항이 없는 부분은 ≪출력형태≫와 동일하게 작성하시오.

디지털정보활용능력 – 프리젠테이션[한쇼] (시험시간 : 40분)

[슬라이드 4] 아래의 작성조건 및 출력형태에 알맞게 네 번째 슬라이드에 작업하시오. (60점)

≪출력형태≫

≪작성조건≫

(1) 제목

▶ 도형 1 ⇒ 기본 도형 : 빗면, 도형 채우기(노랑), 선 색(단색, 색 : 보라),
  선 스타일(선 종류 : 실선, 굵기 : 3pt, 겹선 종류 : 단순형),
  도형 효과(반사– '1/3 크기 근접', 네온 – '강조 색 6, 5pt'),
  글꼴(궁서, 36pt, 진하게, 그림자, 검정)

(2) 본문

▶ 도형 2~4 ⇒ 순서도 : 처리, 도형 채우기(보라), 선 색 없음, 도형 효과(옅은 테두리 – 3 pt),
  글꼴(돋움, 20pt, 기울임)

▶ 도형 5~7 ⇒ 블록 화살표 : 오각형, 도형 채우기(질감 – 미색 안뜨기 스웨터), 선 색 없음,
  도형 효과(네온 – '강조 색 6, 5pt'), 글꼴(돋움, 20pt, 진하게, 검은 군청)

▶ 도형 8 ⇒ 블록 화살표 : 위로 구부러진 화살표, 도형 채우기(그러데이션 : 유형 – 붉은 노을, 종류 – 선형,
  방향 – 오른쪽 아래에서), 선 색 없음, 도형 효과(그림자 – 바깥쪽 – 아래쪽)

▶ 도형 9 ⇒ 별 및 현수막 : 물결, 도형 채우기(질감/그림 – 그림) 기능을 사용하여 그림 3 삽입, 선 색(단색, 색 : 검정),
  선 스타일(선 종류 : 파선, 굵기 : 1.5pt, 겹선 종류 : 단순형), 도형 효과(그림자 – 안쪽 – 위쪽)

▶ 워드숍 삽입(경기 종목은 대회 열리기 7년 전에 확정) ⇒ 채우기 – 강조 5(밝은 계열 , 그러데이션),
  윤곽 – 강조 5, 글자 효과(변환 – 휘기 – 위쪽 수축),
  글꼴(궁서체, 20pt, 진하게)

▶ 지시사항이 없는 부분은 ≪출력형태≫와 동일하게 작성하시오.

디지털정보활용능력 최신유형 기출문제

- ☑ 시험과목 : 프리젠테이션(한쇼)
- ☑ 시험일자 : 20XX. XX. XX. (X)
- ☑ 응시자 기재사항 및 감독위원 확인

수검번호	DIO - XXXX -	감독위원 확인
성 명		

응시자 유의사항

1. 응시자는 신분증을 지참하여야 시험에 응시할 수 있으며, 시험이 종료될 때까지 신분증을 제시하지 못 할 경우 해당 시험은 0점 처리됩니다.
2. 시스템(PC작동여부, 네트워크 상태 등)의 이상여부를 반드시 확인하여야 하며, 시스템 이상이 있을시 감독위원에게 조치를 받으셔야 합니다.
3. 시험 중 부주의 또는 고의로 시스템을 파손한 경우는 응시자 부담으로 합니다.
4. 답안 전송 프로그램을 통해 다운로드 받은 파일을 이용하여 답안파일을 작성하시기 바랍니다.
5. 작성한 답안 파일은 답안 전송 프로그램을 통하여 전송됩니다. 감독위원의 지시에 따라 주시기 바랍니다.
6. 다음사항의 경우 실격(0점) 혹은 부정행위 처리됩니다.
    1) 답안파일을 저장하지 않았거나, 저장한 파일이 손상되었을 경우
    2) 답안파일을 지정된 폴더(바탕화면 – "KAIT" 폴더)에 저장하지 않았을 경우
        ※ 답안 전송 프로그램 로그인 시 바탕화면에 자동 생성됨
    3) 답안파일을 다른 보조 기억장치(USB) 혹은 네트워크(메신저, 게시판 등)로 전송할 경우
    4) 휴대용 전화기 등 통신기기를 사용할 경우
7. 슬라이드는 반드시 순서대로 작성해야 하며, 순서가 다를 경우 "0"점 처리 됩니다.
8. 시험지에 제시된 글꼴이 응시 프로그램에 없는 경우, 반드시 감독위원에게 해당 내용을 통보한 뒤 조치를 받아야 합니다.
9. 슬라이드 작성 시 도형의 그룹설정을 사용하는 경우, 채점에서 감점처리 됩니다.
10. 시험의 완료는 작성이 완료된 답안을 저장하고, 답안 전송이 완료된 상태를 확인한 것으로 합니다. 답안 전송 확인 후 문제지는 감독위원에게 제출한 후 퇴실하여야 합니다.
11. 답안전송이 완료된 경우에는 수정 또는 정정이 불가능합니다.
12. 시험시행 후 합격자 발표는 홈페이지(www.ihd.or.kr)에서 확인하시기 바랍니다.
    1) 문제 및 모범답안 공개 : 20XX. XX. XX. (X)
    2) 합격자 발표 : 20XX. XX. XX. (X)

디지털정보활용능력-프리젠테이션[한쇼] (시험시간 : 40분)

유의사항
- 《작성조건》을 준수하여 반드시 프리젠테이션 슬라이드로 작업합니다.
- 글꼴 및 기타 사항에 대해 별도의 지시사항이 없는 경우, 슬라이드 크기와 전체적인 균형을 고려하여 임의로 작성하되, 도형은 그룹으로 설정하지 않습니다.
- 새 프레젠테이션 만들기 – 한컴오피스, 쪽 설정(종류 – A4용지(210 x 297mm)), 슬라이드 방향(가로)로 지정합니다.
  ▶ 슬라이드 크기, 방향 조정 시 '맞춤 확인'으로 지정하여야 합니다.
- 공통적용사항(슬라이드 마스터)
  ▶ 도형 ⇒ 블록 화살표 : 아래쪽 화살표 설명선, 도형 스타일('밝은 계열 – 강조 6'), 글꼴(궁서, 16pt, 진하게)
- 그림 삽입 시 다운로드 한 그림 파일을 반드시 사용하여야 합니다.
- ⬜ ➝ 은 지시사항이므로 작성하지 않습니다.
- 슬라이드에 제시된 글자 및 숫자 오타는 감점처리 됩니다.

[슬라이드 1] 아래의 작성조건 및 출력형태에 알맞게 첫 번째 슬라이드에 작업하시오. (30점)

《출력형태》

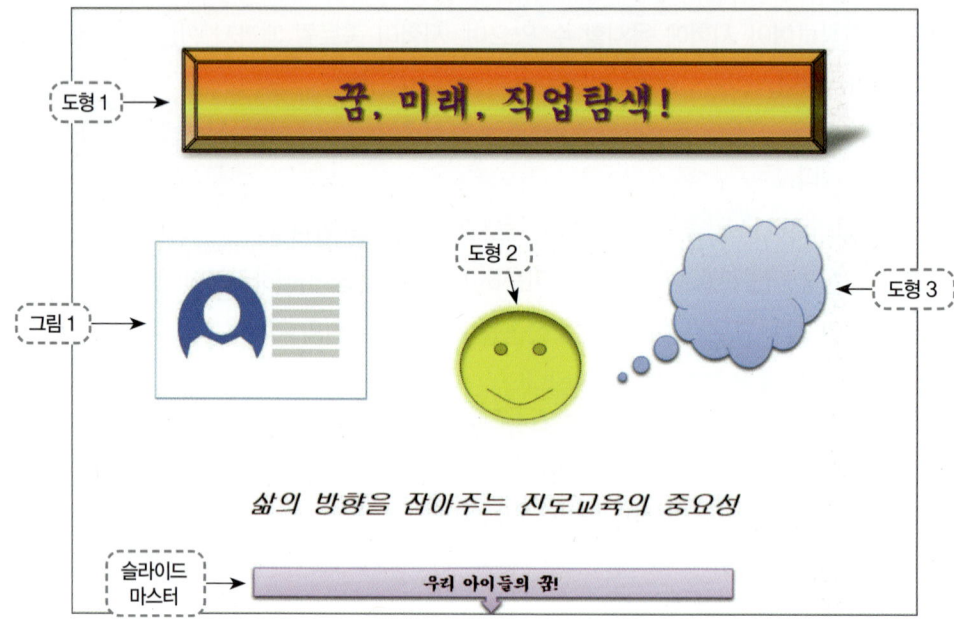

《작성조건》

▶ 도형 1 ⇒ 기본 도형 : 빗면, 도형 채우기(그러데이션 : 유형 – 개나리, 종류 – 선형, 방향 –아래쪽에서),
　　　　선 색(단색, 색 : 검정), 선 스타일(선 종류 : 실선, 굵기 : 3pt, 겹선 종류 : 이중),
　　　　도형 효과(그림자 – 원근감 – 대각선 오른쪽 위), 글꼴(궁서, 36pt, 그림자, 보라)

▶ 도형 2 ⇒ 기본 도형 : 웃는 얼굴, 도형 채우기(노랑), 선 색(단색, 색 : 검정),
　　　　선 스타일(선 종류 : 점선, 굵기 : 1pt, 겹선 종류 : 단순형),
　　　　도형 효과(그림자 – 안쪽 – 위쪽, 네온 – '강조 색 4, 10pt')

▶ 도형 3 ⇒ 설명선 : 구름 모양 설명선, 도형 스타일('밝은 계열 – 강조 1')

▶ 그림 삽입 ⇒ 그림 1 삽입, 크기(너비 : 70mm, 높이 : 50mm)

▶ 글상자(삶의 방향을 잡아주는 진로교육의 중요성) ⇒ 글꼴(굴림체, 24pt, 진하게, 기울임)

▶ 애니메이션 지정 ⇒ 도형 1 : 나타내기 – 블라인드

▶ 지시사항이 없는 부분은 《출력형태》와 동일하게 작성하시오.

디지털정보활용능력 – 프리젠테이션[한쇼] (시험시간 : 40분)

[슬라이드 2] 아래의 작성조건 및 출력형태에 알맞게 두 번째 슬라이드에 작업하시오. (50점)

≪출력형태≫

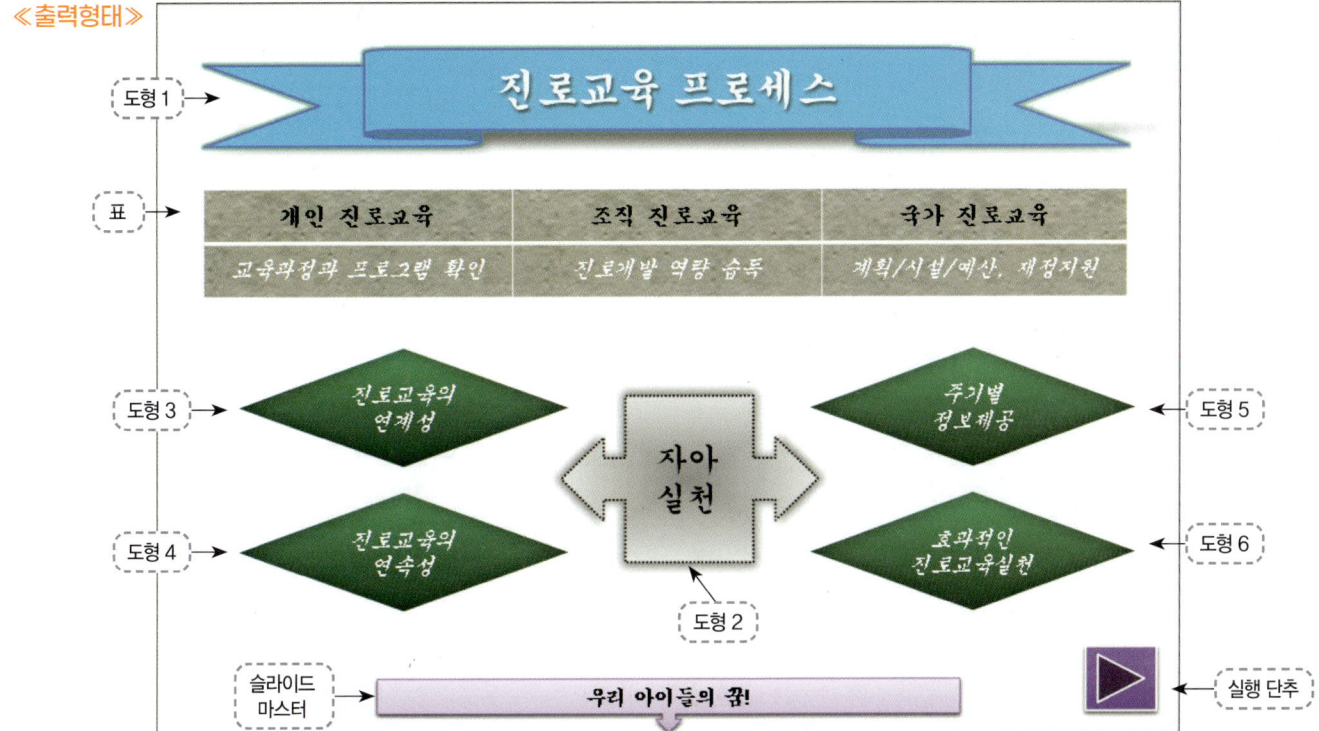

≪작성조건≫

(1) 제목

▶ 도형 1 ⇒ 별 및 현수막 : 위쪽 리본, 도형 채우기(시안), 선 색(단색, 색 : 강조 1 하늘색),
　　　　　　선 스타일(선 종류 : 실선, 굵기 : 2pt, 겹선 종류 : 단순형),
　　　　　　도형 효과(그림자 – 원근감 – 대각선 오른쪽 위, 네온 – '강조 색 5, 5 pt'),
　　　　　　글꼴(궁서, 32pt, 진하게, 그림자)

(2) 본문

▶ 도형 2 ⇒ 블록 화살표 : 왼쪽/오른쪽 화살표 설명선,
　　　　　　도형 채우기(검정, 그러데이션 – 사각형 – 가운데), 선 색(단색, 색 : 검정),
　　　　　　선 스타일(선 종류 : 점선, 굵기 : 1.5pt, 겹선 종류 : 단순형), 도형 효과(그림자 – 바깥쪽 – 가운데),
　　　　　　글꼴(궁서, 24pt, 검정)

▶ 도형 3~6 ⇒ 순서도 : 판단, 도형 채우기(강조 5 초록 10% 어둡게),
　　　　　　　그러데이션 – 어두운 그러데이션 – 선형 아래쪽), 선 색 없음, 도형 효과(그림자 – 안쪽 – 가운데),
　　　　　　　글꼴(궁서, 16pt, 기울임)

▶ 실행 단추 ⇒ 실행 단추 : 앞으로 또는 다음, 하이퍼링크: 다음 슬라이드, 도형 스타일('보통 효과–강조 6')

▶ 표 ⇒ 채우기(질감 – 시멘트, 배열 – 바둑판식),
　　　　가장 위의 행 : 글꼴(궁서체, 18pt, 진하게, 검정, 가운데 정렬, 가운데 맞춤),
　　　　나머지 행 : 글꼴(궁서체, 16pt, 기울임, 본문/배경 – 밝은색 1 하양, 가운데 정렬, 가운데 맞춤)

▶ 애니메이션 지정 ⇒ 표 : 나타내기 – 사각형

▶ 지시사항이 없는 부분은 ≪출력형태≫와 동일하게 작성하시오.

디지털정보활용능력 – 프리젠테이션[한쇼] (시험시간 : 40분)

[슬라이드 3] 아래의 작성조건 및 출력형태에 알맞게 세 번째 슬라이드에 작업하시오. (60점)

《출력형태》

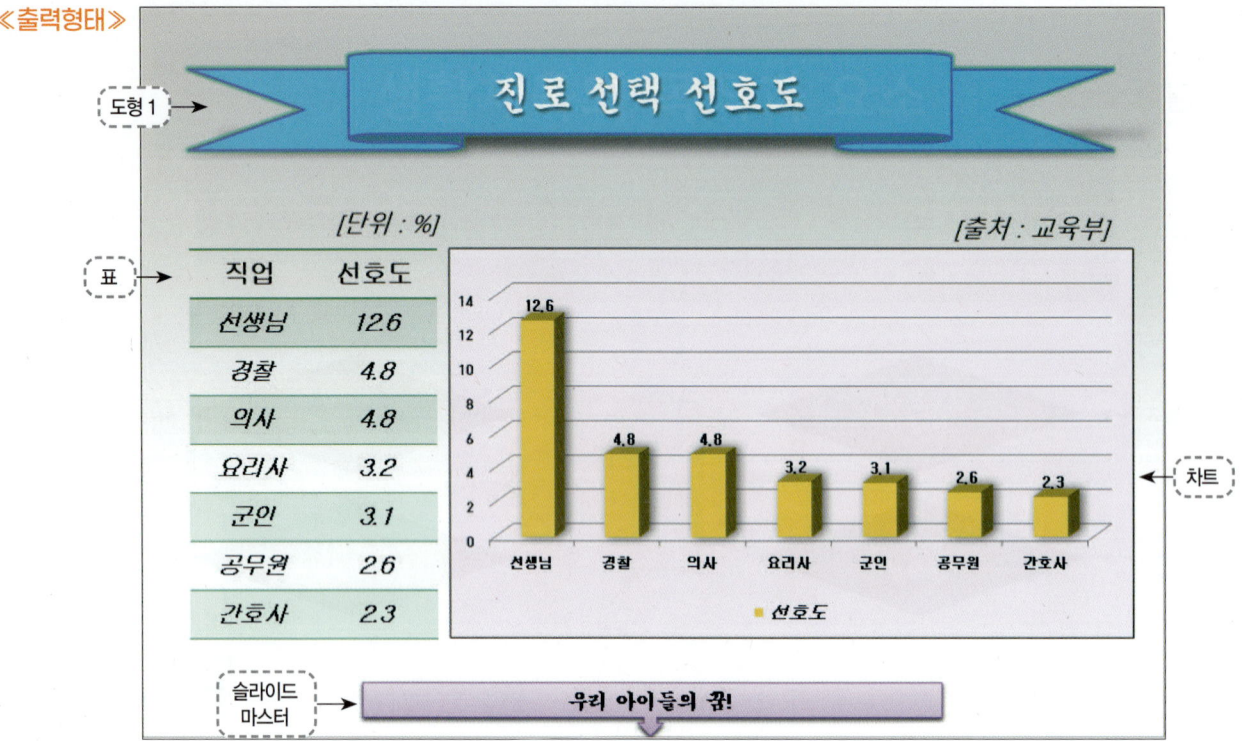

《작성조건》

(1) 제목

▶ 도형 1 ⇒ 별 및 현수막 : 위쪽 리본, 도형 채우기(시안), 선 색(단색, 색 : 강조 1 하늘색),
　　　선 스타일(선 종류 : 실선, 굵기 : 2pt, 겹선 종류 : 단순형),
　　　도형 효과(그림자 – 원근감 – 대각선 오른쪽 위, 네온 – '강조 색 5, 5 pt'),
　　　글꼴(궁서, 32pt, 진하게, 그림자)

(2) 본문

▶ 글상자 1[단위 : %] ⇒ 글꼴(맑은 고딕, 18pt, 기울임)

▶ 표 ⇒ 표 스타일(밝은 스타일 1 – 강조 5),
　　　가장 위의 행 : 글꼴(굴림, 20pt, 진하게, 가운데 정렬, 가운데 맞춤),
　　　나머지 행 : 글꼴(굴림, 18pt, 진하게, 기울임, 가운데 정렬, 가운데 맞춤)

▶ 글상자 2([출처 : 교육부] ⇒ 글꼴(맑은 고딕, 18pt, 기울임)

▶ 차트 ⇒ 세로 막대형 : 3차원 묶은 세로 막대형, 차트 계열색('단색 조합 – 색 8'), 차트 스타일(스타일 9),
　　　축 서식/자료점 이름표 서식 : 글꼴(굴림, 10pt, 진하게),
　　　범례 서식 : 글꼴(굴림, 14pt, 진하게, 기울임), 데이터는 표 참고

▶ 배경 ⇒ 배경 속성(질감/그림 – 그림)에서 그림 2 삽입(현재 슬라이드만 적용)

▶ 애니메이션 지정 ⇒ 차트 : 나타내기 – 다이아몬드형

▶ 지시사항이 없는 부분은 《출력형태》와 동일하게 작성하시오.

디지털정보활용능력 – 프리젠테이션[한쇼] (시험시간 : 40분)

[슬라이드 4] 아래의 작성조건 및 출력형태에 알맞게 네 번째 슬라이드에 작업하시오. (60점)

≪출력형태≫

≪작성조건≫

(1) 제목

▶ 도형 1 ⇒ 별 및 현수막 : 위쪽 리본, 도형 채우기(시안), 선 색(실선, 색 : 강조 1 하늘색),
   선 스타일(선 종류 : 실선, 굵기 : 2pt, 겹선 종류 : 단순형),
   도형 효과(그림자 – 원근감 – 대각선 오른쪽 위, 네온 – '강조 색 5, 5 pt'),
   글꼴(궁서, 32pt, 진하게, 그림자)

(2) 본문

▶ 도형 2~4 ⇒ 기본 도형 : 양쪽 중괄호, 도형 채우기(강조 4 노랑), 선 색 없음,
   도형 효과(그림자 – 원근감 – 대각선 왼쪽 위), 글꼴(돋움체, 20pt, 진하게, 파랑)

▶ 도형 5~7 ⇒ 별 및 현수막 : 가로로 말린 두루마리 모양, 도형 채우기(질감 – 종이), 선 색 없음,
   도형 효과(반사 – '1/3 크기, 근접'), 글꼴(돋움체, 18pt, 기울임, 검정)

▶ 도형 8 ⇒ 순서도 : 대조, 도형 채우기(그러데이션 : 유형 – 빙글빙글, 종류 – 방사형, 방향– 가운데에서),
   선 색 없음, 도형 효과(그림자 – 바깥쪽 – 대각선 오른쪽 아래)

▶ 도형 9 ⇒ 기본 도형 : 타원, 도형 채우기(질감/그림 – 그림) 기능을 사용하여 그림 3 삽입,
   선 색(단색, 색 : 노랑), 선 스타일(선 종류 : 실선, 굵기 : 3pt, 겹선 종류 : 단순형),
   도형 효과(네온 – '강조 색 2, 10pt')

▶ 워드숍(부모와 자녀가 함께하는 진로 활동) ⇒ 채우기–강조 5(밝은 계열, 그러데이션), 윤곽–강조 5,
   글자 효과(변환 – 휘기 – 팽창), 글꼴(궁서, 24pt, 진하게)

▶ 지시사항이 없는 부분은 ≪출력형태≫와 동일하게 작성하시오.

제 05 회 디지털정보활용능력 최신유형 기출문제

- ☑ 시험과목 : 프리젠테이션(한쇼)
- ☑ 시험일자 : 20XX. XX. XX. (X)
- ☑ 응시자 기재사항 및 감독위원 확인

수검번호	DIO - XXXX -	감독위원 확인
성 명		

응시자 유의사항

1. 응시자는 신분증을 지참하여야 시험에 응시할 수 있으며, 시험이 종료될 때까지 신분증을 제시하지 못 할 경우 해당 시험은 0점 처리됩니다.
2. 시스템(PC작동여부, 네트워크 상태 등)의 이상여부를 반드시 확인하여야 하며, 시스템 이상이 있을시 감독위원에게 조치를 받으셔야 합니다.
3. 시험 중 부주의 또는 고의로 시스템을 파손한 경우는 응시자 부담으로 합니다.
4. 답안 전송 프로그램을 통해 다운로드 받은 파일을 이용하여 답안파일을 작성하시기 바랍니다.
5. 작성한 답안 파일은 답안 전송 프로그램을 통하여 전송됩니다. 감독위원의 지시에 따라 주시기 바랍니다.
6. 다음사항의 경우 실격(0점) 혹은 부정행위 처리됩니다.
   1) 답안파일을 저장하지 않았거나, 저장한 파일이 손상되었을 경우
   2) 답안파일을 지정된 폴더(바탕화면 – "KAIT" 폴더)에 저장하지 않았을 경우
      ※ 답안 전송 프로그램 로그인 시 바탕화면에 자동 생성됨
   3) 답안파일을 다른 보조 기억장치(USB) 혹은 네트워크(메신저, 게시판 등)로 전송할 경우
   4) 휴대용 전화기 등 통신기기를 사용할 경우
7. 슬라이드는 반드시 순서대로 작성해야 하며, 순서가 다를 경우 "0"점 처리 됩니다.
8. 시험지에 제시된 글꼴이 응시 프로그램에 없는 경우, 반드시 감독위원에게 해당 내용을 통보한 뒤 조치를 받아야 합니다.
9. 슬라이드 작성 시 도형의 그룹설정을 사용하는 경우, 채점에서 감점처리 됩니다.
10. 시험의 완료는 작성이 완료된 답안을 저장하고, 답안 전송이 완료된 상태를 확인한 것으로 합니다. 답안 전송 확인 후 문제지는 감독위원에게 제출한 후 퇴실하여야 합니다.
11. 답안전송이 완료된 경우에는 수정 또는 정정이 불가능합니다.
12. 시험시행 후 합격자 발표는 홈페이지(www.ihd.or.kr)에서 확인하시기 바랍니다.
    1) 문제 및 모범답안 공개 : 20XX. XX. XX. (X)
    2) 합격자 발표 : 20XX. XX. XX. (X)

디지털정보활용능력-프리젠테이션[한쇼] (시험시간 : 40분)

유의사항
- 《작성조건》을 준수하여 반드시 프리젠테이션 슬라이드로 작업합니다.
- 글꼴 및 기타 사항에 대해 별도의 지시사항이 없는 경우, 슬라이드 크기와 전체적인 균형을 고려하여 임의로 작성하되, 도형은 그룹으로 설정하지 않습니다.
- 새 프레젠테이션 만들기 – 한컴오피스, 쪽 설정(종류 – A4용지(210 x 297mm)), 슬라이드 방향(가로)로 지정합니다.
  ▶ 슬라이드 크기, 방향 조정 시 '맞춤 확인'으로 지정하여야 합니다.
- 공통적용사항(슬라이드 마스터)
  ▶ 도형 ⇒ 순서도 : 판단, 도형 스타일('밝은 계열 – 강조 1'), 글꼴(궁서, 20pt, 기울임)
- 그림 삽입 시 다운로드 한 그림 파일을 반드시 사용하여야 합니다.
- ▭ ⟶ 은 지시사항이므로 작성하지 않습니다.
- 슬라이드에 제시된 글자 및 숫자 오타는 감점처리 됩니다.

[슬라이드 1] 아래의 작성조건 및 출력형태에 알맞게 첫 번째 슬라이드에 작업하시오. (30점)

≪출력형태≫

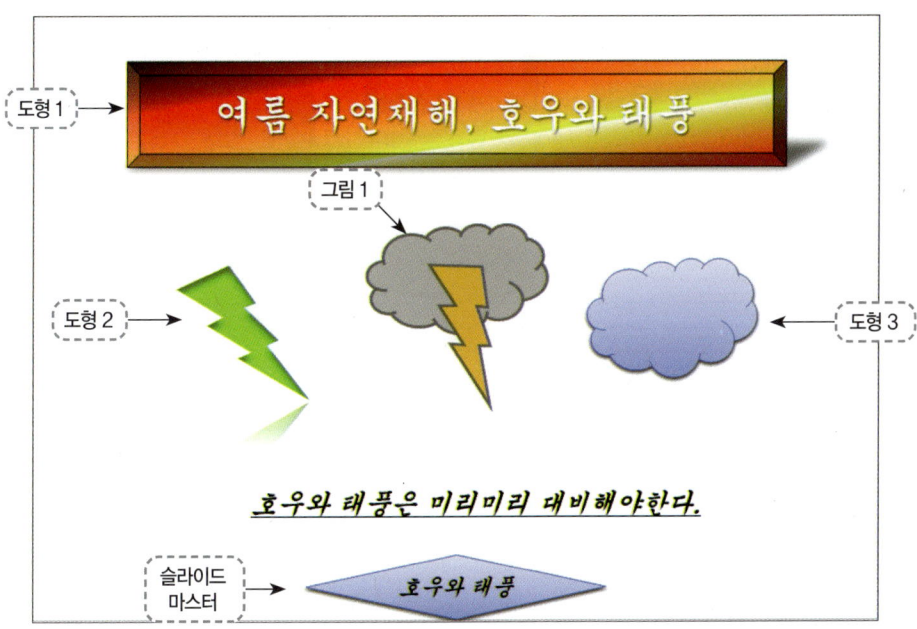

≪작성조건≫

▶ 도형 1 ⇒ 기본 도형 : 빗면, 도형 채우기(그러데이션 : 유형 – 붉은 노을, 종류 – 선형, 방향 – 왼쪽 위에서),
    선 색(단색, 색 : 검정), 선 스타일(선 종류 : 실선, 굵기 : 1pt, 겹선 종류 : 단순형),
    도형 효과(그림자 – 원근감 – 대각선 오른쪽 위),
    글꼴(궁서, 36pt, 그림자, '본문/배경 – 밝은 색 1 하양')

▶ 도형 2 ⇒ 기본 도형 : 번개, 도형 채우기(밝은 연두색), 선 색 없음,
    도형 효과(그림자 – 안쪽 – 위쪽, 반사 – '1/3 크기, 근접')

▶ 도형 3 ⇒ 기본 도형 : 구름, 도형 스타일('밝은 계열 – 강조 1')

▶ 그림 삽입 ⇒ 그림 1 삽입, 크기(너비 : 60mm, 높이 : 60mm)

▶ 글상자(호우와 태풍은 미리미리 대비해야한다.) ⇒ 글꼴(궁서, 24pt, 기울임, 밑줄)

▶ 애니메이션 지정 ⇒ 그림 1 : 나타내기 – 블라인드

▶ 지시사항이 없는 부분은 《출력형태》와 동일하게 작성하시오.

디지털정보활용능력 – 프리젠테이션[한쇼] (시험시간 : 40분)

[슬라이드 2] 아래의 작성조건 및 출력형태에 알맞게 두 번째 슬라이드에 작업하시오. (50점)

≪출력형태≫

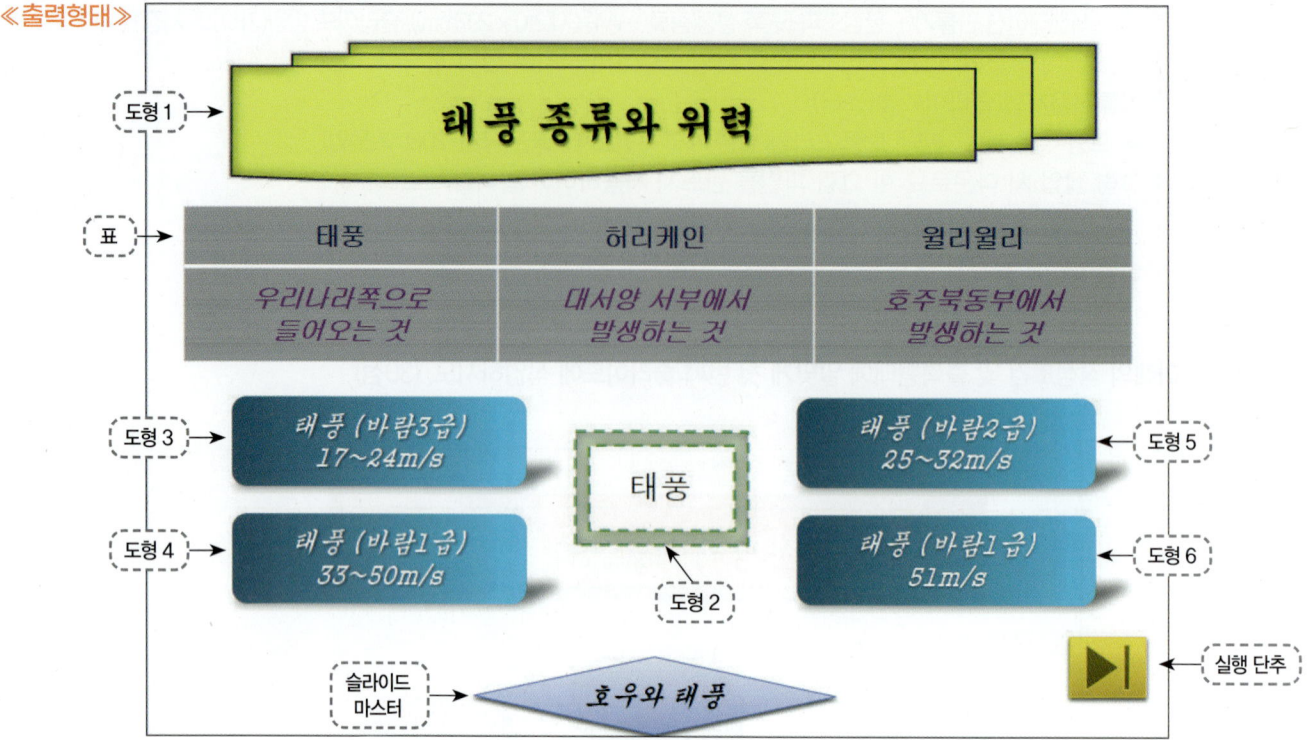

≪작성조건≫

(1) 제목

▶ 도형 1 ⇒ 순서도 : 다중 문서, 도형 채우기(노랑), 선 색(단색, 색 : 검은 군청),
　　　　　선 스타일(선 종류 : 실선, 굵기 : 1.5pt, 겹선 종류 : 단순형),
　　　　　도형 효과(그림자 – 안쪽 –가운데, 네온 – '강조 색 3, 5 pt'),
　　　　　글꼴(궁서, 32pt, 그림자, 검정)

(2) 본문

▶ 도형 2 ⇒ 기본 도형 : 액자, 도형 채우기(밝은 연두색, 그러데이션 – 밝은 그러데이션 – 사각형– 가운데),
　　　　　선 색(단색, 색 : 초록), 선 스타일(선 종류 : 파선, 굵기 : 2pt, 겹선 종류 : 이중),
　　　　　글꼴(돋움, 24pt, 검정)

▶ 도형 3~6 ⇒ 사각형 : 모서리가 둥근 직사각형, 도형 채우기(시안, 그러데이션 – 어두운 그러데이션 – 선형 왼쪽),
　　　　　　선 색 없음, 도형 효과(그림자 – 원근감 – 대각선 오른쪽 위), 글꼴(궁서, 20pt, 기울임, 그림자)

▶ 실행 단추 ⇒ 실행 단추 : 끝, 하이퍼링크 : 마지막 슬라이드, 도형 스타일('어두운 계열 – 강조 4')

▶ 표 ⇒ 채우기(질감 – 금속, 배열 – 늘이기),
　　　가장 위의 행 : 글꼴(굴림, 20pt, 진하게, 검은 군청, 가운데 정렬, 가운데 맞춤),
　　　나머지 행 : 글꼴(굴림, 20pt, 진하게, 기울임, 보라, 가운데 정렬, 가운데 맞춤)

▶ 애니메이션 지정 ⇒ 표 : 나타내기 – 다이아몬드형

▶ 지시사항이 없는 부분은 ≪출력형태≫와 동일하게 작성하시오.

디지털정보활용능력 – 프리젠테이션[한쇼] (시험시간 : 40분)

[슬라이드 3] 아래의 작성조건 및 출력형태에 알맞게 세 번째 슬라이드에 작업하시오. (60점)

≪출력형태≫

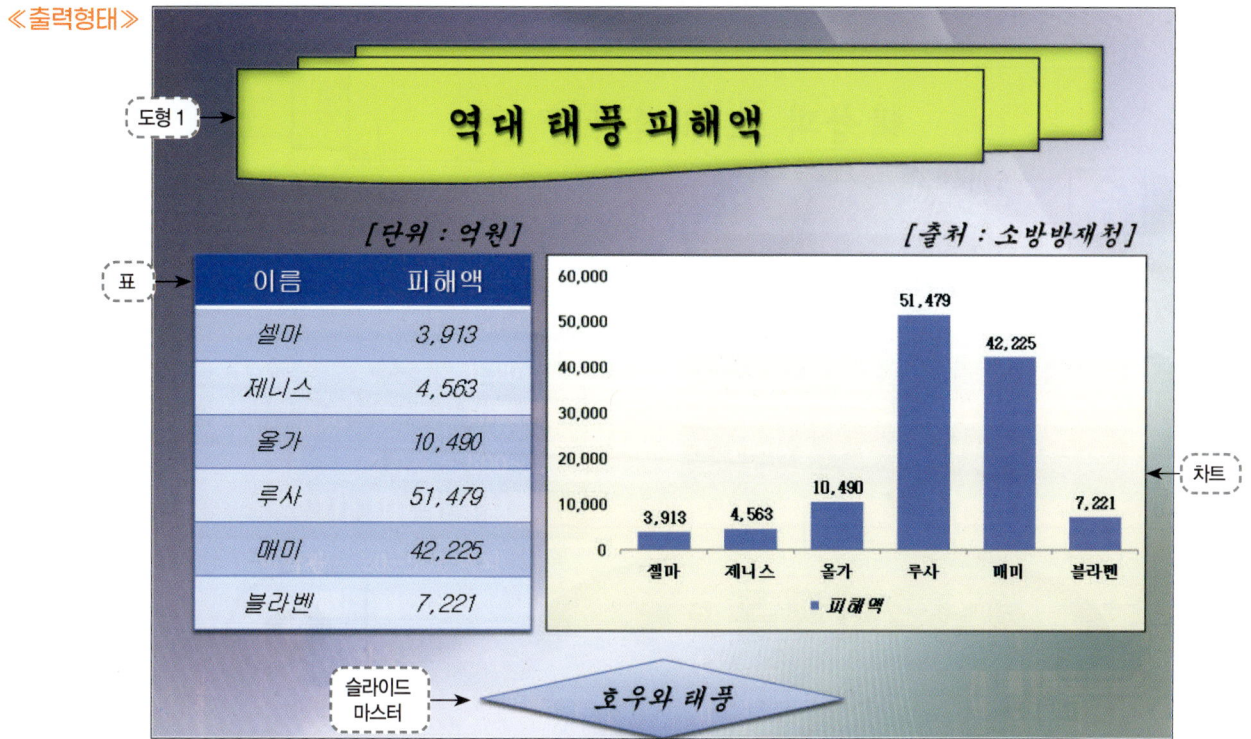

≪작성조건≫

(1) 제목
- ▶ 도형 1 ⇒ 순서도 : 다중 문서, 도형 채우기(노랑), 선 색(단색, 색 : 검은군청),
  선 스타일(선 종류 : 실선, 굵기 : 1.5pt, 겹선 종류 : 단순형),
  도형 효과(그림자 – 안쪽 – 가운데, 네온 – '강조 색 3, 5 pt'),
  글꼴(궁서, 32pt, 그림자, 검정)

(2) 본문
- ▶ 글상자 1([단위 : 억원]) ⇒ 글꼴(궁서, 20pt, 기울임)
- ▶ 표 ⇒ 표 스타일(보통 스타일 2 – 강조 1),
  가장 위의 행 : 글꼴(굴림체, 20pt, 진하게, 그림자, 가운데 정렬, 가운데 맞춤),
  나머지 행 : 글꼴(굴림체, 18pt, 기울임, 가운데 정렬, 가운데 맞춤)
- ▶ 글상자 2([출처 : 소방방재청]) ⇒ 글꼴(궁서, 20pt, 기울임)
- ▶ 차트 ⇒ 세로 막대형 : 묶은 세로 막대형, 차트 스타일(스타일 5),
  축 서식/자료점 이름표 서식 : 글꼴(바탕체, 12pt, 진하게),
  범례 서식 : 글꼴(굴림, 14pt, 진하게, 기울임), 데이터는 표 참고
- ▶ 배경 ⇒ 배경 속성(질감/그림 – 그림)에서 그림 2 삽입(현재 슬라이드만 적용)
- ▶ 애니메이션 지정 ⇒ 차트 : 나타내기 – 사각형
- ▶ 지시사항이 없는 부분은 ≪출력형태≫와 동일하게 작성하시오.

디지털정보활용능력 – 프리젠테이션[한쇼] (시험시간 : 40분)

[슬라이드 4] 아래의 작성조건 및 출력형태에 알맞게 네 번째 슬라이드에 작업하시오. (60점)

≪출력형태≫

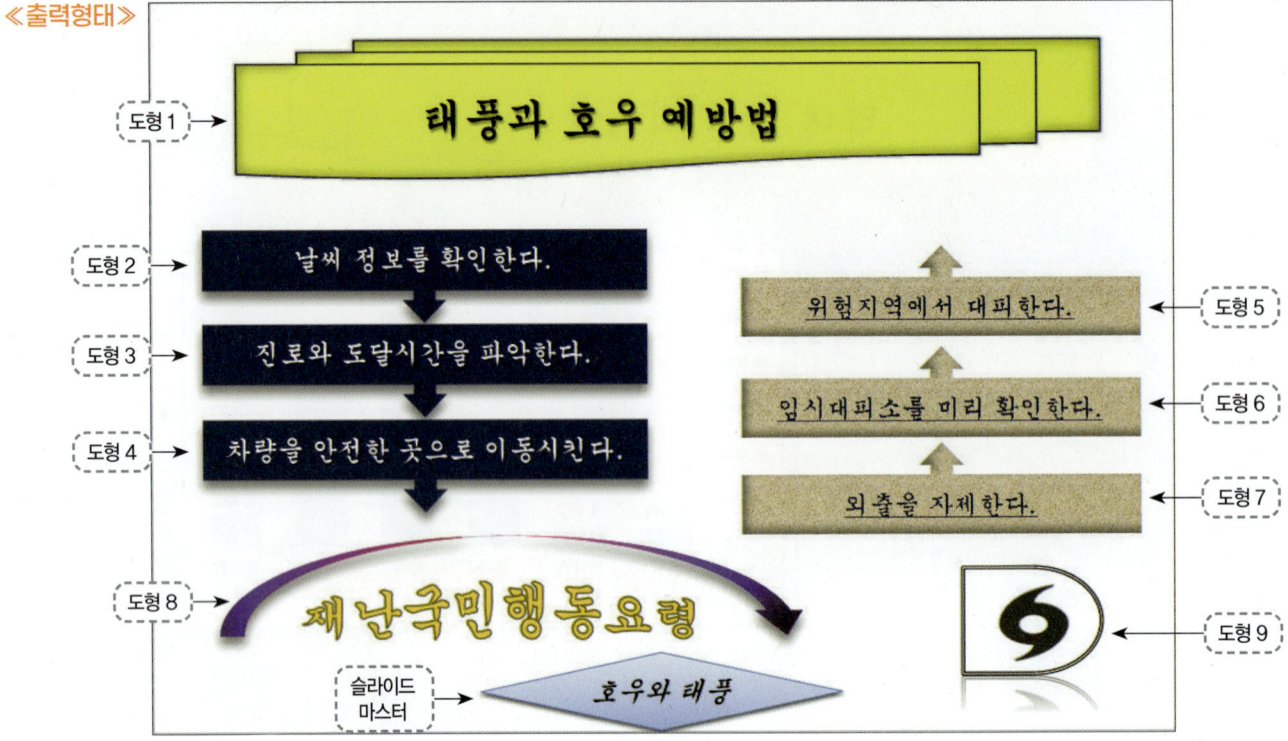

≪작성조건≫

(1) 제목

▶ 도형 1 ⇒ 순서도 : 다중 문서, 도형 채우기(노랑), 선 색(단색, 색 : 검은 군청),
　　선 스타일(선 종류 : 실선, 굵기 : 1.5pt, 겹선 종류 : 단순형),
　　도형 효과(그림자 – 안쪽 – 가운데, 네온 – '강조 색 3, 5 pt'),
　　글꼴(궁서, 32pt, 그림자, 검정)

(2) 본문

▶ 도형 2~4 ⇒ 블록 화살표 : 아래쪽 화살표 설명선, 도형 채우기(검은 군청),
　　선 색 없음, 도형 효과(그림자 – 바깥쪽 – 아래쪽), 글꼴(궁서, 20pt, 그림자)

▶ 도형 5~7 ⇒ 블록 화살표 : 위쪽 화살표 설명선, 도형 채우기(질감 – 모래, 배열 –바둑판식),
　　선 색 없음, 도형 효과(그림자 – 안쪽 – 대각선 왼쪽 아래),
　　글꼴(궁서, 19pt, 밑줄, 검은 군청)

▶ 도형 8 ⇒ 블록 화살표 : 아래로 구부러진 화살표,
　　도형 채우기(그레이디언트 : 유형 – 늦은 노을, 종류 – 방사형, 방향 – 오른쪽 아래에서), 선 색 없음,
　　도형 효과(그림자 – 바깥쪽 – 아래쪽)

▶ 도형 9 ⇒ 순서도 : 지연, 도형 채우기(질감/그림 – 그림) 기능을 사용하여 그림 3 삽입, 선 색(단색, 색 : 검정),
　　선 스타일(선 종류 : 실선, 굵기 : 3pt, 겹선 종류 : 이중), 도형 효과(반사 – '1/3 크기, 근접')

▶ 워드숍 삽입(재난국민행동요령) ⇒ 채우기–강조 4, 윤곽– 강조4(어두운 계열),
　　글자 효과(변환 – 휘기 – 위쪽 팽창), 글꼴(궁서, 32pt, 진하게)

▶ 지시사항이 없는 부분은 ≪출력형태≫와 동일하게 작성하시오.

제06회 디지털정보활용능력 최신유형 기출문제

- ☑ 시험과목 : 프리젠테이션(한쇼)
- ☑ 시험일자 : 20XX. XX. XX. (X)
- ☑ 응시자 기재사항 및 감독위원 확인

수검번호	DIO - XXXX -	감독위원 확인
성 명		

응시자 유의사항

1. 응시자는 신분증을 지참하여야 시험에 응시할 수 있으며, 시험이 종료될 때까지 신분증을 제시하지 못 할 경우 해당 시험은 0점 처리됩니다.
2. 시스템(PC작동여부, 네트워크 상태 등)의 이상여부를 반드시 확인하여야 하며, 시스템 이상이 있을시 감독위원에게 조치를 받으셔야 합니다.
3. 시험 중 부주의 또는 고의로 시스템을 파손한 경우는 응시자 부담으로 합니다.
4. 답안 전송 프로그램을 통해 다운로드 받은 파일을 이용하여 답안파일을 작성하시기 바랍니다.
5. 작성한 답안 파일은 답안 전송 프로그램을 통하여 전송됩니다. 감독위원의 지시에 따라 주시기 바랍니다.
6. 다음사항의 경우 실격(0점) 혹은 부정행위 처리됩니다.
   1) 답안파일을 저장하지 않았거나, 저장한 파일이 손상되었을 경우
   2) 답안파일을 지정된 폴더(바탕화면 – "KAIT" 폴더)에 저장하지 않았을 경우
      ※ 답안 전송 프로그램 로그인 시 바탕화면에 자동 생성됨
   3) 답안파일을 다른 보조 기억장치(USB) 혹은 네트워크(메신저, 게시판 등)로 전송할 경우
   4) 휴대용 전화기 등 통신기기를 사용할 경우
7. 슬라이드는 반드시 순서대로 작성해야 하며, 순서가 다를 경우 "0"점 처리 됩니다.
8. 시험지에 제시된 글꼴이 응시 프로그램에 없는 경우, 반드시 감독위원에게 해당 내용을 통보한 뒤 조치를 받아야 합니다.
9. 슬라이드 작성 시 도형의 그룹설정을 사용하는 경우, 채점에서 감점처리 됩니다.
10. 시험의 완료는 작성이 완료된 답안을 저장하고, 답안 전송이 완료된 상태를 확인한 것으로 합니다. 답안 전송 확인 후 문제지는 감독위원에게 제출한 후 퇴실하여야 합니다.
11. 답안전송이 완료된 경우에는 수정 또는 정정이 불가능합니다.
12. 시험시행 후 합격자 발표는 홈페이지(www.ihd.or.kr)에서 확인하시기 바랍니다.
    1) 문제 및 모범답안 공개 : 20XX. XX. XX. (X)
    2) 합격자 발표 : 20XX. XX. XX. (X)

디지털정보활용능력-프리젠테이션[한쇼] (시험시간 : 40분)

유의사항
- 《작성조건》을 준수하여 반드시 프리젠테이션 슬라이드로 작업합니다.
- 글꼴 및 기타 사항에 대해 별도의 지시사항이 없는 경우, 슬라이드 크기와 전체적인 균형을 고려하여 임의로 작성하되, 도형은 그룹으로 설정하지 않습니다.
- 새 프레젠테이션 만들기 – 한컴오피스, 쪽 설정(종류 – A4용지(210 x 297mm)), 슬라이드 방향(가로)로 지정합니다.
  ▶ 슬라이드 크기, 방향 조정 시 '맞춤 확인'으로 지정하여야 합니다.
- 공통적용사항(슬라이드 마스터)
  ▶ 도형 ⇒ 블록 화살표 : 오각형, 도형 스타일('밝은 계열 – 강조 5'), 글꼴(돋움, 16pt, 진하게)
- 그림 삽입 시 다운로드 한 그림 파일을 반드시 사용하여야 합니다.
- ⬚ → 은 지시사항이므로 작성하지 않습니다.
- 슬라이드에 제시된 글자 및 숫자 오타는 감점처리 됩니다.

[슬라이드 1] 아래의 작성조건 및 출력형태에 알맞게 첫 번째 슬라이드에 작업하시오. (30점)

《출력형태》

《작성조건》

▶ 도형 1 ⇒ 기본 도형 : 사다리꼴, 도형 채우기(그러데이션 : 유형 – 청명한 하늘, 종류 – 선형, 방향 – 위쪽에서), 선 색(단색, 색 : 밝은 연두색), 선 스타일(선 종류 : 실선, 굵기 : 4pt, 겹선 종류 : 단순형), 도형 효과(그림자 – 원근감 – 대각선 오른쪽 위), 글꼴(돋움체, 48pt, 진하게, 그림자)

▶ 도형 2 ⇒ 기본 도형 : 눈물 방울, 도형 채우기(파랑), 선 색 없음, 도형 효과(그림자 – 안쪽 – 가운데, 반사 – '1/2 크기, 근접')

▶ 도형 3 ⇒ 블록 화살표 : 위로 굽은 화살표, 도형 스타일('밝은 계열 – 강조 6')

▶ 그림 삽입 ⇒ 그림 1 삽입, 크기(너비 : 80mm, 높이 : 60mm)

▶ 글상자(안전하게 마실 수 있는 깨끗한 수돗물) ⇒ 글꼴(궁서, 24pt, 진하게, 초록)

▶ 애니메이션 지정 ⇒ 도형 1 : 나타내기 – 날아오기

▶ 지시사항이 없는 부분은 《출력형태》와 동일하게 작성하시오.

디지털정보활용능력 – 프리젠테이션[한쇼] (시험시간 : 40분)

[슬라이드 2] 아래의 작성조건 및 출력형태에 알맞게 두 번째 슬라이드에 작업하시오. (50점)

≪출력형태≫

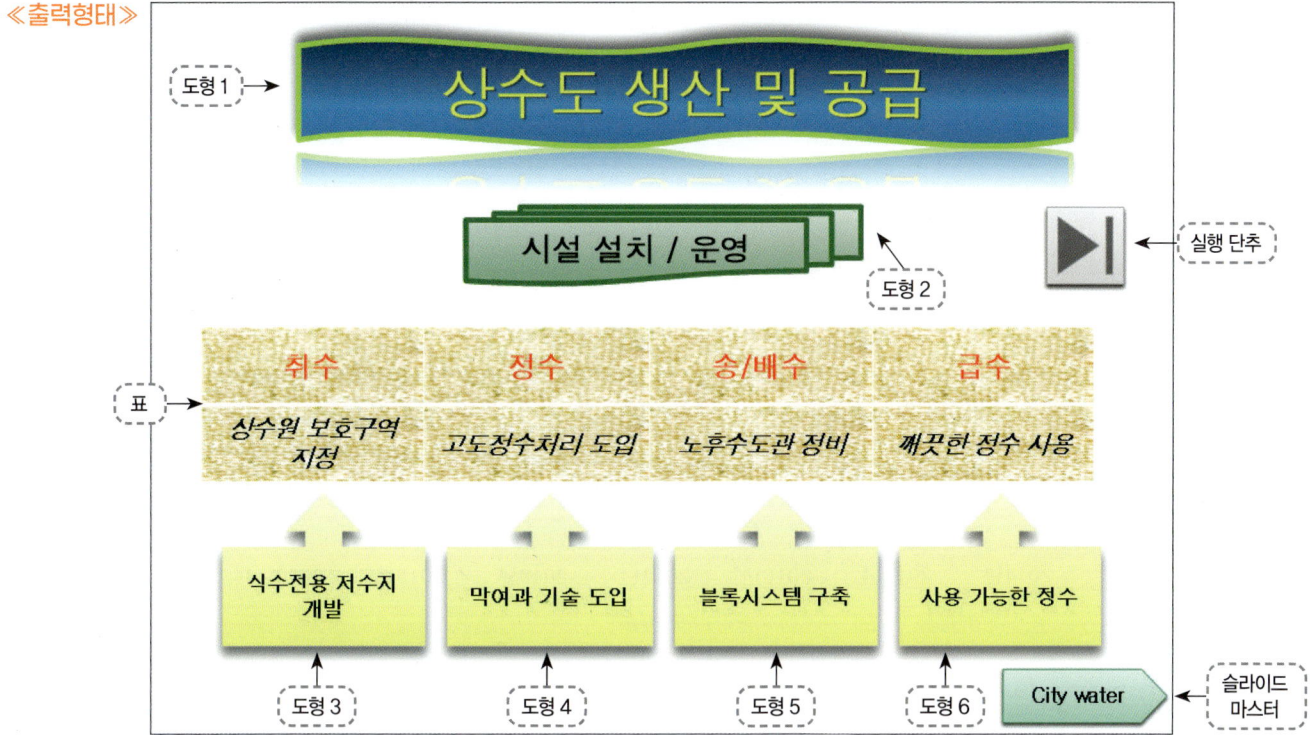

≪작성조건≫

(1) 제목
  ▶ 도형 1 ⇒ 별 및 현수막 : 이중 물결, 도형 채우기(그러데이션 : 유형 – 시냇가, 종류 – 선형, 방향 – 아래쪽에서),
    선 색(단색, 색 : 밝은 연두색), 선 스타일(선 종류 : 실선, 굵기 : 4pt, 겹선 종류 : 단순형),
    도형 효과(그림자 – 바깥쪽 – 위쪽, 반사 – '1/3 크기, 근접'),
    글꼴(돋움, 42pt, 진하게, 그림자, 노랑)

(2) 본문
  ▶ 도형 2 ⇒ 순서도 : 다중 문서, 도형 채우기(초록, 그러데이션 – 밝은 그러데이션 – 선형 아래쪽),
    선 색(단색, 색 : 초록), 선 스타일(선 종류 : 실선, 굵기 : 4pt, 겹선 종류 : 단순형),
    글꼴(돋움, 24pt, 진하게)
  ▶ 도형 3~6 ⇒ 블록 화살표 : 위쪽 화살표 설명선, 도형 채우기(강조 4 노랑, 그러데이션 – 밝은 그러데이션 – 아래쪽),
    선 색 없음, 도형 효과(그림자 – 바깥쪽 – 아래쪽), 글꼴(돋움, 16pt, 진하게)
  ▶ 실행 단추 ⇒ 실행 단추 : 끝, 하이퍼링크 : 마지막 슬라이드, 도형 스타일('밝은 계열 – 강조 3')
  ▶ 표 ⇒ 채우기(질감 – 삼베, 배열 – 늘이기),
    가장 위의 행 : 글꼴(돋움, 22pt, 진하게, 빨강, 가운데 정렬, 가운데 맞춤),
    나머지 행 : 글꼴(돋움, 18pt, 진하게, 기울임, 가운데 정렬, 가운데 맞춤)
  ▶ 애니메이션 지정 ⇒ 표 : 나타내기 – 내밀기
  ▶ 지시사항이 없는 부분은 ≪출력형태≫와 동일하게 작성하시오.

[슬라이드 3] 아래의 작성조건 및 출력형태에 알맞게 세 번째 슬라이드에 작업하시오. (60점)

≪출력형태≫

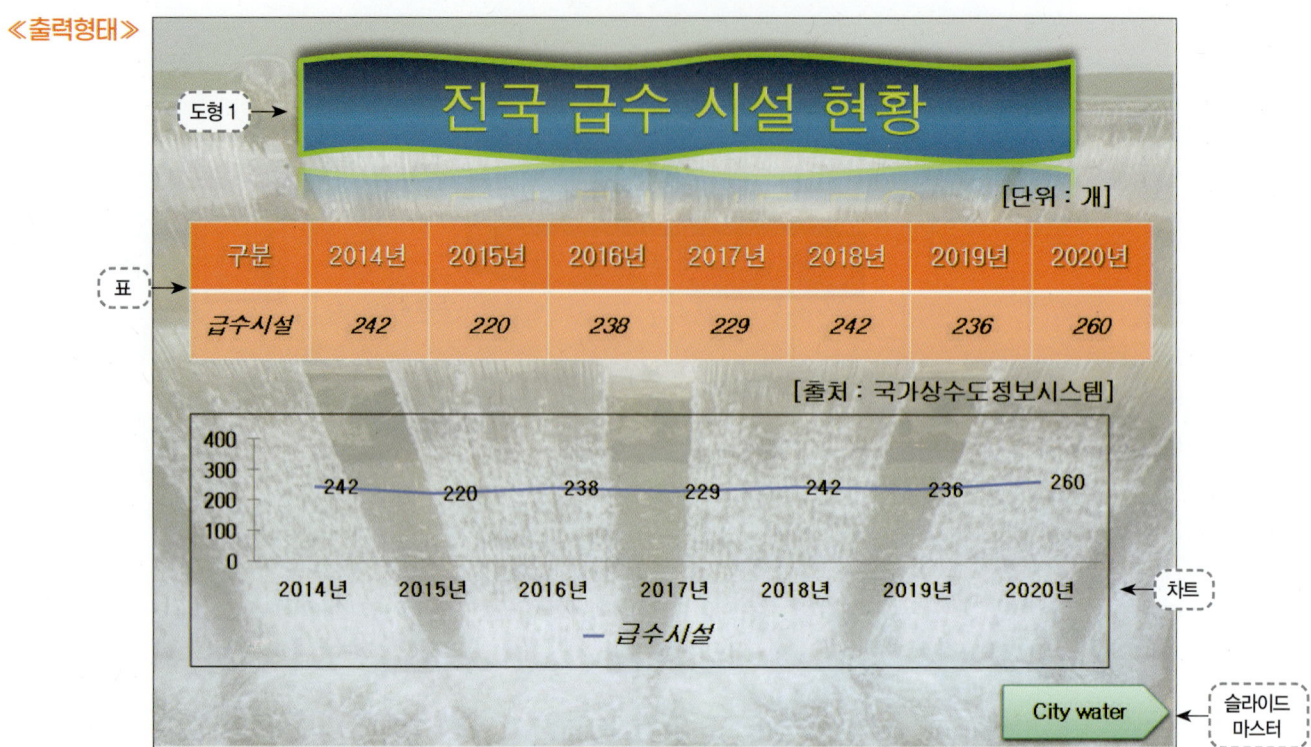

≪작성조건≫

(1) 제목

▶ 도형 1 ⇒ 별 및 현수막 : 이중 물결, 도형 채우기(그러데이션 : 유형 – 시냇가, 종류 – 선형, 방향 – 아래쪽에서),
  선 색(단색, 색 : 밝은 연두색), 선 스타일(선 종류 : 실선, 굵기 : 4pt, 겹선 종류 : 단순형),
  도형 효과(그림자 – 바깥쪽 – 위쪽, 반사 – '1/3 크기, 근접'),
  글꼴(돋움, 42pt, 진하게, 그림자, 노랑)

(2) 본문

▶ 글상자 1([단위 : 개]) ⇒ 글꼴(굴림, 18pt, 진하게)

▶ 표 ⇒ 표 스타일(보통 스타일 1 – 강조 2),
  가장 위의 행 : 글꼴(돋움, 18pt, 진하게, 그림자, 가운데 정렬, 가운데 맞춤),
  나머지 행 : 글꼴(돋움, 17pt, 진하게, 기울임, 가운데 정렬, 가운데 맞춤)

▶ 글상자 2([출처 : 국가상수도정보시스템]) ⇒ 글꼴(굴림, 18pt, 진하게)

▶ 차트 ⇒ 꺾은선/영역형 : 꺾은선형, 차트 스타일(스타일 1),
  축 서식/자료점 이름표 서식 : 글꼴(굴림, 16pt, 진하게),
  범례 서식 : 글꼴(굴림, 18pt, 진하게, 기울임), 데이터는 표 참고

▶ 배경 ⇒ 배경 서식(질감/그림 – 그림)에서 그림 2 삽입(현재 슬라이드만 적용)

▶ 애니메이션 지정 ⇒ 차트 : 나타내기 – 모자이크

▶ 지시사항이 없는 부분은 ≪출력형태≫와 동일하게 작성하시오.

디지털정보활용능력 – 프리젠테이션[한쇼] (시험시간 : 40분)

[슬라이드 4] 아래의 작성조건 및 출력형태에 알맞게 네 번째 슬라이드에 작업하시오. (60점)

≪출력형태≫

≪작성조건≫

(1) 제목
- 도형 1 ⇒ 별 및 현수막 : 이중 물결, 도형 채우기(그러데이션 : 유형 – 시냇가, 종류 – 선형, 방향 – 아래쪽에서), 선 색(단색, 색 : 밝은 연두색), 선 스타일(선 종류 : 실선, 굵기 : 4pt, 겹선 종류 : 단순형), 도형 효과(그림자 – 바깥쪽 – 위쪽, 반사 – '1/3 크기, 근접'), 글꼴(돋움, 42pt, 진하게, 그림자, 노랑)

(2) 본문
- 도형 2~4 ⇒ 블록 화살표 : 갈매기형 수장, 도형 채우기(빨강, 그러데이션 – 어두운 그러데이션 – 선형 위쪽), 선 색 없음, 도형 효과(반사 – '1/3 크기, 근접'), 글꼴(돋움, 22pt, 진하게, 기울임, 노랑)
- 도형 5~7 ⇒ 기본 도형 : 배지, 도형 채우기(질감 : 모래, 배열 – 바둑판식), 선 색 없음, 도형 효과(네온 – '강조 색 2, 10 pt'), 글꼴(궁서, 20pt, 진하게, 그림자, 검정)
- 도형 8 ⇒ 순서도 : 순차적 액세스 저장소, 도형 채우기(초록, 그러데이션 – 어두운 그러데이션 – 선형 위쪽), 선 색 없음, 도형 효과(그림자 – 안쪽 – 가운데)
- 도형 9 ⇒ 기본 도형 : 하트, 도형 채우기(질감/그림 – 그림) 기능을 사용하여 그림 3 삽입, 선 색(단색, 색 : 보라), 선 스타일(선 종류 : 실선, 굵기 : 3pt, 겹선 종류 : 단순형), 도형 효과(그림자 – 바깥쪽 – 대각선 왼쪽 위)
- 워드숍 삽입(오염물질을 철저하게 제거) ⇒ 채우기 – 강조 1(무늬38), 네온 – 강조 색 1(10pt), 글자 효과(변환 – 휘기 – 위쪽 팽창), 글꼴(궁서, 30pt, 진하게)
- 지시사항이 없는 부분은 ≪출력형태≫와 동일하게 작성하시오.

제07회 디지털정보활용능력 최신유형 기출문제

- ☑ 시험과목 : 프리젠테이션(한쇼)
- ☑ 시험일자 : 20XX. XX. XX. (X)
- ☑ 응시자 기재사항 및 감독위원 확인

수검번호	DIO - XXXX -	감독위원 확인
성 명		

응시자 유의사항

1. 응시자는 신분증을 지참하여야 시험에 응시할 수 있으며, 시험이 종료될 때까지 신분증을 제시하지 못 할 경우 해당 시험은 0점 처리됩니다.
2. 시스템(PC작동여부, 네트워크 상태 등)의 이상여부를 반드시 확인하여야 하며, 시스템 이상이 있을시 감독위원에게 조치를 받으셔야 합니다.
3. 시험 중 부주의 또는 고의로 시스템을 파손한 경우는 응시자 부담으로 합니다.
4. 답안 전송 프로그램을 통해 다운로드 받은 파일을 이용하여 답안파일을 작성하시기 바랍니다.
5. 작성한 답안 파일은 답안 전송 프로그램을 통하여 전송됩니다. 감독위원의 지시에 따라 주시기 바랍니다.
6. 다음사항의 경우 실격(0점) 혹은 부정행위 처리됩니다.
    1) 답안파일을 저장하지 않았거나, 저장한 파일이 손상되었을 경우
    2) 답안파일을 지정된 폴더(바탕화면 – "KAIT" 폴더)에 저장하지 않았을 경우
        ※ 답안 전송 프로그램 로그인 시 바탕화면에 자동 생성됨
    3) 답안파일을 다른 보조 기억장치(USB) 혹은 네트워크(메신저, 게시판 등)로 전송할 경우
    4) 휴대용 전화기 등 통신기기를 사용할 경우
7. 슬라이드는 반드시 순서대로 작성해야 하며, 순서가 다를 경우 "0"점 처리 됩니다.
8. 시험지에 제시된 글꼴이 응시 프로그램에 없는 경우, 반드시 감독위원에게 해당 내용을 통보한 뒤 조치를 받아야 합니다.
9. 슬라이드 작성 시 도형의 그룹설정을 사용하는 경우, 채점에서 감점처리 됩니다.
10. 시험의 완료는 작성이 완료된 답안을 저장하고, 답안 전송이 완료된 상태를 확인한 것으로 합니다. 답안 전송 확인 후 문제지는 감독위원에게 제출한 후 퇴실하여야 합니다.
11. 답안전송이 완료된 경우에는 수정 또는 정정이 불가능합니다.
12. 시험시행 후 합격자 발표는 홈페이지(www.ihd.or.kr)에서 확인하시기 바랍니다.
    1) 문제 및 모범답안 공개 : 20XX. XX. XX. (X)
    2) 합격자 발표 : 20XX. XX. XX. (X)

디지털정보활용능력-프리젠테이션[한쇼] (시험시간 : 40분)

유의사항
- 《작성조건》을 준수하여 반드시 프리젠테이션 슬라이드로 작업합니다.
- 글꼴 및 기타 사항에 대해 별도의 지시사항이 없는 경우, 슬라이드 크기와 전체적인 균형을 고려하여 임의로 작성하되, 도형은 그룹으로 설정하지 않습니다.
- 새 프레젠테이션 만들기 – 한컴오피스, 쪽 설정(종류 – A4용지(210 x 297mm)), 슬라이드 방향(가로)로 지정합니다.
  ▶ 슬라이드 크기, 방향 조정 시 '맞춤 확인'으로 지정하여야 합니다.
- 공통적용사항(슬라이드 마스터)
  ▶ 도형 ⇒ 기본 도형 : 십자형, 도형 스타일('밝은 계열 – 강조 5'), 글꼴(굴림, 18pt, 진하게)
- 그림 삽입 시 다운로드 한 그림 파일을 반드시 사용하여야 합니다.
- ⌐ ⌐ → 은 지시사항이므로 작성하지 않습니다.
- 슬라이드에 제시된 글자 및 숫자 오타는 감점처리 됩니다.

[슬라이드 1] 아래의 작성조건 및 출력형태에 알맞게 첫 번째 슬라이드에 작업하시오. (30점)

《출력형태》

《작성조건》

▶ 도형 1 ⇒ 순서도 : 수동 입력, 도형 채우기(그러데이션 : 유형 – 솜사탕 3, 종류 – 선형, 방향 – 아래쪽에서), 선 색(단색, 색 : 강조 4 노랑), 선 스타일(선 종류 : 실선, 굵기 : 4pt, 겹선 종류 : 단순형), 도형 효과(그림자 – 바깥쪽 – 가운데), 글꼴(궁서체, 45pt, 그림자, 보라)

▶ 도형 2 ⇒ 기본 도형 : 해, 도형 채우기(주황), 선 색 없음, 도형 효과(그림자 – 안쪽 – 가운데, 반사 – '1/3 크기, 근접')

▶ 도형 3 ⇒ 블록 화살표 : 휘어진 화살표, 도형 스타일('보통 효과 – 강조 2')

▶ 그림 삽입 ⇒ 그림 1 삽입, 크기(너비 : 90mm, 높이 : 60mm)

▶ 글상자(인공조명으로 인한 야간에도 낮처럼 밝은 현상) ⇒ 글꼴(돋움, 20pt, 진하게)

▶ 애니메이션 지정 ⇒ 도형 1 : 나타내기 – 닦아내기

▶ 지시사항이 없는 부분은 《출력형태》와 동일하게 작성하시오.

디지털정보활용능력 – 프리젠테이션[한쇼] (시험시간 : 40분)

[슬라이드 2] 아래의 작성조건 및 출력형태에 알맞게 두 번째 슬라이드에 작업하시오. (50점)

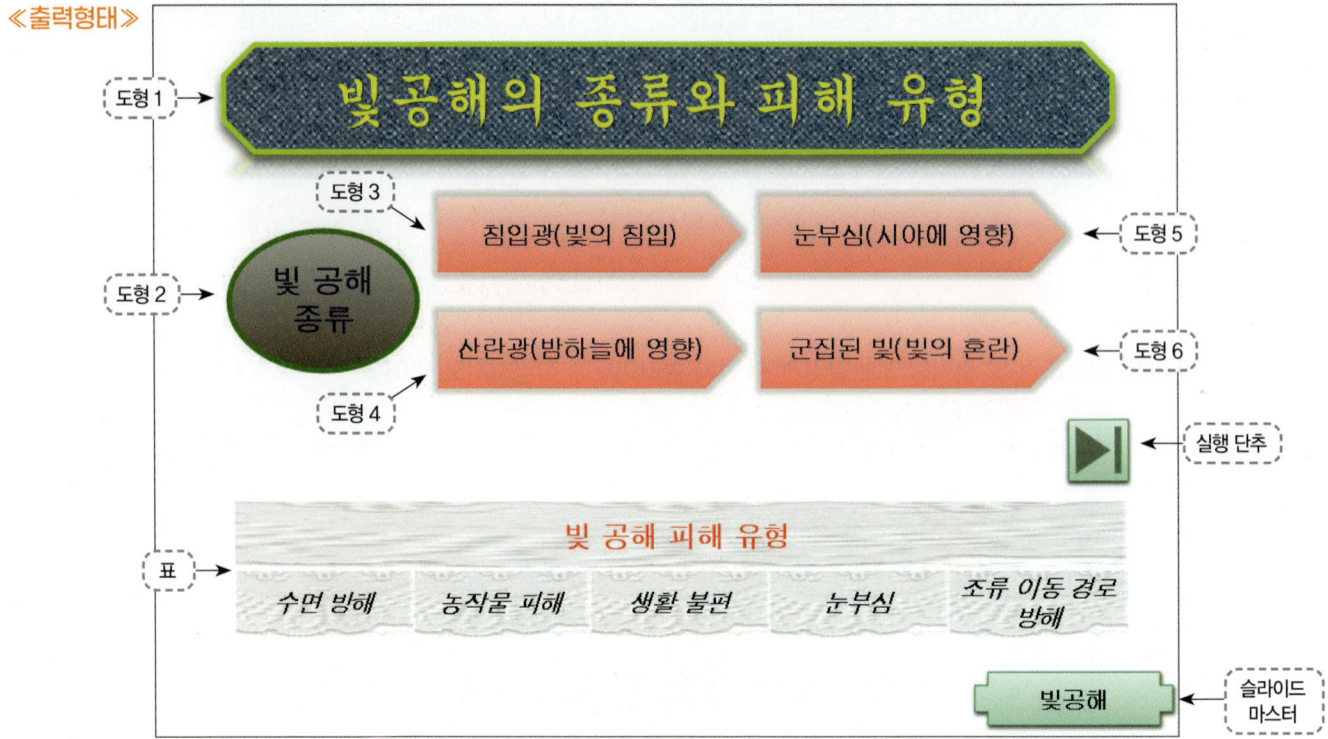

≪작성조건≫

(1) 제목

▶ 도형 1 ⇒ 기본 도형 : 팔각형, 도형 채우기(질감 : 청바지, 배열 – 바둑판식), 선 색(단색, 색 : 밝은 연두색),
　　　　　선 스타일(선 종류 : 실선, 굵기 : 4pt, 겹선 종류 : 단순형),
　　　　　도형 효과(그림자 – 바깥쪽 – 아래쪽, 반사 – '1/3 크기, 근접'),
　　　　　글꼴(궁서, 42pt, 그림자, 노랑)

(2) 본문

▶ 도형 2 ⇒ 기본 도형 : 타원, 도형 채우기(강조 3 시멘트색, 그러데이션 – 어두운 그러데이션 – 선형 아래쪽),
　　　　　선 색(단색, 색 : 초록), 선 스타일(선 종류 : 실선, 굵기 : 4pt, 겹선 종류 : 단순형),
　　　　　글꼴(돋움, 24pt, 진하게, 검은 군청)

▶ 도형 3~6 ⇒ 블록 화살표 : 오각형, 도형 채우기(빨강, 그러데이션 – 밝은 그러데이션 – 선형 아래쪽),
　　　　　　선 색 없음, 도형 효과(네온 – '강조 색 3, 10 pt'), 글꼴(굴림, 19pt, 진하게, 검은 군청)

▶ 실행 단추 ⇒ 실행 단추 : 끝, 하이퍼링크 : 마지막 슬라이드, 도형 스타일('밝은 계열 – 강조 5')

▶ 표 ⇒ 채우기(질감 – 레이스, 배열 – 늘이기),
　　　　가장 위의 행 : 글꼴(돋움, 22pt, 진하게, 빨강, 가운데 정렬, 가운데 맞춤),
　　　　나머지 행 : 글꼴(돋움, 18pt, 진하게, 기울임, 가운데 정렬, 가운데 맞춤)

▶ 애니메이션 지정 ⇒ 표 : 나타내기 – 날아오기

▶ 지시사항이 없는 부분은 ≪출력형태≫와 동일하게 작성하시오..

디지털정보활용능력 – 프리젠테이션[한쇼] (시험시간 : 40분)

[슬라이드 3] 아래의 작성조건 및 출력형태에 알맞게 세 번째 슬라이드에 작업하시오. (60점)

≪출력형태≫

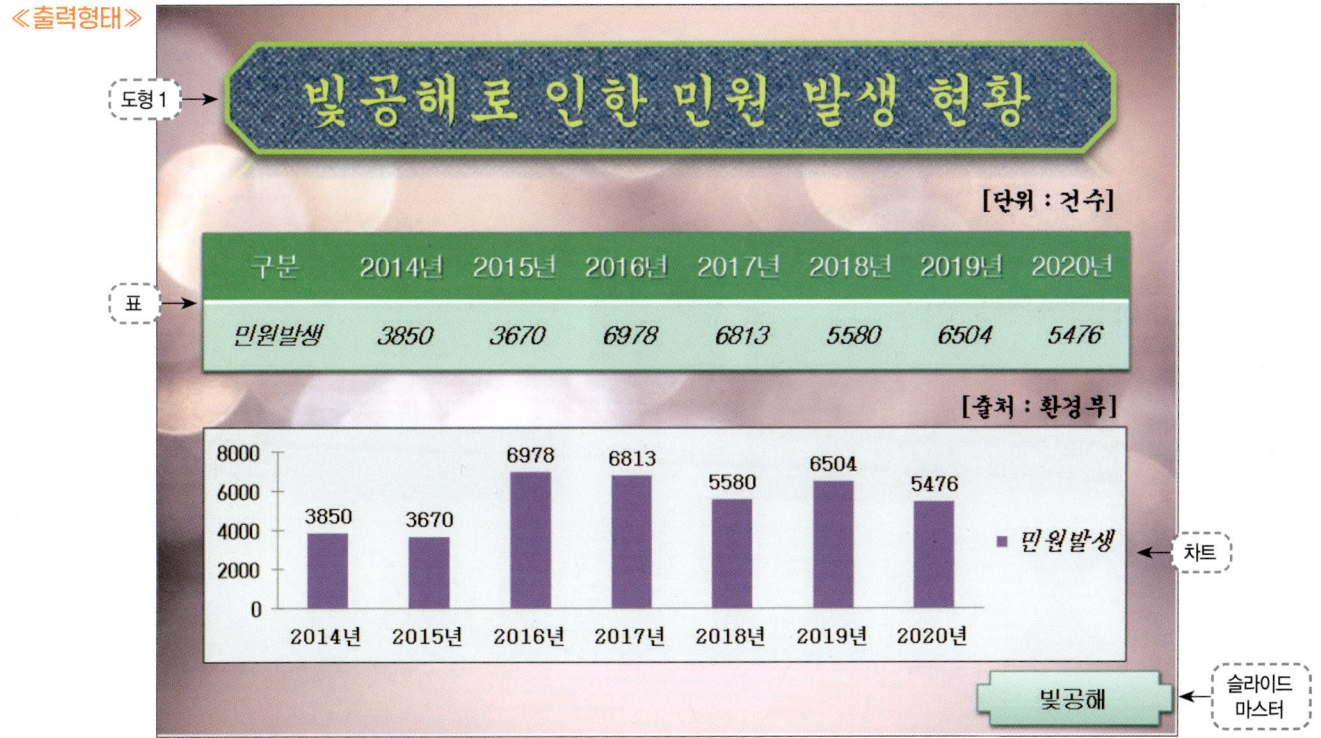

≪작성조건≫

(1) 제목
- ▶ 도형 1 ⇒ 기본 도형 : 팔각형, 도형 채우기(질감 : 청바지, 배열 – 바둑판식), 선 색(단색, 색 : 밝은 연두색), 선 스타일(선 종류 : 실선, 굵기 : 4pt, 겹선 종류 : 단순형), 도형 효과(그림자 – 바깥쪽 – 아래쪽, 반사 – '1/3 크기, 근접'), 글꼴(궁서, 42pt, 그림자, 노랑)

(2) 본문
- ▶ 글상자 1([단위 : 건수]) ⇒ 글꼴(궁서, 18pt, 진하게)
- ▶ 표 ⇒ 표 스타일(보통 스타일 2 – 강조 5), 가장 위의 행 : 글꼴(돋움, 20pt, 진하게, 그림자, 가운데 정렬, 가운데 맞춤), 나머지 행 : 글꼴(돋움, 18pt, 진하게, 기울임, 가운데 정렬, 가운데 맞춤)
- ▶ 글상자 2([출처 : 환경부]) ⇒ 글꼴(궁서, 18pt, 진하게)
- ▶ 차트 ⇒ 세로 막대형 : 묶은 세로 막대형, 차트 계열색('단색 조합 – 색 10'), 차트 스타일(스타일 1), 선 색(검정), 채우기(단색 – 본문/배경 – 밝은 색 1 하양 10% 어둡게), 축 서식/자료점 이름표 서식 : 글꼴(바탕, 16pt, 진하게), 범례 서식 : 글꼴(바탕, 18pt, 진하게, 기울임), 데이터는 표 참고
- ▶ 배경 ⇒ 배경 서식(질감/그림 – 그림)에서 그림 2 삽입(현재 슬라이드만 적용)
- ▶ 애니메이션 지정 ⇒ 차트 : 나타내기 – 블라인드
- ▶ 지시사항이 없는 부분은 ≪출력형태≫와 동일하게 작성하시오.

| 디지털정보활용능력 – 프리젠테이션[한쇼] (시험시간 : 40분) | 4/4 |

[슬라이드 4] 아래의 작성조건 및 출력형태에 알맞게 네 번째 슬라이드에 작업하시오. (60점)

≪출력형태≫

≪작성조건≫

(1) 제목

▶ 도형 1 ⇒ 기본 도형 : 팔각형, 도형 채우기(질감 : 청바지, 배열 – 바둑판식), 선 색(단색, 색 : 밝은 연두색),
　　　　　선 스타일(선 종류 : 실선, 굵기 : 4pt, 겹선 종류 : 단순형),
　　　　　도형 효과(그림자 – 바깥쪽 – 아래쪽, 반사 – '1/3 크기, 근접'),
　　　　　글꼴(궁서, 42pt, 그림자, 노랑)

(2) 본문

▶ 도형 2~4 ⇒ 별 및 현수막 : 물결, 도형 채우기(질감 : 가죽, 배열 – 늘이기), 선 색 없음,
　　　　　　도형 효과(그림자 – 원근감 – 대각선 오른쪽 위), 글꼴(굴림, 20pt, 진하게, 노랑)

▶ 도형 5~7 ⇒ 순서도 : 지연, 도형 채우기(시안, 그러데이션 – 어두운 그러데이션 – 선형 왼쪽), 선 색 없음,
　　　　　　도형 효과(그림자 – 바깥쪽 – 아래쪽), 글꼴(굴림, 20pt, 진하게, 기울임, 노랑)

▶ 도형 8 ⇒ 순서도 : 대조, 도형 채우기(노랑, 그러데이션 – 어두운 그러데이션 – 방사형 – 가운데), 선 색 없음,
　　　　　도형 효과(그림자 – 바깥쪽 – 아래쪽)

▶ 도형 9 ⇒ 순서도 : 페이지 연결자, 도형 채우기(질감/그림 – 그림) 기능을 사용하여 그림 3 삽입,
　　　　　선 색(단색, 색 : 빨강), 선 스타일(선 종류 : 실선, 굵기 : 5pt, 겹선 종류 : 단순형),
　　　　　도형 효과(그림자 – 바깥쪽 – 아래쪽)

▶ 워드숍 삽입(사람과 환경을 생각하는 좋은 빛 만들기) ⇒ 윤곽 – 강조 4, 반사 – 근접(1/2 크기), 네온,
　　　　　　　　　　　　　　　　　　　　　　　　　　　글자 효과(변환 – 휘기 – 팽창), 글꼴(바탕, 25pt, 진하게)

▶ 지시사항이 없는 부분은 ≪출력형태≫와 동일하게 작성하시오.

제08회 디지털정보활용능력 최신유형 기출문제

- ☑ 시험과목 : 프리젠테이션(한쇼)
- ☑ 시험일자 : 20XX. XX. XX. (X)
- ☑ 응시자 기재사항 및 감독위원 확인

수검번호	DIO - XXXX -	감독위원 확인
성 명		

응시자 유의사항

1. 응시자는 신분증을 지참하여야 시험에 응시할 수 있으며, 시험이 종료될 때까지 신분증을 제시하지 못 할 경우 해당 시험은 0점 처리됩니다.
2. 시스템(PC작동여부, 네트워크 상태 등)의 이상여부를 반드시 확인하여야 하며, 시스템 이상이 있을시 감독위원에게 조치를 받으셔야 합니다.
3. 시험 중 부주의 또는 고의로 시스템을 파손한 경우는 응시자 부담으로 합니다.
4. 답안 전송 프로그램을 통해 다운로드 받은 파일을 이용하여 답안파일을 작성하시기 바랍니다.
5. 작성한 답안 파일은 답안 전송 프로그램을 통하여 전송됩니다. 감독위원의 지시에 따라 주시기 바랍니다.
6. 다음사항의 경우 실격(0점) 혹은 부정행위 처리됩니다.
   1) 답안파일을 저장하지 않았거나, 저장한 파일이 손상되었을 경우
   2) 답안파일을 지정된 폴더(바탕화면 – "KAIT" 폴더)에 저장하지 않았을 경우
      ※ 답안 전송 프로그램 로그인 시 바탕화면에 자동 생성됨
   3) 답안파일을 다른 보조 기억장치(USB) 혹은 네트워크(메신저, 게시판 등)로 전송할 경우
   4) 휴대용 전화기 등 통신기기를 사용할 경우
7. 슬라이드는 반드시 순서대로 작성해야 하며, 순서가 다를 경우 "0"점 처리 됩니다.
8. 시험지에 제시된 글꼴이 응시 프로그램에 없는 경우, 반드시 감독위원에게 해당 내용을 통보한 뒤 조치를 받아야 합니다.
9. 슬라이드 작성 시 도형의 그룹설정을 사용하는 경우, 채점에서 감점처리 됩니다.
10. 시험의 완료는 작성이 완료된 답안을 저장하고, 답안 전송이 완료된 상태를 확인한 것으로 합니다. 답안 전송 확인 후 문제지는 감독위원에게 제출한 후 퇴실하여야 합니다.
11. 답안전송이 완료된 경우에는 수정 또는 정정이 불가능합니다.
12. 시험시행 후 합격자 발표는 홈페이지(www.ihd.or.kr)에서 확인하시기 바랍니다.
    1) 문제 및 모범답안 공개 : 20XX. XX. XX. (X)
    2) 합격자 발표 : 20XX. XX. XX. (X)

디지털정보활용능력-프리젠테이션[한쇼] (시험시간 : 40분)

유의사항
- 《작성조건》을 준수하여 반드시 프리젠테이션 슬라이드로 작업합니다.
- 글꼴 및 기타 사항에 대해 별도의 지시사항이 없는 경우, 슬라이드 크기와 전체적인 균형을 고려하여 임의로 작성하되, 도형은 그룹으로 설정하지 않습니다.
- 새 프레젠테이션 만들기 – 한컴오피스, 쪽 설정(종류 – A4용지(210 x 297mm)), 슬라이드 방향(가로)로 지정합니다.
  ▶ 슬라이드 크기, 방향 조정 시 '맞춤 확인'으로 지정하여야 합니다.
- 공통적용사항(슬라이드 마스터)
  ▶ 도형 ⇒ 사각형 : 대각선 방향의 모서리가 둥근 사각형, 도형 스타일('보통 효과 – 강조 6'), 글꼴(궁서체, 20pt, 그림자)
- 그림 삽입 시 다운로드 한 그림 파일을 반드시 사용하여야 합니다.
- ⬜⟶ 은 지시사항이므로 작성하지 않습니다.
- 슬라이드에 제시된 글자 및 숫자 오타는 감점처리 됩니다.

[슬라이드 1] 아래의 작성조건 및 출력형태에 알맞게 첫 번째 슬라이드에 작업하시오. (30점)

《출력형태》

《작성조건》

▶ 도형 1 ⇒ 순서도 : 문서, 도형 채우기(그러데이션 : 유형 – 오렌지, 종류 – 선형, 방향 – 왼쪽에서), 선 색(단색, 색 : 강조 2 주황), 선 스타일(선 종류 : 실선, 굵기 : 3pt, 겹선 종류 : 단순형), 도형 효과(그림자 – 원근감 – 대각선 오른쪽 위), 글꼴(돋움체, 40pt, 진하게, 그림자, 검정)

▶ 도형 2 ⇒ 순서도 : 저장 데이터, 도형 채우기(강조 3 시멘트색), 선 색 없음, 도형 효과(그림자 – 바깥쪽 – 대각선 오른쪽 위, 반사 – '1/3 크기, 근접')

▶ 도형 3 ⇒ 기본 도형 : 해, 도형 스타일('강한 효과 – 강조 4')

▶ 그림 삽입 ⇒ 그림 1 삽입, 크기(너비 : 70mm, 높이 : 80mm)

▶ 글상자(여행하기 좋은 대한민국 만들기!) ⇒ 글꼴(굴림체, 24pt, 진하게, 빨강)

▶ 애니메이션 지정 ⇒ 도형 1 : 나타내기 – 날아오기

▶ 지시사항이 없는 부분은《출력형태》와 동일하게 작성하시오.

디지털정보활용능력 – 프리젠테이션[한쇼] (시험시간 : 40분)

[슬라이드 2] 아래의 작성조건 및 출력형태에 알맞게 두 번째 슬라이드에 작업하시오. (50점)

《출력형태》

《작성조건》

(1) 제목

▶ 도형 1 ⇒ 별 및 현수막 : 이중 물결, 도형 채우기(강조 6 보라), 선 색(단색, 색 : 검정),
　　선 스타일(선 종류 : 실선, 굵기 : 2pt, 겹선 종류 : 단순형),
　　도형 효과(그림자 – 바깥쪽 – 아래쪽, 네온 – '강조 색 6, 5 pt'),
　　글꼴(돋움체, 36pt, 진하게, 그림자, 노랑)

(2) 본문

▶ 도형 2 ⇒ 별 및 현수막 : 폭발 2, 도형 채우기(강조 2 주황, 그러데이션 – 어두운 그러데이션 – 선형 아래쪽),
　　선 색(단색, 색 : 노랑), 선 스타일(선 종류 : 실선, 굵기 : 3pt, 겹선 종류 : 이중),
　　글꼴(바탕체, 24pt, 진하게, 기울임, 노랑)

▶ 도형 3~6 ⇒ 블록 화살표 : 오각형, 도형 채우기(주황), 선 색 없음,
　　도형 효과(그림자 – 바깥쪽 – 오른쪽, 반사 – '1/3 크기, 4 pt'),
　　글꼴(궁서체, 20pt, 진하게, 제목/배경 – 어두운 색 2 남색)

▶ 실행 단추 ⇒ 실행 단추 : 끝, 하이퍼링크 : 마지막 슬라이드, 도형 스타일('밝은 계열 – 강조 5')

▶ 표 ⇒ 채우기(질감 – 종이, 배열 – 늘이기),
　　가장 위의 행 : 글꼴(돋움, 22pt, 진하게, 빨강, 가운데 정렬, 가운데 맞춤)
　　나머지 행 : 글꼴(돋움, 20pt, 진하게, 기울임, 가운데 정렬, 가운데 맞춤)

▶ 애니메이션 지정 ⇒ 표 : 나타내기 – 사각형

▶ 지시사항이 없는 부분은《출력형태》와 동일하게 작성하시오.

디지털정보활용능력 – 프리젠테이션[한쇼] (시험시간 : 40분)

[슬라이드 3] 아래의 작성조건 및 출력형태에 알맞게 세 번째 슬라이드에 작업하시오. (60점)

≪출력형태≫

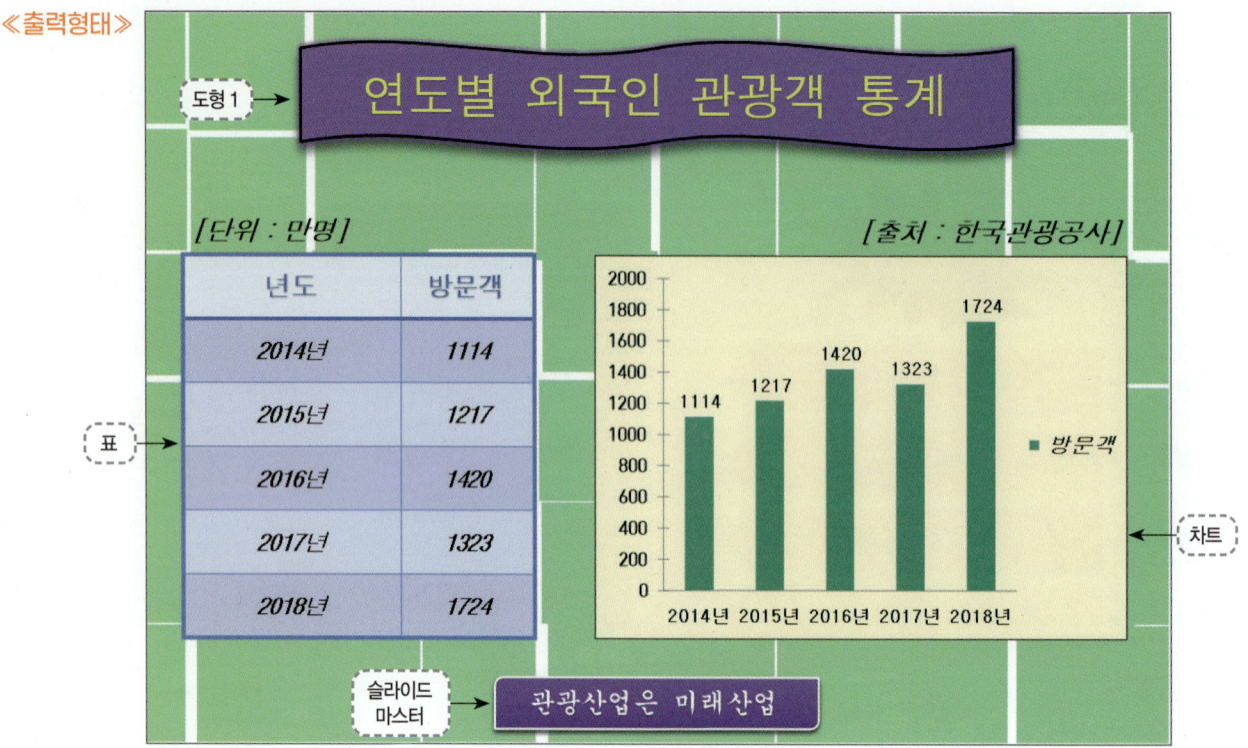

≪작성조건≫

(1) 제목

▶ 도형 1 ⇒ 별 및 현수막 : 이중 물결, 도형 채우기(강조 6 보라), 선 색(단색, 색 : 검정),
선 스타일(선 종류 : 실선, 굵기 : 2pt, 겹선 종류 : 단순형),
도형 효과(그림자 – 바깥쪽 – 아래쪽, 네온 – '강조 색 6, 5 pt'),
글꼴(돋움체, 36pt, 진하게, 그림자, 노랑)

(2) 본문

▶ 글상자 1([단위 : 만명]) ⇒ 글꼴(돋움, 20pt, 진하게, 기울임)

▶ 표 ⇒ 표 스타일(보통 스타일 4 – 강조 1),
가장 위의 행 : 글꼴(돋움체, 20pt, 진하게, 그림자, 가운데 정렬, 가운데 맞춤),
나머지 행 : 글꼴(돋움체, 18pt, 진하게, 기울임, 가운데 정렬, 가운데 맞춤)

▶ 글상자 2([출처 : 한국관광공사]) ⇒ 글꼴(돋움, 20pt, 진하게, 기울임)

▶ 차트 ⇒ 세로 막대형 : 묶은 세로 막대형, 차트 계열색('단색 조합 – 색 9'), 차트 스타일(스타일 1),
선 색(검정), 채우기(단색 – 강조 4 노랑 80% 밝게),
축 서식/자료점 이름표 서식 : 글꼴(굴림, 14pt, 진하게),
범례 서식 : 글꼴(굴림, 16pt, 진하게, 기울임), 데이터는 표 참고

▶ 배경 ⇒ 배경 속성(질감/그림 – 그림)에서 그림 2 삽입(현재 슬라이드만 적용)

▶ 애니메이션 지정 ⇒ 차트 : 나타내기 – 블라인드

▶ 지시사항이 없는 부분은 ≪출력형태≫와 동일하게 작성하시오.

디지털정보활용능력 – 프리젠테이션[한쇼] (시험시간 : 40분)

[슬라이드 4] 아래의 작성조건 및 출력형태에 알맞게 네 번째 슬라이드에 작업하시오. (60점)

≪출력형태≫

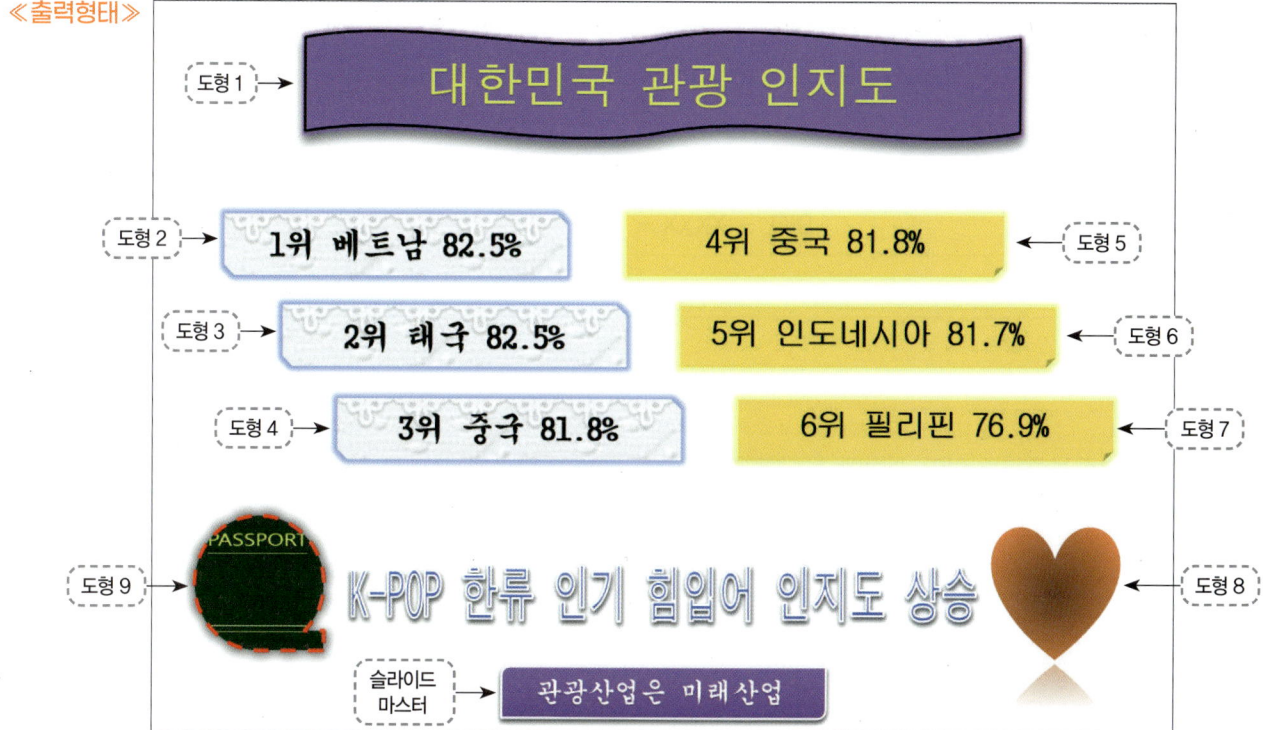

≪작성조건≫

(1) 제목

▶ 도형 1 ⇒ 별 및 현수막 : 이중 물결, 도형 채우기(강조 6 보라), 선 색(단색, 색 : 검정),
　　선 스타일(선 종류 : 실선, 굵기 : 2pt, 겹선 종류 : 단순형),
　　도형 효과(그림자 – 바깥쪽 – 아래쪽, 네온 – '강조 색 6, 5 pt'),
　　글꼴(돋움체, 36pt, 진하게, 그림자, 노랑)

(2) 본문

▶ 도형 2~4 ⇒ 사각형 : 대각선 방향의 모서리가 잘린 사각형, 도형 채우기(질감 : 레이스, 배열 – 바둑판식),
　　선 색 없음, 도형 효과(네온 – '강조 색 1, 10 pt'), 글꼴(궁서체, 24pt, 진하게, 검정)

▶ 도형 5~7 ⇒ 기본 도형 : 모서리가 접힌 도형, 도형 채우기(강조 4 노랑), 선 색 없음,
　　도형 효과(네온 – '강조 색 4, 10 pt'), 글꼴(굴림체, 24pt, 진하게, 검정)

▶ 도형 8 ⇒ 기본 도형 : 하트, 도형 채우기(강조 2 주황, 그러데이션 – 어두운 그러데이션 – 방사형 – 가운데),
　　선 색 없음, 도형 효과(반사 – '1/3 크기, 4 pt')

▶ 도형 9 ⇒ 순서도 : 순차적 액세스 저장소, 도형 채우기(질감/그림 – 그림) 기능을 사용하여 그림 3 삽입,
　　선 색(단색, 색 : 빨강), 선 스타일(선 종류 : 파선, 굵기 : 3pt, 겹선 종류 : 단순형),
　　도형 효과(그림자 – 바깥쪽 – 가운데)

▶ 워드숍 삽입(K-POP 한류 인기 힘입어 인지도 상승) ⇒ 채우기 – 강조 1(그러데이션), 윤곽 – 밝은 색 1,
　　글자 효과(변환 – 휘기 – 사각형),
　　글꼴(돋움체, 25pt, 진하게, 그림자)

▶ 지시사항이 없는 부분은 ≪출력형태≫와 동일하게 작성하시오.

제09회 디지털정보활용능력 최신유형 기출문제

- ☑ 시험과목 : 프리젠테이션(한쇼)
- ☑ 시험일자 : 20XX. XX. XX. (X)
- ☑ 응시자 기재사항 및 감독위원 확인

수검번호	DIO - XXXX -	감독위원 확인
성 명		

응시자 유의사항

1. 응시자는 신분증을 지참하여야 시험에 응시할 수 있으며, 시험이 종료될 때까지 신분증을 제시하지 못 할 경우 해당 시험은 0점 처리됩니다.
2. 시스템(PC작동여부, 네트워크 상태 등)의 이상여부를 반드시 확인하여야 하며, 시스템 이상이 있을시 감독위원에게 조치를 받으셔야 합니다.
3. 시험 중 부주의 또는 고의로 시스템을 파손한 경우는 응시자 부담으로 합니다.
4. 답안 전송 프로그램을 통해 다운로드 받은 파일을 이용하여 답안파일을 작성하시기 바랍니다.
5. 작성한 답안 파일은 답안 전송 프로그램을 통하여 전송됩니다. 감독위원의 지시에 따라 주시기 바랍니다.
6. 다음사항의 경우 실격(0점) 혹은 부정행위 처리됩니다.
   1) 답안파일을 저장하지 않았거나, 저장한 파일이 손상되었을 경우
   2) 답안파일을 지정된 폴더(바탕화면 – "KAIT" 폴더)에 저장하지 않았을 경우
      ※ 답안 전송 프로그램 로그인 시 바탕화면에 자동 생성됨
   3) 답안파일을 다른 보조 기억장치(USB) 혹은 네트워크(메신저, 게시판 등)로 전송할 경우
   4) 휴대용 전화기 등 통신기기를 사용할 경우
7. 슬라이드는 반드시 순서대로 작성해야 하며, 순서가 다를 경우 "0"점 처리 됩니다.
8. 시험지에 제시된 글꼴이 응시 프로그램에 없는 경우, 반드시 감독위원에게 해당 내용을 통보한 뒤 조치를 받아야 합니다.
9. 슬라이드 작성 시 도형의 그룹설정을 사용하는 경우, 채점에서 감점처리 됩니다.
10. 시험의 완료는 작성이 완료된 답안을 저장하고, 답안 전송이 완료된 상태를 확인한 것으로 합니다. 답안 전송 확인 후 문제지는 감독위원에게 제출한 후 퇴실하여야 합니다.
11. 답안전송이 완료된 경우에는 수정 또는 정정이 불가능합니다.
12. 시험시행 후 합격자 발표는 홈페이지(www.ihd.or.kr)에서 확인하시기 바랍니다.
    1) 문제 및 모범답안 공개 : 20XX. XX. XX. (X)
    2) 합격자 발표 : 20XX. XX. XX. (X)

디지털정보활용능력-프리젠테이션[한쇼] (시험시간 : 40분)

유의사항
- 《작성조건》을 준수하여 반드시 프리젠테이션 슬라이드로 작업합니다.
- 글꼴 및 기타 사항에 대해 별도의 지시사항이 없는 경우, 슬라이드 크기와 전체적인 균형을 고려하여 임의로 작성하되, 도형은 그룹으로 설정하지 않습니다.
- 새 프레젠테이션 만들기 – 한컴오피스, 쪽 설정(종류 – A4용지(210 x 297mm)), 슬라이드 방향(가로)로 지정합니다.
  ▶ 슬라이드 크기, 방향 조정 시 '맞춤 확인'으로 지정하여야 합니다.
- 공통적용사항(슬라이드 마스터)
  ▶ 도형 ⇒ 별 및 현수막 : 물결, 도형 스타일('밝은 계열 – 강조 2'), 글꼴(궁서체, 20pt, 기울임, 그림자)
- 그림 삽입 시 다운로드 한 그림 파일을 반드시 사용하여야 합니다.
- ┌──┐ → 은 지시사항이므로 작성하지 않습니다.
- 슬라이드에 제시된 글자 및 숫자 오타는 감점처리 됩니다.

[슬라이드 1] 아래의 작성조건 및 출력형태에 알맞게 첫 번째 슬라이드에 작업하시오. (30점)

≪출력형태≫

≪작성조건≫

▶ 도형 1 ⇒ 기본 도형 : 십자형, 도형 채우기(그러데이션 : 유형 – 보라, 종류 – 선형, 방향 – 아래쪽에서), 선 색(단색, 색 : 보라), 선 스타일(선 종류 : 실선, 굵기 : 3pt, 겹선 종류 : 단순형), 도형 효과(그림자 – 바깥쪽 – 아래쪽), 글꼴(궁서체, 48pt, 검은 군청)

▶ 도형 2 ⇒ 순서도 : 대조, 도형 채우기(시안), 선 색 없음, 도형 효과(반사 – '1/3 크기, 8 pt', 네온 – '강조 색 4, 15 pt')

▶ 도형 3 ⇒ 기본 도형 : 웃는 얼굴, 도형 스타일('보통 효과 – 강조 3')

▶ 그림 삽입 ⇒ 그림 1 삽입, 크기(너비 : 90mm, 높이 : 70mm)

▶ 글상자(아이들의 천국, 키즈카페) ⇒ 글꼴(바탕체, 24pt, 진하게, 밑줄, 초록)

▶ 애니메이션 지정 ⇒ 도형 1 : 나타내기 – 다이아몬드형

▶ 지시사항이 없는 부분은 《출력형태》와 동일하게 작성하시오.

디지털정보활용능력 – 프리젠테이션[한쇼] (시험시간 : 40분)

[슬라이드 2] 아래의 작성조건 및 출력형태에 알맞게 두 번째 슬라이드에 작업하시오. (50점)

≪출력형태≫

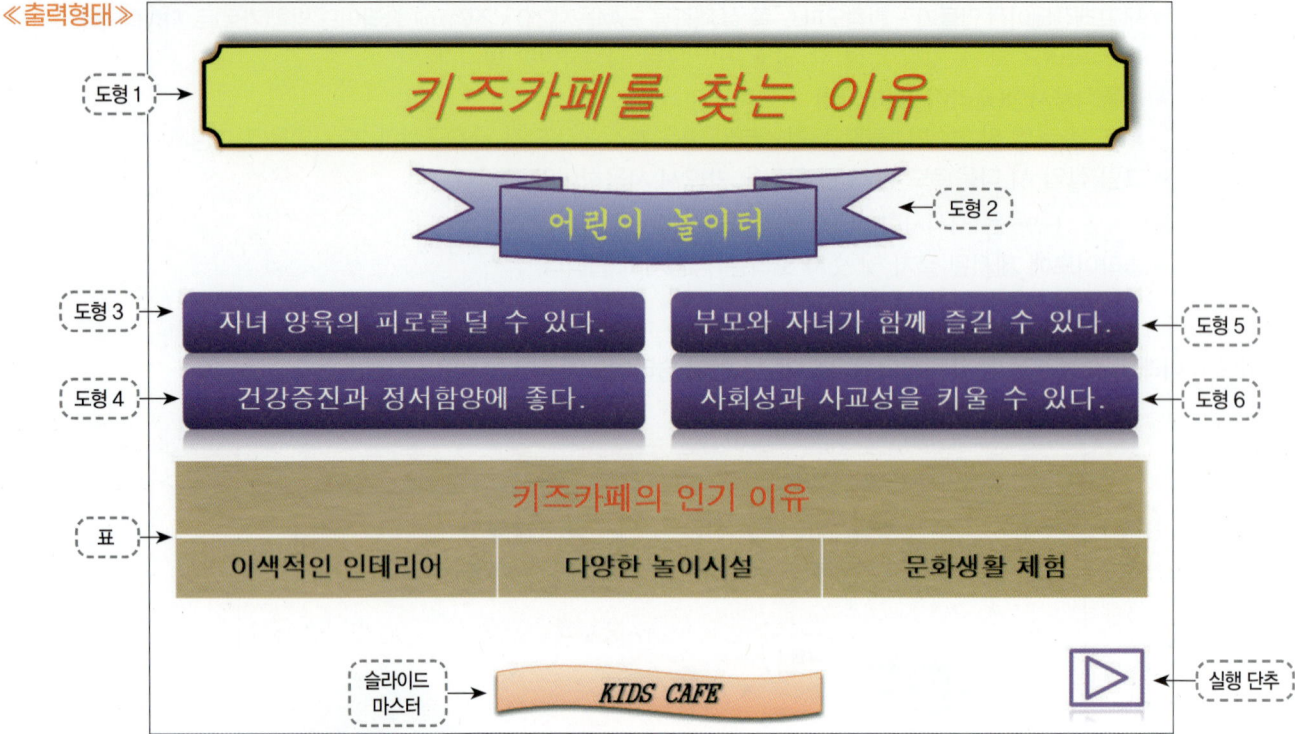

≪작성조건≫

(1) 제목

▶ 도형 1 ⇒ 기본 도형 : 배지, 도형 채우기(노랑), 선 색(단색, 색 : 검정),
　　　　　　　선 스타일(선 종류 : 실선, 굵기 : 3pt, 겹선 종류 : 단순형),
　　　　　　　도형 효과(그림자 – 바깥쪽 – 대각선 오른쪽 위, 네온 – '강조 색 2, 5 pt'),
　　　　　　　글꼴(돋움체, 40pt, 기울임, 그림자, 빨강)

(2) 본문

▶ 도형 2 ⇒ 별 및 현수막 : 아래로 구부러진 리본, 도형 채우기(파랑, 그러데이션 – 밝은 그러데이션 – 선형 아래쪽),
　　　　　　　선 색(단색, 색 : 보라), 선 스타일(선 종류 : 실선, 굵기 : 2pt, 겹선 종류 : 단순형),
　　　　　　　글꼴(궁서체, 26pt, 노랑)

▶ 도형 3~6 ⇒ 사각형 : 모서리가 둥근 직사각형,
　　　　　　　　도형 채우기(강조 6 보라, 그러데이션 – 어두운 그러데이션 – 선형 아래쪽), 선 색 없음,
　　　　　　　　도형 효과(반사 – '1/3 크기, 근접'), 글꼴(돋움체, 20pt, 진하게, 본문/배경 – 밝은 색 1 하양)

▶ 실행 단추 ⇒ 실행 단추 : 앞으로 또는 다음, 하이퍼링크 : 다음 슬라이드,
　　　　　　　　도형 스타일('테두리 강조 6 – 채우기 없음')

▶ 표 ⇒ 채우기(질감 – 종이, 종이 – 늘이기),
　　　　가장 위의 행 : 글꼴(돋움, 24pt, 진하게, 빨강, 가운데 정렬, 가운데 맞춤),
　　　　나머지 행 : 글꼴(돋움, 20pt, 진하게, 그림자, 가운데 정렬, 가운데 맞춤)

▶ 애니메이션 지정 ⇒ 표 : 나타내기 – 모자이크

▶ 지시사항이 없는 부분은 ≪출력형태≫와 동일하게 작성하시오.

디지털정보활용능력 – 프리젠테이션[한쇼] (시험시간 : 40분)

[슬라이드 3] 아래의 작성조건 및 출력형태에 알맞게 세 번째 슬라이드에 작업하시오. (60점)

≪출력형태≫

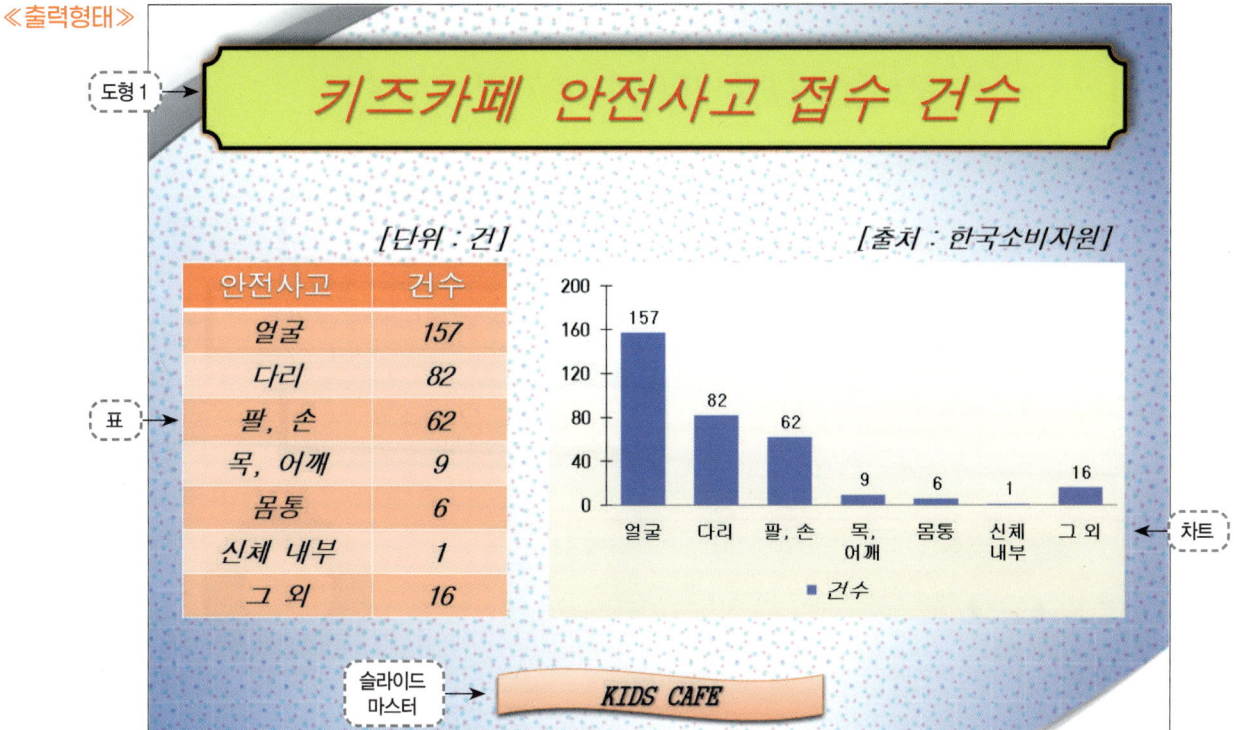

≪작성조건≫

(1) 제목
- 도형 1 ⇒ 기본 도형 : 배지, 도형 채우기(노랑), 선 색(단색, 색 : 검정),
  선 스타일(선 종류 : 실선, 굵기 : 3pt, 겹선 종류 : 단순형),
  도형 효과(그림자 – 바깥쪽 – 대각선 오른쪽 위, 네온 – '강조 색 2, 5 pt'),
  글꼴(돋움체, 40pt, 기울임, 그림자, 빨강)

(2) 본문
- 글상자 1([단위 : 건]) ⇒ 글꼴(돋움, 20pt, 진하게, 기울임)
- 표 ⇒ 표 스타일(보통 스타일 1 – 강조 2),
  가장 위의 행 : 글꼴(돋움체, 22pt, 진하게, 그림자, 가운데 정렬, 가운데 맞춤),
  나머지 행 : 글꼴(돋움체, 20pt, 진하게, 기울임, 가운데 정렬, 가운데 맞춤)
- 글상자 2([출처 : 한국소비자원]) ⇒ 글꼴(돋움, 20pt, 진하게, 기울임)
- 차트 ⇒ 세로 막대형 : 묶은 세로 막대형, 차트 스타일(스타일 5),
  축 서식/자료점 이름표 서식 : 글꼴(굴림, 14pt, 진하게),
  범례 서식 : 글꼴(굴림, 16pt, 진하게, 기울임), 데이터는 표 참고
- 배경 ⇒ 배경 속성(질감/그림 – 그림)에서 그림 2 삽입(현재 슬라이드만 적용)
- 애니메이션 지정 ⇒ 차트 : 나타내기 – 밝기 변화
- 지시사항이 없는 부분은 ≪출력형태≫와 동일하게 작성하시오.

디지털정보활용능력 – 프리젠테이션[한쇼] (시험시간 : 40분)

[슬라이드 4] 아래의 작성조건 및 출력형태에 알맞게 네 번째 슬라이드에 작업하시오. (60점)

≪출력형태≫

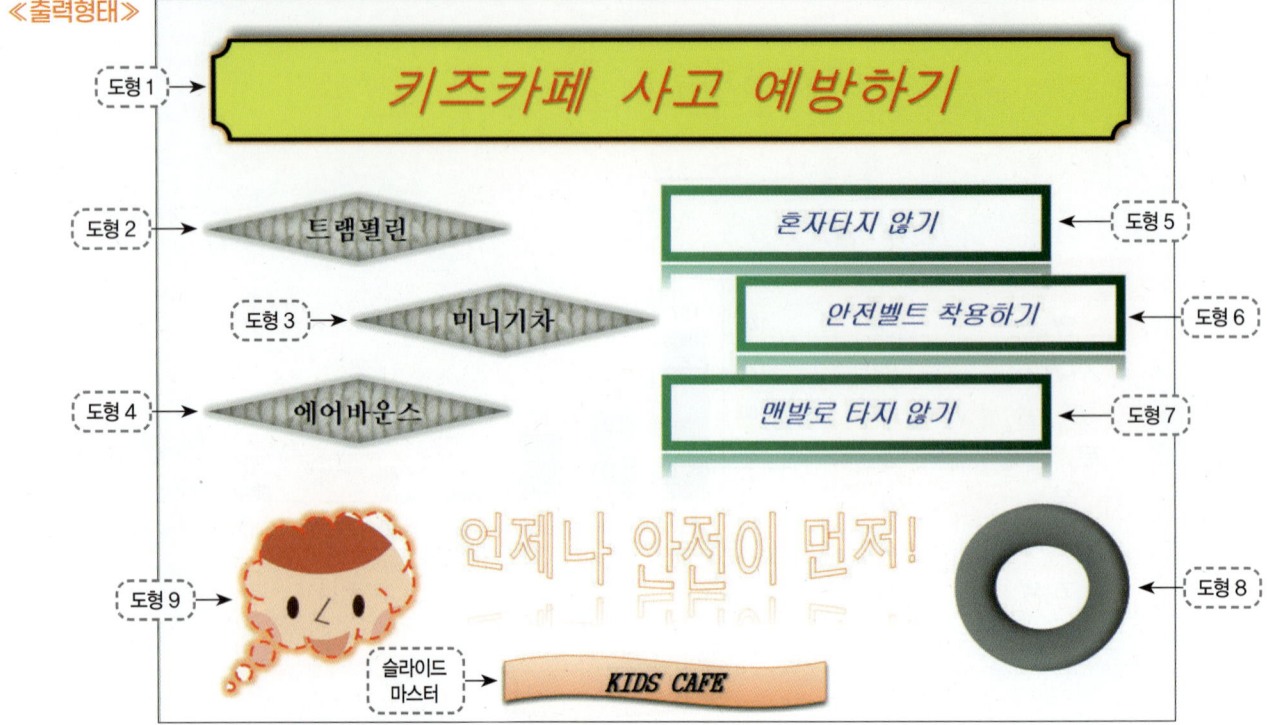

≪작성조건≫

(1) 제목

▶ 도형 1 ⇒ 기본 도형 : 배지, 도형 채우기(노랑), 선 색(단색, 색 : 검정),
　　　　　 선 스타일(선 종류 : 실선, 굵기 : 3pt, 겹선 종류 : 단순형),
　　　　　 도형 효과(그림자 – 바깥쪽 – 대각선 오른쪽 위, 네온 – '강조 색 2, 5 pt'),
　　　　　 글꼴(돋움체, 40pt, 기울임, 그림자, 빨강)

(2) 본문

▶ 도형 2~4 ⇒ 기본 도형 : 다이아몬드, 도형 채우기(질감 : 흰색 겉뜨기 스웨터, 배열 – 바둑판식), 선 색 없음,
　　　　　　 도형 효과(그림자 – 안쪽 – 가운데, 네온 – '강조 색 3, 10 pt'), 글꼴(바탕체, 20pt, 진하게, 검정)

▶ 도형 5~7 ⇒ 기본 도형 : 액자, 도형 채우기(강조 5 초록, 그러데이션 – 어두운 그러데이션 – 선형 오른쪽),
　　　　　　 선 색 없음, 도형 효과(반사 – '1/3 크기, 4 pt'), 글꼴(굴림, 20pt, 진하게, 기울임, 파랑)

▶ 도형 8 ⇒ 기본 도형 : 도넛, 도형 채우기(강조 3 시멘트색, 그러데이션 – 어두운 그러데이션 – 방사형 – 가운데),
　　　　　 선 색 없음, 도형 효과(그림자 – 안쪽 – 오른쪽)

▶ 도형 9 ⇒ 설명선 : 구름 모양 설명선, 도형 채우기(질감/그림 – 그림) 기능을 사용하여 그림 3 삽입,
　　　　　 선 색(단색, 색 : 빨강), 선 스타일(선 종류 : 파선, 굵기 : 2pt, 겹선 종류 : 단순형),
　　　　　 도형 효과(네온 – '강조 색 2, 10pt')

▶ 워드숍 삽입(언제나 안전이 먼저!) ⇒ 윤곽 – 강조 2, 반사, 글자 효과(변환 – 휘기 – 아래쪽 팽창),
　　　　　 글꼴(돋움, 35pt, 진하게)

▶ 지시사항이 없는 부분은 ≪출력형태≫와 동일하게 작성하시오.

제10회 디지털정보활용능력 최신유형 기출문제

- ✓ 시험과목 : 프리젠테이션(한쇼)
- ✓ 시험일자 : 20XX. XX. XX. (X)
- ✓ 응시자 기재사항 및 감독위원 확인

수검번호	DIO - XXXX -	감독위원 확인
성 명		

응시자 유의사항

1. 응시자는 신분증을 지참하여야 시험에 응시할 수 있으며, 시험이 종료될 때까지 신분증을 제시하지 못 할 경우 해당 시험은 0점 처리됩니다.
2. 시스템(PC작동여부, 네트워크 상태 등)의 이상여부를 반드시 확인하여야 하며, 시스템 이상이 있을시 감독위원에게 조치를 받으셔야 합니다.
3. 시험 중 부주의 또는 고의로 시스템을 파손한 경우는 응시자 부담으로 합니다.
4. 답안 전송 프로그램을 통해 다운로드 받은 파일을 이용하여 답안파일을 작성하시기 바랍니다.
5. 작성한 답안 파일은 답안 전송 프로그램을 통하여 전송됩니다. 감독위원의 지시에 따라 주시기 바랍니다.
6. 다음사항의 경우 실격(0점) 혹은 부정행위 처리됩니다.
   1) 답안파일을 저장하지 않았거나, 저장한 파일이 손상되었을 경우
   2) 답안파일을 지정된 폴더(바탕화면 – "KAIT" 폴더)에 저장하지 않았을 경우
      ※ 답안 전송 프로그램 로그인 시 바탕화면에 자동 생성됨
   3) 답안파일을 다른 보조 기억장치(USB) 혹은 네트워크(메신저, 게시판 등)로 전송할 경우
   4) 휴대용 전화기 등 통신기기를 사용할 경우
7. 슬라이드는 반드시 순서대로 작성해야 하며, 순서가 다를 경우 "0"점 처리 됩니다.
8. 시험지에 제시된 글꼴이 응시 프로그램에 없는 경우, 반드시 감독위원에게 해당 내용을 통보한 뒤 조치를 받아야 합니다.
9. 슬라이드 작성 시 도형의 그룹설정을 사용하는 경우, 채점에서 감점처리 됩니다.
10. 시험의 완료는 작성이 완료된 답안을 저장하고, 답안 전송이 완료된 상태를 확인한 것으로 합니다. 답안 전송 확인 후 문제지는 감독위원에게 제출한 후 퇴실하여야 합니다.
11. 답안전송이 완료된 경우에는 수정 또는 정정이 불가능합니다.
12. 시험시행 후 합격자 발표는 홈페이지(www.ihd.or.kr)에서 확인하시기 바랍니다.
    1) 문제 및 모범답안 공개 : 20XX. XX. XX. (X)
    2) 합격자 발표 : 20XX. XX. XX. (X)

디지털정보활용능력-프리젠테이션[한쇼] (시험시간 : 40분)

유의사항
- 《작성조건》을 준수하여 반드시 프리젠테이션 슬라이드로 작업합니다.
- 글꼴 및 기타 사항에 대해 별도의 지시사항이 없는 경우, 슬라이드 크기와 전체적인 균형을 고려하여 임의로 작성하되, 도형은 그룹으로 설정하지 않습니다.
- 새 프레젠테이션 만들기 – 한컴오피스, 쪽 설정(종류 – A4용지(210 x 297mm)), 슬라이드 방향(가로)로 지정합니다.
  ▶ 슬라이드 크기, 방향 조정 시 '맞춤 확인'으로 지정하여야 합니다.
- 공통적용사항(슬라이드 마스터)
  ▶ 도형 ⇒ 별 및 현수막 : 물결, 도형 스타일('밝은 계열 – 강조 4'), 글꼴(굴림, 20pt, 진하게)
- 그림 삽입 시 다운로드 한 그림 파일을 반드시 사용하여야 합니다.
- ⌐ ¬ → 은 지시사항이므로 작성하지 않습니다.
- 슬라이드에 제시된 글자 및 숫자 오타는 감점처리 됩니다.

[슬라이드 1] 아래의 작성조건 및 출력형태에 알맞게 첫 번째 슬라이드에 작업하시오. (30점)

《출력형태》

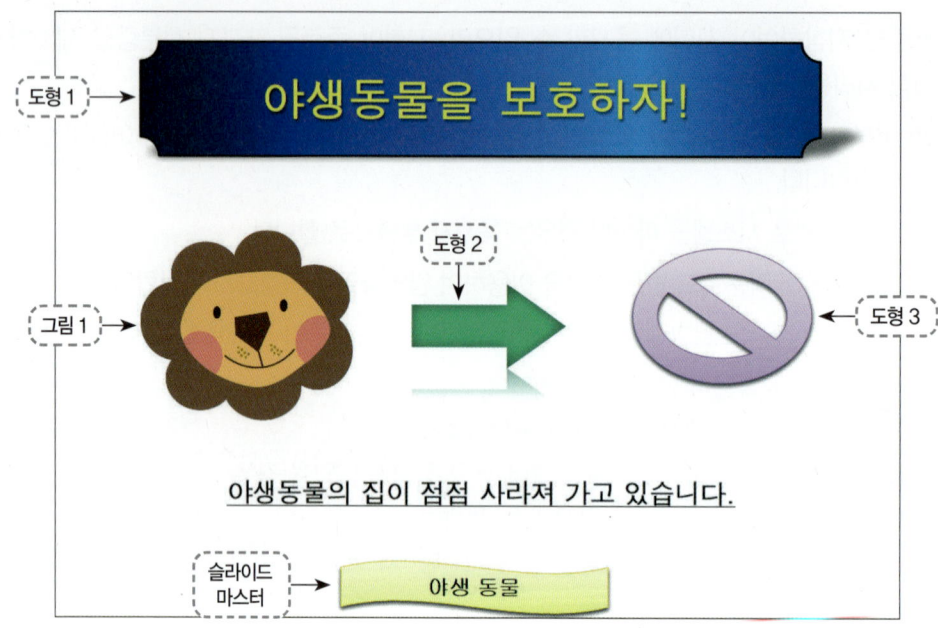

《작성조건》

▶ 도형 1 ⇒ 기본 도형 : 배지, 도형 채우기(그러데이션 : 유형 – 청명한 하늘, 종류 – 선형, 방향 – 왼쪽에서),
　　　선 색(단색, 색 : 검정), 선 스타일(선 종류 : 실선, 굵기 : 2pt, 겹선 종류 : 단순형),
　　　도형 효과(그림자 – 원근감 – 대각선 오른쪽 위), 글꼴(돋움체, 40pt, 진하게, 그림자, 노랑)

▶ 도형 2 ⇒ 블록 화살표 : 오른쪽 화살표, 도형 채우기('강조 5 초록 20% 밝게'), 선 색 없음,
　　　도형 효과(그림자 – 안쪽 – 가운데, 반사 – '1/3 크기, 근접')

▶ 도형 3 ⇒ 기본 도형 : "없음" 기호, 도형 스타일('밝은 계열 – 강조 6')

▶ 그림 삽입 ⇒ 그림 1 삽입, 크기(너비 : 70mm, 높이 : 60mm)

▶ 글상자(야생동물의 집이 점점 사라져 가고 있습니다.) ⇒ 글꼴(돋움, 24pt, 진하게, 밑줄)

▶ 애니메이션 지정 ⇒ 도형 1 : 나타내기 – 블라인드

▶ 지시사항이 없는 부분은《출력형태》와 동일하게 작성하시오.

디지털정보활용능력 - 프리젠테이션[한쇼] (시험시간 : 40분)

[슬라이드 2] 아래의 작성조건 및 출력형태에 알맞게 두 번째 슬라이드에 작업하시오. (50점)

≪출력형태≫

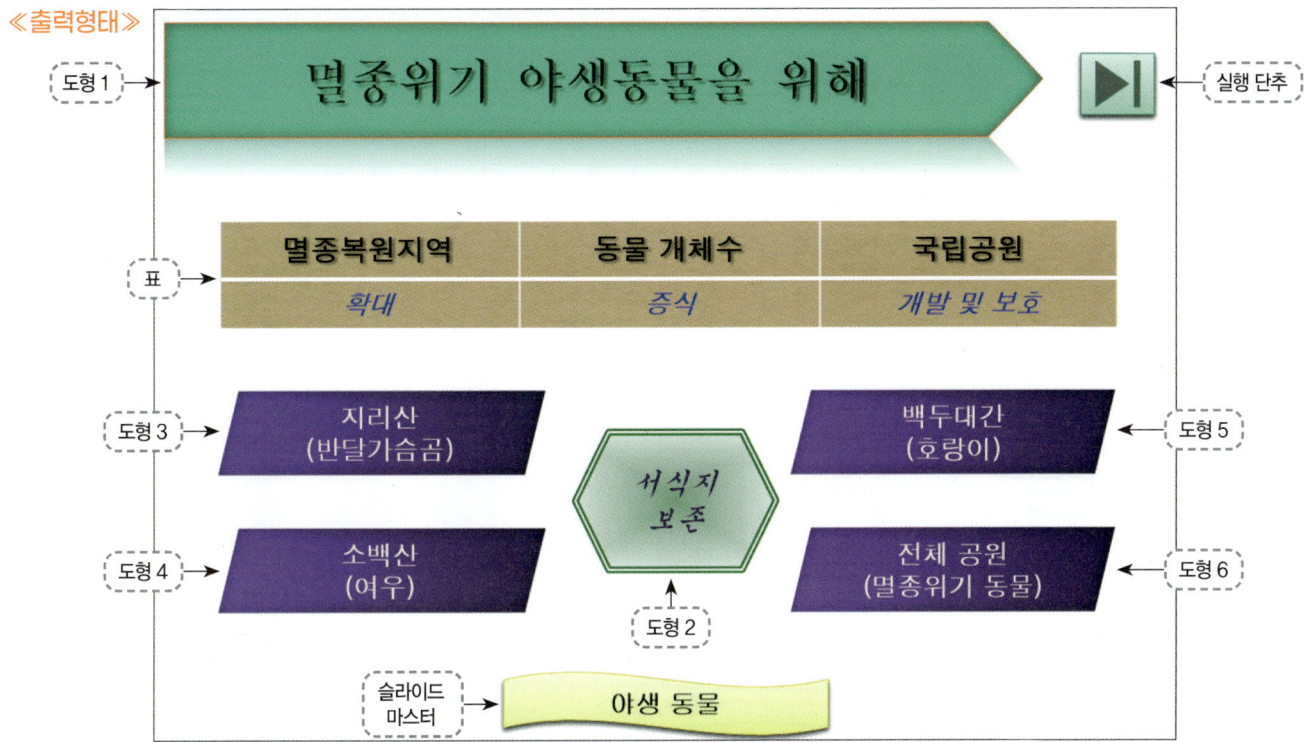

≪작성조건≫

(1) 제목

▶ 도형 1 ⇒ 블록 화살표 : 오각형, 도형 채우기('강조 5 초록 40% 밝게'), 선 색(단색, 색 : 주황),
선 스타일(선 종류 : 실선, 굵기 : 1pt, 겹선 종류 : 단순형),
도형 효과(그림자 – 안쪽 – 가운데, 반사 – '1/3 크기, 근접'),
글꼴(바탕체, 36pt, 진하게, 그림자, '강조 5 초록 70% 어둡게')

(2) 본문

▶ 도형 2 ⇒ 기본 도형 : 육각형, 도형 채우기(초록, 그러데이션 – 밝은 그러데이션 – 사각형 – 가운데),
선 색(단색, 색 : 초록), 선 스타일(선 종류 : 실선, 굵기 : 5pt, 겹선 종류 : 이중),
글꼴(궁서체, 22pt, 기울임, '강조 6 보라 50% 어둡게')

▶ 도형 3~6 ⇒ 기본 도형 : 평행 사변형, 도형 채우기('강조 6 보라', 그러데이션 – 어두운 그러데이션 – 선형 오른쪽),
선 색 없음, 도형 효과(그림자 – 안쪽 – 가운데),
글꼴(돋움, 20pt, 진하게, '강조 2 주황 90% 밝게')

▶ 실행 단추 ⇒ 실행 단추 : 끝, 하이퍼링크 : 마지막 슬라이드, 도형 스타일('밝은 계열 – 강조 5')

▶ 표 ⇒ 채우기(질감 – 종이, 배열 – 늘이기),
가장 위의 행 : 글꼴(돋움, 22pt, 진하게, 그림자, 검정, 가운데 정렬, 가운데 맞춤),
나머지 행 : 글꼴(돋움, 20pt, 진하게, 기울임, 파랑, 가운데 정렬, 가운데 맞춤)

▶ 애니메이션 지정 ⇒ 표 : 나타내기 – 모자이크

▶ 지시사항이 없는 부분은 ≪출력형태≫와 동일하게 작성하시오.

디지털정보활용능력 – 프리젠테이션[한쇼] (시험시간 : 40분)

[슬라이드 3] 아래의 작성조건 및 출력형태에 알맞게 세 번째 슬라이드에 작업하시오. (60점)

≪출력형태≫

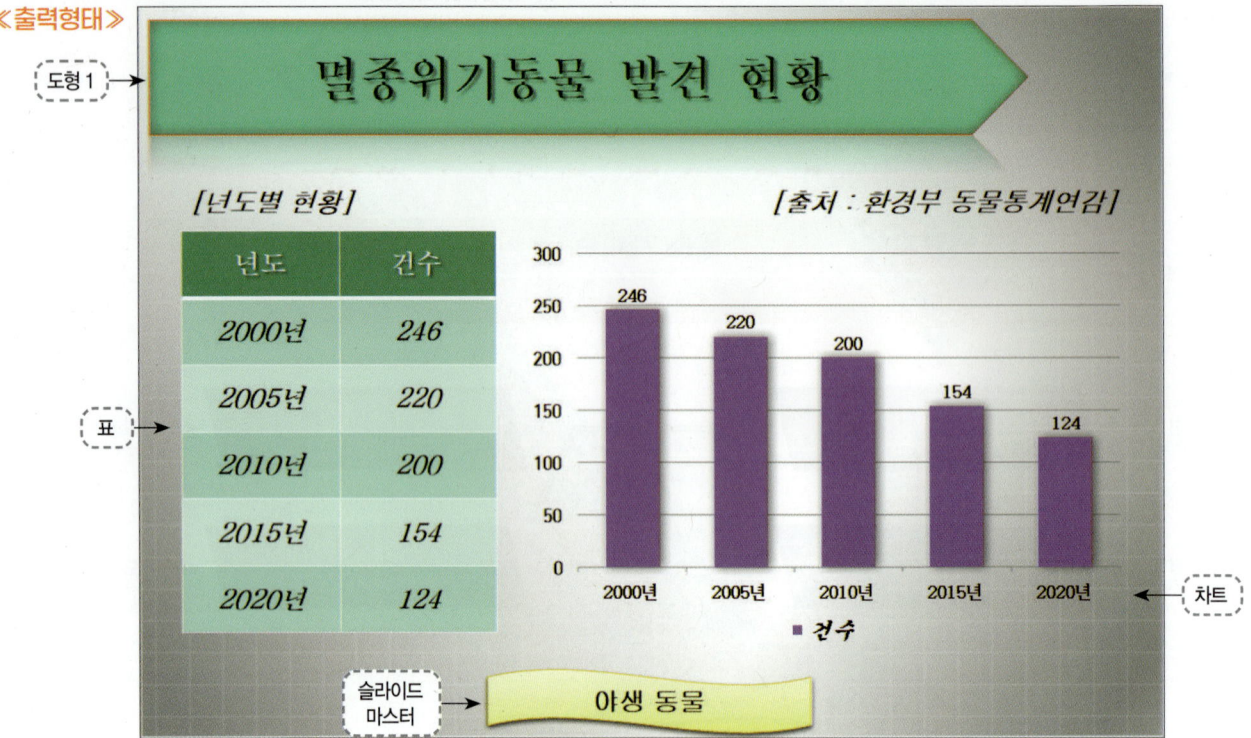

≪작성조건≫

(1) 제목

▶ 도형 1 ⇒ 블록 화살표 : 오각형, 도형 채우기('강조 5 초록 40% 밝게'), 선 색(단색, 색 : 주황),
　　　　　선 스타일(선 종류 : 실선, 굵기 : 1pt, 겹선 종류 : 단순형),
　　　　　도형 효과(그림자 – 안쪽 – 가운데, 반사 – '1/3 크기, 근접'),
　　　　　글꼴(바탕체, 36pt, 진하게, 그림자, '강조 5 초록 80% 어둡게')

(2) 본문

▶ 글상자 1([년도별 현황]) ⇒ 글꼴(돋움, 20pt, 진하게, 기울임)

▶ 표 ⇒ 표 스타일(보통 스타일 1 – 강조 5),
　　　가장 위의 행 : 글꼴(바탕체, 20pt, 진하게, 그림자, 가운데 정렬, 가운데 맞춤),
　　　나머지 행 : 글꼴(바탕, 20pt, 진하게, 기울임, 가운데 정렬, 가운데 맞춤)

▶ 글상자 2([출처 : 환경부 동물통계연감]) ⇒ 글꼴(돋움, 20pt, 진하게, 기울임)

▶ 차트 ⇒ 세로 막대형 : 묶은 세로 막대형, 차트 계열색('색상 조합 – 색 4'), 차트 스타일(스타일 9),
　　　　축 서식/자료점 이름표 서식 : 글꼴(바탕체, 14pt, 진하게),
　　　　범례 서식 : 글꼴(궁서체, 16pt, 진하게, 기울임), 데이터는 표 참고

▶ 배경 ⇒ 배경 속성(질감/그림 – 그림)에서 그림 2 삽입(현재 슬라이드만 사용)

▶ 애니메이션 지정 ⇒ 차트 : 나타내기 – 사각형

▶ 지시사항이 없는 부분은 ≪출력형태≫와 동일하게 작성하시오.

디지털정보활용능력 – 프리젠테이션[한쇼] (시험시간 : 40분)

[슬라이드 4] 아래의 작성조건 및 출력형태에 알맞게 네 번째 슬라이드에 작업하시오. (60점)

《출력형태》

《작성조건》

(1) 제목

▶ 도형 1 ⇒ 블록 화살표 : 오각형, 도형 채우기('강조 5 초록 40% 밝게'), 선 색(단색, 색 : 주황),
  선 스타일(선 종류 : 실선, 굵기 : 1pt, 겹선 종류 : 단순형),
  도형 효과(그림자 – 안쪽 – 가운데, 반사 – '1/3 크기, 근접'),
  글꼴(바탕체, 36pt, 진하게, 그림자, '강조 5 초록 70% 어둡게')

(2) 본문

▶ 도형 2~4 ⇒ 기본 도형 : 사다리꼴, 도형 채우기('강조 4 노랑 10% 어둡게'), 선 색 없음,
  도형 효과(그림자 – 바깥쪽 – 가운데), 글꼴(돋움, 22pt, 진하게, 빨강)

▶ 도형 5~7 ⇒ 별 및 현수막 : 이중 물결, 도형 채우기(질감 – 흰색 벽, 배열 – 늘이기), 선 색 없음,
  도형 효과(네온 – '강조 색 5, 10 pt'), 글꼴(바탕, 22pt, 진하게, 파랑)

▶ 도형 8 ⇒ 블록 화살표 : 위로 굽은 화살표, 도형 채우기(그러데이션 : 유형 – 장미, 종류 – 선형, 방향 – 아래쪽에서),
  선 색 없음, 도형 효과(네온 – '강조 색 6, 5 pt')

▶ 도형 9 ⇒ 기본 도형 : 모서리가 접힌 도형, 도형 채우기(질감/그림 – 그림) 기능을 사용하여 그림 3 삽입,
  선 색(단색, 색 : 검은 군청), 선 스타일(선 종류 : 파선, 굵기 : 3pt, 겹선 종류 : 단순형),
  도형 효과(그림자 – 안쪽 – 가운데)

▶ 워드숍 삽입(동물에게도 안전한 삶의 터전을!) ⇒ '윤곽 – 강조 5, 그림자', 글자 효과(변환 – 휘기 – 원통 위), 글
  꼴(돋움, 30pt, 진하게, 그림자)

▶ 지시사항이 없는 부분은 《출력형태》와 동일하게 작성하시오.

MEMO

DIAT

MEMO

DIAT

MEMO

DIAT

academy_soft_

【슬라이드4】 아래의 작성조건 및 출력형태에 알맞게 네 번째 슬라이드에 작업하시오. **(60점)**

≪출력형태≫

≪작성조건≫ (1) 제목

▶ 도형 1 ⇒ 기본 도형 : 모서리가 접힌 도형, 도형 채우기('강조 2 주황 80% 밝게'),
선 색(단색, 색 : 보라), 선 스타일(선 종류 : 실선, 굵기 : 5pt, 겹선 종류 : 굵고 얇음),
도형 효과(그림자 - 원근감 - 대각선 오른쪽 위, 옅은 테두리 - 1 pt),
글꼴(궁서체, 40pt, 진하게, '강조 6 보라 70% 어둡게')

(2) 본문

▶ 도형 2~4 ⇒ 기본 도형 : 육각형, 도형 채우기('강조 4 노랑 60% 밝게'), 선 색 없음, 도형 효과
(네온 - '강조 색 5, 10 pt'), 글꼴(굴림, 22pt, 진하게, 기울임, '강조 5 초록 30% 어둡게')

▶ 도형 5~7 ⇒ 기본 도형 : 배지, 도형 채우기('강조 5 초록 10% 어둡게'), 선 색 없음, 도형 효과
(반사 - '1/2 크기, 근접'), 글꼴(굴림, 20pt, 진하게, 그림자, 노랑)

▶ 도형 8 ⇒ 기본 도형 : 하트, 도형 채우기(파랑, 그러데이션 - 밝은 그러데이션 - 선형 오른쪽),
선 색 없음, 도형 효과(그림자 - 안쪽 - 오른쪽)

▶ 도형 9 ⇒ 사각형 : 모서리가 둥근 직사각형, 도형 채우기(질감/그림 - 그림) 기능을 사용하여
그림 3 삽입, 선 색(단색, 색 : 시안), 선 스타일(선 종류 : 실선, 굵기 : 8pt,
겹선 종류 : 이중), 도형 효과(그림자 - 바깥쪽 - 가운데)

▶ 워드숍 삽입(반려동물과 함께 공존하는 세상)
⇒ '윤곽 - 강조 2, 그림자', 글자 효과(변환 - 휘기 - 팽창), 글꼴(궁서, 38pt, 진하게,
그림자)

▶ 지시사항이 없는 부분은 ≪출력형태≫와 동일하게 작성하시오.

| 디지털정보활용능력 | **프리젠테이션(한쇼)** | **(시험시간 : 40분)**

유의사항
- 《작성조건》을 준수하여 반드시 프리젠테이션 슬라이드로 작업합니다.
- 글꼴 및 기타 사항에 대해 별도의 지시사항이 없는 경우, 슬라이드 크기와 전체적인 균형을 고려하여 임의로 작성하되, **도형은 그룹으로 설정하지 않습니다.**
- 새 프레젠테이션 만들기 - 한컴오피스, 쪽 설정(종류 - A4용지(210×297mm)), 슬라이드 방향(가로)로 지정합니다.
  ▶ 슬라이드 크기, 방향 조정 시 '맞춤 확인'으로 지정하여야 합니다.
- 공통적용사항(슬라이드 마스터)
  ▶ 도형 ⇒ 기본 도형 : 정육면체, 도형 스타일('밝은 계열 - 강조 6'), 글꼴(바탕체, 22pt, 진하게)
- 그림 삽입 시 다운로드 한 그림 파일을 반드시 사용하여야 합니다.
- ⟶ 은 지시사항이므로 작성하지 않습니다.
- 슬라이드에 제시된 글자 및 숫자 오타는 감점처리 됩니다.

【슬라이드1】 아래의 작성조건 및 출력형태에 알맞게 첫 번째 슬라이드에 작업하시오. **(30점)**

《출력형태》

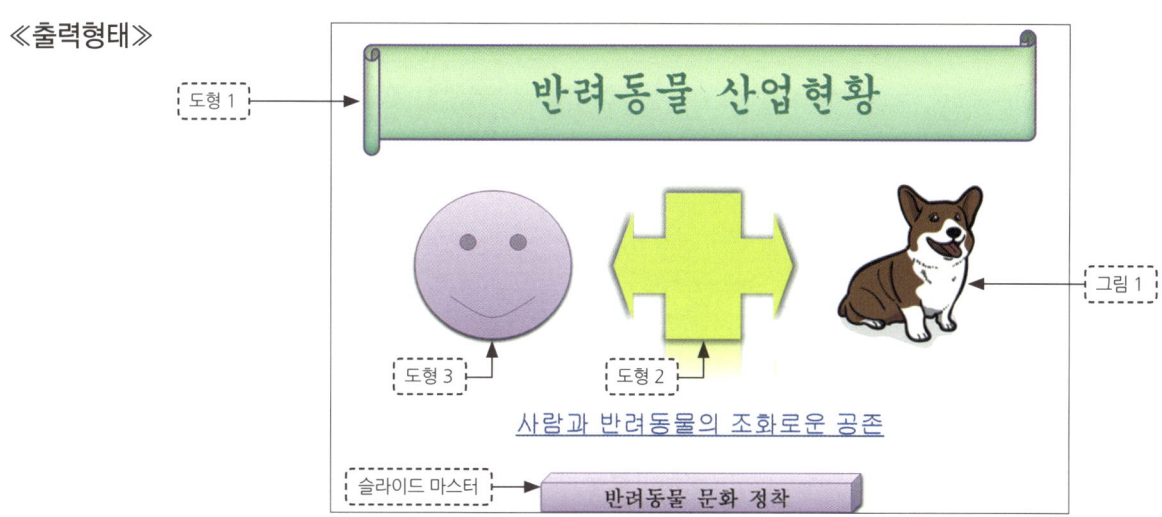

《작성조건》
▶ 도형 1 ⇒ 별 및 현수막 : 가로로 말린 두루마리 모양, 도형 채우기(그러데이션 : 유형 - 솜사탕 3, 종류 - 선형, 방향 - 아래쪽에서), 선 색(단색, 색 : '강조 6 보라 10% 어둡게'), 선 스타일(선 종류 : 실선, 굵기 : 2pt, 겹선 종류 : 단순형), 도형 효과(그림자 - 안쪽 - 가운데), 글꼴(궁서체, 44pt, '강조 5 초록')

▶ 도형 2 ⇒ 블록 화살표 : 왼쪽/오른쪽 화살표 설명선, 도형 채우기(노랑), 선 색 없음, 도형 효과(그림자 - 바깥쪽 - 가운데, 반사 - '1/3 크기, 근접')

▶ 도형 3 ⇒ 기본 도형 : 웃는 얼굴, 도형 스타일('밝은 계열 - 강조 6')

▶ 그림 삽입 ⇒ 그림 1 삽입, 크기(너비 : 55mm, 높이 : 60mm)

▶ 글 상자(사람과 반려동물의 조화로운 공존)
    ⇒ 글꼴(굴림, 26pt, 밑줄, '강조 1 하늘색 30% 어둡게')

▶ 애니메이션 지정 ⇒ 도형 1 : 나타내기 - 사각형

▶ 지시사항이 없는 부분은 《출력형태》와 동일하게 작성하시오.

| 디지털정보활용능력 | 프리젠테이션(한쇼) | (시험시간 : 40분) |

【슬라이드2】 아래의 작성조건 및 출력형태에 알맞게 두 번째 슬라이드에 작업하시오. **(50점)**

≪출력형태≫

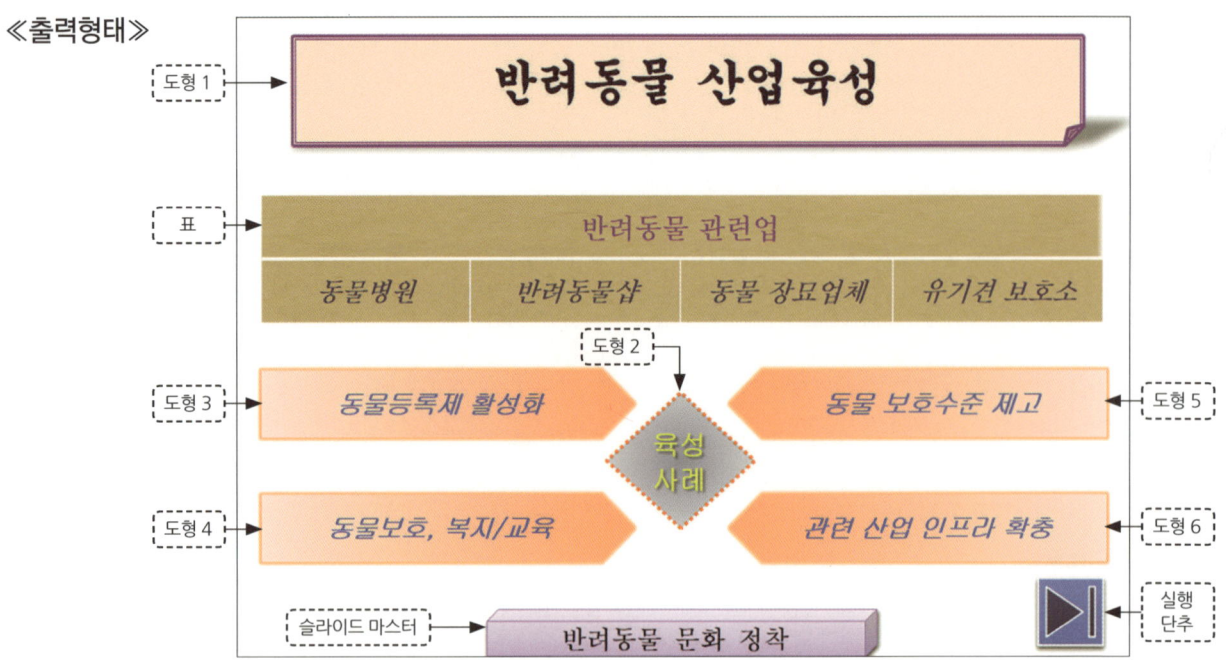

≪작성조건≫ (1) 제목

▶ 도형 1 ⇒ 기본 도형 : 모서리가 접힌 도형, 도형 채우기('강조 2 주황 80% 밝게'),
선 색(단색, 색 : 보라), 선 스타일(선 종류 : 실선, 굵기 : 5pt, 겹선 종류 : 굵고 얇음),
도형 효과(그림자 - 원근감 - 대각선 오른쪽 위, 옅은 테두리 - 1 pt),
글꼴(궁서체, 40pt, 진하게, '강조 6 보라 70% 어둡게')

(2) 본문

▶ 도형 2 ⇒ 기본 도형 : 다이아몬드, 도형 채우기(검은 군청, 그러데이션 - 밝은 그러데이션 -
방사형 - 가운데), 선 색(단색, 색 : 주황), 선 스타일(선 종류 : 점선, 굵기 : 3pt,
겹선 종류 : 단순형), 글꼴(굴림체, 24pt, 진하게, 그림자, 노랑)

▶ 도형 3~6 ⇒ 블록 화살표 : 오각형, 도형 채우기('강조 2 주황 20% 밝게', 그러데이션 -
밝은 그러데이션 - 선형 오른쪽), 선 색 없음, 도형 효과(네온 - '강조 색 2, 5 pt'),
글꼴(굴림, 22pt, 진하게, 기울임, 파랑)

▶ 실행 단추 ⇒ 실행 단추 : 끝, 하이퍼링크 : 마지막 슬라이드,
도형 스타일('보통 효과 - 강조 1')

▶ 표 ⇒ 채우기(질감 - 종이, 배열 - 늘이기),
가장 위의 행 : 글꼴(바탕, 24pt, 진하게, 보라, 가운데 정렬, 가운데 맞춤),
나머지 행 : 글꼴(바탕, 22pt, 진하게, 기울임, 검은 군청, 가운데 정렬, 가운데 맞춤)

▶ 애니메이션 지정 ⇒ 표 : 나타내기 - 날아오기

▶ 지시사항이 없는 부분은 ≪**출력형태**≫와 동일하게 작성하시오.

【슬라이드3】 아래의 작성조건 및 출력형태에 알맞게 세 번째 슬라이드에 작업하시오. **(60점)**

≪출력형태≫

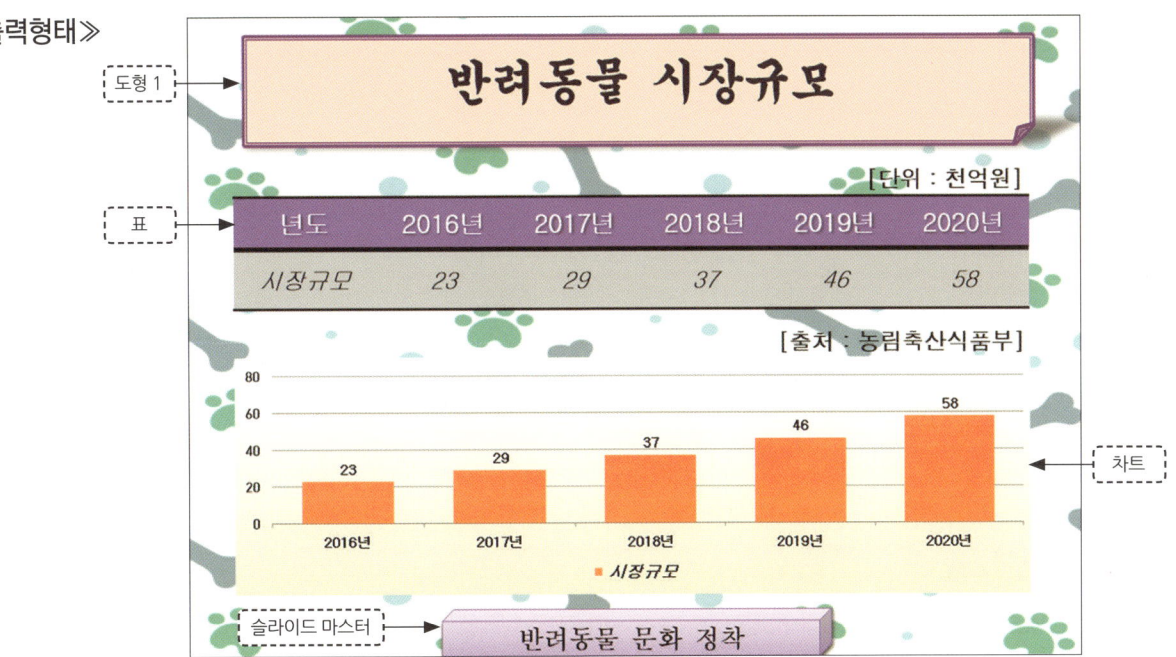

≪작성조건≫ (1) 제목

▶ 도형 1 ⇒ 기본 도형 : 모서리가 접힌 도형, 도형 채우기('강조 2 주황 80% 밝게'),
선 색(단색, 색 : 보라), 선 스타일(선 종류 : 실선, 굵기 : 5pt, 겹선 종류 : 굵고 얇음),
도형 효과(그림자 - 원근감 - 대각선 오른쪽 위, 옅은 테두리 - 1 pt),
글꼴(궁서체, 40pt, 진하게, '강조 6 보라 70% 어둡게')

(2) 본문

▶ 글 상자 1([단위 : 천억원]) ⇒ 글꼴(돋움, 20pt, 진하게)

▶ 표 ⇒ 표 스타일(보통 스타일 3 - 강조 6),
가장 위의 행 : 글꼴(굴림, 22pt, 진하게, 그림자, 가운데 정렬, 가운데 맞춤),
나머지 행 : 글꼴(굴림, 20pt, 기울임, 가운데 정렬, 가운데 맞춤)

▶ 글 상자 2([출처 : 농림축산식품부]) ⇒ 글꼴(돋움, 20pt, 진하게)

▶ 차트 ⇒ 세로 막대형 : 묶은 세로 막대형, 차트 계열색('색상 조합 - 색 3'),
차트 스타일(스타일 5), 축 서식/자료점 이름표 서식 : 글꼴(굴림, 12pt, 진하게),
범례 서식 : 글꼴(굴림, 14pt, 진하게, 기울임), 데이터는 표 참고

▶ 배경 ⇒ 배경 속성(질감/그림 - 그림)에서 그림 2 삽입(현재 슬라이드만 적용)

▶ 애니메이션 지정 ⇒ 차트 : 나타내기 - 블라인드

▶ 지시사항이 없는 부분은 ≪출력형태≫와 동일하게 작성하시오.

한컴오피스 한쇼 NEO 버전용

디지털정보활용능력
(DIAT; Digital Information Ability Test)

- **시험과목** : 프리젠테이션(한쇼)
- **시험일자** : 20XX. XX. XX.(X)
- 응시자 기재사항 및 감독위원 확인

수검번호	DIO - XXXX -	감독위원 확인
성 명		

응시자 유의사항

1. 응시자는 신분증을 지참하여야 시험에 응시할 수 있으며, 시험이 종료될 때까지 신분증을 제시하지 못 할 경우 해당 시험은 0점 처리됩니다.
2. 시스템(PC작동여부, 네트워크 상태 등)의 이상여부를 반드시 확인하여야 하며, 시스템 이상이 있을시 감독위원에게 조치를 받으셔야 합니다.
3. 시험 중 부주의 또는 고의로 시스템을 파손한 경우는 응시자 부담으로 합니다.
4. 답안 전송 프로그램을 통해 다운로드 받은 파일을 이용하여 답안 파일을 작성하시기 바랍니다.
5. 작성한 답안 파일은 답안 전송 프로그램을 통하여 전송됩니다. 감독위원의 지시에 따라 주시기 바랍니다.
6. 다음 사항의 경우 실격(0점) 혹은 부정행위 처리됩니다.
    1) 답안 파일을 저장하지 않았거나, 저장한 파일이 손상되었을 경우
    2) 답안 파일을 지정된 폴더(바탕화면 - "KAIT" 폴더)에 저장하지 않았을 경우
        ※ 답안 전송 프로그램 로그인 시 바탕화면에 자동 생성됨
    3) 답안 파일을 다른 보조 기억장치(USB) 혹은 네트워크(메신저, 게시판 등)로 전송할 경우
    4) 휴대용 전화기 등 통신기기를 사용할 경우
7. 슬라이드는 반드시 순서대로 작성해야 하며, 순서가 다를 경우 "0"점 처리 됩니다.
8. 시험지에 제시된 글꼴이 응시 프로그램에 없는 경우, 반드시 감독위원에게 해당 내용을 통보한 뒤 조치를 받아야 합니다.
9. **슬라이드 작성 시 도형의 그룹 설정을 사용하는 경우, 채점에서 감점처리 됩니다.**
10. 시험의 완료는 작성이 완료된 답안을 저장하고, 답안 전송이 완료된 상태를 확인한 것으로 합니다. 답안 전송 확인 후 문제지는 감독위원에게 제출한 후 퇴실하여야 합니다.
11. 답안 전송이 완료된 경우에는 수정 또는 정정이 불가능합니다.
12. 시험 시행 후 합격자 발표는 홈페이지(www.ihd.or.kr)에서 확인하시기 바랍니다.
    1) 문제 및 정답 공개 : 20XX. XX. XX.(X)
    2) 합격자 발표 : 20XX. XX. XX.(X)

디지털정보활용능력 **프리젠테이션(한쇼)** — **(시험시간 : 40분)**

【슬라이드4】 아래의 작성조건 및 출력형태에 알맞게 네 번째 슬라이드에 작업하시오. **(60점)**

≪출력형태≫

≪작성조건≫ (1) 제목

▶ 도형 1 ⇒   순서도 : 카드, 도형 채우기('강조 4 노랑 60% 밝게'),
　　　　　　선 색(단색, 색 : 주황), 선 스타일(선 종류 : 실선, 굵기 : 2pt, 겹선 종류 : 단순형),
　　　　　　도형 효과(그림자 - 안쪽 - 가운데, 네온 - '강조 색 4, 10 pt'),
　　　　　　글꼴(돋움체, 38pt, 진하게, 기울임, '강조 2 주황 70% 어둡게')

(2) 본문

▶ 도형 2~4 ⇒ 기본 도형 : 정오각형, 도형 채우기(질감 - 청바지, 배열 - 늘이기), 선 색 없음,
　　　　　　도형 효과(그림자 - 바깥쪽 - 아래쪽), 글꼴(궁서, 24pt, 진하게, 그림자, 노랑)

▶ 도형 5~7 ⇒ 기본 도형 : 사다리꼴, 도형 채우기('강조 6 보라 20% 밝게'), 선 색 없음,
　　　　　　도형 효과(네온 - '강조 색 5, 5 pt'), 글꼴(궁서, 26pt, 그림자, 밝은 연두색)

▶ 도형 8 ⇒   별 및 현수막 : 물결, 도형 채우기(파랑, 그러데이션 - 밝은 그러데이션 - 선형 왼쪽),
　　　　　　선 색 없음, 도형 효과(그림자 - 바깥쪽 - 대각선 오른쪽 아래)

▶ 도형 9 ⇒   기본 도형 : 배지, 도형 채우기(질감/그림 - 그림) 기능을 사용하여 그림 3 삽입,
　　　　　　선 색(단색, 색 : 검정), 선 스타일(선 종류 : 실선, 너비 : 2pt, 겹선 종류 : 이중),
　　　　　　도형 효과(그림자 - 안쪽 - 아래쪽)

▶ 워드숍 삽입(스마트폰 사용 줄이기)
　　　　　　⇒ '윤곽 - 강조 2, 그림자', 글자 효과(변환 - 휘기 - 삼각형), 글꼴(돋움, 40pt, 진하게,
　　　　　　그림자)

▶ 지시사항이 없는 부분은 ≪출력형태≫와 동일하게 작성하시오.

한컴오피스 한쇼 NEO 버전용

디지털정보활용능력
(DIAT; Digital Information Ability Test)

- 시험과목 : 프리젠테이션(한쇼)
- 시험일자 : 20XX. XX. XX.(X)
- 응시자 기재사항 및 감독위원 확인

수 검 번 호	DIO - XXXX -	감독위원 확인
성 명		

응시자 유의사항

1. 응시자는 신분증을 지참하여야 시험에 응시할 수 있으며, 시험이 종료될 때까지 신분증을 제시하지 못 할 경우 해당 시험은 0점 처리됩니다.
2. 시스템(PC작동여부, 네트워크 상태 등)의 이상여부를 반드시 확인하여야 하며, 시스템 이상이 있을시 감독위원에게 조치를 받으셔야 합니다.
3. 시험 중 부주의 또는 고의로 시스템을 파손한 경우는 응시자 부담으로 합니다.
4. 답안 전송 프로그램을 통해 다운로드 받은 파일을 이용하여 답안 파일을 작성하시기 바랍니다.
5. 작성한 답안 파일은 답안 전송 프로그램을 통하여 전송됩니다. 감독위원의 지시에 따라 주시기 바랍니다.
6. 다음 사항의 경우 실격(0점) 혹은 부정행위 처리됩니다.
    1) 답안 파일을 저장하지 않았거나, 저장한 파일이 손상되었을 경우
    2) 답안 파일을 지정된 폴더(바탕화면 - "KAIT" 폴더)에 저장하지 않았을 경우
        ※ 답안 전송 프로그램 로그인 시 바탕화면에 자동 생성됨
    3) 답안 파일을 다른 보조 기억장치(USB) 혹은 네트워크(메신저, 게시판 등)로 전송할 경우
    4) 휴대용 전화기 등 통신기기를 사용할 경우
7. 슬라이드는 반드시 순서대로 작성해야 하며, 순서가 다를 경우 "0"점 처리 됩니다.
8. 시험지에 제시된 글꼴이 응시 프로그램에 없는 경우, 반드시 감독위원에게 해당 내용을 통보한 뒤 조치를 받아야 합니다.
9. **슬라이드 작성 시 도형의 그룹 설정을 사용하는 경우, 채점에서 감점처리 됩니다.**
10. 시험의 완료는 작성이 완료된 답안을 저장하고, 답안 전송이 완료된 상태를 확인한 것으로 합니다. 답안 전송 확인 후 문제지는 감독위원에게 제출한 후 퇴실하여야 합니다.
11. 답안 전송이 완료된 경우에는 수정 또는 정정이 불가능합니다.
12. 시험 시행 후 합격자 발표는 홈페이지(www.ihd.or.kr)에서 확인하시기 바랍니다.
    1) 문제 및 정답 공개 : 20XX. XX. XX.(X)
    2) 합격자 발표 : 20XX. XX. XX.(X)

【슬라이드3】 아래의 작성조건 및 출력형태에 알맞게 세 번째 슬라이드에 작업하시오. **(60점)**

≪출력형태≫

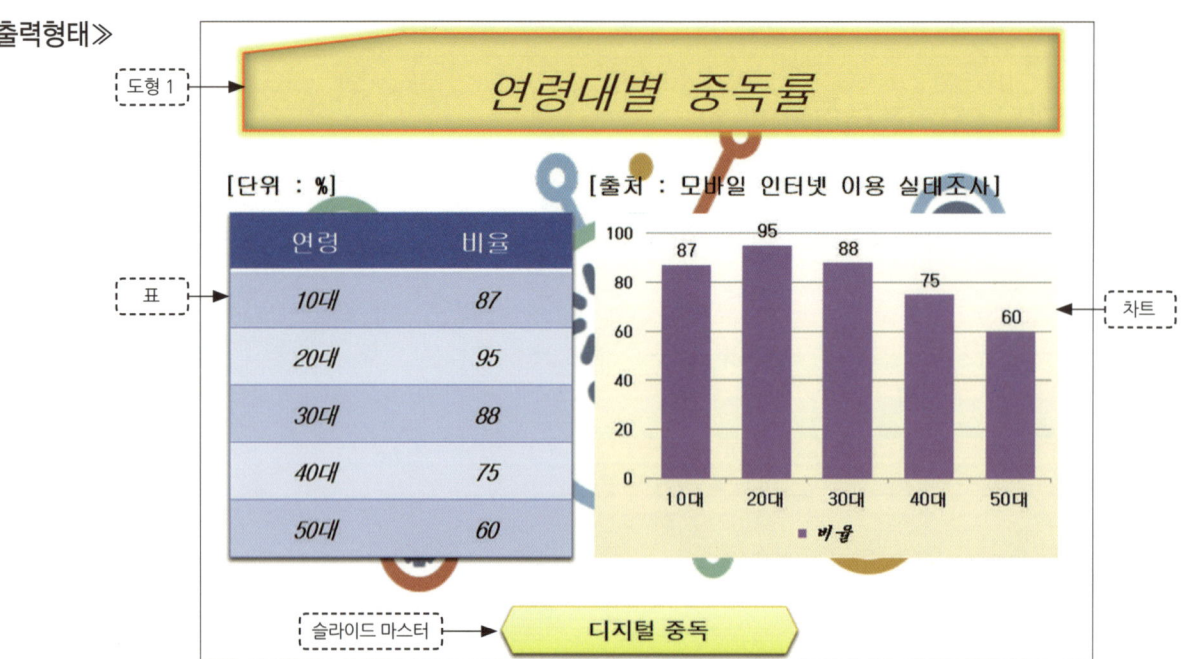

≪작성조건≫ (1) 제목

▶ 도형 1 ⇒ 순서도 : 카드, 도형 채우기('강조 4 노랑 60% 밝게'),
　　　　　선 색(단색, 색 : 주황), 선 스타일(선 종류 : 실선, 굵기 : 2pt, 겹선 종류 : 단순형),
　　　　　도형 효과(그림자 - 안쪽 - 가운데, 네온 - '강조 색 4, 10 pt'),
　　　　　글꼴(돋움체, 38pt, 진하게, 기울임, '강조 2 주황 70% 어둡게')

(2) 본문

▶ 글 상자 1([단위 : %]) ⇒ 글꼴(굴림체, 20pt, 진하게)

▶ 표 ⇒　　표 스타일(보통 스타일 2 - 강조 1),
　　　　　가장 위의 행 : 글꼴(굴림체, 22pt, 진하게, 가운데 정렬, 가운데 맞춤),
　　　　　나머지 행 : 글꼴(돋움체, 20pt, 진하게, 기울임, 가운데 정렬, 가운데 맞춤)

▶ 글 상자 2([출처 : 모바일 인터넷 이용 실태조사]) ⇒ 글꼴(굴림체, 20pt, 진하게)

▶ 차트 ⇒　세로 막대형 : 묶은 세로 막대형, 차트 계열색('색상 조합 - 색 4'),
　　　　　차트 스타일(스타일 5), 축 서식/자료점 이름표 서식 : 글꼴(돋움, 14pt, 진하게),
　　　　　범례 서식 : 글꼴(궁서, 16pt, 진하게, 기울임), 데이터는 표 참고

▶ 배경 ⇒ 배경 속성(질감/그림 - 그림)에서 그림 2 삽입(현재 슬라이드만 적용)

▶ 애니메이션 지정 ⇒ 차트 : 나타내기 - 날아오기

▶ 지시사항이 없는 부분은 ≪**출력형태**≫와 동일하게 작성하시오.

【슬라이드2】 아래의 작성조건 및 출력형태에 알맞게 두 번째 슬라이드에 작업하시오. **(50점)**

≪출력형태≫

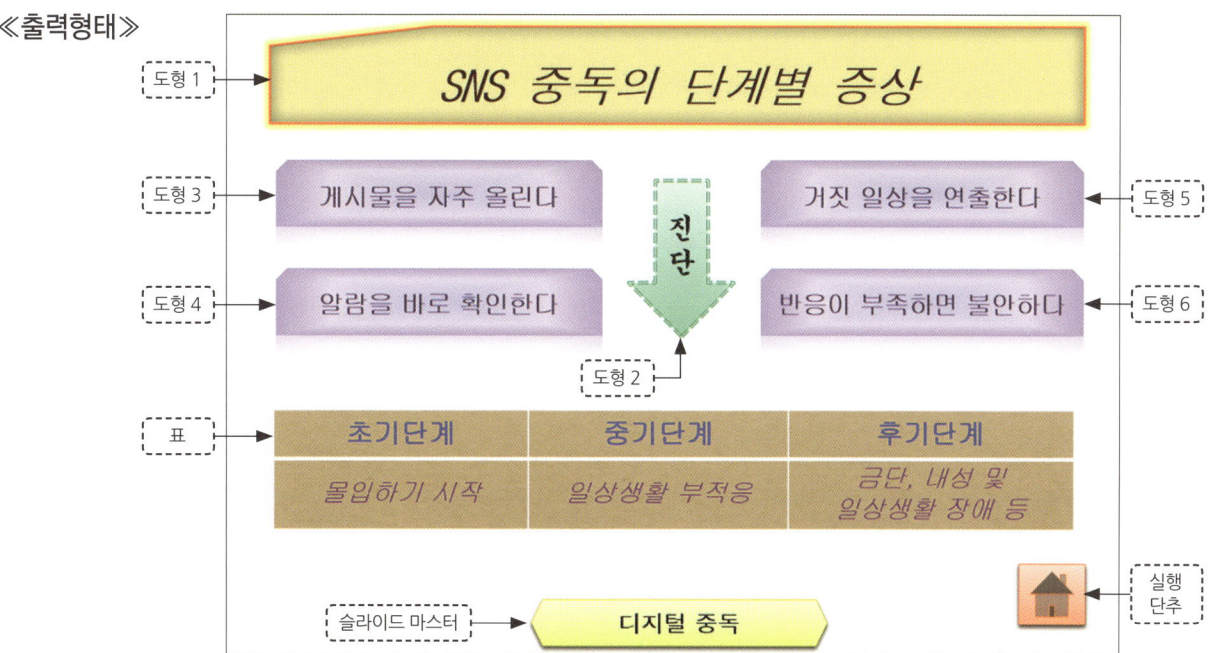

≪작성조건≫ (1) 제목

▶ 도형 1 ⇒ 순서도 : 카드, 도형 채우기('강조 4 노랑 60% 밝게'),
선 색(단색, 색 : 주황), 선 스타일(선 종류 : 실선, 굵기 : 2pt, 겹선 종류 : 단순형),
도형 효과(그림자 - 안쪽 - 가운데, 네온 - '강조 색 4, 10 pt'),
글꼴(돋움체, 38pt, 진하게, 기울임, '강조 2 주황 70% 어둡게')

(2) 본문

▶ 도형 2 ⇒ 블록 화살표 : 아래쪽 화살표, 도형 채우기('강조 5 초록 60% 밝게'),
그러데이션 - 밝은 그러데이션 - 선형 아래쪽), 선 색(단색, 색 : '강조 5 초록'),
선 스타일(선 종류 : 긴 점선, 굵기 : 3pt, 겹선 종류 : 이중),
글꼴(궁서, 24pt, 진하게, '강조 5 초록 70% 어둡게')

▶ 도형 3~6 ⇒ 사각형 : 양쪽 모서리가 잘린 사각형, 도형 채우기(그러데이션 : 유형 - 보라,
종류 - 경로형), 선 색 없음, 도형 효과(반사 - '1/3 크기, 근접'),
글꼴(굴림, 22pt, 진하게, '강조 6 보라 50% 어둡게')

▶ 실행 단추 ⇒ 실행 단추 : 홈, 하이퍼링크 : 첫째 슬라이드,
도형 스타일('밝은 계열 - 강조 2')

▶ 표 ⇒ 채우기(질감 - 종이, 배열 - 늘이기),
가장 위의 행 : 글꼴(굴림체, 24pt, 진하게, 파랑, 가운데 정렬, 가운데 맞춤),
나머지 행 : 글꼴(굴림, 22pt, 기울임, 보라, 가운데 정렬, 가운데 맞춤)

▶ 애니메이션 지정 ⇒ 표 : 나타내기 - 다이아몬드형

▶ 지시사항이 없는 부분은 ≪**출력형태**≫와 동일하게 작성하시오.

| 디지털정보활용능력 | **프리젠테이션(한쇼)** | (시험시간 : 40분)

유의사항
- 《작성조건》을 준수하여 반드시 프리젠테이션 슬라이드로 작업합니다.
- 글꼴 및 기타 사항에 대해 별도의 지시사항이 없는 경우, 슬라이드 크기와 전체적인 균형을 고려하여 임의로 작성하되, **도형은 그룹으로 설정하지 않습니다.**
- 새 프레젠테이션 만들기 - 한컴오피스, 쪽 설정(종류 - A4용지(210×297mm)), 슬라이드 방향(가로)로 지정합니다.
  ▶ 슬라이드 크기, 방향 조정 시 '맞춤 확인'으로 지정하여야 합니다.
- 공통적용사항(슬라이드 마스터)
  ▶ 도형 ⇒ 기본 도형 : 육각형, 도형 스타일('밝은 계열 - 강조 4'), 글꼴(돋움, 20pt, 진하게)
- 그림 삽입 시 다운로드 한 그림 파일을 반드시 사용하여야 합니다.
- ⌐ ¬ → 은 지시사항이므로 작성하지 않습니다.
- 슬라이드에 제시된 글자 및 숫자 오타는 감점처리 됩니다.

【슬라이드1】 아래의 작성조건 및 출력형태에 알맞게 첫 번째 슬라이드에 작업하시오. **(30점)**

《출력형태》

《작성조건》
▶ 도형 1 ⇒ 기본 도형 : 배지, 도형 채우기(그러데이션 : 유형 - 솜사탕 3, 종류 - 선형, 방향 - 위쪽에서), 선 색(단색, 색 : 초록), 선 스타일(선 종류 : 실선, 굵기 : 3pt, 겹선 종류 : 단순형), 도형 효과(반사 - '1/3 크기, 4 pt'), 글꼴(궁서체, 44pt, 기울임, '강조 2 주황 10% 어둡게')
▶ 도형 2 ⇒ 기본 도형 : "없음" 기호, 도형 채우기(빨강), 선 색 없음, 도형 효과(그림자 - 바깥쪽 - 아래쪽, 네온 - '강조 색 2, 10 pt')
▶ 도형 3 ⇒ 기본 도형 : 웃는 얼굴, 도형 스타일('보통 효과 - 강조 3')
▶ 그림 삽입 ⇒ 그림 1 삽입, 크기(너비 : 75mm, 높이 : 75mm)
▶ 글 상자(사용자의 일상생활에 장애가 유발되는 상태) ⇒ 글꼴(돋움, 28pt, 진하게, 밑줄)
▶ 애니메이션 지정 ⇒ 도형 1 : 나타내기 - 모자이크
▶ 지시사항이 없는 부분은 《출력형태》와 동일하게 작성하시오.

academy_soft_ ⊖

디지털정보활용능력 프리젠테이션(한쇼) (시험시간 : 40분)

【슬라이드4】 아래의 작성조건 및 출력형태에 알맞게 네 번째 슬라이드에 작업하시오. (60점)

≪출력형태≫

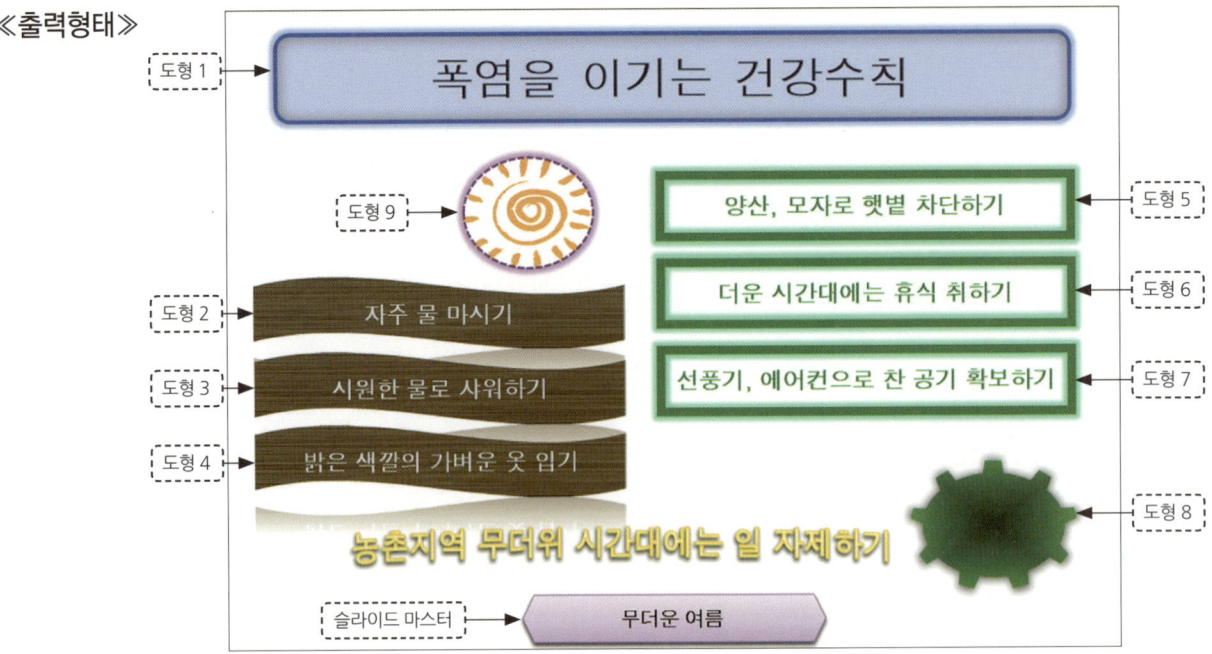

≪작성조건≫ (1) 제목

▶ 도형 1 ⇒ 순서도 : 대체 처리, 도형 채우기('강조 1 하늘색 60% 밝게'),
선 색(단색, 색 : 파랑), 선 스타일(선 종류 : 실선, 굵기 : 3pt, 겹선 종류 : 단순형),
도형 효과(그림자 - 안쪽 - 가운데, 네온 - '강조 색 1, 10 pt'),
글꼴(돋움체, 38pt, 진하게, '강조 1 하늘색 70% 어둡게')

(2) 본문

▶ 도형 2~4 ⇒ 별 및 현수막 : 물결, 도형 채우기(질감 - 나무 무늬, 배열 - 늘이기),
선 색 없음, 도형 효과(반사 - '1/2 크기, 근접'),
글꼴(돋움, 20pt, 진하게, '강조 3 시멘트색 60% 밝게')

▶ 도형 5~7 ⇒ 기본 도형 : 액자, 도형 채우기(초록), 선 색 없음,
도형 효과(네온 - '강조 색 5, 10 pt'), 글꼴(돋움, 20pt, 진하게, 초록)

▶ 도형 8 ⇒ 기본 도형 : 톱니바퀴2, 도형 채우기(초록, 그러데이션 - 어두운 그러데이션 -
사각형 - 가운데), 선 색 없음, 도형 효과(그림자 - 바깥쪽 - 가운데)

▶ 도형 9 ⇒ 기본 도형 : 타원, 도형 채우기(질감/그림 - 그림) 기능을 사용하여 그림 3 삽입,
선 색(단색, 색 : 보라), 선 스타일(선 종류 : 긴 점선, 굵기 : 2pt, 겹선 종류 : 단순형),
도형 효과(네온 - '강조 색 6, 10 pt')

▶ 워드숍 삽입(농촌지역 무더위 시간대에는 일 자제하기)
⇒ '윤곽 - 강조 4, 그림자', 글자 효과(변환 - 휘기 - 원통 위), 글꼴(돋움, 20pt, 진하게,
그림자)

▶ 지시사항이 없는 부분은 ≪출력형태≫와 동일하게 작성하시오.

한컴오피스 한쇼 NEO 버전용

디지털정보활용능력
(DIAT; Digital Information Ability Test)

- 시험과목 : 프리젠테이션(한쇼)
- 시험일자 : 20XX. XX. XX.(X)
- 응시자 기재사항 및 감독위원 확인

수검번호	DIO - XXXX -	감독위원 확인
성 명		

응시자 유의사항

1. 응시자는 신분증을 지참하여야 시험에 응시할 수 있으며, 시험이 종료될 때까지 신분증을 제시하지 못 할 경우 해당 시험은 0점 처리됩니다.
2. 시스템(PC작동여부, 네트워크 상태 등)의 이상여부를 반드시 확인하여야 하며, 시스템 이상이 있을시 감독위원에게 조치를 받으셔야 합니다.
3. 시험 중 부주의 또는 고의로 시스템을 파손한 경우는 응시자 부담으로 합니다.
4. 답안 전송 프로그램을 통해 다운로드 받은 파일을 이용하여 답안 파일을 작성하시기 바랍니다.
5. 작성한 답안 파일은 답안 전송 프로그램을 통하여 전송됩니다. 감독위원의 지시에 따라 주시기 바랍니다.
6. 다음 사항의 경우 실격(0점) 혹은 부정행위 처리됩니다.
   1) 답안 파일을 저장하지 않았거나, 저장한 파일이 손상되었을 경우
   2) 답안 파일을 지정된 폴더(바탕화면 - "KAIT" 폴더)에 저장하지 않았을 경우
      ※ 답안 전송 프로그램 로그인 시 바탕화면에 자동 생성됨
   3) 답안 파일을 다른 보조 기억장치(USB) 혹은 네트워크(메신저, 게시판 등)로 전송할 경우
   4) 휴대용 전화기 등 통신기기를 사용할 경우
7. 슬라이드는 반드시 순서대로 작성해야 하며, 순서가 다를 경우 "0"점 처리 됩니다.
8. 시험지에 제시된 글꼴이 응시 프로그램에 없는 경우, 반드시 감독위원에게 해당 내용을 통보한 뒤 조치를 받아야 합니다.
9. **슬라이드 작성 시 도형의 그룹 설정을 사용하는 경우, 채점에서 감점처리 됩니다.**
10. 시험의 완료는 작성이 완료된 답안을 저장하고, 답안 전송이 완료된 상태를 확인한 것으로 합니다. 답안 전송 확인 후 문제지는 감독위원에게 제출한 후 퇴실하여야 합니다.
11. 답안 전송이 완료된 경우에는 수정 또는 정정이 불가능합니다.
12. 시험 시행 후 합격자 발표는 홈페이지(www.ihd.or.kr)에서 확인하시기 바랍니다.
    1) 문제 및 정답 공개 : 20XX. XX. XX.(X)
    2) 합격자 발표 : 20XX. XX. XX.(X)

| 디지털정보활용능력 | 프리젠테이션(한쇼) | (시험시간 : 40분) |

【슬라이드3】 아래의 작성조건 및 출력형태에 알맞게 세 번째 슬라이드에 작업하시오. **(60점)**

≪출력형태≫

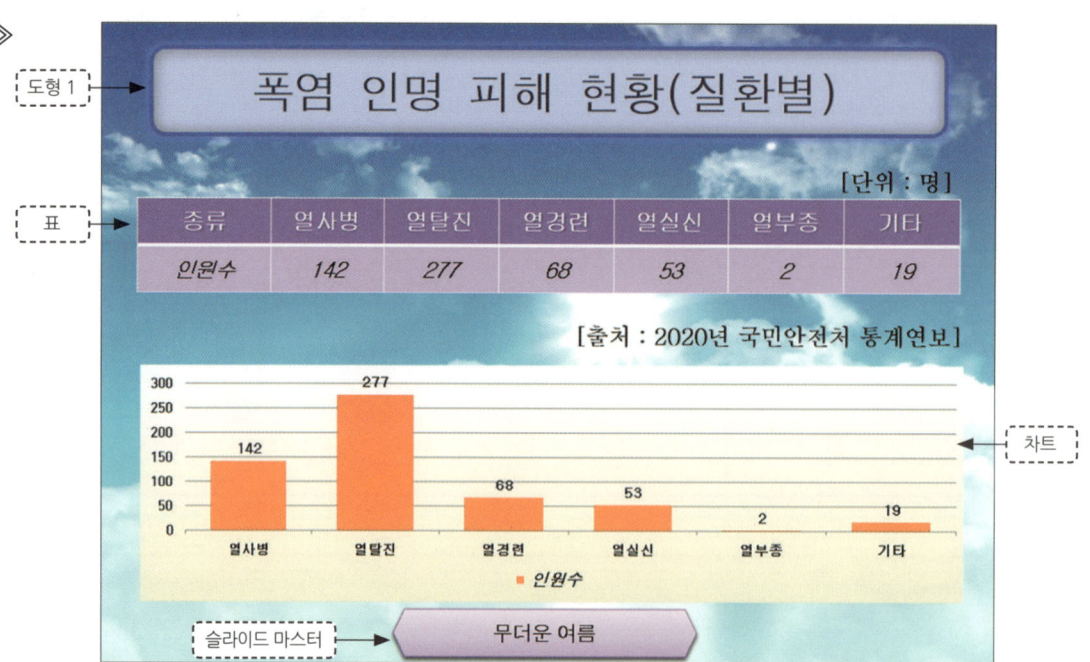

≪작성조건≫ (1) 제목

▶ 도형 1 ⇒ 순서도 : 대체 처리, 도형 채우기('강조 1 하늘색 60% 밝게'),
  선 색(단색, 색 : 파랑), 선 스타일(선 종류 : 실선, 굵기 : 3pt, 겹선 종류 : 단순형),
  도형 효과(그림자 - 안쪽 - 가운데, 네온 - '강조 색 1, 10 pt'),
  글꼴(돋움체, 38pt, 진하게, '강조 1 하늘색 70% 어둡게')

(2) 본문

▶ 글 상자 1([단위 : 명]) ⇒ 글꼴(바탕, 20pt, 진하게)

▶ 표 ⇒   표 스타일(보통 스타일 1 - 강조 6),
  가장 위의 행 : 글꼴(굴림, 20pt, 진하게, 그림자, 가운데 정렬, 가운데 맞춤),
  나머지 행 : 글꼴(굴림, 18pt, 진하게, 기울임, 가운데 정렬, 가운데 맞춤)

▶ 글 상자 2([출처 : 2020년 국민안전처 통계연보]) ⇒ 글꼴(바탕, 20pt, 진하게)

▶ 차트 ⇒   세로 막대형 : 묶은 세로 막대형, 차트 계열색('색상 조합 - 색 3'),
  차트 스타일(스타일 5), 축 서식/자료점 이름표 서식 : 글꼴(돋움, 12pt, 진하게),
  범례 서식 : 글꼴(돋움, 14pt, 진하게, 기울임), 데이터는 표 참고

▶ 배경 ⇒ 배경 속성(질감/그림 - 그림)에서 그림 2 삽입(현재 슬라이드만 적용)

▶ 애니메이션 지정 ⇒ 차트 : 나타내기 - 다이아몬드형

▶ 지시사항이 없는 부분은 ≪출력형태≫와 동일하게 작성하시오.

【슬라이드2】 아래의 작성조건 및 출력형태에 알맞게 두 번째 슬라이드에 작업하시오. **(50점)**

≪출력형태≫

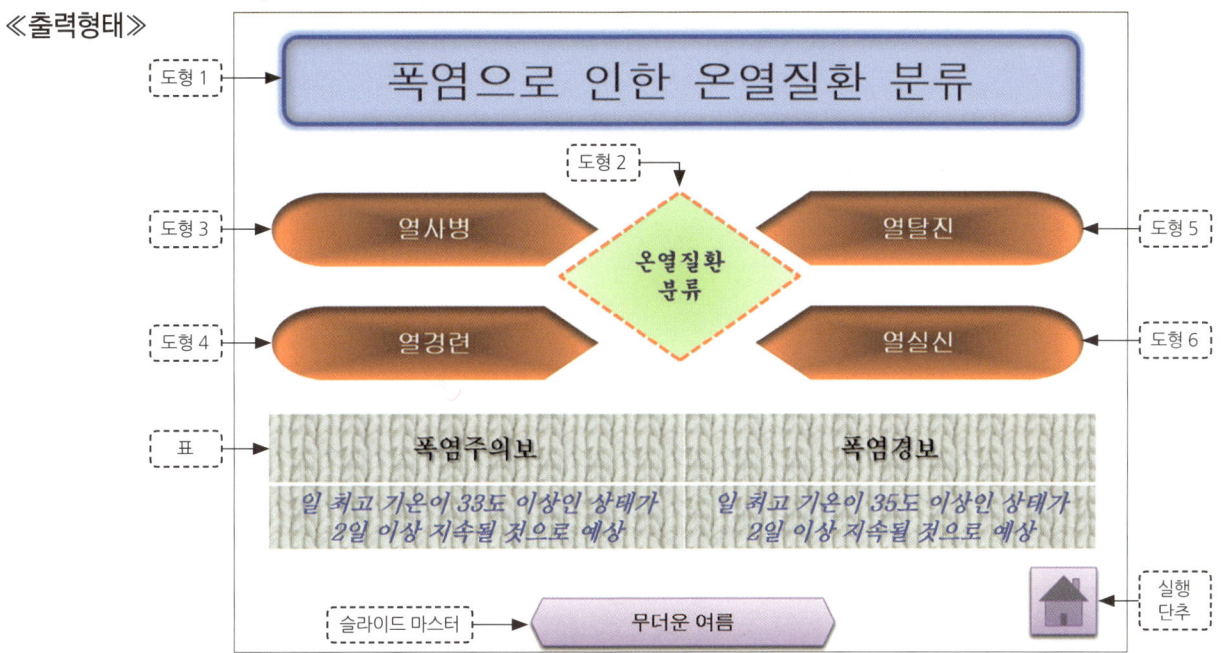

≪작성조건≫ (1) 제목

▶ 도형 1 ⇒ 순서도 : 대체 처리, 도형 채우기('강조 1 하늘색 60% 밝게'),
선 색(단색, 색 : 파랑), 선 스타일(선 종류 : 실선, 굵기 : 3pt, 겹선 종류 : 단순형),
도형 효과(그림자 - 안쪽 - 가운데, 네온 - '강조 색 1, 10 pt'),
글꼴(돋움체, 38pt, 진하게, '강조 1 하늘색 70% 어둡게')

(2) 본문

▶ 도형 2 ⇒ 기본 도형 : 다이아몬드, 도형 채우기(밝은 연두색, 그러데이션 - 밝은 그러데이션 -
방사형 - 가운데), 선 색(단색, 색 : 주황), 선 스타일(선 종류 : 긴 점선, 굵기 : 3pt,
겹선 종류 : 단순형), 글꼴(궁서, 20pt, 진하게, 검은 군청)

▶ 도형 3~6 ⇒ 순서도 : 화면 표시, 도형 채우기('강조 2 주황', 그러데이션 - 어두운 그러데이션 -
사각형 - 가운데), 선 색 없음, 도형 효과(그림자 - 안쪽 - 위쪽),
글꼴(굴림, 22pt, 진하게, '강조 4 노랑 90% 밝게')

▶ 표 ⇒ 채우기(질감 - 흰색 겉뜨기 스웨터, 배열 - 바둑판식),
가장 위의 행 : 글꼴(바탕, 22pt, 진하게, 그림자, 검정, 가운데 정렬, 가운데 맞춤),
나머지 행 : 글꼴(바탕, 20pt, 진하게, 기울임, 파랑, 가운데 정렬, 가운데 맞춤)

▶ 실행 단추 ⇒ 실행 단추 : 홈, 하이퍼링크 : 첫째 슬라이드, 도형 스타일('밝은 계열 - 강조 6')

▶ 애니메이션 지정 ⇒ 표 : 나타내기 - 날아오기

▶ 지시사항이 없는 부분은 ≪출력형태≫와 동일하게 작성하시오.

디지털정보활용능력 프리젠테이션(한쇼) — (시험시간 : 40분)

유의사항
- 《작성조건》을 준수하여 반드시 프리젠테이션 슬라이드로 작업합니다.
- 글꼴 및 기타 사항에 대해 별도의 지시사항이 없는 경우, 슬라이드 크기와 전체적인 균형을 고려하여 임의로 작성하되, 도형은 그룹으로 설정하지 않습니다.
- 새 프레젠테이션 만들기 - 한컴오피스, 쪽 설정(종류 - A4용지(210×297mm)), 슬라이드 방향(가로)로 지정합니다.
  ▶ 슬라이드 크기, 방향 조정 시 '맞춤 확인'으로 지정하여야 합니다.
- 공통적용사항(슬라이드 마스터)
  ▶ 도형 ⇒ 기본 도형 : 육각형, 도형 스타일('밝은 계열 - 강조 6'), 글꼴(돋움, 17pt, 진하게)
- 그림 삽입 시 다운로드 한 그림 파일을 반드시 사용하여야 합니다.
- ⬚⬚⬚⬚⬚ → 은 지시사항이므로 작성하지 않습니다.
- 슬라이드에 제시된 글자 및 숫자 오타는 감점처리 됩니다.

【슬라이드1】 아래의 작성조건 및 출력형태에 알맞게 첫 번째 슬라이드에 작업하시오. **(30점)**

《출력형태》

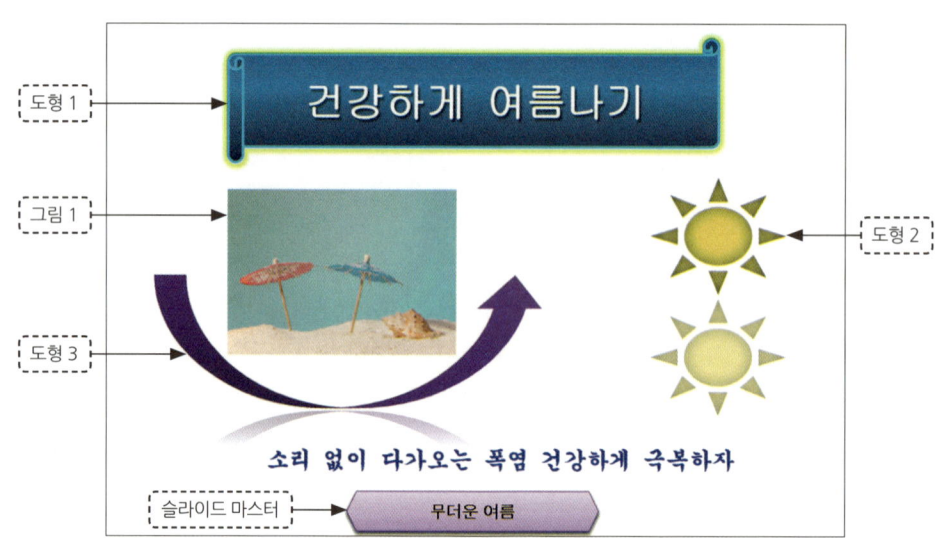

《작성조건》
- ▶ 도형 1 ⇒ 별 및 현수막 : 가로로 말린 두루마리 모양, 도형 채우기(그러데이션 : 유형 - 시냇가, 종류 - 선형, 방향 - 위쪽에서), 선 색(단색, 색 : 시안), 선 스타일(선 종류 : 실선, 굵기 : 3pt, 겹선 종류 : 단순형), 도형 효과(네온 - '강조 색 4, 10 pt'), 글꼴(굴림체, 42pt, 진하게, 그림자)
- ▶ 도형 2 ⇒ 기본 도형 : 해, 도형 채우기('강조 4 노랑 40% 밝게'), 선 색 없음, 도형 효과(그림자 - 안쪽 - 가운데, 반사 - '전체 반사, 4 pt')
- ▶ 도형 3 ⇒ 블록 화살표 : 위로 구부러진 화살표, 도형 스타일('강한 효과 - 강조 6')
- ▶ 그림 삽입 ⇒ 그림 1 삽입, 크기(너비 : 85mm, 높이 : 60mm)
- ▶ 글 상자(소리 없이 다가오는 폭염 건강하게 극복하자) ⇒ 글꼴(궁서체, 24pt, 진하게, 파랑)
- ▶ 애니메이션 지정 ⇒ 도형 1 : 나타내기 - 사각형
- ▶ 지시사항이 없는 부분은 《출력형태》와 동일하게 작성하시오.